ΤΩΝ
ΕΙΣ
ΕΑΥΤΟΝ

고전의 숲 05

자기 자신에게 이르는 것들

초판1쇄 펴냄 2023년 7월 31일
초판2쇄 펴냄 2023년 9월 11일

지은이 마르쿠스 아우렐리우스
옮긴이 김재홍
펴낸이 유재건
펴낸곳 (주)그린비출판사
주소 서울시 마포구 와우산로 180, 4층
대표전화 02-702-2717 | **팩스** 02-703-0272
홈페이지 www.greenbee.co.kr
원고투고 및 문의 editor@greenbee.co.kr

편집 이진희, 구세주, 송예진, 김아영 | **디자인** 권희원, 이은솔
마케팅 육소연 | **물류유통** 유재영, 류경희 | **경영관리** 유수진

ISBN 978-89-7682-831-6 03190

독자의 학문사변행學問思辨行을 돕는 든든한 가이드 _(주)그린비출판사

ΤΩΝ
ΕΙΣ
ΕΑΥΤΟΝ

자기
자신에게
이르는 것들

마르쿠스 아우렐리우스 † 명상록

김재홍 옮김·해설

그린비

지은이 **마르쿠스 아우렐리우스**(Marcus Aurelius Antoninus, 121~180년, 재위 기간 161~180년)

'로마 평화'(Pax Romana) 시기의 마지막 황제. 스토아 철학자. 3살 때 친부가 사망하자 정치적으로 중요한 인물인 할아버지에게 입양된다. 138년 장차 황제가 될 아우렐리우스 안토니누스 피우스 집안의 양자로 들어가 '마르쿠스 아우렐리우스 안토니누스'라는 이름을 얻었다. 당대 최고 학자들에게 헬라스어와 라틴어, 철학, 수사학 등을 배운 그는 161년 루키우스 베루스와 공동 황제가 된다. 황제 즉위 이래 내부적으로는 전염병이, 로마 각지에는 반란이 발생했고, 북쪽 이민족들의 침탈도 지속되었다. 내우외환(內憂外患)에 시달리며 평생을 전쟁터에서 살던 그는 그런 중에도 자신의 삶의 방향에 강한 영향을 끼쳤던 에픽테토스의 『강의』를 떠올리며 틈틈이 '자신 내면의 정신적 활동'을 헬라스어로 진솔하게 기록했다. 바로 그것이 '명상록'으로 알려진 『자기 자신에게 이르는 것들』(*ta eis heauton; ad se ipsum*)이다.

옮긴이 **김재홍**

숭실대 철학과 졸업. 동 대학교 대학원에서 서양고전철학을 전공하고, 1994년 「아리스토텔레스의 학문방법론에서의 변증술의 역할에 관한 연구」로 철학박사 학위를 취득하였다. 캐나다 토론토대 '고중세철학 합동 프로그램'에서 철학 연구(Post-Doc). 가톨릭대 인간학연구소 전문연구원, 서울대 철학사상연구소 선임연구원 역임. 가톨릭관동대 연구교수를 거쳐 전남대 사회통합지원센터 부센터장을 지냈으며, 현재 정암학당 연구원이다.

내 마음의 '성채'(城砦)를 찾아서

> 머지않아 너는 모든 것을 잊게 될 것이고,
> 머지않아 모든 사람이 너를 잊어버리게 될 것이다(7.21).

이야기를 하기에 앞서 우리의 관점에서 '마르쿠스가 철학자'인지 아닌지를 한번 생각해 보자. 철학자라고 하면 특정 철학 분야를 이론적으로 연구하고, 다른 철학자와 어느 이론을 놓고 어떤 관점에서 그 철학 이론이 정당한지를 따져 묻는 자라고 할 수 있을 것이다. 그런 의미에서라면 마르쿠스는 철학자일까? 아닐 것이다. 설령 『자기 자신에게 이르는 것들』이라는 '철학적 일기' 형식의 저작을 남기기는 했지만 말이다. 그는 새로운 철학 이론을 만들어 낸 적이 없으며, 특별히 스토아 철학 이론을 발전시킨 인물도 아니었다. 그렇지만 이러한 사실들이 곧 그가 철학자가 아니며, 나아가 스토아 철학자가 아니라는 근거가 되지는 못한다.

염두에 둘 것은 고대 세계의 철학자란 현대에 우리가 생각하는 '철학자'에 대한 통념적 정의에 들어맞지 않는다는 점이다. 소(小)-카토를 비롯하여 로마의 정치가나 철학자는 아무런 이론적 철학 저작을 쓰지 않았어도, '나는 스토아 철학자다'라고 말할 수 있었다.[1] 그 시대에 철학자로서 무엇보다도 중요한 점은 자신이 '어떤 철학적 삶의 방식을 선택하고,

---

[1] 에픽테토스, 『강의』 제1권에 등장하는 로마의 정치가이자 스토아 철학자들을 생각해 보라.

어떤 방식으로 사는가'였다. 에픽테토스의 다음 말을 기억해 두면 당시의 철학자가 누구며, 어떤 존재였는지 명확하게 밝힐 수 있다.

"자네도 뭔가 그와 비슷한 종류의 행위를 하도록 하라. 사람답게 먹고, 사람답게 마시고, 옷차림을 가다듬고, 결혼하고, 자녀를 낳고, 시민으로서의 공적인 일을 다하며, 욕을 먹어도 참고, 철이 없는 형제도 견디며, 아버지도, 아들도, 이웃도, 동료 여행자도 참아 내는 것이다. 네가 실제로 철학자들에게서 무엇인가를 배웠다는 것을 우리가 알 수 있도록 이것들을 보여 주도록 하라"(에픽테토스, 『강의』3.21.5~6).

그렇다면 애초의 물음, '마르쿠스는 철학자인가?'에 대한 답은 금방 따라 나온다. 즉 누가 뭐라고 해도 마르쿠스는 명백한 철학자였다. 그것도 스토아 철학의 원리에 따른 인생을 살았던 '스토아 철학자'였던 것이다.[2] 에픽테토스는 『강의』에서 철학자가 되려는 청강자에게 '철학은 변증술적 기술이나 아름다운 말로 이루어지는 것이 아니라, 사람이 매일같이 살아가는 삶의 방식으로 이루어진다'는 것을 거듭 상기시킨다. 철학은 훈련을 통해서 삶의 스타일에 근본적 변화를 일으키는 것이고, 일반 사람들과는 다른 삶의 방식으로 살아가는 것을 배우는 것이다. 우리는 이책 전체를 통해 마르쿠스에게 있어 철학의 궁극 목적은 '삶의 방식'이었다는 점을 쉽게 찾아볼 수 있다. 다시 말해 그에게 철학의 목적은 스토아

---

2   J. M. Rist, Are You a Stoic? The Case of Marcus Aurelius, in B. F. Meyer and E. P. Sanders(eds.), *Jewish and Christian Self-Definition*, vol. III, London, 1983, p. 23. P. Hadot, *The Inner Citadel: The Meditations of Marcus Aurelius*, trans. Michael Chase, Cambridge, MA: Harvard University Press, 1998, p. 4.

적인 **'이상적 모습을 갖춘 좋은 인간이 되는 것'**이었다. 그는 묻고 답한다. "그렇다면 이 삶에서 우리를 보호해 줄 수 있는 것은 무엇일까? 하나, 단 하나의 것은 철학이다."(2.17) 이에 앞서 세네카는 "불멸의 신들이 우리에게 생명을 주었지만, 잘 사는 데 필요한 선물은 철학이 준다는 것을 누가 의심할 수 있겠는가?"라고 말한 바 있다(『도덕서한』 90.1). 철학은 곧 내면의 다이몬(수호신)이 모독당하며 손상을 입지 않도록 지켜 주고, 쾌락과 고통을 통제할 수 있도록 유지하는 데에 그 의의가 있었다. 이것은 마르쿠스가 철학을 어떻게 생각했는지 이해할 수 있는 중요한 구절이다 (그의 철학에 대한 견해 8.1 참조). 그러면 어떤 모습의 삶의 방식을 갖추어야 하는 것일까?

> "소박하고, 좋으며, 순수하고, 품위 있고, 꾸밈이 없으며, 정의로운 친구가 되도록 너 자신을 지켜라. 신을 공경하고, 호의를 베풀며, 애정이 넘치고, 자신의 의무를 다하는 씩씩한 사람이 되도록 하라. 철학이 너를 만들고자 했던 그대로의 인간으로 남아 있도록 노력하라"(6.30).

보통 사람들은 어떤 일이 닥치든 낡은 방식으로 생각하고, 마구잡이로 행동하고, 마지못해 견디는 것으로 만족한다. 그러나 '좋은 사람'은 자신이 할 수 있는 한 다른 사람들을 위해 공정하게 행동하고, 자신에게 달려 있지 않은 사건들을 침착하게 받아들이고, 또 정의롭고 진실되게 생각하려고 노력할 것이다.

> "어디서나 또 언제든, 네가 할 수 있는 일은 현재 네가 겪고 있는 일들에 대해 경건하게 만족감을 느끼고, 현재 주위에 있는 사람들에게 정의

롭게 행동하고, 현재 네가 가지고 있는 내적 인상에 모든 주의를 기울여 충분히 파악되지 않은 것이 절대로 거기에 숨어들지 않도록 하는 것이 다"(7.54).

우리의 주인공 '스토아 철학자'인 마르쿠스 안니우스 베루스(Marcus Annius Verus)는 121년에 태어났다. 그는 장차 황제가 될 아우렐리우스 안토니누스 피우스의 양자로 들어감으로써 나중에 '마르쿠스 아우렐리우스 안토니누스'라는 이름을 얻게 된다.

아마 마르쿠스는 자신이 세상을 떠나고 나면, 역사에 존재했던 수많은 사람들이 영원의 시간 앞에서 망각 속으로 사라졌던 것처럼, 자신과 자신이 남긴 '철학적 일기'도 그렇게 영원 속으로 흘러가 버릴 것으로 알았을 것이다. 아도(P. Hadot)는 이렇게 말한 바 있다. '마르쿠스는 틀렸다.' 거의 이천 년이 흘렀지만, 여전히 『자기 자신에게 이르는 것들』(ta eis heauton)은 살아 있다. 그의 책은 소수의 몇몇 '지적으로 잘난 사람'(괴테, 샤프츠베리, 프리드리히 2세)으로 유명세를 떨쳤던 사람들의 손안에만 국한되지 않았다.

본래 헬라스어로 돼 있던 마르쿠스의 초판 인쇄본(editio princeps)은 콘라드 게스너와 그의 사촌 안드레아스가 1559년에 내놓았으며, 하이델베르크 대학의 원고를 기반으로 한 유럽 최초의 라틴어 번역판은 'Markou Antōninou autokratoros tōn eis heauton bibliōn'(Wilhelm Xylander 번역)이라는 제목으로 1599년에 출판되었다. 그리고 최초의 영어 번역본은 1634년 카사우봉(Meric Casaubon)에 의해 출판되었다.

앞서 4세기에 웅변가 테미스티우스(Themistius)는 마르쿠스의 책을 '가르침' 혹은 '훈계'(parangelmata)라 불렀으며(Orationes 6.81c), 9세기

경에 주교로 활동한 아레타스(Arethas of Caesarea, 850~935년)는 처음으로 이 저술을 헬라스어인 *ta eis heauton ethika*로 언급하기 시작했다. 이것이 16세기에 제작된 첫 번째 인쇄본의 책 제목이 되었다. 10세기에 작성된 백과사전 격인 『수이다스』에는 마르쿠스를 "칭송받는 철학자"라고 표현하면서, "그는 12권으로 된 자신의 인생 길라잡이(agōgē)를 썼다"고 기록하고 있다. 이것이 그의 작품을 12권이라고 언급한 최초의 예이다. 『수이다스』에는 책 I, III, IV, V, IX 및 XI에서 가져온 약 30개의 인용문이 옮겨져 있다. 그 후 동방 정교회의 역사가 크산토풀로스(Nicephorus Callistus Xanthopoulos, 1295~1360년)는 이 책이 마르쿠스의 아들 콤모두스의 교육을 위해 쓰인 것으로 모든 세속적인 경험과 교훈으로 가득 차 있다고 간주했다. 그렇다면 이는 간접적이지만, 비잔틴 시대에는 그 제목(Xylander판)으로 알려지지 않았다는 것을 반증한다.

　'명상록'(*Meditations*)이 유럽 세계에 나타난 16세기 르네상스 시대 이래로, 수 세기 동안 그의 '철학적 일기'는 헤아릴 수 없는 장삼이사(張三李四)에게 삶의 존재 이유(raison d'etre)를 가져다주었고, 지구 곳곳에서 만들어진 '명상록'의 여러 번역본을 통해 누구나 접할 수 있었다. 오늘날에도 여전히 그렇다.[3]—엄밀히 말하자면, 『자기 자신에게 이르는 것들』은 책이라기보다는 한 개인의 인생을 기록한 소중한 '영적인 일기' 형식의 글이다. 형식적으로는 자신의 친구에게 인생의 끝 무렵까지를 기록하여 건넨 친필 편지다(카시우스 디오, lxxi, 36,2)—그런 의미에서 '마르쿠스는 오늘날에도 여전히 살아 있다'라고 말할 수 있을 것이다. 나 역시 그런 갑남을여(甲男乙女) 중 하나였다.

3　P. Hadot(1998), p. vii.

마르쿠스 아우렐리우스의 이 작품 『자기 자신에게 이르는 것들』은 너무도 유명해서 새삼 소개할 필요도 없을 것이다. 내가 이 책을 처음 접한 것은 고등학교 시절 국어책에 실린 '페이터의 산문'(이양하 번역)을 통해서였다. 늘 머릿속에 앙금으로 남아 있던 그 대목은 제10권 34장이었다.

"'휘몰아치는 바람 사이에 땅 위에 흩뿌리는 나뭇잎과도 비슷한 것은 인간들의 종족이오.' 네 아이들도 작은 나뭇잎. 충성스런 모습으로 너에게 갈채를 보내고 환호하는 사람들, 또 그 반대로 저주하거나 남몰래 책망하거나 비웃는 사람들도 모조리 나뭇잎. 또한 우리의 사후 명성을 이어 가는 사람들도 마찬가지로 나뭇잎. 왜냐하면 이것은 모두 '봄철에 다시 되돌아오니까.' 그런 다음 바람은 이것을 불어서 떨어뜨린다. 마침내 숲은 그 대신에 다른 것들을 돋아나게 한다. 덧없음은 모든 것들에 공통적 운명이다. 그런데도 너는 이런 모든 것들이 모두 영구히 존속하는 것인 것처럼 이를 피하거나 추구하는 것이다. 잠시 뒤면 너는 눈을 감을 것이다. 그리고 너를 무덤으로 운반한 자들을 위해, 곧 다른 자들이 만가(挽歌)를 부를 것이다."

왜 이것이 당시 교과서에 실렸는지는 의아하다. 지금 읽어 보아도 사춘기를 겪는 학생들에게 썩 어울릴 만한 글로 판단되지 않으며, 또 권장할 만한 내용인지도 의심스럽다. 물론 읽는 독자의 태도에 따라 다르겠지만 말이다. 어쨌든 그 후, 문고판으로 읽을 기회가 있었으나 책에 흠뻑 빠지지 않았다. 게다가 본격적으로 철학을 공부하게 되고도 아리스토텔레스의 논리학이 전공인지라, 윤리적 주제로서의 마르쿠스의 책은 전혀 관심 밖이었다. 그러다가 나이가 들어 스토아 철학을 새삼 인식하면서 세네카, 에픽테토스, 마르쿠스의 책을 다시 읽는 기회를 갖게 되었다. 그리고 점차 이들 후기 스토아 철학자들에게 매료되기 시작했다. 어디서부터인지, 언제부터인지 그들의 말과 생각이 시종여일 내 생각을 전적으로 지배하기 시작했다고 해도 과언이 아니다.

세네카, 에픽테토스, 마르쿠스 아우렐리우스

19세기 빅토리아 여왕 시대의 시인이자 문화 비평가인 매튜 아놀드(Matthew Arnold, 1822~1888년)는 '도덕성'에 대해 논의하는 가운데 에픽테토스와 마르쿠스를 이렇게 찬양했다. "세네카의 문장은 지성을 자극한다. 에픽테토스의 문장은 성격을 강화한다. 마르쿠스 아우렐리우스의 문장은 영혼에 이르는 길을 찾게 한다."[4] 후기 스토아 철학을 대표하는 이 세 철학자 간에 모종의 철학적 영향력이 있었다는 점을 나는 다른 책에서 이미 지적한 바 있다(그린비 출판사에서 펴낸 『에픽테토스 강의 1·2』의 머리말과 해제 참조). 마르쿠스는 이 책을 통하여 자신의 자아 속으로 깊이 침잠(沈潛)하고 있다. 책을 읽어 나가다 보면 우리가 그의 책을 '명상록', '자성록'이라고 부르는 이유를 곧 찾아낼 수 있다. 마르쿠스는 자아를 '성채'(아크로폴리스)와 비유해서, 다른 곳이 아닌 자신의 내면에서 '피신처'('내면으로 물러남')를 구하라고 조언한다.

> "기억해 두라. 우리의 지도적 이성이 정복될 수 없는 것이 되는 때가 어떤 때인가 하면, 그것이 자신 속으로 집중되고, 비록 그 반대가 이성적이지 않은 때에도 그렇지만, 자기가 원하지 않는 일은 하지 않고, 만족하는 경

---

4 M. Arnold, 'Marcus Aurelius', in *Essays in Criticism: First Series*, Macmillan & Co., 1865.

우다. 하물며 어떤 것에 관하여 이성적으로 잘 살펴본 후에 판단하는 경우에는 어떠하겠는가? 이 때문에 격정으로부터 해방된 정신(dianoia)은 하나의 성채(城砦, 아크로폴리스)다. 일단 그곳에 피난하면 이후에는 난공불락(難攻不落, analōtos)으로 인간에게 그보다 안전하고 견고한 장소는 없는 것이다. 그러므로 이를 깨닫지 못한 자는 무지하고, 이를 깨닫고도 그곳으로 피신하지 않는 자는 불행하다"(8.48).

아크로폴리스(성채)는 스토아식 용어로 '마음' 또는 '지도적 이성의 중심부'(지휘 사령부)를 가리킨다. 이 은유는 플라톤에게까지 거슬러 올라간다(『국가』 560b, 『티마이오스』 70a). 세네카는 이렇게 이야기한다. "현자를 지키는 저 성벽은 불꽃으로부터도 침략으로부터도 안전하다. 어떤 진입로도 허용하지 않는다. 높이 솟아 있고, 난공불락이며, 신들과 나란히 선다"(세네카, 『현자의 항상심에 대하여』 6.8). 또한 에픽테토스는 "그렇다면 성채[아크로폴리스]는 어떻게 파괴되는 것인가? 칼도 불도 아닌 사람의 판단에 의해 파괴된다"라고 말한다(『강의 3·4』 4.1.86~90).

에픽테토스는 자신을 되돌아보기 위한 '자성'(自省)을 '자기 자신으로 돌아섬'(ep' emauton epistrephō)이라고 말한다. 우리 자신을 안전하게 지키는 대비책은 나의 자아인 '폴리스'를 공고히 하고 난공불락으로 만드는 것이며, '인간의 마음을 보전하는 것은 그 사람의 판단(생각) 외에는 없는 것이다'.

"나[에픽테토스]는 지금 무언가를 하도록 부름을 받고 있는 중이다. 그렇다면 지금 자신이 지켜야 할 기준에 눈을 돌리기 위해 출발한다. 그 기준이란 신중하고(자긍심이 있고), 안전하며, 외적인 것에 대한 욕구나 회피와는 무관하다. 다음으로, 다른 사람들이 어떻게 말하고 있는지, 어떻게 행동하고 있는지에 눈을 돌린다. 그것은 악의로서 그렇게 하는 것이 아니다. 상대방을 비난하거나 비웃기 위해서도 아니고, 나 역시 같은 잘못을 저지르지 않았는지를 **자신에게 되돌려서 살펴보기** 위해서다. '어떻게 하면 잘못을 되풀이하지 않을까요?' 나도 한때는 이런 잘못을 쩌질렀지만, 지금은 그렇지 않다. 신 덕분이다"(에픽테토스, 『강의 3·4』 4.4.6~7).

"이런 식으로 견고한 폴리스에 사는 사람들은 폴리스를 공격하는 자들을 비웃는다. '왜 이 사람들은 쓸데없이 애를 태우고 있는 것인가? 우리의 성벽은 안전하고, 장기적인 식량을 보유하고 있으며, 다른 모든 대비에도 만전을 기하고 있다.' 이러한 대비가 **폴리스를 공고히 하고 난공불락으로 만드는 것이지만, 인간의 마음을 보전하는 것은 그 사람의 판단(생각) 외에는 없는 것이다.** 어떤 성벽이 그토록 강한가. 어떤 몸이 그토록 견고한가. 어떤 재산이 빼앗기는 일이 없을까. 어떤 평판이 그렇게 공격받지 않는 것일까? 모든 것은 어디에서나 소멸하며, 쉽게 영향을 받는다. 어떤 식으로든 그것에 관여하면, 그 사람은 반드시 마음을 어지럽히며, 쓸데없은 희망을 품고, 두려워하고, 슬픔에 빠지며, 욕심을 내도 충족되지 않으며, 회피하고 싶은 것에 빠지게 된다. 그렇다면 우리는 자신에게 주어지는 유일한 안전 수단을 굳건히 해야 하는 것 아닌가? 즉 소멸하는 것, 예속적인 것들로부터 멀어짐으로써 소멸되지 않는 자연 본성적으로 자유로운 것을 위해 힘쓰는 것이 아닌가? 우리는 기억하지 못하는가? 애당초 어떤 사람도 다른 사람에게 해치거나 이익을 줄 수 없으며, 오히려 각각에 대한 그 사람의 생각(판단)이야말로 남을 해치고, 혼란시키며, 충돌하게 하며, 내란과 전쟁을 일으키는 것이라는 것을"(에픽테토스, 『강의 3·4』,

4.5.25~28).

귀족 출신 세네카, 노예 출신 에픽테토스, 황제였던 마르쿠스, 이 세 철학자들이 후기 스토아 철학을 대표한다. 출신 성분은 제각각이었음에도 사상적으로 영향을 내려받으며, 철학하는 방향에서 같은 길을 걸었다는 것은 스토아 철학의 핵심이 어디에 있었는지를 잘 보여 준다고 하겠다.

"이 모든 것들을 철학하는 자는 연습해야 하는 것이다. 그들은 이것들을 날마다 글로 써야 하고, 또 이것들을 통해 자신을 훈련시켜야 한다"(에픽테토스, 『강의 1·2』 1.1.25).

이러한 에픽테토스의 생각이 그의 글을 직접 읽은 마르쿠스 아우렐리우스로 하여금 『자기 자신에게 이르는 것들』이라는 '철학적 일기' 형식의 글을 쓰는 데 결정적 영향을 준 것으로 생각된다. 제1권은 예외적으로 나중에 기록된 것으로 보이지만, 『자기 자신에게 이르는 것들』은 체계적 구성이나 특별한 순서를 정해서 기록하지 않은 일련의 개인적이거나 철학적 주제에 관한 '노트'로 평가하는 것이 온당하다. 그러니까 한 인간으로서 자신의 마음을 점령하고 있었던 여러 주제에 관해 나름대로 견해를 피력하고 있는 것으로 해석하는 것이 좋아 보인다. 즉 이 책을 한 마디로 평가하자면, '마르쿠스 자신과의 대화를 통해 만들어진 일련의 개인적인 기록'으로 평가할 수 있다. 요컨대 에픽테토스의 '강의적 대화'(diatribē)의 목적은 소크라테스적 '논박'(엘렝코스)을 통한 철학의 '연습'(meletē)과 '훈련'(gumnasia)이었다. 이를 통해 '교육자로서' 에픽테토스는 학생들에게 덕(아레테)을 열망하라고 '권유'(protreptikos)하고 인생의 조언을 던진다. 마르쿠스의 이 책 역시 독백조로 스스로에게 삶을 사는 데 필요한 충고와 조언을 던지고 있다. 이런 의미에서, 즉 소크라테스, 아리스토텔레스 이래로 죽 이어져 내려온 전통적인 의미에서 이 책은 '철학의 권유' 문학 범주에 속한다고 할 수 있다.

마르쿠스와 스토아 철학

마르쿠스는 그의 책에서 초기 스토아 철학에 대해 거의 언급하고 있지 않다. 다음과 같이 크뤼시포스만 두 번 언급하고 있다. 『자기 자신에게 이르는 것들』 7.19에서는 "영원은 몇 명의 크뤼시포스, 몇 명의 소크라테스, 몇 명의 에픽테토스를 이미 다 삼켜 버렸는가?"라고 말하면서 죽은 자들 가운데 유명한 이들 중 하나로 크뤼시포스를 언급한다. 한편 6.42에서는 지금은 상실된 연극을 언급하면서 크뤼시포스를 말한다. "너로서는 크뤼시포스가 언급하고 있는 극 중의 부질없고 웃어야 할 시구와 같은 자리를 차지하지 않도록 조심하는 것이 좋다"고 한다.

그렇지만 마르쿠스는 평생을 스승으로 모셨던 그의 수사학 선생 프론토와 주고받은 서신에서는 초기 스토아 철학자들을 언급하고 있다. 마르쿠스는 스승 프론토와 거의 30년 동안 서신 교환을 지속하였다. 139년부터 프론토가 사망한 해인 166/167년까지였다. 이 서신은 라틴어로 쓰였으며, 19세기 초엽에 이르러 양피지 형태로 비로소 발견되었다. 이 서신을 통해 우리는 마르쿠스 아우렐리우스의 생애에 대한 귀중한 세부 정보를 파악할 수 있다. 서신에는 안토니누스 가문의 궁정 분위기, 가족생활, 아이들의 질병, 포도주 양조, 미래의 황제였던 마르쿠스의 철학 연구와 독서에 대한 설명, 마르쿠스가 프론토에게 보낸 수사학 과제를 비롯하여 주인과 학생의 관계일 뿐 아니라 가족끼리도 친밀했던 마르쿠스 가족과 프론토의 가족 간의 우정도 보여진다.

프론토는 162년경 마르쿠스에게 보낸 한 편지에서 "당신의 크뤼시포스"라고 쓰고 있다. 그는 또 비슷한 시기에 쓴 편지에서 마르쿠스의 철학에 대한 헌신과 새로 얻게 된 황제의 지위가 가진 '의무' 간의 긴장 관계를 토론하고 있다. "황제께서는 클레안테스나 제논의 지혜를 얻는 데 성공했지만, 당신의 의지에 반해서 철학자의 거친 양털 외투가 아니라 자주색 외투를 입어야 한다고 가정해 보세요"(*De eloquentia*. 2.11). 여기서 수사학의 대가였던 프론토는 초기 스토아 철학의 두 번째 거두이자 마르쿠스가 최고의 지혜로운 자로 받아들인 철학자 클레안테스를 선택하고 있다. 편지에서 프론토는 마르쿠스가 세계에 실질적인 영향을 미치는, 실천적으로 방향 지어진 웅변술보다는 크뤼시포스가 전념하고 있는 '논리적 역설'의 문제에 더 많이 매료되어 있다고 지적하고 있다. 그러면서 프론토는 마르쿠스를 설득하기 위해 크뤼시포스가 수사술의 가치를 인정하는 예들에 호소하고 있다. 그러면서 "만일 크뤼시포스가 이것들이 사용되어야 함을 보여 주었다면, 당신이 변증론자의 용어를 사용하지 않고 오히려 플라톤의 웅변을 사용하지 않는 한 내가 무엇을 더 요구하겠습니까?"(*De eloquentia* 2.14)라고 한다. 아마도 철학을 태생적으로 싫어했던 프론토는 마르쿠스로 하여금 철학을 포기하고 수사학으로 되돌아오기를 희망했을 것이다. 어쨌든 이런 점을 미루어 볼 때, 마르쿠스의 스승 프론토가 마르쿠스를 초기 스토아 철학자인 크뤼시포스의 헌신적인 숭배자로 여겼다는 점을 쉽게 짐작해 볼 수 있다.

아마 크뤼시포스는 그 당시 표준적인 스토아 철학의 대표로 인정받고 있었을 것으로 추정된다. 마르쿠스와 동시대에 활동한 플루타르코스, 갈레노스(마르쿠스의 개인 의사. 마르쿠스의 개인적 질환을 우리에게 보고

해 주고 있다), 아울루스 겔리우스 등은 모두 긍정적이든 비판적 입장에
서든 간에(플루타르코스의 스토아 철학에 대한 비난과 갈레노스의 크뤼시
포스 심신이론에 대한 공격)[5] 크뤼시포스와 일정한 관계를 맺고 있었다.
이는 이들을 포함해 당시에는 누구든 길게 인용할 수 있을 정도로 크뤼
시포스의 책이 널리 유포되고 있었다는 방증이다. 에픽테토스의 니코폴
리스의 학교에서도 정규 커리큘럼 안에 크뤼시포스의 작품을 연구하고
독해하는 것이 중요한 과제였다. 아마도 2세기경에 스토아 철학의 권위
자는 크뤼시포스였으며, 마르쿠스 역시 그를 스토아 철학의 권위자로 인
정했다고 볼 수 있다.

　앞서 언급한 편지를 마르쿠스가 수사학 연구에서 철학으로 전환한 증
거로 보기도 한다. 실제로 이미 마르쿠스는 철학에 관심이 있었다. 그러
나 수사학에 대한 관심이 완전히 사라진 것은 아니었다. 140년대에 쓴 편

5　갈레노스(Galēnos, 130~210년)는 『히포크라테스와 플라톤의 학설에 대하여』(de Placitis
Hippocratis et Platonis)에서 스토아의 심리학 이론에 대해 심하게 공격한다. 주된 공격 지점은,
스토아가 아리스토텔레스의 입장을 받아들여 '혼의 지배하는 중심 부분'(hēgemonikon)을 뇌
가 아니라 심장에 위치시키고 있다는 점이다(1~3권). 그는 뇌가 감각과 동기의 자리로서 기
능한다고 주장한다. 혼(프시케)의 추론하는 기능은 뇌에 있지만, 다른 심리적인 기능은 신체
의 여기저기에 있다는 것이다. 분노는 가슴에, 욕구는 위와 간에 있듯이. 4~5권에서 갈레노
스는 플라톤의 심리적 기능에 대한 세 부분으로 된 설명을 옹호하며(『티마이오스』69~72),
부분들의 구성론적 관점을 받아들이면서 감정이 이성에 의해 알려지는 것으로 보는 스토아
의 통합 이론을 공격한다. 이것은 스토아의 '혼의 지배하는 중심 부분' 이론을 공격하는 셈이
다. 또 그는 이 두 가지 점에서 스토아의 가장 체계적인 이론가인 크뤼시포스("심장은 이 모
든 것이 만나는 부분의 위치이며, 혼이 지배하는 부분이다.")를 부정적이며 적대적인 상대로
내세우고 있다. 요컨대 크뤼시포스가 혼이 지배하는 부분의 위치를 심장에 두고 있다는 점,
인간 심리학의 통합 혹은 일원적인 전체론적 모델을 상정하고 있다는 점이 그의 공격의 목표
가 되고 있다(C. Gill, Galen and the Stoics: Mortal Enemies or Blood Brothers?, Phronesis, Vol. 52,
No. 1, 2007, pp. 88~120 참조). 김재홍, 「에픽테토스의 철학의 영역(topos)의 구별과 논리학
훈련의 중요성」, 2022 하반기 한국서양고전철학회 발표문(2022. 12.3) 참조.

지에서 그는 스토아 철학자인 키오스의 아리스톤(Ariston)의 책을 읽었다고 프론토에게 보고하고 있다. 당시 아리스톤은 로마의 스토아 철학자 중 세네카만큼 대중적이었다고 한다. 마르쿠스는 그로부터 어떤 영향을 받았을 것이다. 아리스톤은 수사학, 논리학, 자연학에 대한 관심을 포기하고 오직 '윤리학'만이 우리와 관련 있는 철학의 분야라고 주장한 인물로 알려져 있다. 그는 스토아적 입장을 단순화했기 때문에, 퀴니코스의 철학적 태도와 거의 구별할 수 없었다. 논리학 연구를 쓸모없다고 거부했고, 자연학 연구는 인간의 능력을 넘어서는 것이라며 거부했다. 퀴니코스학파처럼 그는 덕과 악덕은 쉽게 알아볼 수 있으며, 옳고 그름이 명백하다고 생각했다.

사실상 아리스톤의 이러한 입장은 에픽테토스와 마르쿠스 양자에게서 발견되고 있다. 즉 (1) '선호된 아무런 차이가 없는 것들'과 '선호되지 않는 아무런 차이가 없는 것들' 간의 구별에 대한 상대적 무시, (2) 현자와 역할을 연기하는 배우와의 비교, (3) 논리학과 자연학에 대한 제한된 관심(*DL* 7.160) 등이다. 이 중 앞의 두 가지 것은 에픽테토스에게 두드러진다. 그러나 에픽테토스와 달리 세 번째는 마르쿠스의 관심 사항이었다. 아리스톤의 영향이 가장 잘 나타나는 것은 마르쿠스의 첫 번째 관심 사항이다. 마르쿠스는 선호되는 무관심한 것들과 선호되지 않는 무관심한 것들(adiaphora) 간의 구분에 대해 일관적으로 상대적인 무관심을 표명하고 있다. 그에게 일어나는 모든 일은 자연과 조화를 이루며, 질병과 죽음처럼 선호되지 않는 무관심한 것들조차도 자연에 따라 일어나는 것에 불과하다는 것이다. 그래서 그는 11.16에서 "더할 나위 없는 아름다운 삶을 사는 데 필요한 힘은 영혼에 놓여 있다. 단, 아무런 관련이 없는 것들(ta adiaphora)을 아무런 관련이 없는 것으로 간주한다는 조건에서만"

이라고 권고하고 있다. 그는 더는 이것들의 자세한 구분에 관심을 보이지 않는다. 이 점에서 마르쿠스가 아리스톤에게서 직접적으로 영향을 받은 것으로 보인다. 물론 이에 대한 직접적인 증거는 없다.

마르쿠스에게 스토아 철학의 영향을 미친 또 한 명의 철학자를 들라고 하면 바로 클레안테스를 들 수 있다. 그의 인기는 로마의 스토아 철학자들 사이에도 유지되고 있었다. 에픽테토스의 스승 무소니우스 루푸스가 그를 인용하고 있으며, 세네카와 에픽테토스는 그의 잃어버린 '제우스 찬가'를 자주 인용하고 있다.[6] 『자기 자신에게 이르는 것들』에서는 이를 언급하고 있지 않지만 프론토와의 서신에는 클레안테스가 등장한다. 프론토는 마르쿠스가 찬양하는 스토아 지혜의 예로서 클레안테스를 언급한다(De eloquentia 2.11). 클레안테스의 생각에는 자연의 섭리적 질서에 대한 믿음, 소우주와 대우주 간의 대비적 사용 등과 같이 마르쿠스에서 발견되는 것과 일치하는 여러 가지 주제를 찾아볼 수 있다.

마르쿠스에게 있어 특이한 점은 헤라클레이토스에 대한 철학적 관심이다. 이 영향은 누구로부터 유래했을까? 클레안테스는 『헤라클레이토스에 대한 해설집』(4권)을 저술한 것으로 알려져 있다(DL 제7권 173). 마르쿠스는 소크라테스, 디오게네스, 퓌타고라스와 더불어 헤라클레이토스를 유명한 철학자로 언급한다(6.47, 8.3). 실제로 마르쿠스가 아니었으면 사라져 버릴 수도 있었던 헤라클레이토스의 몇몇 단편 구절을 마르쿠스가 보존하고 있었다(4.46, 6.42). 어쩌면 그는 지금은 사라져 버린 헤라클레이토스 말을 읽고 있었을지도 모른다. 로마의 스토아 철학자들은 클레안테스로부터 그의 철학에 대한 전념과 일의 필요성을 결합한 방식

6　이에 대해서는 『강의 1·2』 해제 참조.

을 반복적으로 언급하고 있다. 이와 관련하여 에픽테토스는 그를 역할 모델로 이렇게 제시하고 있다. "클레안테스가 연구와 물 퍼 나르는 장사 일을 동시에 하면서 어떻게 살았는지를 배우기만 하면 된다"(『강의 3·4』 3.26.23). 세네카도 그들의 개인적 상황이 무엇이든지 간에, 누구나 철학을 공부할 수 있음을 보여 주는 논증을 이를 통해 제시하고 있다(『도덕서한』 44.3). 이 두 경우 모두 클레안테스가 밤에는 정원에서 물을 길어 생계를 유지하면서도, 낮에는 제논과 함께 공부했다고 보고하는 전기적 전통을 암시하고 있다(DL 제7권 168). 이 점에서 마르쿠스 또한 자신의 본업인 황제의 업무에 충실하면서도 자신의 도덕적 발전을 위한 철학의 일에 종사하는 어떤 유사점을 가진다.

마르쿠스와 세네카

마르쿠스보다 100년 정도 앞서지만 세네카가 마르쿠스에게 끼친 영향력을 빠뜨릴 수 없다. 다만 이 책의 어디에서도 세네카에 대한 언급이 없다는 점을 볼 때, 그 영향은 '최소한으로' 말해질 수밖에 없을 것이다. 먼저 떠올릴 수 있는 사실로 세네카는 라틴어로 글을 썼고, 마르쿠스는 헬라스어로 글을 썼다는 점을 지적해야 한다. 마르쿠스의 편지를 보면, 그는 어린 시절부터 헬라스어로 말하고 쓰는 데 익숙하도록 훈련받은 것으로 보인다. 세네카는 키케로와 달리 헬라스어를 수용하는 태도가 달랐다. 키케로는 구태여 헬라스어에 대응하는 라틴어를 찾으려 노력했지만, 세네카는 "중요한 것은 헬라스의 형태가 아니라 헬라스의 '힘'(의미)을 갖는 명사(名辭)에 의해"(『평정심에 대하여』 2) 그 철학적 뜻을 살려 철학을 했던 사람이다. 그런 의미에서 세네카야말로 진정한 의미에서 라틴어로 철학을 했던 사람이다.

세네카처럼 정치가로도 명성이 자자했던 철학자의 작품을 마르쿠스가 몰랐다는 것은 말이 안 된다. 역시 프론토와 교환한 서신에서 세네카가 언급되고 있는데, 그 역시 세네카를 비판하는 프론토의 입을 통해서이다. 프론토가 비판하는 것은 세네카의 철학이기보다는 세네카의 문학적 스타일이었다. 수사학자인 프론토는 세네카의 라틴어 산문 스타일을 싫어했다. 아마도 마르쿠스가 세네카의 책을 읽고 있었기 때문에, 세네카의 스타일에 대해 경고를 보낸 것으로 생각된다. 프론토가 어느 한 편지에서 마르쿠스에게 "당신의 안나이우스"라고 기술한 것을 보면, 세네카는 이미 마르쿠스가 가장 좋아하는 사람 중의 하나였음을 알 수 있다 (*De eloquentia* 3). 마르쿠스의 이 작품에는 세네카에게서 발견할 수 있는 생각과 그의 말을 반영하고 있는 많은 구절을 찾을 수 있다. 나는 본문을 해설하면서 세네카가 한 유사한 말을 찾아 보탬으로써 세네카의 영향도 간과하지 않으려 했다. 어쨌든 이러한 점은 마르쿠스가 세네카의 작품에 익숙했다는 것을 보여 주는 것일 수 있다.

마르쿠스와 에픽테토스: 황제와 노예

에픽테토스가 마르쿠스에게 끼친 영향력은 보다 더 직접적이다. 마르쿠스는 루스티쿠스에서 에픽테토스의 '비망록'(Note) 사본을 빌렸다 (1.7.8). 『자기 자신에게 이르는 것들』 제3권 14장에도 *Hupomnēmatia*라는 말이 나오는데, 여기서 이 말이 정확히 '누구'(마르쿠스 아우렐리우스 자신일까?)의 책을 지칭하는지 알 수 없다. 현존하는 책에 없는 에픽테토스의 구절을 마르쿠스가 인용했다는 점을 감안할 때(4.41, 49, 11.37, 11.38,

---

7   세네카의 이름은 Lucius Annaeus Seneca였다.

11.39), 아마도 이것은 오늘날 우리가 보는 제4권만이 아니라 아리아노스가 편집한 전체 8권의 사본이었을 것으로 추정된다(「단편」 26~28b). 그렇지 않다면, 아리아노스의 노트가 아니라 에픽테토스의 강의에서 가져온 루스티쿠스 자신의 노트일 것이다. 또 다른 가능성은 이것이 루스티쿠스 자신의 주석이 있는 '아리아노스의 담화'에 대한 개인 사본일 수 있다는 점이다. 게다가 아우렐리우스가 에픽테토스의 이름을 거론하지 않은 채 인용하고 있으므로 잃어버린 부분으로부터의 인용이 더 있을지도 모르지만, 더 이상 그를 확인할 길은 없다. 마르쿠스는 에픽테토스의 책을 $hupomnēmata$(노트들)로 언급하는데, 이 말은 현존하는 네 권의 책 서두에 관례적으로 첨부되어 있는 아리아노스의 '서문 편지'에도 나타나 있다. 그 책이 어떤 형태의 것이었든, 마르쿠스의 철학 발전에 결정적인 영향을 미친 것이 에픽테토스의 책이었다는 점은 널리 인정받고 있다, 실제로 그는 다른 어떤 저자보다 에픽테토스를 더 자주 인용하고 있다.

에픽테토스와 마르쿠스 둘 다 신들과 인간들을 모두 포함하는 대도시(우주)의 시민은 섭리를 받아들이며 동료의 유익을 위해 활동해야 한다고 주장한다. 둘 다 개인의 특정한 의무를 그의 위치, 지위, 역할, 소명 또는 사회에서의 기능으로부터 이끌어 내고 있다. 마르쿠스는 에픽테토스에 비해 '신들'이라는 복수 표현을 더 많이 사용한다. 에픽테토스는 세네카와 같이 모든 사람을 향해 철학적 이론을 설교하고 있으면서도, 다른 지위에 있는 다른 사람들의 다양한 의무에 대해 비록 적지만 마땅히 해야 할 말을 전하고 있다. 이와 달리 마르쿠스의 관심은 타인에 대한 조언이 아니라, 오직 자신의 의무에 기울어 있다. 요컨대 자신이 아닌 다른 사람의 행동을 규정하는 것은 마르쿠스의 목적이 아니다.[8] 그의 목적은 자신을 위로하고, 자신의 도덕성을 강화하는 것이었다. 마르쿠스는 신과 물질, 능동인 및 수동인과 더불어 원인(형상인)과 물질인이라는 두 종류의 원인에 초점을 맞춤으로써 세네카의 입장을 따른다. 그러나 세네카, 크뤼시포스, 에픽테토스와 달리 마르쿠스는 문학 장르 측면에서 '일기 형식'으로 글을 쓰고 있으며, 형식적으로는 '자기 자신을 향한' 글을 쓰고 있다. 가상 인물과 대화하는 세네카의 인위적인 편지 형식(『도덕서한』)은 '성찰하는 일기 쓰기'가 만들어 내는 참된 반성적 상황을 연출해 낼 수 없으며, 에픽테토스가 자기 학생과 청중들에게 철학을 권유하는 상황 역시 그와 마찬가지다.

신을 생각하는 삶은 에픽테토스나 마르쿠스 아우렐리우스에게는 평생의 업이었다. 그들은 모든 것이 '신으로부터 왔다'(para theou hēkei)는 것을 받아들였다. 신들이 존재하지 않고 섭리가 지배하지 않는 우주에 산다는 것은 그들에게는 무의미한 삶이었다. 에픽테토스는 철학자가 무엇보다 먼저 배워야만 하는 것은 '신이 있다는 것, 신이 우주를 섭리한다(pronoein)는 것, 인간이 신을 알지 않고는 결코 생각이나 반성을 할 수 없다는 것'이라고 했다. 다음으로 배워야 하는 것은 '신의 본성'이다. 발견된 신의 본성이 어떠한 것이든 간에 그것에 기뻐하고, 할 수 있는 한 그것에 복종하고, 그것을 닮으려고 노력해야 할 것이다. 신이 성실하다(piston)면 우리도 성실해야 하고, 신이 자유롭다면 우리도 자유로워야 한다. 신이 자비롭다면(euergetikon) 우리도 자비로워야 한다. 신이 고결(고매)하다(megalophron)면, 또한 우리도 고결해야 하는 것이다. 따라서 우리는 행위하고 말하는 데 있어서 모든 것을 신이 정해 준 것에 따르는

---

8 에픽테토스와 마르쿠스의 철학적 입장을 비교하는 내용은 김재홍, 『왕보다 더 자유로운 삶』, 서광사, 2013, 384~401쪽 참조.

것처럼 해야 한다(『강의 1·2』 2.14.13).

마르쿠스 아우렐리우스는 "만일 신들이 존재하지 않는다면, 혹은 그들이 인간들의 일 따위에 관심을 갖지 않는다면, 신들이 존재하지 않는 우주, 섭리가 없는 우주에 살고 있다는 것이 나에게 무슨 의미가 있겠는가? 아니, 신들은 존재하고, 그들은 인간들을 마음에 두고 계신다. 그리고 인간이 진정으로 나쁜 일 속으로 빠져들지 않도록, 인간에게 모든 힘을 실어 준다"고 말한다(2.11). 신들은 우리에게 지성(nous)과 이성(logos)을 부여했다(5.27). 인간은 이성에 의지해야 한다. 신에게 의지하면서 신을 향해 나아가는, 영원한 자유를 향한 갈구! 이것이 바로 그들의 삶의 목적이었다. 그래서 에픽테토스는 "나는 이성적 존재이다. 그러니 나는 신을 찬양해야 한다. 이것이 나의 일"(『강의 1·2』 1.16.21)이라고 말하며, 마르쿠스 아우렐리우스는 "신들과 함께 살라"(suzēn theois)고 우리를 고양시키고 있다(5.27). 신을 향한 몸부림이야말로 노예인 에픽테토스나 황제인 마르쿠스에게 언제나 한결같은 동일한 소망이었다.

한 대목이긴 하지만, 『자기 자신에 이르는 것들』 11.39는 에픽테토스가 즐겨 사용한 전형적인 소크라테스적 엘렝코스(논박) 방식을 간결하게 사용하고 있다. 이도 역시 에픽테토스의 '내면적 대화 방식'이었든, 외적 대화 방식이었든 간에 그것을 모방한 흔적이라 할 수 있을 것이다.

"소크라테스가 이런 문답을 하고 있었다. '너희들은 어느 쪽을 바라느냐. 이성적인 삶의 영혼을 갖는 것인가, 아니면 이성적이지 않은 삶의 영혼을 갖는 것인가. 이성적인 영혼을 갖는 것입니다. 어떤 이성적인 삶인가. 건전한 것인가, 아니면 열등한 것인가. 건전한 것입니다. 그럼, 왜 너희는 그것을 요구하지 않는가? 이미 가지고 있으니까요. 그러면 너희들은 왜 싸우고 의견이 다른 것일까?"

그렇다면 궁금한 것은 마르쿠스가 에픽테토스에 전적으로 의지하고 있는가 하는 점이다. 어떤 학자(C. Gill과 P. Hadot)들은 이 점을 적극적으로 긍정한다. 마르쿠스의 철학적 접근법은 주로 에픽테토스의 『강의』를 읽음으로써, 즉 에픽테토스의 철학 영역(토포이) 구분에 입각한 체계적이며 배타적인 방식으로 자신의 '일기'에서 철학적 관점을 형성했다는 아도(P. Hadot)의 강력한 주장이 그렇다. 이에 대해 브래드 인우드는 어느 정도 그렇다고 하더라도, 이러한 아도의 주장을 마르쿠스에게서 벗겨내면 그 나름대로 철학함의 독특성을 가지고 있다고 해석한다. 에피쿠로스와 헤라클레이토스, 플라톤 철학의 수용에 있어 마르쿠스 나름의 고유한 철학적 특징을 가진다는 것이다.[9] 인우드 교수는 "내 생각에 마르쿠스는 매우 특별한 종류의 스토아 철학자였다. 그는 전문 철학자도 아니었고, 심지어 자칭 스토아 철학자도 아니었다"고 해석한다. 실제로 마르쿠스는 5.10.1에서 "스토아 철학자들조차"라는 삼인칭을 사용하고 있다. "스토아 사상을 받아들였음에도 불구하고, 마르쿠스는 스토아학파에 기반을 둔 입장에 갇히지 않았다. 성찰적 일기를 쓰면서도 그는 필연적으로 세상이 인간의 위치에 대한 분석(물론 스토아의 원칙에 따라)에 기반하여 결정을 내리는 동안 자신이 처한 마음 상태에 초점을 맞추고 있다"라고 인우드 교수는 해석한다(B. Inwood, 2020 참조).

---

9 B. Inwood, What kind of stoic are You? The Case of Marcus Aurelius, in *The Passionate Mind; Essays in Honor of John M. Rist*, ed. B. David, Academia, 2020.

마르쿠스의 성찰 일기

일반적으로 이 작품은 마르쿠스가 자신의 '도덕적 향상'(진보)을 위해 썼으며, 스스로에게 자신이 따르며 살고자 하는 스토아적 원리를 상기하기 위해 구체적으로 작성한 것으로 여겨진다. 즉, 세계는 섭리에 의해 지배받고 있으며, 행복은 전적으로 자신에게 달려 있는 '덕' 안에 놓여 있으며, 자신의 동료에게 화를 내서는 안 되며, 이웃들을 동일한 신의 자식인 동포로 간주해야 한다는 것이다. 이전에는 이런 종류의 사적인 글을 모은 다른 예가 없었지만, 에픽테토스에게서 우리는 자신이 직면한 상황에서 대처해야 하는 그런 종류의 대응을 매일 기록해야 하는, 또 실제로 행해야 한다는 충고를 찾아볼 수 있다. 그래서 우리는 상황이 요구할 때마다 그 원리들을 '손 가까이'(procheiron)에 준비해 둘 수 있어야 한다.[10] 마르쿠스는 그 자신의 기록을 '원칙'(parastēmata, 3.11), 지침(parapēgmata, 9.3.2), 규칙(kanones, 5.22, 10.2) 등으로 말한다.

어쩌면 이 '철학적 일기'(philosophical diary)에서 가장한 중요한 주제는 '내면으로 돌아섬'일 것이다. 세상은 어지럽고, 분명히 타락했다. 그렇다면 세상에서 물러나는 것이 현명하지 않겠는가? 이에 대한 마르쿠스의 입장은, 그러한 물러남은 전투에 복귀하기 위해 자신의 '근본 원리'를 고려함으로써 자신을 재충전하는 일시적인 수단이어야 한다는 것이다. 그는 신비주의자가 아니라 현실에 충실한 황제였다. 그가 권장하는 근본 원리를 참조하는 수행은 신비적인 체계에서 수행하는 **불교식의 명상 수행**과는 전혀 다르다. 스토아적 물러남은 단지 부정적인 것에 그치는 것

---

10 읽고 적어 두는 적절한 목적에 의한 '도덕적 향상'에 대해서는 에픽테토스의 『강의』 1.1.21~25, 4.1.111과 3.5.11, 3.26.39 참조.

이 아니라, 오히려 긍정적인 철학적 원리를 마음에 새겨 놓는 것을 지향한다. 즉 자신의 철학적 믿음을 재차 확인하고, 다시 고쳐 쓰는 과정이다. 이 과정을 통해서 이 철학적 원리들을 사용할 수 있도록 손 가까이에 준비해 두어야 한다(procheira). 푸코는 '자신 안으로 물러남' 혹은 '자아의 돌봄'(epimeleisthai heautou)으로 돌아섬은 1세기와 2세기 철학적 저술의 주요 특징이었다고 주장한다.[11] 예를 들면 세네카, 에픽테토스 등이 그렇다. 이 점은 '너 자신의 내면으로 물러날 수 있기' 위해서, '자기 자신의 영혼 안보다 평화롭고 한적한 피신처를 찾을 수 없을 것'(4.3.1)이고, '너 자신의 [내면의] 이 작은 땅으로 물러날 것'(4.3.4)이라는 표현에서 명확히 드러난다.

세상 사람들은 자신의 불안과 걱정을 잊기 위해 피정(避靜)을 떠난다. 이 점은 철학자들도 마찬가지다. 그러나 철학자는 비철학자와 달리 진정한 피정을 외부에서 구하지 않고 자신 자신에서 찾는다. 그렇다고 마르쿠스는 내면으로 돌아서서 그곳에만 머물러 있지는 않는다. 철학적 원리로 다시 재무장하게 되면, 원기를 회복해서 세상 속으로 돌아온다. 우리는 우주의 일부로서 필연적으로 우리에게 주어진 삶의 기간이 끝날 때까지 우주에서 머물러 있을 수밖에 없기 때문이다. 마르쿠스는 '자기 자신으로 물러남'의 개념을 여러 곳에서 언급한다(5.2, 6.11, 7.28, 7.67 참조). '자기 자신에게로 돌아감'(퇴각)은 군사적 용어로서 여기서는 유비로 사용되었다. 이 말은 '자신의 돌봄'(푸코), '내면으로 돌아섬', '은신', '은둔' 등으로 이해될 수 있다. 이렇게 "격정으로부터 해방된 정신은 하나의 성채"가 된다(8.48). 그렇다면 거기에서 우리는 무엇을 준비하는

---

11 M. Foucault[1990], pp. 41~45 참조.

가? 우리는 **간결하고 근본적인 원칙들**(rachea kai stocheiōdē)을 준비한다, 즉 '철학의 원리', 스토아적 삶의 원리를 준비한다. 이것은 다른 곳에서는 dogmata(원리들) 혹은 kephalaia(주요 원리)라고 말해진다. 이 원리를 통해 우리가 얻는 것은 마음의 편안함(eumareia)이다. 진정한 스토아 방식에 따라서, 마르쿠스는 철학의 심리적 유익함을 '평온함', '동요하지 않음', '평정심'이라고 부른다(7.68).

"너 자신 속으로 물러나라. 지도적 이성의 기능은 그 자연 본성상 올바른 행위를 하고, 그에 따라 마음의 평안을 얻을 때 스스로 만족하는 것이다"(7.28).

"사람들은 시골이나 해안, 산에다 물러날 수 있는 곳(피신처, anachōrēsis)을 찾는다. 너 또한 그런 곳을 열렬히 동경하는 습성이 있다. 그러나 이는 모두 지극히 속된 사고방식이다. 너는 네가 원할 때마다 **너 자신의 내면으로 물러날** 수 있기 때문이다. 사실 어떤 곳이라 하더라도 **자기 자신의 영혼 안보다 더 평화롭고 한적한 피신처**를 찾을 수는 없을 것이다. 이 경우, 그것을 지그시 바라보고 있으면 금세 마음이 완전히 편안해지는 것을 자신 안에 가지고 있으면 더욱 그렇다. 그리고 내가 말하는 이 평온한 마음이란 좋은 질서가 아닐 수 없다. 그러므로 끊임없이 이 피신처를 자기에게 대비하고 원기를 회복하라. 그리고 거기에는 **간결하고 근본적인 원칙들**을 준비하는 것이 좋다. 그런 원칙이라면, 이것을 마주하자마자 곧바로 온갖 괴로움을 지워 버리고, 네가 지금까지 대해 왔던 일에 대해 아무런 불만 없이 돌아갈 수 있게 해 주고, 돌려줄 만한 힘을 충분히 가지고 있을 것이다"(4.3.1).

마르쿠스는 '덕'(아레테)에 대한 소크라테스적인 주지주의적 관점을 취한다. 그는 일관되게 '덕은 지식이고, 악덕은 무지'라고 주장한다. 사람들은 항상 자신이 최선의 이익을 위해 행동하고 있다고 생각하며, 또 나쁜 짓을 행하는 것은 자신의 이익에 반하는 것임을 깨닫지 못하기 때문에 '비자발적으로'(akontes) 행한다는 것이다. 즉 알면서는 나쁜 짓을 행할 수 없다는 것이다. 요컨대 어떤 외적인 상황이나 사건은 행위 당사자에게 진정한 의미의 해를 주지 못한다는 것이다. 이 주장은 책 전체에서 다양한 형태로 자주 반복되고 있다.

또 마르쿠스는 묻는다, '섭리인가, 원자인가?' 이 책에서 그가 반복적으로 묻고 있는 이 물음은 다음의 줄임이다. 즉 사물이 '섭리'에 의해 미리 결정되었기 때문에 발생하는 것인가(스토아학파의 견해), '원자들'의 우연한 조합 결과(에피쿠로스학파의 견해)로 발생하는 것인가? 섭리, 신, 자연에 의해 지배되는 것은 스토아적 입장이다. 그는 일반적으로 이분법을 사용하여 에피쿠로스적 관점의 불쾌한 결과를 지적한다. 그는 주로 스토아적 관점에 매달린다. 이 점은 에픽테토스도 마찬가지다. 그는 '너의 세계관이 무엇이든, 이러저러한 것이 사실이다'라는 방식을 사용해 자신을 입장을 주장한다. "결국 전체에 대해서, 신이 존재한다면 모든 것이 좋을 것이고, 모든 것이 단지 우연에 불과하다면, [그 경우에] 너마저 닥치는 대로 살지 말라"(9.28). 여기에 스토아의 입장이 함축되어 있는데, 즉 우주가 섭리적으로 설계되었다는 스토아의 관점에서(intellectual design) 그는 자신에게 할당된 운명을 원망해서는 안 되기 때문이다.

"그런데 도대체 무엇에 대해 너는 불만을 품고 있는 것인가? 인간의 악에 대해서 말인가? 다음의 결론을 생각해 보는 것이 좋다. 이성적 동물은 서로를 위해 태어났으며, 서로를 참는 것은 정의의 일부이며, 사람은 비자발적으로 잘못을 범하는 것이며, 또 서로 적대감과 의심, 증오를 품거나 창으로 찌른 사람들이 지금까지 얼마나 무덤 속에 누워 있다가 불에 타재가 되었는지 생각해 보라. 그러니 이제 그만 마음을 가라앉히는 게 어떠냐? 하지만 자네는 전체 속에서 자신에게 할당되어 있는 것에 대해 불만을 가지고 있단 말인가? 다음 선언 명제를 상기하는 것이 좋다. '섭리인가, 원자인가?' 또한 우주는 일종의 국가라는 것이 얼마나 많은 사실에 의해 증명되고 있는가를 상기하면 좋다. 아니면 육체적인 일이 널 아직도 붙잡고 놓지 않는 것일까? 일단 지성이 자신을 되찾고, 자신의 힘을 알게 될 때는, 부드럽거나(평온하거나) 거칠게 움직이는 숨결이거나 그것과 섞이지 않는다는 것을 생각하라. 또한 고통과 쾌락에 대해 듣고 동의한 바를 기억하라"(4.3.2).

"쓸데없는 명예욕이 너의 마음을 괴롭히는가? 모든 것의 망각이 얼마나 신속하게 오는지 보라. 또한 우리의 이쪽과 저쪽에도 영원한 심연이 가로놓여 있을 것이며, 갈채 울림의 공허함과 함께 우리에 대해 좋게 말하는 것처럼 보이는 사람들의 마음은 쉽게 바뀔 것이고, 사려 깊지 못할 것이며, 이 모든 것들을 둘러싼 공간의 협소함을 보라. 지구 전체가 한 점에 불과한 것이다. 그리고 우리가 사는 곳은 이 지구의 이 얼마나 작은 한구석에 지나지 않는지. 거기서 얼마나 많은 인간이, 또 어떤 인간이, 장차 너를 찬양할 것인가?"(4.3.3).

그러니 이제부터는 **너 자신의 이 작은 땅(정원)으로 물러날 것을** 기억하라. 무엇보다 정신을 산만하게 하지 말고, 긴장하지 말고, 자유롭게 지내

라. 그리고 남자로서, 인간으로서, 시민으로서, 죽어야 할 존재로서 사물을 보라. 그리고 네가 마음을 기울여야 할 가장 가까이 지니고 있어야 하는 원리들 중에 다음 두 가지를 준비하는 것이 좋다. 그중 하나는 세상의 사물은 영혼에 닿지 않고, 바깥쪽에 조용히 서 있고, 귀찮은 것(걱정거리)은 단지 내심의 믿음(판단)에서 오는 것일 뿐이라는 것. 다른 하나는 네가 보는 이 모든 것은 순식간에 변화하고, 존재하지 않게 될 것이라는 점이다. 그리고 네가 이미 얼마나 많은 변화를 겪었는지, 지속적으로 이것에 대해 명심하라.

'우주는 변화고, 인생은 믿음이다'(4.3.4).

'우주는 변화고, 인생은 믿음이다'(ho kosmos alloiosis, ho bios hupolepsis)라는 데모크리토스(데모크라테스)의 명제는 마르쿠스가 앞서 자신에게 내놓은 원리(원칙)들에 대한 일종의 간결한 요점 정리라고 할 수 있다. 마르쿠스는 손에 가지고 있어야 할 철학적 원리들의 내용을 통해 '자신의 내부에로의 물러남'의 기간이 지나면, 스토아의 자연학과 인식론에서 받아들인 '우주는 변화이고, 인생은 믿음'이라는 생각을 가지고 일상생활로 되돌아와야 한다고 생각했다. 이 생각이 이 책 전반에 흐르고 있는 주된 기조(基調)다. 즉 이 생각이 그의 윤리적 기획의 핵심이며, 인간의 죽음 문제와 삶의 일시적임(덧없음)이라는 주제를 움직이는 토대가 되고 있다. 마르쿠스가 이 '철학적 일기'에서 스스로 위안을 받기 위해 다루는 첫 번째 항목 주제는 '죽음'으로, 전체의 10% 이상을 차지하고 있다.

번역을 마치며

이 책의 번역을 진행하면서 나는 다음의 몇 가지 사항을 염두에 두며 우리말로 옮겼다.

첫째, 마르쿠스가 스토아 철학자라는 점을 중요시했다.

둘째, 이 책이 개인적 삶의 기록을 기반으로 하는 '철학적 일기'라는 문학적 형식을 가진다는 점을 잊지 않으려 했다. 마르쿠스 아우렐리우스의 『자기 자신에게 이르는 것들』은 엄밀한 의미에서의 저작은 아니며, 원제 *ta eis heauton*이 나타내듯이 '자기 자신을 향한 내성의 기록'('철학적 일기')이기 때문이다.

셋째, 후기 스토아 철학을 대표하는 이 세 철학자들 간(세네카, 에픽테토스, 마르쿠스)의 사상의 공통점과 그 사상사적인 영향력을 깊이 인식하면서(예를 들면, 세네카의 볼룬타스voluntas 개념과 에픽테토스의 프로하이레시스prohairesis의 관련성, 마르쿠스에 대한 에픽테토스의 도덕 심리학의 직접적 영향) 번역했다. 따라서 이 철학자의 사상(표현)의 유사성을 될 수 있는 대로 적극적으로 짚어 내려고 노력했다.

세네카가 생존 인물인지 정확히 확인할 길 없는 루킬리우스에게 보낸 '도덕에 관한 편지'(『도덕서한』)는 그 형식과 무관하게 성숙해 가는 한 인간의 내면세계를 반성하는 기록이라 말할 수 있다. 그럼에도 그 편지의 대상은 한 사람에게 국한된 것이 아니라 독자일 수 있는 로마 인민을 향한 것이었다. 마르쿠스는 우리가 생각하는 것 이상으로 에픽테토스의 윤리학 프로그램 안에서 철저하게 움직이면서도, 그의 책은 '철학적 일기'라는 독특한 형식을 가지고 있으며, 문체상으로는 헤라클레이토스와 견유학파, 플라톤적인 색채를 띠고 있다는 점도 그의 고유한 특징으로 기억해 두어야 한다.

학부를 졸업할 때, 내 선생님께서 '이리와 늑대가 우글거리는 세상에 어린 양 같은 군(君)들을 내보내는 것만 같다'고 걱정하던 말이 떠오른다. 요즘 밝은 세상과는 어울리지 않게 산과 들에 멧돼지와 이리들이 날뛰고 판을 친다. 하나의 정치체제가 모든 것을 좀먹고, 지배한다. 다시 획일화의 시대로 돌아가는 시대를 살고 있는 듯하다. 이것은 이성의 퇴보다! 발전의 정체라고 말할 수 있다! 일부 소수의 손아귀에서 놀아나는 권력의 타락은 극으로 치닫고 있다. 저런 추악한 인간의 모습을 보며, 노예였던 에픽테토스는 인생에서 잘나갈 때 무엇을 주의해야 하는지를 이렇게 경고한다.

"지금의 경우도 마찬가지네. 네가 네 자식이나 형제나 친구에게 키스할 때, 네 인상이 마음껏 발휘되어 기쁨의 감정을 원하는 대로 드러내는 것을 허락하지 말고, 오히려 이를 억제하고, 제지하여 개선장군 뒤에 서 있는 사람처럼, 그들도 인간임을 상기시키도록 하라"(『강의』 3.24.85).

'인간'이 필멸의 존재임을 상기하라는 것이다. 로마에서는 장군이 전쟁의 승리하고 돌아와 축하하는 개선식에서 거만해져서 신들의 분노를 사지 않도록 하기 위해 뒤에다 노예를 세워 자신들이 죽어야 할 인간임을, 즉 '죽는다는 것을 기억하라'(memento mori)를 읊조리게 하는 풍습이 있었다(테르툴리아누스[Quintus Septimius Florens Tertullianus], 『아폴로기아』 33~34 참조). 어리석은 인간들이여! 너희들이 사랑하는 것도, 사랑하는 사람도 죽어야 한다는 것을 기억하라! 에픽테토스는 하루아침에 사라져 갈 너 자신의 것에 집착하여 모래성 같은, 쥐뿔보다 못한 한 줌의 권력에 애착을 갖지 말라고 우리에게 상기시키고 있다.

마르쿠스는 이렇게 말한다. 누가 먼저 너를 땅에 묻든, 내가 누구를 먼저 땅에 묻든 무슨 차이가 있는가? 저 명민한 자들, 저 미쳐 날뛰던 저 권력자들은 지금 어디에 있는가? 모두가 하루살이와 같은 존재로 이미 오래전에 가 버린 것을! 이승만은 어디 있고, 박정희는 어디에 있으며, 전두환은 어디에 있는가?

"언제든 이와 똑같다. 켈레르는 하드리아누스를 매장했고, 그다음은 켈레르 자신이었다. **또 저 명민한 사람들, 선견지명이 있던 사람들이나 오만한 사람들은 어디에 있는가?** 예를 들어 카락스나 데메트리오스와 에우다이몬과 같은 그러한 명민한 자들. 모두가 하루살이이며, 이미 오래전에 가 버렸다. 어떤 사람은 잠시도 기억에 남지 않고, 어떤 사람들은 옛이야기가 되었고, 어떤 사람들은 옛이야기 속에서도 이미 사라져 버렸다. 그러니 기억하라. 너라는 복합물은 어쩔 수 없이 산산이 흩어져 버리거나 숨이 꺼져 버리거나 아니면 장소를 바꾸어 다른 곳에 옮겨 가거나 한다. 이 중 하나가 그대의 운명이다"(8.25).

"아우구스투스의 궁정 사람들──그 아내, 딸, 자손, 조상, 자매, 아그립파, 친척, 가솔들, 친구, 아레이오스, 마이케나스, 의사들, 사제들. 이 사람들은 한 사람도 남지 않고 죽었다. 다음으로 다른 예로 눈을 돌려 보라. 그것도 한 인간의 죽음이 아니라, 예를 들면 폼페이우스 일족 전체의 죽음이다. 또 묘비에 기록된 그 말 '그 가문의 마지막 사람'을 떠올리면 좋다. 그 인간 조상들이 누군가 상속인을 남기려고 얼마나 노심초사했을까. 그러나 결국에는 어떻게든 누군가가 마지막 사람이 되어야 했다. 그렇다면 한 가문 전체의 죽음이 재현된 것이다"(8.31).

일러두기

1. 옮긴이가 참고한 마르쿠스 아우렐리우스의 헬라스 원전은 다음과 같다. Teubner판(1987) 과 Oxford판(1908), C. R. 하인즈판(Loeb판)을 주로 관찰하면서도 다른 학자들의 읽기 방식을 늘 염두에 두고 읽었다. 생략된 문장이나 파손된 문장에 대해서는 가장 적절하다고 판단한 것을 상정하고, 다른 가능한 해석 사항을 각주에서 밝혀 놓았다.

    Leopold. J. H., *Marcus Antoninus Imperator*, *Ad se ipsum*, Oxford, 1908.

    Schenkl, H., *Marci Antonini Imperatoris In semet ipsum libri XII*, Leipzig: Teubner, 1913.

    Dalfen, J., *Marci Aurelii Antonini Ad Se Ipsum Libri XII*, Leipzig: Teubner, 1987.

    Haines, C. R., *The communings with himself of Marcus Aurelius Antoninus*, London, 1916.

    Trannoy, A. I., *Marc Aurèle*, *Pensées*, Paris, 1925.

    Hadot, P., *Marc Aurele. Ecrits pour lui-même*, *Tome I*, avec la collaboration de C. Luna, Paris, Les Belles Lettres, 1998.

2. 원칙적으로 헬라스어 원전에 충실해서 옮기되, 우리말로 매끄럽지 않은 경우에는 어느 정도 의역했다. 가능한 한 맥락이 연결될 수 있도록 옮긴이 해석에 맞춰 옮기려 노력했다. 그 밖에 이 책을 번역하는 데 도움을 받은 참고 문헌은 이 책의 끝에 수록되어 있다. 특히 옮긴이의 풀어씀이나 설명에서 저자 이름만을 밝힌 저서는 참고 문헌에 기초한다.

3. 원문에 생략된 말이나 본문에 나와 있지 않은 말들로 인해서 원문만으로 충분한 의미가 전달되지 않는다고 판단될 경우에는 [ ] 기호를 사용하여 옮긴이 임의로 원문을 이해하는 데 도움이 될 수 있는 방향으로 의미를 보충했다. 혹은 원어에 대한 부가적 설명을 담고 있다. 물론 다른 풀어쓰기가 요청되는 경우에는 각주에서 논의했다. ( )는 우리에게 익숙한 철학 용어로 된 헬라스어라든가 혹은 가능한 다른 번역어를 표시한다.

4. ē와 ō는 헬라스어 장모음 에타(eta)와 오메가(omega)를 표시한다. χ는 로마자로 ch로, υ는 u로 표기하며, 헬라스어의 우리말 표기는 원음에 가깝게 표기하고, υ는 일관적으로 '위'로 읽어서 Phusis는 '퓌시스'로 표기했다. 후대의 이오타시즘(iōtakismos)은 따르지 않고, Iota subscript(hupogegrammenē)를 밖으로 드러내서 표기하지 않았다.

마르쿠스 생애와 주요 인물 연보

98년   트라이아누스가 황제가 됨.

117년   트라이아누스가 죽고 하드리아누스가 황제에 즉위. 하드리아누스는 굉장히 지적인 인물로, 헬라스 문화와 철학에 관심이 많았다. 알려지지 않은 시기에 하드리아누스가 니코폴리스로 에픽테토스의 학교를 방문. 에픽테토스는 마르쿠스 아우렐리우스가 철학적으로 성숙하던 시기에 강력한 영향을 미쳤다. 이 만남을 배경으로 누군가가 쓴 『황제 하드리아누스와 철학자 에픽테토스의 대화』(*Altercatio Hadriani Augusti et Epicteti Philosophi*)라는 가짜 작품이 오늘날에도 전해진다. 실제로 그는 에픽테토스의 추종자였다 (『황제의 역사』 1.16.10).

121년 4월 26일 트라이아누스의 양자로 제14대 로마 황제가 된 하드리아누스 치하에서(재위 117~138년), 장차 황제 '마르쿠스 아우렐리우스'가 될 '마르쿠스 안니우스 베루스'가 로마의 카엘리우스 언덕(Collis Caelius)에서 태어났다. 아버지는 안니우스 베루스, 어머니는 도미티아 루킬라(Domitia Lucilla). 아버지는 원래 스페인 남부 코르도바 근교 출신인데 증조부 대에는 귀족이었고, 할아버지는 집정관(콘솔)에 세 번 취임했던 출중한 이력이 있었다. 정치적으로 도움이 되어 주던 세네카가 바로 이곳 출신이었다. 어머니 쪽인 외가도 대단한 자산가 집안이었다. 어머니 도미티아 루킬라의 외할아버지[Curtilius Mancia]는 대단히 부유하였는데, 도미티아가 유일한 상속인이었다. 그녀의 외할아버지 역시 네로 황제 치하인 55년에 집정관이 되었다. 3살 때 친아버지가 사망한 이후 마르쿠스는 당시 로마에서 자주 볼 수 있었던 관례대로 할아버지의 양자로 들어갔다.

122년	여동생 안니아 코르니피키아 파우스티나가 태어남.
124년	친아버지의 죽음. 할아버지 베루스(Marcus Annius Verus)에게 입양됨.
126년	할아버지가 세 번째로 집정관에 취임.
128년	7살 때 초기 교육을 받기 시작함.
131년	11살 때 철학에 매료됨.
133년	두 번째 단계의 교육을 받기 시작함.
135년경	마르쿠스에게 철학적으로 지대한 영향을 끼쳤던 에픽테토스의 죽음.
138년	할아버지가 돌아가신 후, 어린 시절부터 마르쿠스를 주목하여 보호하고, 총애하던 하드리아누스 황제가 죽음. 카시우스(Lucius Cassius Dio, 155~235년)에 따르면, 마르쿠스가 "아직 소년이었을 때 강력하고 부유한 그의 많은 친척들이 모두 그를 사랑했기 때문에", 그래서 "주로 이런 이유로 하드리아누스가 그를 입양했다"라고 보고하고 있다. 하드리아누스는 자신의 후계를 보장받기 위해 마르쿠스의 아저씨뻘인 안토니누스를 양자로 삼았고, 그에게 마르쿠스와 아일리우스 카이사르(애초의 이름은 L. Ceionius

Commodus)의 아들 루키우스 베루스(Lucius Verus)를 양자로 삼도록 했다. 하드리아누스가 마르쿠스를 선택한 이유에 대해 카시우스는 "그가 이미 비범한 뛰어난 성격을 보여 주고 있었기 때문"이라고 전하고 있다(카시우스 디오, 『로마의 역사』 69.21.2, 71.35.2~3 참조). 하드리아누스 황제는 마르쿠스의 명민함과 솔직함이 마음에 들어 그를 '가장 진실된 자'(Verissimus)라고 불렀다고 한다. 아일리우스 카이사르는 하드리아누스가 처음에 자신의 후계자로 삼았지만(136년) 곧 죽고 말았던 인물이었다(138년 1월). 안토니누스 피우스가 하드리아누스에 이어 황제로 즉위. 마르쿠스는 안토니누스의 딸 파우스티나와 약혼함. 안토니누스의 아내가 마르쿠스의 친숙모였기 때문에 파우스티나와는 사촌지간인 셈이다.

139~166/167년 자신의 수사학 선생 프론토와 30년간 서신 교환. 이 서신을 통해 마르쿠스에 관한 귀중한 정보를 얻을 수 있다.

140년 나이 19세에 최초의 콘술(집정관)에 취임. 이때부터 궁정 회의에 참석했다.

145년 두 번째 집정관을 지냄. 나이 24세에 파우스티나와 결혼. 결혼을 통해 13명(혹은 14명) 정도의 자녀를 얻었다. 대부분은 이른 나이에 죽고, 유년기를 넘긴 5명의 딸과 1명의 아들만이 생존하였는데, 그 아들이 나중에 황제를 계승하게 되는 콤모두스다.

146~147년 온 마음을 다해 철학 공부에 매진함.

147년 첫 아이가 태어남(Domitia Faustina). Tribunicia potestas(호

민관의 권력) 지위를 받음. 파우스티나는 Augusta(여자 황족의 구성원들에게 주어지는 칭호)로 불림.

148년   900번째 로마 창건 기념일.

149년   파우스티나가 쌍둥이 아들을 낳지만 1년 안에 모두 죽음.

150~160년   몇 명의 아이들이 태어남.

152년   여동생 코르니피키아의 죽음.

155~161년   어머니 도미티아 루킬라의 죽음.

161년   39세 때, 루키우스와 함께 세 번째 집정관에 취임. 안토니누스 피우스 황제가 로마 근교에서 서거하자 마르쿠스는 곧 황제로 즉위하였다. 그의 양형 루키우스 베루스도 공동 황제로 즉위. 즉위한 해부터 자연재해를 비롯하여 군사적, 정치적 어려움, 가족 문제 등으로 내우외환을 끝없이 겪음. 카시우스 디오는 자신이 그를 찬양하는 것은 '누릴 만한 어떤 운도 따라주지 않았고, 재위 동안에 수많은 자연의 재앙을 직면하면서, 다른 누구보다도 엄청나고 비할 데 없는 간난(艱難) 속에서 생존하여 제국을 구할 수 있었다는 점'이라고 말하고 있다(『로마의 역사』 72.36.3). 그해 파르티아(메소포타미아 동쪽)군의 아르메니아(파르티아 북쪽) 침공으로 이른바 파르티아 전쟁이 시작되어, 이후 166년 로마군의 승리로 끝날 때까지 5년간 계속된다. 그 원정은 로마 군대의 큰 실패로 시작되었다. 공동 황제인 루키우스가 그곳으로 급파되고(162년) 노련한 장군 프리스키우스와 카시우스의 지휘 아래 로마 군대는 우위를 되찾아 파르티아 왕국을 침공하고 크테시폰과 셀레우키아를 점령했다

(163~166년).

161년   아들 콤모두스가 태어남. 티베르강의 범람과 기근 발생. 퀴 지쿠스의 지진과 같은 자연재해 발생.

165~166년   아들 안토니우스의 죽음.

166년   수사학 스승 프론토의 죽음.

166~167년   동방 원정에 갔던 로마 군대가 돌아오면서 시작된 역병 이 전체 제국으로 퍼짐. 원정지 메소포타미아에서 귀환한 병사들에 의해 초래된 역병의 대유행은 마르쿠스의 치세 와 로마 제국에 심각한 영향을 미쳤다. 이 역병 Antonine Plague(혹은 '갈레노스의 전염병')는 천연두(smallpox)로 알 려져 있다. 마르쿠스의 나머지 통치 기간 동안에도 로마 와 국외로 파견된 로마 군대는 지속적으로 전염병에 노출 되어 엄청난 피해를 입었다. 어느 역사가들이 주장하듯 로 마의 몰락에 결정적이지는 않았지만, 이 역병이 인구의 감 소를 초래해서 제국의 사회적, 경제적 삶에 중대한 결과를 가져온 것만은 분명하다. 실제로 180년 임종 때에도 마르 쿠스는 "왜 나를 위해 우는가? 전염병과 죽음이 우리 모두 의 운명이라는 사실을 생각하라"(*Historia Augusta*, Marcus 28.4)고 말했다고 한다.

168~180년   거의 대부분을 북쪽 변방의 다뉴브 지역의 전장에서 보 냄. 168년(마르쿠스 47세)에 전년부터 시작된, 게르만족 의 다뉴브강 방위선 침입에 대처하기 위해 마르쿠스는 다 뉴브강 전선으로 향한다. 그 후 로마로 돌아왔다가 이듬해 (169년) 다시 도나우 전선으로 출전. 판노니아의 실뮴(현

세르비아 몬테네그로의 미트로비차, 현 베오그라드에서 조금 서쪽)에서 월동한 후, 그의 죽음에 이르기까지 이른바 게르마니아의 전쟁은 계속된다. 또한 170년 겨울에 마르쿠스는 카르눈툼에 주둔한다.

169년   공동 황제인 루키우스의 죽음. 166년 이후 다뉴브 지역의 게르마니아 민족인 마르코마니족과 콰디족이 지속적으로 이탈리아 북부 지역을 위협함. 두 황제는 이곳으로 와서 상황을 정리하고 겨울을 아퀼레이아에서 지냄. 그러던 중 169년 초에 루키우스가 마르쿠스와 함께 타고 있던 마차에서 사망함. 이후 175년까지 마르쿠스 황제는 다뉴브 지역에서 군사작전을 수행함.

175년   황제로서 어느 정도 성공을 거두기 시작한 즈음에, 쉬리아 총독 아비디우스 카시우스의 반란 소식을 접함. 그는 동쪽과 이집트를 포함해 여러 지역에 걸쳐 음모를 꾸미고 스스로를 황제로 선포했다. 마르쿠스가 동쪽으로 떠날 준비를 하고 있을 때, 이 사건을 종식시키는 아비디우스 카시우스의 암살 소식을 듣게 됨. 그럼에도 그는 부인 파우스티나, 아들 콤모두스와 여행하기로 결정하고 이집트, 시리아, 키리키아로 갔다. 로마로 돌아오던 카파도키아의 작은 마을 할라라에서 '진영의 어머니'(mater castrorum)라는 칭호를 얻었던 파우스티나가 45세의 나이로 죽음. 마르쿠스는 그녀의 죽음을 깊이 슬퍼하고 그 마을을 '파우스티노폴리스'로 개명했다. 마르쿠스는 아들과 더불어 여행을 계속해 스뮈르나와 아테나이를 거쳐, 엘레우시아 제의에 입문하기

도 했다. 176년 12월 로마에서는 게르마니아와 사르마티
아인에 대한 승리를 축하하는 축제가 열렸지만, 마르쿠스
는 다시 178년에 다뉴브 전선으로 떠나야 했다.

177년 유일하게 생존한 아들 콤모두스가 15살이 되자 공동 황제
로 추대함.

178년 마르쿠스와 콤모두스가 북쪽 전선으로 떠남. 스뮈르나에
지진이 일어남.

179년 로마군이 북쪽에서 승리를 거둠.

180년 3월 17일 58세 때 판노니아의 시르미움(현재의 오스트리
아 빈) 가까이에서 역병으로 죽음. 콤모두스가 유일 황제로
즉위.

192년 콤모두스가 살해됨.

193년 이후, 황제 자리를 두고 암투가 벌어져 황제가 살해되고,
황제 선언 사건이 반복됨.

저작 시기 (C. R. Heines의 추정)

제2권   171~172년경, 그라누아 강가의 콰디족 지역에서

제3권   172~173년경, 카르눈툼에서

제4~8권   173~175년경, 북쪽 변방에서

제9~10권   175~176년경, 마시우스의 반란 동안

제11~12권 178년경, 마르쿠스가 북쪽으로 떠나기 전 로마에서

제1권   178년 직후에 쓰인 것으로 추정됨

차례

자기
자신에게
이르는 것들

이 책은 총 12권으로 그 사이에 488개의 '장'으로 이루어지는데, 두세 단어에서 두세 페이지에 이르기까지 길이가 다른 부분으로 구성되어 있다. 이것을 관례적인 용어로 '장'으로 부른다. 긴 장 중 일부는 하위 섹션으로 나뉘며, 책, 장 및 하위 섹션(제1권 제17장 3절; 1.17.3)으로 구성된다. '철학적 일기'인 이 첫 번째 노트(제1권)는 맨 나중에 쓰인 것으로 보이며, 이것 역시 '자아의 자기 계발'(a cultivation of the self)에 대한 마르쿠스의 관심이 공통된 핵심으로 놓여 있지만 책의 나머지 부분을 구성하는 성찰 및 교훈과는 매우 다르다. 그는 이 노트에서 자신의 교육에 대한 선택적 설명을 제공하고, 회고하면서 자신의 초기 생애에 가장 큰 영향을 미쳤던 사람들을 밝히며 스스로에게 그들을 모방하도록 영감을 부여하고 있다. 이 첫 번째 노트는 어느 정도 짜임새 있게 구조화되고 계획된 반면, 나머지 노트는 일반적으로 순서 없는 (변방의 진영[陣營]에서의) 메모로 구성되고 있다. 첫 번째 노트의 구조는 연대순이 아니라, 주제 별로 분류되어 있다. 항목 1~4는 가족 구성원, 5~11은 자신을 가르친 선생들, 12~15는 친구들, 16은 마르쿠스가 황제가 될 준비를 하는 안토니누스, 17은 신들에 대하여 이루어져 있다. 이러한 개관에 대한 생각은 6.30과 6.48에서 밝힌 내용에서 촉발되었을 것이다. 그러나 첫 번째로 배치되었음에도 불구하고 1권은 책의 나머지 부분에서 파생된 것의 일종으로 보인다. 스토아 철학자들은 어릴 때 만난 사람들에 의해 사람의 성격이 크게 좌우된다고 믿었고, 인간의 영혼은 태어날 때 미래의 지식과 행동을 위한 성향만을 지닌 백지상태로 보았다. 그래서 마르쿠스는 제1권에서 열거된 이 사람들 덕분에 철학의 길에 접어들 수 있었고, 덕 있는 사람과 훌륭한 황제가 되는 것이 가능했거나 적어도 더 쉽게 그렇게 형성될 수 있었던 것으로 보인다.

제1권

I   할아버지 베루스[1]에게서는[2] 성품의 아름다움과 화내지 않는 평정

1   마르쿠스의 친할아버지 베루스(Marcus Annius Verus)는 기와를 찍는 공장주로 부유했으며 정치적으로 중요한 인물이었다. 세 번이나 집정관(consul; 97, 121, 126년)을 역임하고, 네르바(96~98년), 트라이아누스(98~117년), 하드리아누스(117~138년) 황제의 고문관을 지냈다. 그는 70살이 넘어서도 원로원에 들어갔다고 한다. 하드리아누스는 통상 세 번 이상 관직을 맡기지 않았다고 하는데, 때문에 이는 대단히 영예로운 일이었다. 그즈음은 하드리아누스 황제가 다음번 황제를 잇는 안토니누스 피우스(Antoninus Pius, 138~161년)의 입양을 발표할 때였으며, 이와 더불어 안토니누스는 138년에 하드리아누스의 뜻에 따라 마르쿠스와 루키우스 베루스를 입양했다. 3살 때 그의 친아버지가 죽은 직후, 마르쿠스는 할아버지에게 입양됐으며, 138년까지 할아버지와 함께 살았다. 바로 그해에 안토니누스 황제의 집안으로 들어갔다. 하드리아누스 황제는 마르쿠스의 명민함과 솔직함을 마음에 들어 하며 그를 Verissimus(가장 진실된 자)라고 불렀다고 한다(*Vita Antonini* 4.1~4.2). 집안의 내력과 어린 시절의 삶에 대한 언급에 대해서는 아래의 1.17.3~4 참조.

2   이 첫 번째 노트에 이어지는 책들은 구문론적 측면에서 완전하게 일치하지는 않는다. 때때로 마르쿠스의 헬라스어 구사 능력이 좀 부족해 보이는 구문이 발견되기도 한다. 이 책(제1권)은 매우 간결한 구문과 문법의 모든 요소를 실체화(명사화)하는 특징을 가지고 있다. 실체화하려는 단어나 어구 앞에 중성 관사 to를 덧붙여서 그 말을 가능한 한 추상적으로 만들고 있다. 다시 말해, 제1권은 전치사구와 부정사구로 이루어진 문장으로 본 동사가 생략된 문장으로 되어 있다. 전치사구 '…부터는(…에게서는)'(para)을 받는 동사가 원문에는 없으므로, '…를 배웠다', '…의 모범을 보였다', '…를 빚고 있다' 등을 독자 스스로 맥락에 따라 적당한 말로 보충해서 이해하고 해석해야 한다. 구문론적으로는 para+고유명사+to(중성 관사)+'가르침의 내용'으로 이루어진다. 그는 점차 자신이 적고 있는 사람들의 성격 스케치를 더 많이 소개하면서, '나는 … 혜택을 입었다'가 종종 '문장 채우기' 역할을 수행한다. 따라서 이 첫 번째 노트를 정확한 구문에 따라 읽을 필요는 없으며, 일련의 중요 사항을 열거하는 것으로 읽는 편이 좋다. 나머지 노트들의 말투로 미루어 이 노트들이 바쁜 와중에 메모로 '핵심'을 간략히 기록했다가 한가(scholē)할 때에 다시 정리한 것으로 추정해 볼 수 있다. 거듭 강조하거니와, 이 책이 출판을 위한 기록물이 아니라 '자기 계발'(a cultivation of the self)을 위한 '철

심³을 [배웠다].

2   친아버지⁴에 대하여 전해 들은 바와 기억하는 것으로부터는 신중
함과 남성다움을.

학적 일기'라는 점을 주목할 필요가 있다. 즉 '자아를 변화시키기 위해 고안된 철학적 훈련 과
정'에 대한 기록이라는 점이다.

3 '성품의 아름다움과 분노로부터의 벗어남'(to kaloēthes), 즉 '성품이 좋고 화를 잘 내지 않
는다'는 말이다. 좀 특이하면서도 긍정적이지만 다소 불특정한 용어이며, to aorgēton(화내
지 않는 평정심)에는 긍정적인 의미를 내포하지만 많은 부정적인 용어 중 하나다(A. Giavatto,
Interlocutore di se stesso. La dialettica di Marco Aurelio, Hildesheim/Zürich/New York, 2008, pp.
141~147); A. Giavatto(2012), p. 334 참조). 실체화된 형용사의 사용은 철학적 헬라스어에 볼
수 있듯이 덕이나 성품(태도)를 객관화할 수 있게 한다. 그러면서 마르쿠스는 실체화된 형용
사가 하는 역할처럼 '추상화와 일반성'을 목표로 하는 실체화된 부정사 또는 부정사적 명제
를 빈번하게 사용한다(1.7.1["자신의 성격을 교정하고 치료할 필요가 있다는 인상을 얻는다는
것", 6.16.1["꼭두각시 인형처럼 충동에 이끌린다는 사실"] 참조). 아리스토텔레스적인 유형의
글에서 화 또는 과도한 분노는 나쁜 감정(또는 pathos)으로 제시되며, 부자와 권력자들이 특
히 책임을 져야 하는 것, 또 초기 로마 제국 저술에서는 감정(분노)은 치료의 대상으로 보았
다(플루타르코스, 『분노의 회피에 관하여』452F~464D), 세네카의 『분노에 대하여』 참조). 그
래서 '분노로부터의 벗어남'은 보기보다 칭찬에 가깝다. 일반적으로 분노에 대한 마르쿠스의
태도는 감정에 대한 스토아 사상과 일치하며, 또 매우 부정적이다. 이를 통해서 볼 때, 개인적
으로 마르쿠스가 분노를 잘 터뜨리는 성격을 갖고 있어서, 화로부터 벗어나려는 노력을 애써
기울이고 있는 것일까? 아리스토텔레스, 『니코마코스 윤리학』 1108a8; 에픽테토스, 『강의』
3.18.6 참조.

4 아버지 마르쿠스 안니우스 베루스(Marcus Annius Verus)에 관해서는 알려진 바가 거의 없
다. 그는 32살이 되던 124년에 집정관이 되었는데, 그때 마르쿠스가 3살이었고, 그해에 죽었
다고 한다. 마르쿠스는 당시 관례에 따라 그의 할아버지이자 또 다른 베루스(Marcus Annius
Verus)에 의해 양육되었다. 그래서 "기억하는 것으로부터"라는 잘못 사용한 표현인 듯하다.
'신중함과 남성다움'이란 덕목은 헬라스인들의 '절제와 용기'(sōphrosunē and andreia)에 비교
된다(플라톤, 『국가』 429a~432a). 이 덕목에 대해서는 아래의 2.5.1, 3.5.2 참조.

3   어머니[5]에게서는 신을 경외함과 아낌없는 베풂을. 나쁜 짓을 하지 않을 뿐 아니라, 그런 것을 마음속으로 생각하는 것조차 삼갈 것을. 게다가 부자의 삶과는 거리가 먼 간소한 생활을 할 것을.[6]

4   증조할아버지[7]에게서는 공공학교에 다니지 않아도 되는 것, 집에 좋은 선생을 두게 된 것, 또 이런 일에는 돈을 아끼지 않고 써야 한다는 것을 알게 된 것.[8]

5   가정교사[9]에게서는 [원형 경기장에서의 전차 경기에서] 녹색당도

---

5 마르쿠스의 어머니 도미티아 루킬라(Domitia Lucilla, 155/161년경에 죽음)는 집정관을 두 번이나 지냈던 칼비시우스 툴루스의 딸로 역시 부유하고 정치적으로 유명한 집안 출신이었다(*Vita Antonini* 4.1) 그녀는 남편이 죽은 후 가문을 책임졌다. 아들이 입양된 후에는 나중에 황제가 되는 피우스(Antoninus Pius)의 가족 그룹의 일부로 마르쿠스에 합류했으며, 황실에서 영향력 있는 인물로 간주되었다고 한다. 그녀에 대한 마르쿠스의 애정은 1.17.7에 나온다. 그녀에게 부여된 특성, 특히 경건함과 생활방식의 단순함은 안토니누스 집안의 특징이다(미신이나 경건으로부터의 자유, 1.16.15, 6.30.1, 6.30.5, 개인적 사치의 부재, 1.16. 26, 6.30.9).

6 루킬라가 로마에서 가장 부유한 여성 중 한 명이라는 사실에도 불구하고.

7 외증조부 루키우스 카틸리우스 세베루스(Lucius Catilius Serverus)는 110년과 120년에 집정관을 지냈다. 어머니 루킬라의 의붓 조부. 안니우스 베루스를 이어 쉬리아 총독과 아시아 총독을 지낸 그는 분명히 마르쿠스의 양육에 역할을 했으며, 초기에 마르쿠스는 한동안 그에게 경의를 표하기 위해 그의 이름에 Catilius Severus를 추가했다.

8 가정이나 학교에서 가르치는 것의 상대적 가치에 대해 로마의 상류층 사이에서 상당히 논쟁이 있었다고 한다.

9 어린 시절의 마르쿠스를 교육했던 알려지지 않은 인물. 어린 시절 가정교사 중 상당수는 헬라스 출신으로 노예가 일을 담당했는데, 이런 이유로 이름이 없을 것이다. 당시의 귀족 자제들은 학교에 다니지 않고 집에서 과외를 받았고, 헬라스어와 라틴어로 교육받았다. 이로써 추측건대 마르쿠스는 철학적 개념의 명료함을 고려해서 헬라스어로 이 책을 썼을 것이다.

청색당[10]도, 또 [검투사 경기에서] 둥근(가벼운) 방패도 직사각형의 긴(무거운) 방패[11]도 편들지 않고, 노고를 견디고 적은 욕심을 가질 것을. 또 자신의 일을 하고, 쓸데없는 참견을 하지 말 것. 중상모략에 귀를 기울이지 말 것을.

6   디오그네투스[12]에게서는 쓸데없는 일에 힘 쏟지 말 것을. 주문이나 마법사, 그 밖의 유사한 일에 관해서는 유언비어를 퍼뜨리는 자나 마술사의 말을 믿지 말 것.[13] 메추라기를 키워 싸움시키지 말 것[14]과 이런 일에 열중하지 말 것. 솔직한 이야기를 허용하는

---

10 당시 로마 시민으로부터 열렬히 사랑받았던 원형경기장 전차 경쟁팀의 명칭이다. 기수의 경기복장 색깔에서 이름이 유래했다. 적팀과 백팀도 있었다. 이 경기는 제국 로마에 큰 열정을 불러일으켰고, 각 팀을 응원하는 팬들 사이에 맹렬한, 때로는 폭력적인 경쟁을 불러일으켰다. 많은 황제가 녹색당 혹은 청색당 파로 갈린 것으로 알려졌으니, 황제로서 공평무사의 중요성을 인식하지 못한 셈이다.

11 앞엣것은 원형의 소형 방패(parma)를, 뒤엣것은 직사각형 방패(scutum)를 이용한다. 마찬가지로 이것에서 팀 명칭이 나왔다. 일부 검투사는 가볍게 무장하고, 중무장한 전사와 맞붙었다고 한다. 6.46에서 마르쿠스는 검투사 싸움이 자신을 역겹게 했으며(카시우스 디오, 『로마의 역사』 72.29.3 참조) 황제로서 연간 경기 횟수를 제한했다고 한다. 마르쿠스의 아들 콤모두스가 그랬듯이, 이전의 몇몇 황제들은 실제로 검투사 경기에 참가했다고 하는데, 물론 그들의 상대는 항상 황제가 이기도록 복종했다고 한다.

12 『로마 황제의 역사』(HA)의 「마르쿠스 안토니누스」 4.9의 기술에 따르면, 마르쿠스가 이 이름을 가진 인물에게 그림 및 음악을 배웠다고 한다. 단순한 예술에 대한 공부를 넘어 어린 시절의 마르쿠스에게 상당한 영향을 미쳤을 것으로 추정된다. 디오그네투스(혹은 디오게네투스) 영향 아래, 마르쿠스가 철학자로서 살기를 바라는 마음이 이 시기로부터 형성된 것으로 보는 학자도 있다(P. Hadot, *The Inner Citadel: The Meditations of Marcus Aurelius*, trans. Michael Chase, Cambridge, MA: Harvard University Press, 1998, p. 5).

13 그럼에도 아르뉘피스라는 이집트 마술사는 마르쿠스 궁정의 저명한 구성원이었다고 한다.

14 닭싸움의 일종으로 보이며, 메추라기의 머리를 두드려 서로 싸우게 하는 일종의 놀이로 당시 유행했다고 한다. 자세한 내용은 불분명하다.

것. 철학에 친숙해지고,[15] 먼저 박케이오스[16]를, 다음으로 탄다시스[17]와 마르키아노스[18]를 스승으로 삼은 것. 어린 시절에 '디알로고스'[19]로 글을 쓴 것. 짚 요나 모피 이불, 헬라스(스파르타)식 훈련 방식을 선호한 것.[20]

7 루스티쿠스[21]에게서는 자신의 도덕적 성격을 교정하고 치료할[22] 필

15 "마르쿠스는 사는 동안 철학에 전념했다"(4.1.1). 마르쿠스는 어린 시절부터 철학 공부를 시작했으며, 12살 경부터는 헬라스식 철학자의 외투(pallium)를 입고, 땅에서 잠을 자며, 연구를 추구하는 철학자의 강인함을 받아들였다고 한다(『마르쿠스 안토니누스』, 『황제의 역사』 4.1.2, 4.2.6).

16 또는 박키오스. Bakcheios는 파포스 출신의 플라톤학파로 아카데미아의 철학자다.

17 여기 이외에는 언급이 없으나, 탄다시스(Tandasis)를 교회사가 에우세비오스가 마르쿠스의 스승으로 언급하는 팔레스티나의 스퀴토폴리스 출신 철학자(아마 스토아학파) 바실레이데스(Basileidēs)의 오기로 추정하기도 한다.

18 알 수 없음. 마르키아노스는 마르쿠스에게 법률을 가르쳤다. 마르쿠스의 법학 스승으로 루키우스 월루시우스 마에키아누스(Lucius Volusius Maecianus, 110~175년)라는 인물이 있으니 그 오기일지 모르지만, 여기는 철학자들의 열거이므로 이 인물은 맞지 않을 것이다.

19 이 이름으로 불리는, 세네카의 윤리적 주제를 담고 있는 에세이(『대화』)와 같은 유형의 작품일 것이다.

20 마르쿠스가 사용하는 단어는 일반적으로 스파르타 소년과 남성이 겪는 악명 높은 힘든 훈련 체제(agōgē)에서 사용되었다. '아고게'를 '헬라스의 문화 양식'(문학, 철학 교육과 체육 교육)으로 받아들일 것인가? 아니면 라케다이모니아(스파르타) 청소년의 군사적 용기를 북돋는 교육으로 받아들일 것인가? 어쨌든 금욕주의적 삶의 방식은 스토아주의자들과 퀴니코스교도들도 장려했던 것이다(세네카, 『도덕서한』 18.5~7, 20,9; 무소니우스 루프스 참조). 하지만 스파르타의 군국주의적 교육과 달리 스토아와 퀴니코스는 '개인의 도덕적 가치'를 유일한 인생의 목표로 간주했다. 그럼에도 무소니우스 루푸스는 소박한 삶의 스타일을 찬양했다. 마르쿠스는 12세 무렵에 헬라스의 삶의 방식과 헬라스 철학에 매력을 느끼기 시작했지만, 실제적인 수행자가 되기까지는 아마도 10년 정도 더 걸렸을 것이다.

21 양아버지 안토니누스를 빼고 루스티쿠스의 것이 제일 길다. 퀸투스 유니우스 루스티쿠스(Quintus Junius Rusticus, 100~170년). 133년과 162년에 집정관을 지냈다. 스토아 철학을 받

요가 있다는 인상을 가지게 된 것을. 소피스트적 논증에 열중하여 옆길로 빠지지 않은 것.[23] 순전히 이론적 주제에 관한 글을 쓰지 말 것. 훈계적 연설을 하거나 철학적 훈련을 행하는 사람, 잘못에 관대한 사람으로 나 자신을 과시함으로써 다른 사람의 눈에 확 띄게 하려는 태도를 취하지 말 것. 수사학이나 시나 미사여구를 멀리할 것. 철학자가 입는 외투[24]를 입고 집안을 돌아다니거나 그 밖

드는 로마 귀족 가문(그의 할아버지인 스토아주의자 알렌스 루스티쿠스는 66년 스토아주의자인 원로원 의원 트라세아, 바에투스에게 행해진 고발을 방해하려는 시도를 했고, 이후 93년에는 그 자신이 도미티아누스의 독재에 희생되었다). 마르쿠스가 '가장 좋아했고, 존경했던 스승'으로(『황제의 역사』 4. 3.3), 마르쿠스는 자신의 지적 성장에 결정적 영향을 미쳤던 스토아 철학자 루스티쿠스를 두 차례나 콘솔로 임명했다(『황제의 역사』 4.3.4). 그는 행정장관(총독, procurator)에 재임 중이던 165년에 기독교 교부인 순교자 유스티노스(Ioustinos ho martus, 100~165년)를 재판한 것으로도 알려져 있다. 마르쿠스에게 에픽테토스의 철학을 가르침으로써 마르쿠스를 수사학에서 스토아 철학으로 돌아서게 한(144~147년) 인물로, 마르쿠스와 평생 깊은 관계를 맺었다. 1.17.5, 1.17.7 참조.

22 헬레니즘 시대에 철학은 치료로서의 의술에 자주 비교되었다. 이에 대해서는 에픽테토스의 『강의 1·2』(김재홍, 그린비, 2023) 해제 참조.

23 여기서 '소피스트식 논증'은 당시 그렇게 불리는 지식인 계급이 가르치고 실천했던 수사학을 의미한다. 마르쿠스는 수사학에서 철학으로 방향을 틀었지만, 황제로서 그는 종종 수사학에 의존할 필요가 있었고(8.30 참조), 많은 소피스트들이 제국과 고향에서 저명한 인물들이었기 때문에 그는 종종 그들과 공식적인 업무를 가졌다. 그래서 '소피스트'는 상당한 존칭이지만, 아테나이에서의 '소피스트'에 대한 플라톤과 아리스토텔레스의 비판으로 그 이름은 이미 더럽혀진 바 있었다. 마르쿠스의 시대에 그들은 모든 종류의 공개 행사의 기조 연설자로서 수요가 많았으며, 제국 여기저기를 여행하며 전시 연설을 했는데, 최고의 가문의 자제들이 그들의 학생이 될 수도 있었다.

24 원문이 stolion([철학자가 입는] 간소한 옷; J. Dalfen)이냐 stolē(정장; C. R. Haines)이냐에 따라 해석이 다르다. 후자로 읽으면, 로마 시민의 계급에 맞는 평시 '정장'을 말한다. 방문객을 맞이할 때 그가 왕세자로서의 '정장'(正裝)이 아닌 '평범한 옷'을 입고 다녔다는 이야기가 전해지고 있다(카시우스 디오, 『로마의 역사』 72.35.4). 다른 해석으로는 철학에 물든 마르쿠스가 '철학자의 외투'(tribōn, pallium)를 입는 것을 두고(플라톤, 『향연』 219b, 크세노폰, 『회상』

의 그와 같은 일을 하지 말 것.[25] 편지를 간단하게 쓰는 것(예를 들어 그 자신이 시누엣사[26]에서 나의 어머니에게 쓴 편지와 같이). 또 화를 내게 하고 자신에게 무례를 저지른 사람들에게는 화해할 수 있는 태도를 취하고, 그들이 원래의 관계로 돌아가려고 할 때에는 즉시 관대하게 대해 주는 것. 면밀하게 읽고 대충 전체를 개관하는 것만으로 만족하지 말라. 말만 번지르르하게 하는 사람들에게 급히 동의하지 말라. 에픽테토스[27]의 [강의에서 취해진] '비망

1.6.2 참조), 철학이란 외양이 아니라고 타이르며 그만두게 한 것으로 이해되기도 한다.

25　루스티쿠스에게서 배운 것은 이런 것이다. 프론토의 수사술을 포기하고, 철학으로 완전히 돌아서게 되었다는 점이다. 에픽테토스가 말했듯이 철학의 목표는 철학자의 외투를 입는 것이 아니라, 올바르게 추론하는 것이다. 철학은 땅바닥에서 잠을 잔다거나 '대화'로 글을 쓰는 것이 아니라 자신의 성격을 바로잡는 데 있다. 그것은 소피스트적 논의, 책과 같은 논문, 뽐내는 연설, 과시에 있지 않고, '단순함' 속에 있다는 것이다. 루스티쿠스로부터 어떤 스토아 철학을 배웠는지에 대한 내용은 언급되고 있지 않다. 아마도 당시에 지배적인 에픽테토스의 철학, 즉 단순히 이론적인 지적 반복이 아니라, 삶을 살아 나가기 위한 실천적 충고였을 것이다. "그렇다면 철학의 주제는 무엇인가? 낡은 외투는 아니지 않은가? 아니, 오히려 이성이다. 그 목적은 무엇인가? 낡은 외투를 입는 것은 아니겠지? 아니, 오히려 올바른 이성을 갖는 것이다. 어떤 철학 이론인가? 어떻게 하면 풍부한 턱수염이나 긴 머리를 기를 수 있는지에 관한 것은 아니겠지? 아니오, 오히려 제논이 말하고 있듯이, 이성의 구성 요소에 대해, 그들 각각이 어떤 성질의 것이며, 서로 어떻게 조화를 이루고, 그것들로부터 어떤 일이 따라 나오는지를 아는 것이네"(에픽테토스, 『강의』 4.8.12).

26　아피아 가도 위의 해안가 휴양지(현대의 Torre S. Limato). 라티움 남쪽에 위치하며 캄파니아에 접한다. 나폴리 북쪽의 해변 마을이다. 괄호로 묶인 부분은 대중이 마르쿠스의 어머니에게 보낸 루스티쿠스의 편지에 접근할 수 없기 때문에, 이 책(노트)이 출판용이 아니라 마르쿠스만을 위해 작성되었음을 알 수 있는 특징을 보여 준다. 그의 당대의 작가들은 편지 쓰기를 정교한 문학 형식으로 발전시켰다(세네카).

27　소아시아 프뤼기아의 히에라폴리스 출신 철학자. 1세기 중엽에 태어나 135년경 에피로스의 니코폴리스에서 죽었다. 네로 황제를 섬긴 해방 노예 에파프로디토스의 노예였지만 그로부터 해방되어 로마에서 철학을 가르쳤다. 그 자신은 책을 저술하지 않았으나, 그에게 배운 니코메디아 출신의 아리아노스(Lucius Flavius Arrianus, 86~160년)의 강의 노트 4권이 전

록'(*hupomnēma*)을 읽게 된 것. (이 책은 그가 자신의 서재에서 필사본을 꺼내 준 것이다.)

8 아폴로니오스[28]에게서는 자유(독자성)와 절대로 행운을 바라지 말라는 것을. 비록 한순간이라도 이성 이외에는 아무것도 따르지 않는 것. 극심한 고통 속에서도, 아이를 잃었을 때에도, 오랜 시간 동안 병을 앓아도 항상 똑같아야 한다. 동일한 인간이 한편으로는 격렬하면서도 다른 한편으로는 상냥할 수 있다는 것을 살아 있는 본보기로 분명히 본 것. 남에게 설명할 때 성질을 내지 말라. 경험이 풍부하고, 철학적 원리(*theōrēmata*)를 다른 사람에게 전달하는 데 능통함에도 분명히 이것들을 자신의 재능 중에서 가장 사소한 것으로 생각하는 사람을 보았다. 친구들로부터 은혜(호의)로 여

해지고 있다(후반부 4권은 현존하지 않는다). 이 책 곳곳에서 마르쿠스가 언급하고 있는 저작('강의 노트', *hupomnēma*)이 현존하는 『강의』인지는 불분명하지만, 마르쿠스는 그에게 깊은 영향을 받고 있다. '담화'로 번역된 단어(Dissertatione)는 문자 그대로 '강의로 쓰인 판본'(written versions of lectures)을 의미한다. 당시에는 에픽테토스의 『강의』가 온전하게 유통되었으며, 따라서 오늘날 우리가 더 이상 갖고 있지 않은 책에서 나온 것으로 보이는 그의 '단편'이 오늘날에도 전해진다. 아마도 루스티쿠스는 에픽테토스의 강의에 참석하고 메모를 작성했을 수도 있다. 이 책에 나오는 에픽테토스에 대한 언급은 아리아노스의 판에서 나온 것으로 보인다.

28 보스포루스에 있는 칼케돈 출신의 스토아 철학자. 안토니누스 피우스 황제에 의해 마르쿠스의 스승으로 초빙되었다(1.17.5 참조). 프론토와의 서신에 따르면, 마르쿠스는 그를 "나의 철학 선생님"이라고 부르고 있다(*Ad M. Caes.* 51). 다른 문헌의 보고에 따르면 오만한 성격이었다고 한다. 아폴로니우스는 깨달은 사람에 대한 스토아적 용어인 거의 '현자'(*sophos*)로 묘사되고 있다. 오직 현자만이 행운이나 어떤 종류의 사고에도 영향을 받지 않는다. 이 생각의 뿌리는 플라톤, 『에우튀데모스 279c~280b』(소크라테스의 입장) 참조.

겨지는 것을 받을 때,[29] 그것을 비하하지도, 그렇다고 냉정하게 무시하지도 않고, 어떻게 받아들여야 하는지를 배운 것.

9 (1) 섹스토스[30]에게서는 친절할 것을. 부권이 지배되고 있는 집안의 예. 자연에 따라서 사는 삶의 근본적 개념.[31] 꾸밈없는 위엄. 친구들에 대한 세심한 배려. 무지한 자와 반성에 근거하지 않은 견해를 가진 자들에 대한 인내.

(2) 또 모든 사람을 적절하게 대우하는 능력. 그렇기에 그와 섞이는 것은 그 어떤 아부보다 유쾌했고, 그런 기회에 사람들은 그에 대해 매우 깊은 존경심을 갖게 되었다. 또 그는 인생에 필요한 원리를 찾아 이를 적당히 분류하는 데에 뛰어난 이해력과 방법을 제시했다.

(3) 또 분노나 그 밖의 격정의 징후를 결코 드러내지 않고, 격정으로 전혀 움직일 수 없는 인간인 동시에, 더할 나위 없는 애정이 넘

---

29 '호의'는 아마도 스토아 철학에서 '아무런 관계가 없는 것들'(adiaphora)이거나 도덕적으로 중립적인(즉 선도 악도 아닌) 부류에 속하기 때문에 '여겨지는'이라고 불린다.

30 헬라스의 중부 지역인 보이오티아의 카이로네이아 출신인 스토아(혹은 아카데미아)학파 철학자. 저명한 문인이자 플라톤학파의 철학자인 플루타르코스의 조카(혹은 손자)로 알려져 있다. 마르쿠스는 황제가 된 후에도 그의 강의를 청강했다고 한다. 마르쿠스는 아폴로니오스 외에도 "모두 스토아 철학자들인 플루타르코스의 조카인 카이로네이아의 섹스투스, 유니우스 루스티쿠스, 클라우디우스 막시무스, 킨나 카툴루스의 강의에 참석했다"(『황제의 역사』 4.3.2).

31 일반적으로 이 책에서 반복되는 이상적인 철학적 삶을 설명하는 스토아적인 삶의 방식 (1.17, 7.56, 10.15, 12.1 참조).

치는 인간이었던 것.[32] 거드름 피우지 말고 칭찬하는 것. 많은 지식을 가지고 있으면서 그것을 과시하지 말 것.[33]

10   문법학자 알렉산드로스[34]에게는 까다롭게 굴지 말 것을. 거친 말투나 문법적으로 틀리고 거슬리는 표현을 사용하는 사람을 나무라는 식으로 비난하지 말고, 대답의 형태로, 또는 다른 사람의 말에 흥얼거리는 형태로, 또는 말씨가 아닌 그 문제 자체를 함께 논의하는 형태로, 또 그 밖에 다른 신중한 주의에 의해 사용해야 할 표현 자체를 이야기 속으로 잘 가져오는 것.

11   프론토[35]에게서는 폭군의 성격인 질투와 악의, 허위가 어떤 것인

32 스토아는 정념(pathos)을 일종의 병적인 질환으로 간주했지만, 특정 감정이나 감정에 기반한 실천적 행위는 허용되었다. 그렇지 않으면 정념은 '영혼의 비이성적인 움직임'이거나 '통제할 수 없는 충동'으로 그쳤을 것이다.

33 마르쿠스는 대인 관계의 기본은 모든 사람이 동등하게 이성적인 존재이므로 그들이 잘못되더라도 친절하게 대해야 한다고 여겼다. 그러나 그는 그러한 친절이 어렵다는 것을 알았고, 종종 그것에 실패한 자신을 질책했다(4.37, 5.5, 6.30, 6.39, 7.13, 7.63, 8.8, 9.27, 11.13 참조).

34 소아시아 프뤼기아의 코티아이에움 출신의 문헌학자로 호메로스와 헤시오도스의 주석을 저술하였다. 145년경 안토니누스의 부름을 받아 젊은 마르쿠스의 헬라스어 교사가 됐다. 제자로는 저명한 수사학자 아이리오스 아리스티데스(Aelius Aristidēs, 117~181년)가 있다. 그가 스승에 대해 쓴 추도문이 남아 있다.

35 마르쿠스 코르넬리우스 프론토(Marcus Cornelius Fronto, 100년경~167년 이후). 북아프리카 누미디아의 키르타(Cirta, 오늘날의 알제리의 콘스탄틴) 출신의 수사학자. 143년의 보궐 집정관이 되었다. 황제 안토니누스 피우스는 프론토를 자신의 양자들인 젊은 마르쿠스 및 루키우스 베루스의 가정교사로 초빙했다. 마르쿠스와 스승 사이의 왕복 서한이 19세기 초엽(1815년)에 '거듭 쓴 양피지 사본'(palimpsest)으로 발견되어 두 사람의 친밀한 교우 관계는 물론, 마르쿠스에 관한 많은 귀중한 정보를 얻을 수 있었다. 한 편지에는 "철학은 당신의 대화에 실체(내용)를 주지만, 수사술은 그 형식을 준다"라고 말하고 있다(De eloquentia, 2.15, p.

지 관찰한 것. 또 흔히 우리 사이에서 귀족이라고 불리는 사람들은 많든 적든 육친(肉親)의 애정이 부족하다는 것을 관찰했다.[36]

I 2 플라톤학파의 알렉산드로스[37]로부터는, '나는 틈이 없다'라고 하는 것을 마지못해, 필요도 없는데 사람에게 말하거나 편지에 쓰지 않는 것을. 또 긴급한 용무를 빌미로 우리의 이웃 관계가 수반할

143(Van den Hout; vol. II, p. 70 C. R. Heines). 마르쿠스가 철학에 깊이 경도된 반면, 프론토는 철학을 좋아하지 않았다. 마르쿠스와 프론토 사이의 따뜻한 관계에도 불구하고, 살아남은 그들의 편지에서 알 수 있듯 마르쿠스가 프론토에게서 배웠다고 느낀 삶의 중요한 교훈이 루스티쿠스(1.7)에 비해 얼마나 적은지가 눈에 띈다. 이것은 마르쿠스가 수사학(프론토가 가르친 대로)에서 철학(처음에는 루스티쿠스의 영향을 받음)으로 돌아선 것을 확실하게 반영하며, 네 명의 수사학 교사 중에서 마르쿠스가 언급한 유일한 사람이 프론토라는 점은 몹시 의미심장하다. 반면 마르쿠스는 여섯 명의 철학 교사를 모두 언급하고 있다. 주고받은 편지에서 프론토는 두 학문이 양립할 수 있다고 마르쿠스를 설득하려 했지만, 마르쿠스는 수사학자는 자기 만족을 해야 하나 철학자는 항상 더 멀리 가야 한다는 이유로 프론토에게 동의하지 않았다. 두 사람 간의 이러한 생각 차이에도 불구하고 그들은 행복한 우정 관계를 유지했다. 수사학과 소피스트에 대한 마르쿠스의 태도에 대해서는 E. Bowie, Marcus Aurelius, Greek Poets, and Greek Sophists: Friends or Foes? 참조(in Intellectual and Empire in Greco-Roman Antiquity, ed. P. Bosman, Routledge, 2019, pp. 142~159).

36 프론토는 마르쿠스에게 보낸 편지 두 곳에서 '애정'(philostorgos)이 로마인의 덕이 아니기 때문에 이 개념을 나타내는 라틴어가 존재하지 않는다고 하며, 실제로 꾸밈없는 그런 '덕'을 로마에서 보지 못했다고 말한다(C. R. Haines II. p. 154.6). 그러나 마르쿠스는 단순히 부와 출생을 통해 얻은 귀족이 아닌 로마 귀족으로서 영혼의 고귀함을 찾으려 했고, 때문에 심지어 그의 딸 루킬라를 (첫 남편 루키우스 베루스가 죽은 후) 귀족 다음 계급인 기사단의 일원인 기사와 결혼시키기까지 했다.

37 소아시아 킬리키아 지방 셀레우키아(Seleukeia) 출신의 소피스트. 아카데미아의 회의주의자 파보리누스(Favorinus)의 제자로 '점토 플라톤'(Pēloplatōn)이라는 별명이 있었다. 그는 174년에 마르쿠스가 판노니아(Pannonia)에 주둔할 때 마르쿠스의 부름을 받아 헬라스어 문서 담당 비서관이 되었다.

의무들(kathēkonta)[38]을 끊임없이 피하지 말 것.

13   카툴루스[39]로부터는 친구가 질책을 보내왔다면, 설령 그것이 터무니없는 질책일지라도 이를 경시하지 말고 그와 평소의 우호 관계로 되돌리려고 시도할 것을. 도미티우스[40]와 아테노도토스[41]에 대해 전해지는 것처럼 자신의 선생님들에 대해 충심으로 좋은 말을 하는 것. 자신의 아이들에 대한 진정한 애정을 갖는 것.

14   나의 형제 세베루스[42]부터는 가족에 대한 사랑, 진리에 대한 사랑,

38 스토아 윤리학의 전문 용어다. 의무 윤리학 개념과의 혼동을 피하기 위해 '의무'보다는 '적합한 행위'로 번역된다. 특정 인간이 처한 구체적 상황이나 그 사회적 역할에 적합한 행위의 외적 측면에서 자연적, 사회적 관계에서 출발하는 인간의 의무를 의미한다. 무엇을 이룰 것인가를 선택하는 것, 혹은 '어떻게' 할 것인가는 실천적 지혜(프로네시스, 사려)의 덕(의지)의 작용이지만, 인간으로서 사회에 살고 있는 이상, '무엇을' 할 것인가는 대부분 역할(예를 들면, 아버지, 남편, 시민 등 인간의 '역할'[prosōpon, persona])로서 일단은 정해져 있다. 긴급한 일의 전형적인 예는 삶보다 죽음을 선택하는 행위이지만, 일반적으로 정상적인 관계를 역전시키는 경우, 즉 가족의 의무보다 사회적 일이나 친구에 대한 봉사를 우선하는 것 등이 포함된다. 인간의 사회적 역할에 대해서는 에픽테토스의 『강의』 제2장 '어떻게 인간은 모든 상황에서 자신이 누구인가에 따르는 것을 보존할 수 있는가?' 참조.

39 킨나 카툴루스(Cinna Catulus), 스토아학파 철학자.

40 여기 이외에는 언급이 없지만, 한 가지 추측으로 마르쿠스의 외가 쪽의 저명한 수사학자 도미티우스 아페르(Gnaeus Dimitius Afer)을 가리키는 것으로 보인다. 이 사람이 퀸틸리아누스를 가르쳤다고 한다.

41 스토아학파 철학자(에픽테토스의 스승이기도 했던 무소니우스 루푸스에게서 배웠다). 수사학자이자 프론토의 스승이었던 인물. 프론토가 스승의 추억을 말한 것과 관련이 있을지도 모른다.

42 그나에우스 클라우디우스 세베루스 아라비아누스(Gnaeus Claudius Severus Arabianus)는 페리파토스학파 철학자로 146년에 집정관을 지냈다. 그의 아들이 마르쿠스의 딸과 결혼했다. 엄밀히 말하자면, 마르쿠스와 사돈 관계다. 본문의 '나의 형제'는 '세베루스'를 '베루스'로

정의에 대한 사랑을. 또 그를 통해 트라세아,[43] 헬비디우스,[44] 카토,[45] 디온[46]과 브루투스[47]를 알게 된 것.[48] 만민을 하나의 법률 아

잘못 읽은 후, 후자에 대한 행간의 주가 들어간 것으로 생각된다.

43 푸블리우스 클로디우스 트라세아 파에투스(Publius Clodius Thrasea Paetus). 56년의 집정관. 1세기 중기 독재정에 반대했던 스토아 철학 신봉자 중의 한 명. 원로원의 자유를 억제하려는 네로에 대해 비판적 태도를 견지하다가, 66년에 고발되어 죽음을 명령받았다. 소-카토의 전기를 저술한 그의 최후에는 영혼의 본질에 관해 대화를 나눴던 퀴니코스파의 데이메트리오스(말년의 세네카의 친구)가 동석하고 있다(타키투스, 『연대기』 xvi 34~35). 에픽테토스, 『강의』 1.26 참조.

44 가이우스 헬비디우스 프리스쿠스. 70년에 법무관을 지냈다. 트라세아의 죽음을 목격했던 그의 사위로 장인이 고발되었을 때 로마 정계를 물러나지만 황제 갈바의 치세에 돌아온다. 독재정에 대한 비판적 자세로 베스파시아누스에 적대하다 추방된 뒤 처형됐다. 에픽테토스, 『강의』 1.2.19 참조.

45 마르쿠스 포르키우스 카토 우티켄시스(Marcus Porcius Cato Uticensis, 기원전 95~46년, '소-카토'로 불린다). 기원전 56년의 법무관. 기원전 60년대 이래로 패권주의자(카이사르, 폼페이우스, 크라수스로 이루어진 이른바 제1차 삼두정치)에 맞서고, 특히 카이사르에 대항하여 탑소스 전투에서 패배한 후 카이사르의 용서를 거절하고 북아프리카 우티카(Utica)에서 자결했다. 스토아 철학을 받든 그는 로마의 반독재, 공화정과 자유의 상징(스토아의 이상적 현자)이 됐다.

46 쉬라쿠사이의 디온(기원전 354년 죽음). 플라톤의 제자이자 친구로 쉬라쿠사이에서 스승의 정치 이념 실현을 위해 노력했다. 참주 디오뉘시오스 2세와 대립, 반란을 주도하며 잠시 지배했지만, 음모의 희생양이 됐다. 디온을 소피스트인 디온 크뤼소스토모스(Dion Chrusostomos)로 보는 이들도 있다.

47 마르쿠스 유니우스 브루투스(기원전 42년 죽음). 소-카토의 사위. 생가의 전통과 신념에 따라 제1회 삼두정에 대항하였다. 49년 파르살로스 패배 후 카이사르에게 용서받아 중용되었으나 44년 카시우스와 함께 카이사르를 암살했다. 이후 공화정파를 주도했으나 42년 안토니우스와 옥타비아누스에게 패해 자결했다. 키케로의 어린 친구이자 스토아학파 성향의 아카데미아학파의 철학자로 아스칼론의 안티오코스에게 배웠다. 여기서 거론된 인명은 모두 군주독재에 반대하고 철학을 존중한 사람들이다.

48 이들 대부분(연대 순으로 되어 있지 않다)은 1인 통치나 그 위협에 직면하여 로마 공화정을 보존하거나 회복하기 위해 철학적으로 영감을 받은 유명한 순교자들이다. 마르쿠스는 여기서 그의 친구 루스티쿠스의 할아버지인 Junius Arulenus Rusticus가 도미티아누스 치하에

래 두고 권리의 평등과 언론의 자유를 기초로 하여 신민(臣民)의
자유를 무엇보다 먼저 존중하는 주권을 갖춘 정체(왕정)의 개념
을 갖춘 것.[49] 그로부터 철학에 대해 항상 존경심을 가질 것, 친절
을 베풀 것, 다른 사람에게 후할 것. 희망을 가지는 것, 친구의 우
정에 신뢰하는 것.

자신의 질책을 받아야 할 사람들에게 건넨 거침없는 말, 또 친구
들이 그가 무엇을 원하고 무엇을 원하지 않는 것일까 짐작할 필요
도 없이 행했던 분명한 방식.

15 (1) 막시무스[50]로부터는 극기의 정신과 확고한 목적을 가져야 하
며, 모든 상황에서, 예를 들어 아픈 경우조차도 기분 좋게 행동해
야 한다는 것을. 상냥함과 엄격함이 잘 어우러진 성질. 맡은 일을

서 처형된 또 다른 순교자였다는 사실을 언급하지 않고 있다. 1세기의 제국적 통치에 반대하
는 철학이 황제의 개인적인 철학이 되었다는 것은 무엇을 말해 주는가? 이 사람들에 대한 마
르쿠스의 관심은 무엇이었을까? 아마도 황제로서 독재자로 변할 경우에 그들이 일으킬 반대
를 상기하는 것이었을 것이다. 로마의 철학과 실제 정치 사이의 관계에 대해서는 M. Griffin,
Philosophy, Politics, and Politicians at Rome, in *Philosophia Togata*, Vol. 1, ed. by M. Griffin & J.
Barnes, Oxford University Press, 1989, pp. 1~37 참조.

49 마르쿠스는 안토니누스 피우스를 모델로 삼아 자신의 군주제를 폭정으로 바꾸지 않도
록 항상 주의를 기울였다(6.30 참조). 여기서 마르쿠스가 사용하는 용어는 모두 헬라스 민주
주의 담론에서 가져온 것이지만, 황제로서 마르쿠스는 순수한 민주주의를 옹호한 것이 아니
라 플라톤이 기하학적 평등(『법률』 757b~c)이라고 불렀던 것을 말한 것이다. 여기서 모든 시
민——황제, 원로원 의원, 일반 평민들——은 정당한 대가를 받는 것이다(1.16 참조).

50 클라우디우스 막시무스. 141/142년의 집정관. 스토아주의자이자 마르쿠스의 스승. 뛰어
난 경력을 쌓았다. 아프리카 총독 재임 중 플라톤파 철학자이자 수사학자인 아플레이우스가
마술을 부렸다는 혐의로 피소된 재판을 관장했다. 아마 그는 무죄로 방면되었을 것이다. 그
에 대한 다른 언급에 대해서는 1.16.10, 1.17.5, 8.25 참조.

위축되지 않고 완수하는 것.

(2) 그의 말은 그대로 그가 생각하는 것이고, 그가 하는 일은 악의에서가 아니라고 모든 사람이 믿었던 것. 놀라거나 겁먹지 않는 일. 결코 당황하거나 뒷걸음질 치거나 낙담하거나 억지웃음을 짓지 않는 것. 또 화내거나 시기하거나 의심을 일으키지 않는 것.

(3) 자선을 베풀고, 관대하고, 진실한 것. 수양해서 바르게 된 인간이라기보다는 오히려 천성이 틀릴 수 없는 인간이라는 인상을 준 것.[51] 어떤 사람도 자신이 그[막시무스]에게 경멸을 받고 있다고 생각하지 않았고, 자신이 그[막시무스]보다 우월하다고 감히 생각하지 않았다. [기분 좋게 한 것(유머 감각)].[52]

16   (1) 아버지[53]로부터는 온화할 것과 심사숙고해서 검토한 끝에 일단 결단한 것은 흔들림 없이 지켜 낼 것을. 이른바 명예에 관해 공

---

51   이러한 정직함은 3.5(끝부분)과 7.12에서도 이상적인 것으로 제시된다.

52   원문은 크게 파손되어 여러 가지 제안이 이루어지고 있다. 예를 들면 '또 품위 있게 농담을 하는 것', 또는 '주장할 때 기품을 유지하는 것'.

53   마르쿠스를 입양한 양 아버지인 티투스 아우렐리우스 플루위우스 보이오니우스 안토니누스 피우스(86~161년). 제15대 로마 황제(재위 138~161년). 요직을 거친 후 138년 하드리아누스 황제의 양자가 되어 제위를 계승, 선황제의 치적과 기념에 힘써 '피우스'(효자)의 이름을 얻었다. 이 장은 그의 인격에 바쳐진 아름다운 칭송문이다. 마르쿠스는 이 아버지와 22년간 함께 살았다. 그에 대한 또 다른 유사한 찬사를 보려면 6.30 참조. 편향될 수밖에 없는 역사가가 아니라 그를 잘 아는 사람이 로마 황제에 대해 평가한 독특한 글이기도 하다. 마르쿠스의 이상적인 통치자는 '철학자 왕'이 아니라, 자신의 통치에 상식을 적용하는 잘 교육받고 자란 로마적 덕을 가진 인간에 가깝다는 점에 유의하라.

허한 허영심을 품지 말 것. 일을 사랑하는 마음과 끈기. 공익을 위해 충언을 하는 사람들에게 귀를 기울이는 것. 각자에게 어디까지나 공평하게 그 가치에 상응하는 것을 나누어 주는 것.[54] 언제 긴장하고 언제 긴장을 풀어야 하는지 경험을 통해 알라. 소년에 대한 연애를 멈추는 것.[55]

(2) 그의 공공적 정신. 친구들에게 식사를 함께할 것을 전혀 강요하지 않고, 또 강제적으로 여행에 동행시키지 않은 것. 무슨 일 때문에 곁을 떠나 있던 사람들이 돌아와 보니 항상 같은 그를 발견한 것. 평의회 기간 동안 생겨나는 일을 철저하게 검토하려는 태도와 끈기.[56] 당장의 인상으로 만족하고, 대충 사안을 따지고 적당히 그만둬 버리는 일은 결코 하지 말 것. 변덕을 부리지 않고 계속 친구를 사귀는 것. 모든 것에 자족하는 것과 쾌활한 표정. 앞날을 내다보고 비극적인 태도 없이 아주 작은 일에 이르기까지 미리 준비하는 것.

---

54 스토아 철학이 택한 정의(正義)에 대한 일반적인 철학적 정의는 '모든 사람에게 정당한 권리(몫)를 부여하는 것'이었다.

55 남색 행위는 헬라스의 오랜 관행을 통해 정당화되었지만, 많은 로마인들에게는 저주의 대상이었다. 이전의 두 황제, 트라이아누스과 하드리아누스는 둘 다 소년을 좋아했다고 한다. 헬라스 태생의 젊은이에 대한 하드리아누스의 사랑은 특히 잘 알려져 있다. 이 항목에는 하드리아누스 및 다른 황제들과 암묵적인 대조가 함축되어 있다(R. B. Rutherford[1989] pp. 107~110 참조).

56 황제에게 조언하고 도와주는 자문위원회가 있었다.

(3) 그에 대한 민중의 갈채와 온갖 아부를 금지한 것.[57] 제국에 필요한 일에 밤낮으로 애쓰며 그 자원을 관리하고, 그러한 조처 때문에 일어나는 비난을 감수한 것.[58] 신들에게 미신을 품지 않았고, 인간에게 인기를 얻으려거나 비위를 맞추려 하지 않았고, 민중에게 영합하지도 않았으며, 모든 일에 신중하고 착실했고, 결코 비속함에 떨어지지 않았고, 신기함을 뽐내지도 않았다.

(4) 운명이 인생을 쾌적하게 만드는 모든 것을 그에게 넉넉하게 주었지만, 그것을 자랑하지도, 동시에 변명하지도 않고 사용하고, 그런 것이 있을 때는 거리낌 없이 누리고, 없을 때는 별로 원하지 않았던 것.[59] 어느 누구도 그를 소피스트, 경박한 인간, 또는 현학자라고 부르지 않았고, 그야말로 분별 있고 완전한 아부에 귀를 기울이지 않는 인간으로 자기 자신과 남의 일을 훌륭하게 처리할 수 있는 인물이었다.

(5) 게다가 진정한 철학자들에게는 존경심을 갖고, 다른 사람들(엉터리 철학자)을 비난하지 않았지만, 그렇다고 쉽게 그들에게 현혹되지도 않았다.[60] 그의 붙임성과 조금도 지나치지 않은 우아

---

57 황제에 대한 환호에는 두 가지 형태가 있다. 원로원(최대 600명) 의원은 감사와 아첨의 의례적인 문구를 외울 수 있었다. 그리고 평민들은 '신이 황제를 보호해 주시기를!'이라고 외칠 수 있다.

58 그는 무엇보다 인색하다는 비난을 받았다(카시우스 디오, 『로마의 역사』 70.3.3).

59 스토아식으로 말하면, 생활의 물질적 안락함은 무관심의 대상이었다.

60 철학자들은 일반적으로 후원을 바라며 황제에게 다가갔을 것이다. 잘못된 선택은 우리의 삶을 황폐하게 만들 수 있다. 5.18과 9.29에는 그런 사이비 철학자들의 흔적이 나와 있다.

함. 자신의 육체에 대한 절도 있는 배려. 그것은 삶을 애착하는 사람으로서도, 멋을 부리기 위해서도, 자신을 경시하려는 것도 아니다. 이처럼 자신의 몸을 소중히 여김으로써 그는 좀처럼 의술이나 내복약, 도포제를 필요로 하지 않았던 것이다.

(6) 그에게서 두드러진 것은, 예를 들어 웅변이라든가 법률, 윤리라든가 그 밖의 주제에 관한 지식 등 어떤 면에서 특별한 재능을 가진 사람들을 시기하지 않고 그들에게 양보한 것. 뿐만 아니라 그들을 열심히 후원하여[61] 각자가 그 독특한 뛰어난 점에 따라 명예를 누리게 한 것이다. 모든 것에 조상들의 전통을 따르면서 전통을 지키고 있음을 과시하지 않은 점.

(7) 게다가 한곳에 정착하지 못하고 돌아다니는 사람들과 달리 같은 장소나 같은 일에 머물렀던 것. 심한 두통 발작 후에 곧장 새롭게 원기를 회복하고 일상의 일로 돌아온 것. 또한 그는 많은 비밀을 가지지 않았고, 가졌다고 해도 극히 적고, 드물었으며, 그것도 정치적인 것에 관한 것뿐이었다. 공공의 볼거리 관리, 건물 축조, 하사품 분배와 같은 일에 대한 사려와 절도. 이 경우 그는 자기가 해야 할 일에만 눈을 돌렸고, 그로 인해 마땅히 받아야 할 명예에는 눈길도 주지 않았다.

안토니누스 자신은 철학자가 아니었기 때문에, 아마도 그는 도덕적 성격의 유무에 따라 참 철학자와 거짓 철학자를 구별했을 것이다. 마르쿠스 역시 가짜 철학자를 발견하는 데에 능숙했다고 한다(카시우스 디오, 『로마의 역사』 71.32.5).

61　재정적 지원은 언제나 황제가 승인이나 칭찬을 표현하는 주된 방법이었다.

(8) 그는 때를 가려 목욕을 하지 않았고,[62] 집 짓는 것을 좋아하지 않았으며, 음식이나 옷 짜는 재료나 색조, 노예의 용모 등에 신경을 쓰지 않았다. [그의 정장(正裝)은 별장이 있는 저지대의 시골 로리움[63]에서 온 것이며, 또 라누비움[64]에서 입었던 대부분도 그러했다.][65] 투스쿨룸[66]의 세금 징수원이 그에게 간청했을 때, 이 사람에게 어떤 식으로 대우했는가? 그의 방식은 모두 그런 식이었다.

(9) 그에게는 투박한 데도 뻔뻔한 데도 맹렬한 데도 없었으며, 사람들이 말하는 것처럼 '땀투성이 상태가 되게 하는' 그런 사람도 아니었다. 그의 행동은 모두 하나하나 따로따로, 말하자면 넉넉한

---

62 이것을 칭찬한다는 것이 이상해 보이지만, 이전의 두 황제 칼리굴라와 네로는 이 점에서 악명이 높을 정도로 변덕스러웠다고 한다. 적어도 겉보기에 하찮은 것도 주요 공적 행위만큼 그 사람의 성격을 드러내는 것으로 받아들여졌다. 6.30에서 마르쿠스는 규칙적으로 배변을 하는 안토니누스를 칭찬하고 있다.

63 로마 서쪽 에트루리아 지방의 작은 도시로 안토니누스 피우스 황제는 이곳에서 자랐고, 가끔 이곳에 머물렀다. 아우렐리아 가도 상에 있으며 로마에서 20킬로미터가량 떨어져 있다. 그의 옷은 값비싸게 산 것이 아니라, 이곳 가족 소유지에서 노예들이 만든 것이었다.

64 로마 남동쪽 라티움에 있는 아피아 가도 위의 도시. 안토니누스는 라누비움에서 태어났지만, 로리움의 영지에서 자랐다. 황제가 되기 전에 마르쿠스도 이 두 곳에서 시간을 나누어 지냈다.

65 [ ] 안은 원문에 미비점이 있다. 달펜(J. Dalfen)에 따라 읽었다. 다른 읽기는 '정장'(stole)을 '주랑'(stoa)으로 바꾸고 '아래 별장에서 높은 것으로 통하는 로리움의 주랑과 라누비움에 있는 것의 대부분'이라고 읽는다.

66 로마 남동쪽으로 16킬로미터 떨어진 산중의 오래된 도시다. 여름 더위에 로마인들이 즐겨 찾는 곳이었다. 세금 징수원과 관련한 이 사건에 대해서는 더 이상 알려져 있지 않다. 마르쿠스는 다른 사람을 독자로 상정해서 글을 쓰지 않고, '자신'을 위해 글을 쓰고 있다. 이 이야기는 안토니누스의 친절함을 설명하기 위한 것일 것이다. 아마도 징수원은 자신이 옷을 제대로 입지 않은 것에 대해 황제에게 사과했을 것이다.

여가라도 있는 듯 조용하고, 질서정연하고, 힘차고, 시종일관 계
산되었다. 소크라테스에 대하여 전해지고 있는 것[67]은 그에게도
들어맞을 것이다. 그것은 대부분의 인간이 삼가기에는 너무 약하
고, 향락하기에는 너무 탐닉하는 것들을 그는 삼갈 수도 누릴 수
도 있었다는 점이다.[68] 어떤 경우에도 강하고, 인내심을 가지고,
절제를 지키는 것은 완전한 불굴의 영혼을 가진 인간의 특징이며,
막시무스가 병 들었을 때 그가 보여 준 것이 그 예이다.[69]

I 7　(1) 신들로부터는.[70] 좋은 할아버지들[71]을 가진 것. 또한 좋은 부
　　모, 좋은 여동생,[72] 좋은 스승, 좋은 지인, 친척, 친구들. 거의 모든

67　플라톤, 『향연』 219e~220a 아래. 크세노폰, 『회상』 1.3.14~15 참조.

68　"그분은 먹을 것과 마실 것, 성적 쾌락에 대해 이 정도로 자세를 갖추고 있었고, 자신은
이것들을 위해 많은 수고를 하는 사람들 못지않게 즐거움을 충분하게 누리는 한편 고통은 훨
씬 적게 받는다고 생각했다"(크세노폰, 『회상』 1.3.15 참조).

69　'막시무스의 마지막 병에서의'(Maximou thanasimō…)로 읽기도 하는데(Trannoy의 수
정), 많은 교정본들은 사본의 '막시무스의 병의 경우'로 읽고 있다. 즉 1.15에서의 막시무스이
며, 그의 병도 거기에 언급되었지만 자세한 내용은 알 수 없다.

70　여기서 누락된 문구는 무엇일까? 무엇으로 채울 수 있을까? '…에 대해 감사한다'처럼
보이지만, 여기서는 적절한 것이 못 된다. 신들에 대해서는 6.44 참조. 2.11, 2.12, 3.3, 3.4.3,
3.13, 7.9, 7.70, 9.40, 10.1, 12.5, 12.28 참조. '우리 내부의 신성'(2.1), '기도'에 대해서는 5.7, '신
들에 대한 인간의 의무와 신의 인간에 대한 의무'(5.33). 스토아 신론에 대해서는 LS 54 참조
(LS=Long & Sedley[1987]).

71　아버지는 마르쿠스 안니우스 베루스. 마르쿠스는 아버지가 죽자, 외할아버지 푸블리우
스 칼위시우스 툴루스 루소(109년 및 알려지지 않은 해의 집정관) 밑에서 자랐다.

72　두 살쯤 어린 유일한 혈육인 여동생 안니아 코르니피키아 파우스티나(Annia Cornificia
Faustina). 그는 그녀가 결혼할 때 아버지 유산을 다 넘겨줬다. 가이우스 움미디우스 쿼드라투
스 안니아누스 베루스(146년 집정관)에게 시집갔고, 서른 살이 채 안 된 나이(152년)에 두 아
이를 남기고 세상을 떠났다.

이들이 좋은 사람들이었다는 것. 그리고 내가 그들 중 누구에게도 실수를 하지 않았다는 것. 무엇보다 기회가 주어지게 되면 나도 그런 일을 저지르는 성향[73]을 갖고 있었는데, 신들의 은혜로 말미암아 나를 시험에 들게 할 어떤 상황도 만나는 일이 일어나지 않았기 때문이다.

(2) 또 내가 할아버지의 첩[74] 밑에서 너무 오랫동안 자라지 않은 것. 나의 청춘을 순결하게 지킨 것. 때가 오기 전에 남성 행위를 하지 않고, 오히려 그때를 미룬 것.[75]

(3) 통치자이자 아버지로서,[76] 내 아버지와 같은 인물의 지도 아래 있었던 일. 그는 내 오만을 모조리 없애고, 궁정에 살더라도 호위병이나[77] 화려한 의상, 횃불을 든 사람, 조각상 등 그 밖의 비슷한 허세들을 몽땅 없애 버릴 수도 있다는 것을 깨닫게 해 주었다.[78] 뿐만 아니라 평민의 생활 방식에 극히 가까운 삶에 몸담으면서,

---

73 화를 내는 것. 11.18에서 자신의 행위를 스스로 계도(啓導)하는 지침들 참조.

74 이름을 알 수 없다. 그녀는 베루스의 첫 번째 아내가 죽을 때까지 집에 들어오지 않았다. 그녀는 베루스보다 훨씬 어렸을 수 있으며, 맥락상 마르쿠스가 그들 사이의 모종의 '성적인 흐름'이 있었음을 암시하는 것 같기도 하다. 마르쿠스는 열일곱 번째 생일 직전에 황제 하드리아누스에 의해 입양되면서 베루스의 집을 떠났다.

75 이 책의 여러 항목에서 알 수 있듯이 마르쿠스는 성적인 문제에 대해 다소 조심스러운 사람이었다. 예를 들어 이 항목의 뒷부분에서 그는 에로틱한 열정을 느낄 때마다 '치료해 준' 신에게 감사하고 있다.

76 마르쿠스의 양부인 안토니누스 피우스(재위 기간 138~161년).

77 유명한 황제의 친위대.

78 궁전에서의 삶을 언급하는 5.16 참조.

더구나 그것 때문에 비하되거나 지도자로서 국가를 위해 해야 할 임무를 소홀히 하지 않을 수 있음을 가르쳐 주었다.

(4) 동생[79]으로서, 내 동생 같은 동생을 가진 것. 그는 그 성격 때문에 나로 하여금 주의 깊게 몸을 돌보도록 자극했고, 동시에 존경과 애정으로 나를 기쁘게 했다. 내 아이들[80]이 바보가 아니고, 신체적으로 불편하지 않게 태어난 것. 내가 수사학이나 시학이나 다른 학문에서 크게 발전하지 못한 것.[81] 만일 이것들에서 착착 진전을 보이고 있다고 느꼈다면, 나는 아마 그것에 몰두했을 것이다. 내가 미리 선수 쳐서 가정교사들이 원하는 것처럼 보이는 높은 자리에 그들을 앉혀 주었고,[82] 그들은 아직 젊으니까 더 나중에 그럴

---

79 같이 입양된 아우인 루키우스 베루스(130~169년). 마르쿠스와 공동으로 로마 황제(재위 161~169년)를 지냈다. 원래 이름은 루키우스 케이오니우스 콤모두스였고, 하드리아누스는 안토니누스를 입양했을 때 안토니누스에게 그를 입양시켰고, 그의 이름은 루키우스 베루스가 되었다. 안토니누스 밑에서 마르쿠스와 함께 배우고 수업했지만, 전기 작가들은 마르쿠스의 성격과 달리 변변치 못한 인간으로, 삶의 쾌락을 즐기며 검투사 경기와 운동 경기를 애호했다고 과장해서 전하고 있다. 161년 마르쿠스의 요청으로 공동 황제가 되었다(루키우스 아우렐리우스 베루스). 164년에 마르쿠스의 여동생 루킬라와 결혼했다. 동방 국경에서의 위협에 대처한 후 북쪽으로 향하지만, 169년에 뇌졸중으로 사망했다(39세).

80 145년에 결혼한 마르쿠스와 파우스티나 사이에는 13명 또는 14명의 자녀가 태어났다(이 중 두 남자 쌍둥이). 일곱 아이들(6명의 딸과 1명의 아들)은 어릴 때 죽었고, 부모보다 오래 산 사람은 나중에 아버지 뒤를 이어 열여덟 살에 황제가 된 콤모두스와 넷째 딸이었다. 콤모두스는 192년에 암살당했다. 아우소니우스(4세기)는 '마르쿠스가 조국에 해를 끼친 유일한 것은 아들을 둔 것이다'라고 혹독하게 평하고 있다. 자신의 아이들과 아이들의 상실에 대한 언급은 11.34 참조.

81 수사학에서 철학으로의 마르쿠스의 결정적 전회(轉回)에 대해서는 1.7 참조.

82 마르쿠스는 루스티쿠스에게 집정관(162년)과 지방 총독(163년) 자리를 마련해 주었다.

기회가 있을 거라는 기대 때문에 이 일의 실행을 미루지 않은 것.[83] 아폴로니오스, 루스티쿠스, 막시무스를 알게 된 것.

(5) 자연에 따르는 삶에 대해,[84] 그것이 어떤 것인지에 대한 개념을 명확히 또 종종 떠올려 보는 것. 그러므로 신들 자신이나 신들로부터 오는 축복이나 도움, 영감에 관계되는 한 무엇 하나,[85] 당장에 내가 자연에 맞게 사는 것을 방해하는 것은 아무것도 없었으며, 그럼에도 여전히 그런 경지에 이르지 못하는 것은, 나 자신의 부족함 때문이고, 신들로부터의 [생각나게 해 주는] 암시들, 아니 거의 신들의 가르침이라고 할 만한 것에 열중하지 않은 나의 탓 때문이다.[86]

(6) 내 몸이 이런 생활을 이렇게 오랫동안 버틸 수 있었던 것. 베

---

83 그는 그들을 공공건물의 관장이나 법무관으로 만들어 원로원 의원으로 올렸다.

84 '자연에 따른 삶'에 대한 자신의 이해를 신이 아니라 섹스투스에게 돌린다(1.9.1). 자연에 일치하는 삶은 스토아적 삶의 이상이다. 인간 본성과 우주(전체)의 자연에 내재하는 이성을 따르는 것을 말한다. 이 주제는 이 책의 여기저기에서 자주 언급된다. *LS* 63 B~C 참조.

85 꿈을 통한 도움에 대해서는 1.17.9 참조.

86 이것은 일종의 '선천적 지식'으로 표현될 수 있는 것을 표현하는 마르쿠스의 방식이다. "실상 우리는 직각삼각형, 음악에서의 사분음(四分音)이나 반음에 대한 자연적 개념을 갖지 못한 채 세상에 왔지만, 어떤 종류의 체계적인 교육을 통해서 우리는 이것들 각각이 무엇인지 배우는 것이므로, 그런 이유로 그것들에 대해 알지 못하는 사람들은 그것들에 관해 알고 있다고 생각하지 못하는 것이네. 이와 달리 우리 중에 누가 좋음과 나쁨, 옳음과 그름, 적절함과 부적절함, 행복, 우리에게 적합한 것(의무)과 우리의 몫으로 부과된 것(책임), 그리고 우리가 행해야 하는 것과 우리가 행하지 말아야 하는 것에 대한 본유적 개념을 갖지 못한 채 세상에 들어왔는가?"(에픽테토스, 『강의』 2.11.2~4).

네딕타도 테오도투스[87]도 건드리지 않은 것. 또 나중에 연애의 정념에 사로잡힌 적이 있을 때마다 내가 치유된 것.[88] 루스티쿠스에게 자주 화를 냈지만, 나중에 후회했을 정도의 지나친 행동은 조금도 하지 않은 것. 나의 어머니[89]는 젊어서 죽어야 할 운명이었지만, 그럼에도 그녀와 함께 그녀의 말년을 지냈던 것.

(7) 사람들이 돈이 궁하거나 다른 필요가 있는 사람들을 돕고 싶을 때마다 나는 그것을 실현하는 데 필요한 돈이 없다는 말을 들은 적이 단 한 번도 없었다. 또 다른 사람의 도움을 받아야 하는 비슷한 곤경에 빠지지 않았다는 점. 내 아내[90]처럼 그렇게 순종적인,

---

87　전자는 여성, 후자는 남성이지만 알 수 없다. 궁정에서 섬기는 황실의 노예였을까? 주인이 노예와 성관계를 가질 수 있다는 것으로 이해된다. 3.2 참조. 그는 남성과 여성 모두와 성관계를 가질 가능성이 있다고 가정하지만, 이것이 그를 '양성애자'로 만드는 것은 아니다. 고대에 섹스는 성별보다는 누가 삽입을 했는지, 누가 삽입을 받았는지에 따라 성(性) 역할이 분류되었다. 테오도투스에 대한 그의 명백한 매력에도 불구하고 그는 기본적으로 3.16, 5.10, 6.34에서 동성애를 혐오했다. 동성애 관행은 로마 제국에서 널리 용인되었지만, 마르쿠스와 같은 많은 사람들은 그것을 불쾌한 것으로 간주했다. '성교' 자체에 대한 구조적 분석에 대해서는 6.13 참조.

88　마르쿠스는 정략결혼을 한 아내를 사랑하지 않았을까? 그랬을 것이다. 한 사람은 정치적 동맹을 통해 고귀한 혈통으로 가족을 영속시키기 위해서고, 한 사람은 다른 사람과의 사랑, 욕정에 졌을 것이다.

89　마르쿠스의 어머니 도미티아 루킬라(Domitia Lucilla)는 칼비시우스 툴루스의 딸로, 50세 무렵인 161년에 죽었다(1.3, 8.25, 9.25 참조). "젊어서 죽어야 할 운명"이란 무슨 의미일까? 오래 살기를 바랐던 마음일까?

90　안니아 갈레리아 파우스티나(Annia Galeria Faustina, 130~175/176년). 안토니누스 피우스의 딸. 145년에 마르쿠스와 결혼하여 13명의 아이를 낳았다. 그중 6명의 딸과 아들 하나만 살아남았다. 그 아들이 후계를 잇게 되는 콤모두스였다. 마르쿠스의 원정을 자주 수행하며 '진영의 어머니'(mater castrorum)라는 칭호를 얻었다. 동방 원정에서 로마로 돌아오던 길에 카파도키아의 할라라라는 작은 마을에서 45세의 나이로 죽었다(175년). 현재형을 쓰고 있는

그렇게 다정하고, 그렇게 꾸밈없는 여자를 아내로 둔 것. 내 아이들을 위해 적당한 교사를 어렵지 않게 찾을 수 있었던 것.[91]

(8) 꿈[92]을 통해 여러 가지 치료약을 계시받은 것. 특히 각혈과 어지럼증에 대한 약을 주신 것.[93] 그리고 [이에 관해 카이예타[94]에서 내가 접한 '네가 그것을 사용하는 대로'[95]라는 일종의 신탁].[96] 또 내가 철학을 좋아하게 되었을 때, 소피스트의 손에 빠지지 않고, 논고를 쓰기 위해 앉거나 추론을 분석하거나 천체 현상에 몰입하지

것을 보면, 이 글을 작성할 때는 그녀도 살아 있었던 듯하다. 마르쿠스는 그녀의 죽음을 깊이 슬퍼하고 그 마을을 '파우스티노폴리스'로 개명했다. "그렇게 순종적인, 그렇게 다정하고, 그렇게 꾸밈없는 여자." 마르쿠스의 애정과 신뢰와는 달리, 쉬리아 총독이었던 아비디우스 카스시우스와 그녀의 부정(不貞)에 얽힌 신빙성이 부족한 가십거리가 전해지기도 한다.

91 마르쿠스는 아주 사소한 것에 대해서도 신에게 감사를 표하고 있다. 그는 나머지 노트(제2~12권)에서 신에 의해 자신에게 할당된 것 또 그 모든 경험을 기꺼이 받아들이고 환영한다고 말하고 있다.

92 9.27 참조. 당시 의술의 신 아스클레피오스 신앙이 확산되면서 며칠 밤을 신전에서 자며, 그때 꾸는 꿈을 통한 치료 계시가 유행했다. 예를 들면 당시의 저명한 수사학자 아이리오스 아리스테이데스의 『성스러운 말씀』은 그러한 꿈을 분명하게 적은 것이다. 꿈은 치유의 신이 자신의 처방을 전달하는 인정된 방법이었다. 그에 대한 믿음은 고대 지중해 세계에서 보편적이었고, 무신론자 플리니우스, 회의론자 루키아누스, 신봉자 아리스테이데스, 과학자 갈레노스, 역사가이자 정치가인 디오도 같았다. 그것은 당시 기독교인들에게도 낯설지 않았다. 꿈에 대한 그의 '미신적' 믿음 때문에 마르쿠스를 비난하는 작가들도 있다.

93 폐병의 증상?

94 라티움 지방의 항구도시로 나폴리 북쪽의 현대 가이예타(Gaeta)다. 캄파니아의 휴양지로 예로부터 귀족 별장으로 알려졌으나 황제도 자주 머물렀다.

95 여기의 텍스트는 매우 불확실하다. 카이예타에는 아폴론 신의 신탁소가 있었다. 신탁에 대한 마르쿠스의 질문은 누구나 짐작할 수 있는 것이었다. '나는 다른 것들을 어떻게 사용해야 합니까?' 이것은 마르쿠스가 신적인 소통의 정당성을 믿고 있음을 보여 주는 것이다.

96 원문이 파손된 부분일까?

않은 것.[97]

왜냐하면 이상의 모든 것은 '반드시 신들과 운명의 도움이 필요하기'[98] 때문이다.

---

97 7.67, 8.1 참조. 스토아학파는 철학을 논리학, 자연학, 윤리학의 세 부문으로 나눈다. 원래 논리학은 스토아학파에게 가장 중요하며, 제정기에도 학습에 편입되어 이 학파를 특징짓고 있었다. 세네카는 논리학보다는 자연학에 대해 관심을 갖고 만년에 『자연 탐구』를 저술했다. 크세노폰, 『회상』 1.1.11~16, 4.7.5~6 참조. "에픽테토스는 이렇게 말한다. 존재하는 것이 원자든, 불가분의 것이든, 불 혹은 흙으로 구성되든 간에 나와 무슨 관련이 있을까? 오히려 좋음과 나쁨의 본질을 배우고, 욕구나 회피, 충동이나 반발('행위하지 않는 충동')의 적절한 한도를 배워, 이를테면 이것들을 기준으로 삼음으로써 우리의 삶과 관련된 일을 관리하고, 우리의 힘을 넘어선 것은 버려두는 것으로 충분하지 않을까?"(에픽테토스, 「단편」 1 참조).

98 헬라스 운율 상으로 시의 일부로 보이지만, 출전은 알 수 없다.

제2권

그라누아[1] 강가의 콰디족[2] 사이에서 적다.[3]

I   날이 밝으니,[4] 나 자신에게 이렇게 일러두는 것이 좋다.[5] 나는 시

---

1   다뉴브강의 지류로 지금의 그란(Gran, 혹은 Hron)강. 슬로바키아를 흘러 헝가리 부다페스트 북서쪽에서 다뉴브강으로 흘러 들어간다.

2   콰디(Quadi)족은 슬라바키아 모라비아 지방에 살던, 다뉴브강 북쪽 게르마니아족의 일파로 마르쿠스는 이들을 평정하기 위해 여러 차례 원정했다(170년대). 그가 이끄는 로마 군단이 기적적인 뇌우 덕분에 살아나 승리를 거둔 해라면 172년.

3   제1권의 마지막 머리말을 제2권으로 옮긴다. 일치된 견해는 제1권이 맨 나중에 쓰였다는 점이다. 마르코마니전쟁(bellum Germanicum et Sarmaticum, 166~180년)은 마르쿠스의 통치 기간의 대부분을 차지한다. 현대 모라비아 출신의 콰디족은 174년에 패했지만 177년에 다시 반란을 일으켰고, 마르쿠스가 180년에 죽었을 때 로마는 성공적으로 그들을 물리쳤다. 그라누아는 슬로바키아의 오늘날의 Hron강이다. 이 노트와 다음 노트에만 이러한 제목이 있다. 그 문장 끝에 있는 'a'(숫자 '1')는 아마도 처음으로 쓰여진 노트인 '노트 1'을 의미할 것이다. 그러나 지금 노트 1이 나중에 추가되어 이전의 첫 번째 노트가 노트 2가 되었다. 두 번째 노트에 주요 논제가 있다면 신적인 것과 그의 이웃과의 관계, 그리고 자신을 개선해야 하는 그의 긴급한 필요성이다. 다시 말해, 이것들은 어느 정도 이 책의 기본 원칙들에 대한 것이다.

4   5.1과 10.13에 하루를 시작하는 방법에 대한 생각이 더 많이 나온다. 어떤 일을 하기에 앞서 마음의 준비를 할 필요성을 언급하는 에픽테토스의 『강의』 3.10.1, 4.6.34 참조. 8.12에는 아침에 잠자리에서 일어나는 문제를 이야기하고 있다. 마르쿠스는 만년(晚年)에 불면증에 시달렸다. 미래의 질병에 대한 예상은 스토아주의 내에서 인정된 관행으로, 질병이 발생했을 때 또는 발생할 경우, 그 영향을 줄이는 방법이었다. 이 항목은 이 책의 전형적인 패턴을 따른다. 그는 황제로서 다루어야 하는 사람들의 불쾌함에 직면하고 그 해결책을 제시한다. 여기서 해결책은 그들보다 더 나은 사람이 되는 것이다. 공격적인 사람들에 대처하는 방법은 일반적인 분노 관리와 마찬가지로 이 책에서 반복되는 주제(5.28, 9.42, 10.30, 11.9, 11.13, 11.18)다. 사실 분노의 억제는 이 책에서 매우 강력한 주제이기 때문에, 이 점을 미루어 보아서 마르쿠스가 화를 잘 내는 '성격'을 가졌다고 안전하게 결론을 내릴 수 있겠는가?

5   에픽테토스도 아침에 일어나 자기 자신에게 '조언'을 자주 건넸다(『강의』 4.6.34 참조).

끄럽게 말참견하기를 좋아하는 자나 배은망덕한 놈, 무례한 놈, 기만적인 놈, 중상하는 놈, 비사교적인 놈을 만나게 될 것이다. 이 들에게 이런 결점이 있는 것은 모두 그들이 좋음이 무엇이고 나쁨이 무엇인지 모르는 데서 오는 것이다.[6] 그러나 나는 좋음(선)이라는 것의 본성은 아름답고,[7] 나쁨(악)이라는 것의 본성은 추악하다는 것을 깨달았고,[8] 나쁜 짓을 저지르는 자도 자신의 본성이 나와

6 스토아 철학자들은 소크라테스의 덕과 악덕에 대한 주지주의적 개념을 받아들여 '덕은 지식이고 악덕은 무지'라고 주장한다. 무엇이 옳고 그른지 안다면, 다른 요인에 휘둘려 악을 행하지 않을 것이라는 것이다. 즉 '누구도 자발적으로는(혹은 알면서는) 악을 행하지 않는다는 것이다.' 사람들은 무지와 그릇된 믿음 때문에 잘못을 범한다. 담배를 피운다고 해 보자. 그것은 흡연의 즐거움이 현재나 미래의 고통보다 더 가치 있다는 믿음 때문이다. 궁극적으로 내가 원하는 것은 담배가 아니라 좋은 것이고, 그래서 내가 실제로 나쁜 것을 선택한다면 그것은 내가 나쁜 것을 원하기 때문이 아니라 무엇이 나에게 좋은지에 대한 잘못된 믿음을 가지고 있기 때문이라는 것이다(이 경우에는 즐거움). 요컨대 어떤 외적인 상황이나 사건은 행위 당사자에게 진정한 의미의 해를 주지 못한다는 것이다. 이 주장은 책 전체에서 다양한 형태로 자주 반복되고 있다(2.11.2, 4.8, 4.39, 5.19, 6.41, 7.14, 7.16, 7.22, 7.64, 8.1, 8.28, 8.41, 8.55, 8.56, 9.42.2, 11.18.7 참조).

7 원어인 kalon은 '도덕적 좋음'으로, 이어지는 추악한 것('도덕적 나쁨', to aischron)과 반대되는 것이다.

8 이것은 스토아주의의 근본적인 원리다. 진정으로 좋은 것은 덕뿐이고 진정으로 나쁜 것은 악뿐이라는 것이다. 여기서 말하는 '아름답고, 고결하다'와 '추악하고, 비열하다'(to aischron)라는 말은 정신의 탁월한 모습(덕)과 그 반대되는 모습(악덕)을 의미한다. 우리가 '좋다' 또는 '나쁘다'라고 생각할 수 있는 다른 모든 것은 사실 '우리와 아무런 관계가 없는 것들'(adiaphora)이고 도덕적으로 중립적이지만, 이것들은 가치 척도를 갖지 않으나 덕을 추구하는 사람을 지지하는지 방해하는지에 따라 '선호되거나' 거부된다(4.39, 7.68, 8.41 참조). 이를테면 건강은 우리와 전혀 무관한 것이지만, 사는 데에 '선호되는 것'이다('선호되는 무관심한 것'). 스토아 철학에 따르면 가치는 좋은 것, 나쁜 것, 아무래도 관계없는 것('좋음도 나쁨도 아닌 것'; ta oudetera)으로 나뉜다. 이들 각각은 덕, 악덕, 유익하지도 해롭지도 않은 것에 해당한다. "건강, 힘, 감각 기관의 건전함 등은 자연스러운 것이다. … 혼, 신체 또는 외적인 것들과 관련된 것이 선호된다. 혼에 관련된 것들에는 다음과 같은 것이 있다. 재능, (도덕적) 진보, 기억력, 생각의 빠름, 의무에 충실하려는 성향, 그리고 주로 자연스러운 삶의 방식에 기여할

동족이라는 것[9]——다만 그가 같은 피나 씨앗을 나눈 것이 아니라 지성과 한 조각의 신적인 것[10]을 공유하고 있다는 것을 깨달았으니, 그들 중 누구도 나를 해칠 수 없는 것이다.[11] 그것은 누구도 나를 추악한 일에 끌어들일 수 없기 때문이다.[12] 또한 나는 나와 같

수 있는 모든 기술과 같은 것들. 신체적으로 선호되는 것은 건강, 감각의 예리함 등이다. 외적인 것들은 부모, 자손, 적절한 재산 및 대중적 호의를 포함한다"(스토바이오스, 2.79.20~80.1, 80.22~81.6; DL 제7권 116 참조). 그러나 마르쿠스는 '선호되는 무관한 것들'과 '선호되지 않는 무관한 것들'의 스토아적 구분을 무시하고 그것들 모두를 '우리와 아무런 관련이 없는 것들'(adiaphora)이라고 부른다. 이 점에서 그는 키오스의 아리스톤(Ariston)의 입장을 따르는 것처럼 보인다. 그렇다면 마르쿠스는 아리스톤의 책을 읽었을까? 아리스톤은 철학에서 자연학과 논리학 분야를 포기하고 오직 '윤리학'만이 우리와 관련되어 있다고 주장하였다(DL 제7권 160 참조).

9 인간은 '동족'(동포)이라는 것에 대해서는 2.13, 3.4.4, 3.11.3, 4.29, 7.13, 7.22, 9.22, 10.6.2, 10.36, 11.9, 12.26, 12.30 참조.

10 스토아 철학자에게, 마르쿠스가 분명히 밝힌 것처럼, 사람의 진정한 자아는 이성적 마음이며, 이는 신 또는 제우스인 이성적 정신의 파편이며, 온 우주를 최선으로 인도한다. 그러므로 모든 인간은 같은 신성에 참여하기 때문에 동족이다. 이 아이디어는 다른 사람과의 관계(공동체적 관계)에 대해 암시하는 측면에서 그 몇몇 결과와 함께 이 책에서 자주 반복되고 있다. '내면의 신으로서의 이 진정한 자아'는 제2권과 제3권에서 두드러지며 제12권까지는 거의 나타나지 않는다("각 개인의 지성[nous]은 신이며, 신에게 흘러나온 것임을 너는 잊고 있다"[12.6]).

11 자신에게 해를 끼치는 것만이 유일한 진정한 해다(9.4 참조). "왜냐하면 의지만이 의지 자신을 방해하고 해치지, 그것을 제외하고 의지와 관계없는 것이 의지를 방해하고 해를 입힌다는 것은 가능하지 않기 때문이다"(에픽테토스, 『강의』 3.19.2).

12 마르쿠스는 플라톤의 소크라테스의 『변명』 30c~d에서 소크라테스의 유명한 말을 암시하고 있다. "나를 고발하는 사람들은 나에게 아무런 해도 끼치지 못할 겁니다. […] 더 훌륭한 사람이 더 형편없는 사람에게서 해를 입는다는 건 법도에 맞지 않다고 생각하기에 하는 말입니다." 이 말은 에픽테토스의 『엥케이리디온』의 마지막 말을 만들어 낸다. 즉 "아뉘토스와 멜레토스가 나를 죽일 수는 있지만, 그러나 어떤 해도 내게 끼칠 수 없을 것이네"(제53장). 해를 끼칠 수 있는 외부 사람이나 어떤 것의 무능력은 이 책에서 되풀이되는 주제다. 또한 우리가 겪는 유일한 해는 그릇된 행동, 즉 거짓되고 해로운 믿음에 동의함으로써 우리 자신에게 가

은 부류의 사람(동포)들에게 화를 낼 수도, 미워할 수도 없다. 왜냐하면 우리는 두 발이나 두 손, 두 눈꺼풀이나 상하 치열처럼[13] 협력하기 위해 태어났기 때문이다.[14] 그러므로 서로 맞서는 것은 자연에 반하는 것이다. 그리고 남에게 화를 내거나 혐오하는 것은 서로 맞서는 것을 말한다.[15]

2   이[16] '나'라는 이것은, 그것을 무엇이라고 부르든 간에, 결국 단지 육신과 약간의 숨결과 지도하는 이성 부분[17]으로 이루어진 것에

하는 해라는 것이다. 2.16, 4.26, 6.21, 8.55, 9.4, 9.38 참조.

13 더 큰 유기적 전체의 일부로서, 신체의 부분과 인간 사이의 비유는 이 책에서 흔히 볼 수 있다.

14 7.13 참조.

15 마르쿠스에게 개인의 영적인 발달은 자신이 직면한 선택 중에서 점점 더 이성적으로 선택하는 것뿐만 아니라, 동료 인간과 협력할 수 있는 것에 찬성하여 부정적인 열정을 점점 더 피하는 것으로 드러난다. 모든 개인이 항상 선택권을 가지고 있다는 것은 스토아주의의 본질적인 측면이다. 따라서 그가 올바른 선택을 하도록 촉구하는 것이 이 책 전체의 어조이다. 마르쿠스가 자주 사용하는 용어를 빌리자면, 매 순간 꼭두각시 인형이 될 것인지, 아니면 꼭두각시의 주인이 될 것인지를 선택하라는 것이다.

16 '나임이라는 이것을 구성하는 것'. 즉 '나'라고 하는 것의 이 본질과 '지금 내가 논의하고 있는 것'을 의미한다. 달펜은 touto(이것)를 읽지 않는다(J. Dalfen, *Marci Aurelii Antoni ad se ipsum libri xii*, Leipzig, 1st edn. 1979/1987).

17 이 장은 드물게 인간의 본성을 세 측면으로 구분하고 있는 일련의 장 중 하나이다(12.3). 즉 살(sarkia), 짧은 숨결(pneumation), 지도하는 중심 부분(hēgemonikon). 3.16, 5.33, 7.16, 8.56, 12.3.1(sōmation, pneumation, nous), 12.14 참조. 다른 곳에서는 '숨결' 대신에 대개 헬라스 철학에서 '영혼', '정신'을 의미하는 psuchē를 사용한다. 이 경우에서는 '숨결'이나 '생기'(생명력)를 의미한다. 다른 장에서는 pneumation 대신 관례적인 psuchē('mind' or 'soul')와 신체(somma)를 대조해서 사용하고 있다. 스토아 철학의 전문 용어 '지도적 이성 부분'(혹은 '지휘 사령부', 헤게모니콘)은 이성이나 지성과 거의 같으며, 육체와 대비되는 의미에서의 영혼, 마음과도 겹치지만, 행위와 선택의 주체라는 윤리적 맥락에서 사용되는 것이 보통이다.

지나지 않는다. [*] 너의 책을 내려놓아라.[18] 더 이상 이것에 몰두하지 마라.[19] 그것은 용서할 수 없는 일이다. 오히려 이미 죽어 가는 인간으로서 살(육체)을 경시하라. 그것은 핏덩이와 작은 뼈, 신경, 정맥이나 동맥을 엮은 것에 지나지 않는 것이다.[20] 또 숨결이

스토아주의자들은 철저한 유물론자였다. 심지어 우리의 영혼은 '지휘 사령부'와 마찬가지로 물리적 물질인 공기로 이루어져 있다. 공기는 우리 영혼의 일부기 때문이다. 그렇지 않으면 영혼에서 생성된 생각이 어떻게 우리 몸을 움직일 수 있겠는가? '지도적 이성'은 앞장에서 사용된 '내부의 신'과 동일한 영혼의 가장 높고, 신성한, 이성적인 부분을 말한다. '지휘 사령부'는 모든 정신의 흐름과 그 과정을 책임지지만, 자동적으로 혹은 기계적으로 움직이는 신체 과정에 대해서는 책임지지 않는다. 이곳은 사람의 마음, 자아 또는 의식의 중심을 차지한다. 스토아 철학자들은 이것이 일반적으로 심장에 위치한다고 생각했다(크뤼시포스). 이에 대해서 갈레노스는 '지휘 사령부'가 심장에 위치한다는 그 점을 공격하고 있다(『히포크라테스와 플라톤의 학설에 대하여』 제1~3권). 플라톤의 심리적 기능에 대한 세 부분으로 된 설명을 받아들이는(플라톤, 『티마이오스』 69~72), 그의 주장에 따르면 혼의 추론하는 기능은 '뇌'에 있지만, 다른 심리적 기능들은 신체의 여기저기에 산재하고 있다. 분노는 가슴에, 욕구는 위와 간에 있듯이.

18 J. Dalfen의 읽기를 따랐다. 2.3("책에 대한 너의 갈증은 버리는 것이 좋다."), 3.14, 7.67, 8.8 참조. 가르침의 실천이 아니라, 오히려 책에 매달리는 자신의 학생들을 향해 비판했던 에픽테토스의 생각을 기억하는 것이 좋다(『엥케이리디온』 제49장, "신체, 재산, 명예, 책 […] 관직, 무관직 등을 모두 버려야 한다"(『강의』 4.4.33). 책에 대한 집착은 우리 자신이 해야 하는 힘든 생각을 하지 않는 것에 대한 핑계가 될 수 있다. 적극적으로 생각하라는 것이다. 그 생각 자체는 모든 수동성을 피하는 것이다. 다시 말해 노예가 되지 말고, 꼭두각시가 되지 말고, 세상을 원망하거나 걱정하지 말라는 것이다. 그래서 2.4에서 말했듯 미루는 것을 멈추고, 2.5에서 말했듯 '당면한 과제를 완수'하는 데에 적극적이고 주체적으로 행동할 것을 요구한다. 아래 줄 '꼭두각시의 은유'가 암시하듯이, 자기 자신을 이리저리 돌아다니며, 숨을 들이쉬고 내쉬는 세상이 몰아가는 수동적인 물질 조각으로 남아 있지 말라는 것이다.

19 이 노트는 전장에서 썼을 가능성이 크다. 마르쿠스는 자신의 책장 전체를 수중에 가지고 있지 않을 것이다. 그러나 책의 부족은 그를 진정한 스토아적 방식으로 배우는 것보다 덕을 지니게 되는 실천적인 훈련에 집중할 수 있게 해 주었을 것이다. 독서에 매달리는 공부에 대한 비난은 에픽테토스의 『강의』에서 특히 두드러지는 주제다.

20 그 시대에는 인체 해부학의 이러한 측면이 알려졌지만, 그 진정한 기능은 완벽하게 이해

라는 것도 어떤 것인지 살펴보라. 그것은 바람이다. 게다가 항상 같은 것이 아니라, 시시각각 토해 내고 다시 삼켜진다. 세 번째는 지도하는 이성인데,[21] 다음과 같이 생각해 보라. 너는 노인이다.[22] 더 이상 이 부분을 노예의 상태로 두지 마라. 이기적인 충동에 속아 넘어가는 꼭두각시 상태 그대로 두지 마라.[23] 또한 현재 주어진 운명(heimarmenon)에 대한 불평이나 미래에 다가올 것에 대해 불안감을 가지지 마라.[24]

3 신들의 일은 섭리로 가득 차 있으며, 운명의 일은 자연을 떠나서

되지 못했다. '육체(살)를 경시하라'란 말에 스토아적 금욕주의가 함축되어 있다. 마르쿠스는 자신의 신체를 거의 경멸하지 않았다(3.3, 7.68 참조). 그는 그것을 고통과 불편함(5.26, 7.14, 7.66, 9.41, 12.1), 오물(8.24) 또는 육신의 쾌락적 움직임(5.26, 11.19)의 근원에 지나지 않는 것으로 보았다.

21 앞의 *를 이쪽으로 옮겨 읽기도 한다.

22 이것을 쓰고 있는 때를 172년이라고 하면 마르쿠스는 51세이다. 이 책은 50세에 접어들어 쓴 것으로 추정된다. 그는 59세(180년)에 죽었다.

23 달리 번역하면, "이 부분이 더 이상 공통적이지 않은 충동에 의해(kath' hormēn akoinō-nēton) 꼭두각시처럼 그런 식으로 당겨지는 것을 허용하지 말라." "나쁜 사람들과 공통적이지 않은 것(akoinōnētoteron)이 더 선택될 만하다"(아리스토텔레스, 『토피카』 117b30~31). 마르쿠스는 꼭두각시 비유를 여러 곳에서 즐겨 사용했다. 3.16, 6.16, 6.28, 7.3, 7.29, 10.38, 12.19 참조. 그는 아마 줄에 매달린 인형이 아니라, 즉 행위자에 의해 조종되는 꼭두각시 인형이 아니라, 그 시대에 유행했던 종류의 줄을 당겨서 움직이는, 이를테면 떨어지는 무게에 의해 당겨진 줄이 감긴 후 다시 그 움직임을 통해 움직이는 인형을 생각했을 것이다. 다시 말해, 그의 요점은 지도적 이성 부분을 '생각 없는 기계적인 행동'에 맡겨 두지 말라는 것이다. S. Berryman, The Puppet and the Sage: Images of the Self in Marcus Aurelius, *Oxford Studies in Ancient Philosophy* 38(2010), PP. 187~209 참조.

24 이러한 태도는 사실상 신이 할당한 운명을 받아들이지 않기 때문에 불경죄의 한 형태인 셈이다. 5.8, 9.1, 11.20 참조.

는 존재하지 않으며, 또한 섭리에 지배되는 것과도 짜 맞춰져 조합되지 않을 수 없다.²⁵ 모든 것은 이쪽에서 흘러나오는 것이다.²⁶ 게다가 모든 것에는 필연이 있고, 너도 그 자신의 부분인 우주 전체의 유익한 것이다. 그러나 자연의 모든 부분에 전체 자연이 가져다주는 것은 좋음이며, 그 보존에 도움이 되는 것이다. 우주를 보존하는 것은 원소들의 변화며,²⁷ 또한 이것들에 의해 구성되는

---

25 pronoia(섭리)는 문자적으로 '앞을 내다봄'(예견)이다. 신의 이성적 섭리가 지배하는 세상에서 '운'이 설 자리가 어디에 있을 것인가? 3.2에서 보듯이, 행운 혹은 운은 자연적 과정의 겉으로 드러난 마구잡이식 효과로 나타난다. 하지만 그것들은 자연적인 과정이기 때문에, 우리가 완전히 이해했다면 그곳에서도 신의 손길이 작용하는 것을 보게 될 것이며, 그것들을 우연이라고 생각하지 않을 것이다. 스토아주의자들은 결정론자이다. 모든 사건은 앞으로 영원히 확장되는 끊어지지 않은 인과 관계의 부분에 불과하다. '섭리는 신의 의지이며, 더욱이 신의 의지는 원인들의 연속(시퀀스)이다'(Calcidius, 『플라톤의 '티마이오스'에 대하여』 144). 섭리에 대해서는 에픽테토스, 『강의』 1.6, 1.16, 3.17 참조. "첫째, 그들[스토아 철학자들]은 신들이 존재한다는 것을 증명하고, 다음으로 그들의 본성을 설명하고, 다음으로 세계가 그들에 의해 지배받는다는 것을 보이고, 마지막으로 그들이 인류의 운명을 돌본다는 것을 보여야 한다"(키케로, 『신의 본성에 관하여』 2.3). 신은 "세계와 세계 안의 모든 것을 섭리하는 생명체"이다(DL 제7권 147). 여기서 말하는 '섭리'는 자연적 우주가 되는 대로 아무렇게나 형성된 것이 아니라, 목적에 맞게 신의 뜻에 따라 형성되었다는 믿음을 말하는 것이다. 요컨대 섭리는 신이 우주를 지배한다는 것과 인간사(人間事)에 관심을 가진다는 점을 보여 준다. 신의 목적이 이 세계에 내재하며(내재론, immanentism), 이 세계가 이성적 존재의 이익을 위해 최적화되었다는 것을 주장하는 이러한 설명 방식을 이른바 '지성 설계 논증'(argument from intelligent design)이라고 부른다. 스토아학파는 자연을 신과 동일시하고, 모든 이성의 속성을 그것에 부여하여 그들의 목적론을 섭리론으로 변형시켰다.

26 6.36, 12.26 참조.

27 무한한 조합으로, 우주의 모든 것을 구성하는 요소(흙, 물, 공기, 불)들은 끊임없이 흩어지고(죽음) 또 재결합한다. 그래서 '우주는 늘 새롭다'(7.25; 6.15, 12.23 참조). 이에 관련된 헤라클레이토스의 말에 대한 언급은 4.46 참조. 우주 전체의 본질은 변화를 사랑하고, 또 기뻐한다(4.36, 7.18, 9.35 참조). 마르쿠스가 이것을 통해 배우고자 하는 주된 교훈은, '모든 것이 일시적이며 죽음을 두려워할 필요가 없다'라는 것이다. 이 점 역시 이 책에서 반복되는 주제다. 죽음(즉, '우리를 구성하던 복합물의 분해', 2.17.2)은 네 가지 요소들의 결합 및 재결합만

것의 변화다. 이러한 것들이 원리[28]라면, 이것들로 너 스스로 만족하라. 책에 대한 갈증은 버리는 것이 좋다.[29] 네가 투덜거리며 죽는 일이 없도록, 오히려 쾌활하고, 진실되게, 그리고 진심으로 신들에게 감사하며 죽을 수 있도록.

4   상기해 보는 것이 좋다. 너는 얼마나 오래전부터 이 일들을 연기하고 있는지, 또 몇 번이나 신들로부터 기회를 받았는데도 이것을 활용하지 않았는지? 그러나 지금이야말로 깨달아야 한다. 네가 어떤 우주의 일부분인지, 네가 그 우주의 어떤 지배자의 유출물로

큼이나 자연스럽고 유익한 과정이라는 것이다.

28 이 책에서 복수로 사용된 도그마타(dogmata)의 단수인 dogma는 특정한 실천적 행위를 확립하고 정당화하며, 하나 또는 여러 명제로 정식화될 수 있는 '보편적인 원칙'을 말한다 (2.3, 3.13, 4.49["다음 원칙을 사용해야 할 것임을 잊지 말아야 한다."]). 이 점은 에픽테토스가 사용하는 도그마타('판단'이자 '원리')의 의미와 동일하다(『강의』 1.3.1, 1.18.20, 2.16(장의 '제목' 참조), 3.10.1 참조).

29 플라톤의 『파이드로스』(275a~b)와 밀접하게 관련이 있는 세네카의 다음의 말을 참조. "노인이나 거의 노인이 다 된 자가 주석서(commentario)에서 지혜를 얻어야 한다는 것은 부끄러운 것이네! '이것은 제논이 말한 것입니다.' 너는 뭐라고 말하는 것이냐? '클레안테스는 이것을 말했습니다.' 너는 무엇을 말하느냐? 언제까지 너는 남의 지휘 아래 행군할 텐가? 명령을 내리게. 너 자신에게 기억될 만한 어떤 것을 말하라. 너 자신의 것으로부터 무언가를 내놓게. 그래서 나는 그들 자신을 다른 사람의 그늘에 숨기면서, 결코 저작자이지도 않고 늘 해석자인 모든 사람은 그들 속에 아무런 고귀한 것이 없는데, 이는 그들이 그렇게 오랫동안 학습해 왔던 것을 단 한 번도 감히 실행에 옮기려 하지 않았기 때문이라고 생각하네. 그들은 다른 사람의 말로 자신들의 기억을 훈련해 왔던 것이네. 그러나 기억하는 것과 안다는 것은 다른 것이네. 기억한다는 것은 기억에 맡겨진 무언가를 놓치지 않고 따라가는 것이요, 이와 대조적으로 안다는 것은 본보기에 의존하거나 매번 선생님의 지시를 바라보지 않아도 되는 그 모든 것을 너 자신의 것으로 만드는 것이네. '제논은 이것을 말하고, 클레안테스는 저것을 말했습니다.' 너와 너의 책 사이에 약간의 거리를 두도록 하라! 너는 언제까지 학생이기만 할 것인가? 이제부터는 또한 선생님이 되도록 하게"(세네카, 『도덕서한』 33. 7~9).

서 존재하고 있는지를. 그리고 너에게는 일정한 시간의 제한이 가해져 있으며, 그 시간을 이용해 마음의 밝음을 얻지 못한다면 그 시간은 가 버릴 것이고, 너도 가게 될 것이고, 기회가 다시는 너에게 돌아오지 않을 것이라는 것을.

5 모든 때에 굳게 결심하라. 로마인으로서, 남성으로서, 자신이 현재 맡은 일을 꼼꼼하고 꾸밈없는 위엄으로, 타인에 대한 애정으로, 자유와 정의로 완수하려고. 또 [외부에서 들어오는] 다른 모든 인상[30]에서 벗어나 자신에게 휴식을 줄 것을. 그 휴식을 주기 위해서 하나하나의 행동을 인생의 마지막인 것처럼 행한다면,[31] 온갖 마구잡이[32]나 이성이 명하는 것에 대한 열정적인 혐오를 버리고,[33] 또 모든 위선이나 이기심이 자기 몫에 대한 불만을 버리면 된다.

---

30 원어는 phantasia로 감각 또는 사고에 의해 마음속에 획득되는 상이다. '인상', '표상'으로 번역될 수 있다. 인간 행위에 관련된 경우에는 이성적인 표상으로 명제화되고, 거기에 이성이 승인하면 충동이 야기되어, 신체의 운동과 외적인 행위가 생겨난다. 이 책에서는 보다 넓은 의미에서의 '생각'이나 '상념'을 의미하는 경우도 있다. 이 말은 인식의 모든 대상, 즉 우리 마음에 스스로 인상을 주거나 우리에게 나타나는 모든 것을 포함한다. 각각의 경우에 인상을 받거나 마음에 제시되는 것은 명제 형식으로 '저 언덕 너머에 한 그루의 소나무가 있다'와 같은 것이다. 그런 다음 우리는 정신적으로 그 명제를 받아들이거나 거부하여, 적절한 조치를 취하도록 '충동'을 일으킨다. 따라서 우리의 행동은 그렇게 하는 것이 적절한 일이라는 충동에 동의한 결과인 것이다.

31 마르쿠스는 이 연습이 유용하다고 생각한다. 이에 대한 반복에 대해서는 2.11.1, 3.12, 7.69 참조.

32 즉 '목적 없이'(eikaiotētos)를 말한다.

33 정신적 집중과 항상 목적에 맞게 행동하는 것의 가치는 이 책에서 되풀이되는 주제다. 문제는 '항상 같은 사람이 되는 것'이다. "항상 하나의 동일한 삶의 목표를 갖지 못한 자는 일생 동안 한 사람의 동일한 인간일 수 없다"(11.21).

보라. 평안하고 신을 두려워하는 삶을 보내기 위해 극복해야 할 것은 얼마나 적은가. 신들도 이러한 가르침을 지키는 자에게 더 이상 아무것도 요구하지 않을 것이기 때문이다.

6   기껏해야 자신을 망신시켰으면 좋겠다. 창피당하였으면 좋겠다, 내 영혼아. 나를 존중할 기회가 더 이상 없다. 각자의 일생은 짧다. 너의 인생은 거의 끝나가는데, 너는 너 자신에 대한 존경심을 갖지 않고, 너의 행복을 다른 사람의 영혼 속에 놓는 일을 하고 있구나.[34]

7   바깥에서 일어나는 일들이 자네 정신을 어떤 식으로든 산만하게 하는가? 그렇다면 자신에게 여가를 주어 어떤 좋은 것을 더 배우고 이것저것 걷잡을 수 없게 만드는 것을 멈춰라. 게다가 또 다른 종류의 실수를 하지 않도록 조심해야 한다. 즉 너무 활동적이어서 삶에 지치고, 온갖 충동[35]과 인상[36]을 다 쏟아 내야 할 목적을 갖고

---

34 마르쿠스는 자신을 도덕적으로 독립된 주체로 자부하고 있다. 헬라어 프쉬케(psuchē)는 '영혼'이며, 사람의 생명을 불어넣는 부분이며, 자아(自我)다. 그것은 생각하고, 기억하고, 느끼고, 상상하는 등의 '의식적 자아' 또는 '마음'이다. 때로는 '기질'이나 '특성'이다. 사람의 내면 의식과 무의식 부분을 포괄하는 용어이므로, 종종 신체와 구별되기도 하고 결합되기도 한다. 마르쿠스는 영혼의 이성적 기능에 대해 이야기할 때, '영혼'을 '마음'(생각[dianoia], 지성[nous])과 교환해서 사용할 수 있다고 한다. 때로는 프시케를 '영'(spirit)으로 대체하는데, 특히 우리가 '몸, 영, 마음'으로 구성되어 있다고 말할 때 그렇다. 인간의 영혼은 순수한 프네뉴마(pneuma)로 이루어져 있으며, 동시에 이것은 모든 피조물에 스며들어 그것을 유지하는 '물질'이다.

35 스토아 윤리학의 전문 용어다. 동물과 인간의 행동을 일으키는 영혼의 운동을 말하며, 인간의 경우에는 이성의 동의가 선행된다. 행동과 행위에는 반드시 이 충동이 따른다. 하지만 일상적으로 충동은 이성이 결여된 동물적 본능이라는 뜻과 겹치는 경우도 있다

있지 않은 사람들 또한 어리석은 자들이다.

8   남의 영혼 속에 무슨 일이 일어나고 있는지 주의하지 않는다고 해서, 그것 때문에 불행해지는 사람은 쉽게 볼 수 있는 것은 아니다. 그러나 자기 영혼의 움직임을 면밀하게 지켜보고 있지 않은 사람들은 반드시 불행해진다.[37]

9   다음 일을 항상 기억해야 한다. 전체의 자연이란 무엇인가. 나의 자연(본성)이란 무엇인가. 나의 자연은 전체의 자연과 어떤 관계에 있는가. 그것은 어떤 전체의 어떤 부분인가. 또한 네가 그 일부인 자연에 따르는 것들을 늘 행하거나 말하는 것을 방해하는 자는 아무도 없다는 것이다.[38]

10   테오프라스토스[39]는 잘못들을 비교하면서──사람들이 통속적인

---

36   인간 행위의 목적에 대해서는 2.16, 11.21 참조.

37   마르쿠스는 인생에서 목표를 갖는 것의 중요성과 사물의 실재에 상응하는 것의 중요성을 강조한다, 그렇지 않으면 사람의 영혼은 쓸데없이 여러 방향으로 정처 없이 떠돌게 된다. 불행을 피하는 행복은 우주의 이성적 질서에 자신을 일치시키는 데에 달려 있다. 다른 모든 것은 무관심의 대상에 지나지 않는다, 거의 모든 고대 헬라스 철학자들은 행복이 인생의 목표며, 좋음들의 안전한 소유에 달려 있다는 데 동의했다. 스토아주의자들은 소크라테스의 전통에 따라 유일한 좋은 것은 '덕'(아레테)이라고 주장한다. 덕이 우리를 우주가 지배하고 안내하는 힘과 조화를 이루게 하고, 기쁜 관계에 놓이게 하기 때문에, 덕이 행복을 구성하며, 그것을 위한 충분한 조건이 되는 것이다,

38   마르쿠스는 자신이 독립적인 도덕적 행위자이거나 그래야만 한다고 자신에게 상기시킨다(3.12, 4.49, 5.29, 6.58, 8.32, 9.11, 10.32, 12.25). 그는 일인칭, 이인칭 '나'와 '너'를 자신을 위해 모두 사용한다. 물론 '너'를 좀 더 많이 사용한다.

39   기원전 371~286년경. 레스보스의 엘레소스 출신의 철학자로 아리스토텔레스의 제자

의미에서 이런 비교를 할 수 있는 셈인데——성적 욕망 때문에 범한 과실이 분노에 의한 것보다 무겁다고 자못 철학자답게 말한다.[40] 왜냐하면 화가 난 인간은 약간의 고통과 더불어 심장의 무의식적인 가책[41]을 느끼면서 이성을 저버린다고 그가 주장하기 때문이다.[42] 그런데 성적 욕망 때문에 잘못을 저지르는 자는 쾌락에 압도되어 잘못 속에서 한결 방종하게 되고 더 여성스러워 보인다. 그러므로 테오프라스토스가 쾌락에 의해 잘못을 범하는 자가[43] 고통으로 이를 범하는 자보다 더 큰 비난을 받아야 한다고 말하는 것은 옳으며 철학자다운 자격이 있다. 일반적으로 말해서 뒤엣것은 먼저 남에게 나쁜 짓을 당하고 고통 때문에 화를 내지 않을 수 없게 된 사람과 비슷하지만, 앞엣것은 성적 욕망 때문에 행동에 치우치고 충동에 사로잡혀 나쁜 짓을 한 것이다.[44]

다. 스승을 이어 페리파토스학파를 주도했다. 이 부분은 그의 저작의 일부로 간주된다(「단편」441).

40 여기서 마르쿠스는 스토아의 입장에서 벗어나고 있다. 스토아학파에서는 모든 잘못은 덕이 아니므로 똑같이 나쁜 것이기 때문이다.

41 원어는 sustolē이다. 문자적으로는 '심장의 무의식적인 수축.' 즉 '무의식적인 양심의 꺼림직함'을 의미한다.

42 "걱정은 비이성적인 수축이다"(안드로니코스, 『정념에 대하여』 1).

43 '쾌락에 패배하다'라는 말은 플라톤이 끌어들인 이래로 의지의 약함을 표명하는 표준적인 방식이었다. 2.16, 2.17 참조.

44 테오프라스토스는 그의 스승인 아리스토텔레스를 따르고 있다. "분노에 대한 자제력 없음이 욕망에 대한 자제력 없음보다 덜 부끄러운 일이다"(아리스토텔레스, 『니코마코스 윤리학』 1149a24~25). 스토아적 입장에 따르면, 욕망과 분노 둘 다 회피해야 할 대상이다. 그는 분노가 실제로는 욕망에서 나오는 것으로 보는 스토아적 입장을 염두에 두고 분노를 욕망보다 문제가 덜한 것으로 평가했을 가능성도 있다. 그래서 어떤 학자들은 마르쿠스가 '순수한' 스토아주의자가 아니라는 주장을 펼치기도 한다.

11 지금 당장이라도 인생을 떠날 수 있는 사람처럼,[45] 모든 일을 행하고, 말하고, 생각하라. 하지만 인류 속에서 떠나는 것은, 신들이 너를 나쁜 일로 끌어들이지 않을 것이기 때문에, 신들이 존재한다면[46] 조금도 두렵지 않다. 그런데 만일 신들이 존재하지 않는다면, 혹은 그들이 인간들의 일 따위는 관심을 갖지 않는다면,[47] 신들이 존재하지 않는 우주, 섭리가 없는 우주에 살고 있다는 것이 나에게 무슨 의미가 있겠는가?[48] 아니, 신들은 존재하고, 인간들을 마음에 두고 계신다. 그리고 인간이 진정으로 나쁜 일 속으로 빠져들지 않도록, 인간에게 모든 힘을 실어 준 것이다.[49] 만일 앞날에 놓여 있는 것에 어떤 나쁜 일이 있다면, 모든 사람들이 그 안에 빠지는 것을 피하도록, 신들은 이것 또한 미리 대비해 두었을 것이

---

45 앞의 5장을 참조. 자주 아팠던 마르쿠스가 이 '철학적 일기'에서 스스로 위안을 받기 위해 다루는 첫 번째 항목 주제는 '죽음'으로, 전체의 10퍼센트 이상을 차지하고 있다.

46 마르쿠스는 결코 신의 존재를 의심하지 않는다. 여기서 그의 논증의 전제를 내놓고 있다. 신에 대한 자세한 내용은 1.17, 6.44, 9.27, 9.40, 12.5, 12.28 참조. 스토아주의자들은 그들의 교리와 로마의 정상적인 종교적 신념이 이론적으로 양립할 수 없다고 생각했지만 신을 섭리와 운명과 동일시하는 그들의 신학적 입장은 탄원과 속죄의 기도와 희생 제의의 기능을 약화시켰다. 이 항목에서 마르쿠스가 말하는 신들과 우주의 등가성을 주목하라. 신들의 존재 유무와 신들의 기능에 대한 여러 학파의 입장을 정리하고 있는 에픽테토스의 『강의』 1.12.1~3("마음의 만족에 대하여") 참조.

47 스토아학파 섭리설과 에피쿠로스학파 우연설을 대비하고 있다. 마르쿠스의 마음을 강하게 사로잡았던 물음으로 여러 차례 제시된다. 6.10 참조.

48 신이 없는 우주에서 살아남는 것의 가치를 의심하는 것에 대해서는 6.10 참조.

49 스토아 철학에서 진정으로 나쁜 것은 도덕적 악덕이며, 그것을 피하고 덕을 추구하는 능력은 전적으로 우리에게 달려 있다. 우리는 매 순간 무엇을 할지, 무엇을 나쁜 것으로 간주하는지 선택한다. 그러므로 모든 해는 자신이 가한 것이다. 6.1, 9.42 및 11.8, 11.31 참조. 4.8에도 해를 입는 것과 유사한 도덕적 해석이 나온다.

다. 인간을 나쁘게 하지 않는 것이, 어떻게 그 인간의 삶을 나쁘게 만들 수 있겠는가? 전체의 자연이 무지해서 이 일을 간과했을 리는 없을 것이다. 혹은 알면서도 이것들을 막을 수도, 바로잡을 수도 없으니 그냥 지나쳤을 리도 없을 것이다. 또 무능력하거나 기술이 서투르기 때문에 그렇게 큰 잘못을 저질러서, 착한 사람에게도 나쁜 사람에게도 똑같이 좋은 일과 나쁜 일이 일어나도록 한 것도 아닐 것이다. 그렇지만 분명히 죽음과 삶, 명예와 불명예, 고통과 쾌락, 부와 가난, 모두 이런 것들[50]은 좋은 사람에게도 나쁜 사람에게도 똑같이 일어나지만, 이것들은 그 자신에게 아름다운 일도 아니고 부끄러운 일도 아니다. 따라서 그것들은 좋음도 아니고 나쁨도 아닌 것이다.[51]

12   이 모든 것은 얼마나 재빠르게 사라져 버릴 것인가. 그 육신 자체들은 우주 속에 있고, 그것들에 대한 기억은 영원 속에 있다.[52] 모든 감각적인 것, 특히 쾌락으로 우리를 매혹시키는 것, 고통으로 우리를 두렵게 하는 것, 허영심의 환호를 받는 것은 무엇인가? 이런 것들이 얼마나 가치 없고, 역겹고, 더럽고, 부패하기 쉽고, 또

---

50   이것들은 '차이가 없는 것들', '아무런 관계가 없는 것들'(adiaphora)이고, 그러므로 진정한 의미에서는 선도 악도 아닌 무차별적인 것들이다(9.1.4~5). 중간적인 것으로도 불린다.

51   그것들은 도덕적으로 중립적인 '아무런 차이가 없는 것들'이다. 죽음에 대해 세 가지 위로하는 생각이 있을 수 있다. (1) 신들은 선하고 따라서 좋은 우주를 다스리므로, 죽음은 나쁠 수 없다. (2) 그들의 좋음의 한 측면은 진정으로 나쁜 것은 무엇이든 피할 수 있는 우리의 능력이지만, 우리는 죽음을 피할 수 없다. 그래서 죽음이 진정으로 나쁜 것일 수 없다. 즉 죽음은 선도 악도 아닌 많은 '아무런 관계가 없는 것들' 중 하나이다.

52   세상의 조잡함, 천박함, 저속함은 되풀이되는 주제다.

죽었는지 모른다! 이것들은 우리 지성의 힘으로 이해할 수 있는 일이다. 그 의견이나 목소리가 명성을 〈주는〉 이 사람들은 정말 누구인가? 죽는다는 것은 무엇인가. 만일 우리가 죽음 그 자체를 바라보고, 개념 분석에 의해 죽음으로부터 그 공상적 요소(인상)들을 제거한다면, 그것은 자연의 기능(ergon) 이외에는 아무것도 아닌 것을 알게 될 것이다.[53] 자연의 기능을 두려워하는 사람이 있다면, 그것은 유치하다.[54] 그럼에도 죽음은 단순히 자연의 기능일 뿐만 아니라, 자연에 유익한 일이기도[55] 하다. 어떻게 인간은 신을 접촉하는가? 인간의 어떤 부분에 따라서, 또 인간의 그 부분이 어떤 식으로 접촉하는지[를 이해하는 것은 지성의 힘이다].

13 무엇보다도 비참한 인간은 온갖 사건의 주변을 맴돌며, 시인[56]이 말하는 것처럼 '땅의 깊은 곳을 탐구하고', 이웃의 마음속까지 헤아리려고 하면서도, 더구나 나로서는 자기 내면의 다이몬 앞에 나

---

53 태어난 모든 것은 죽는다는 자연법칙 때문에 죽음은 자연스러운 과정이다(4.5, 6.2 참조). "사람들을 심란하게 하는 것은 그 사안 자체가 아니라, 그 사안에 대한 그들의 판단이다. 예를 들어, 죽음은 전혀 두려운 것이 아니다. 그렇지 않다면 소크라테스에게도 역시 그렇게 여겨졌을 것이지만, 죽음에 관한 믿음, 즉 두렵다는 것, 바로 이것이 두렵기 때문이다. 그렇기 때문에 우리가 방해받거나 심란하거나 슬픔을 겪을 때에도 결코 다른 사람을 탓하지 말고, 나 자신을, 즉 나 자신의 판단을 탓해야 한다"(에픽테토스,『엥케이리디온』제5장).

54 천둥과 번개 같은 것을 생각하고 있다.

55 나의 죽음이 자연에 어떤 유익을 주는가? 물질적 요소의 비축량을 보충하여 더 많은 피조물을 만들 수 있게 한다. 6.15와 7.25에서 마르쿠스는 세상의 재생이라는 맥락에서 그렇게 말한다. 그는 자주 새롭고 긍정적인 관점에서 죽음을 재고하도록 자신을 초대하고 있다.

56 핀다로스,「단편」292(B. 스넬). 플라톤,『테아이테토스』173e 참조. 보이아티아의 핀다로스(기원전 518~440년)는 헬라스 세계에서 가장 유명한 서정시인이었다.

서서 이 신령을 진실로 섬기기만 하면 그것으로 충분하다는 것을 깨닫지 못하는 자다. 더구나 나로서는 자기 내면의 다이몬[57] 앞에 나서서 이를 진실로 섬기기만 하면 된다는 것을 자각하지 못하는 자다. 그 섬김이란 정념이나 마구잡이나 신들 및 인간들로부터 오는 것에 대한 불만에 상처받지 않도록 자신의 다이몬을 순수하게 지키는 것에 있다. 왜냐하면 신들로부터 오는 것은 그 탁월성 때문에 존중받아야 하고, 인간에게서 오는 것은 그들이 우리의 동족이기 때문에 사랑해야 하는 것이며, 또 때로는 그들이 좋음과 나쁨에 대해 무지—이것은 백과 흑을 판별하는 능력을 빼앗긴 것 못지않은 결함이지만—하기[58] 때문에 어떤 의미에서 연민을 느껴야 하는 것이다.[59]

14 설령 네가 3천 년을 산다고 해도, 아니 3만 년을 산다고 해도, 여전히 기억해야 할 것은, 무엇보다도 현재 살아 있는 삶 이외의 다른 삶을 잃지 않는다는 것, 또 무엇보다도 지금 잃으려고 하는 삶 이외의 다른 삶을 살지 않는다는 것이다.[60] 그러므로 가장 긴 일생

---

57 "한 조각의 신적인 것"(2.1). daimon은 '신적 존재'를 가리키는 일반적인 말이지만 스토아 철학에서는 이성, 인간의 내적인 신적 부분을 나타낸다. 다른 곳에서는 자신 내부의 '지도적 이성'(헤게모니콘)을 말하는 용어다. 우리 각자가 자신의 '수호신'을 가지고 있다는 생각은 퓌타고라스가 그 기원일 수 있지만, 특히 플라톤에 의해 중요하게 크게 받아들여졌다. 플라톤의 『국가』의 대단원을 마치는 신화와 『티마이오스』 90a 참조.

58 "그들이 좋음이 무엇이고 나쁨이 무엇인지 모르는 데서 오는 것"(2.1).

59 비록 연민이 가더라도, 도덕적 무지가 색맹만큼 비자발적이라는 의미는 아니다(2.1 참조). 도덕적 문제에는 항상 선택이 개입되어 있다.

60 죽음의 공포를 극복하는 위안의 두 가지 논증. 죽음은 '현재의 상실'에 불과하다(3.10, 12.26).

도 가장 짧은 일생과 같다.[61] 왜냐하면 현재는 모든 사람에게 동일하며, [따라서(oun) 소멸하는 것도 마찬가지다.][62] 그렇기에 잃을 때는 순식간에 지나지 않는 것처럼 보이기 때문이다.[63] 어떤 사람도 과거나 미래를 잃을 수 없다. 자신이 갖고 있지 않은 것을 어떻게 빼앗길 수 있겠는가. 그러므로 다음 두 가지를 기억하지 않으면 안 된다. 첫째, 만물은 영원 이전부터 같은 형태를 이루며, 같은 주기로 순환하고 있기 때문에,[64] 이 동일한 것들을 100년 동안 보

61 3.10, 4.50, 9.33 참조. 하루살이의 삶과 코끼리의 삶은 같은 것인가?

62 ison(같다) 대신에(P. A. D 사본) idion으로 읽으면(솅클, C. R. Heines), '따라서 우리가 잃는 것은 우리의 것이 아니다'(ouk idion). '동일한 것이 반복된다'(영원회귀)라는 주제는 이 책에서의 거듭 말해지는 주제다(9.28, 5.13['영원에서 영원으로 세계는 동일한 주기로 끝없는 변화를 겪는다.']).

63 2.12에서 죽음은 '자연의 일'이기 때문에 나쁜 것이 될 수 없다는 생각으로 마르쿠스는 자신을 위로한 바 있다. 이제 그는 죽음은 '한순간의 상실'에 지나지 않는다는 생각으로 스스로를 위로한다. 12.26(끝부분) 참조. 마르쿠스가 스스로를 위안하기 위한 죽음의 공포로부터 벗어나는 네 가지 주장. (1) (좋음 자체인) 신이 존재한다면, 죽음은 두려워할 이유가 없다(2.11.1). (2) 죽음은 자연의 기능이다. 그 안에는 해도 두려움도 없다(2.12). (3) 죽음의 불가피성에 대한 반성. 앞서 존재했던 자들이 '지금' 어디에 있는가? (4) 죽음은 삶으로부터의 휴식이다(5.10, 6.28, 9.3.2, 10.36, 12.31). 자살에 대해서는 3.1, 3.5 참조.

64 스토아 자연학에 따르면 우주는 이성이라는 이른바 최선의 설계도(현대의 지적 설계론자의 신에 대한 생각과 유사하다)를 따른다. 스토아 철학자들은 자연적 우주가 끝없는 주기의 연속(시퀀스)을 거치며, 각 주기에서 정확히 동일한 사건이 발생하면서 엄청난 시간이 지난 후 완전한 화재로 끝난다는 '영원한 회귀'를 믿었다(LS 52 참조). 그들의 생각은 아마도 세상이 신의 섭리적 좋음 덕분에 가능한 한 최선이기 때문에, 다음 반복 순환에서 어떤 변화도 좋지 않을 것이라고 생각했을 것이다. 마르쿠스는 이 책에서 자주 이 이론을 언급하고 있다. 현대에 이 생각은 무엇보다도 니체(Friedrich Nietzsche)의 사상에 그 배경에 깔려 있으며, 이 주제와 연관된 문학작품(P. D. Ouspensky) 및 영화(Groundhog Day, 1993)에도 등장하고 있다. 영원회귀(Everlasting Recurrence)에 대한 자세한 내용은 A. A. Long, The Stoics on World-Conflagration and Everlasting Recurrence, in *Epicurus to Epictetus: Studies in Hellenistic and Roman Philosophy*, Oxford University Press, 2006, pp. 256~282 참조.

든 200년 동안 보든,[65] 무한정 시간 동안 보든 아무런 차이가 없다는 것이다. 둘째, 가장 오래 사는 사람이나, 가장 일찍 죽는 사람이나 잃는 것은 같다는 것이다. 왜냐하면 사람이 잃을 수 있는 것은 현재뿐이기 때문이다. 적어도 이것만이 그가 가진 것이라면, 결코 자신이 갖고 있지 않은 것을 잃을 수 없기 때문이다.

15 '모든 것이 자신의 믿음에 지나지 않는다는 것을 생각하라.'[66] 견유학파 모니모스[67]에게 돌려지는 그 말은 명백하다. 이 말의 핵심적 의미를 진실인 것으로 받아들인다면 그 말의 효용도 명백하다.

---

65 7.49, 11.1.2 참조. '해 아래 새로운 것은 없다'(『전도서』1:9). 세상의 '단조로움과 덧없음'에 대해서는 4.32, 4.44, 6.46, 7.1, 8.25, 9.14, 9.33, 10.27, 12.24 참조.

66 이 유명한 말은 12.8, 12.22 및 12.26에서도 반복되고 있다. 따라서 "'내가 손해를 봤다'는 의견을 없애는 것이 좋다. 그러면 그런 느낌도 없어진다. 내가 손해를 봤다는 느낌을 없애는 것이 좋다. 그러면 그 손해도 없어지고 만다"는 것이다(4.7; 4.39, 8.40 참조). 쉬라쿠사이의 퀴니코스파의 모니모스(Monimos)는 '모든 것이 네가 생각하는 그대로'라는 근거에서 참과 거짓, 선과 악 등을 구분할 객관적인 방법이 없다는 회의적 견해를 채택했다. 스토아주의자들은 그의 말을 그것들 자체로 되돌려서, 모든 것이 '한 개인'이 생각하는 그대로라면 그의 주장은 다른 사람이 아닌 자신에게만 적용되어야 한다고 주장한다. 마르쿠스는 모니모스의 세계에 대한 판단이 전적으로 우리에게 달려 있다는 스토아적 견해와 일치하는 한에서, 이 책에서 자주 언급하고 있다.

67 기원전 4세기 쉬라쿠사이 출신의 퀴니코스파 철학자. 시노페의 디오게네스와 테바이의 크라테스의 제자로 웃음 섞인 설교의 창시자 중 한 명. 신희극 작가 메난드로스(기원전 341~291년)가 이 '모든 생각은 망상이다'(to gar hupolēphthen tuphon einai pan ephē)(『단편』 215, Körte)라는 그의 말을 전하고 있다(디오게네스 라에르티오스, 『유명한 철학자들의 생애와 사상』제6권 82~83).

16 인간의 영혼이 자신을 가장 해치는 것은 자신이 할 수 있는 범위 내에서 우주의 고름이나 종양과 같은 것이 되는 경우다.[68] 무슨 일이 일어나도 그 일에 대해 화를 내는 것은 자연에 대한 배반이고, 다른 모든 것의 자연은 그 자연의 일부에 포함되어 있기 때문이다.[69] 다음으로 인간의 영혼이 자신을 해치는 예로는, 어떤 인간에 대해 혐오감을 갖거나 화가 난 사람들의 경우처럼 상대방을 해칠 의도를 갖고 그와 맞서 움직여 가는 경우다.[70] 셋째, 인간의 영혼이 자신을 해치는 것은, 쾌락 또는 고통에 굴복당하는 경우.[71] 넷째, 영혼이 가면을 쓰고 부정직하게, 또 진실되지 않게 행동하거나 말하는 경우. 다섯째, 자신의 행동이나 충동을 일정한 목적에 향하지 않고, 섣부르게, 관련 없는, 무엇이든 상관없이 힘을 쏟는 경우. 그러나 가장 작은 일이라도 목적과 관련하여 행해야 한다.[72] 이성적 동물의 목적이 무엇인가 하면, 그것은 가장 존중받는 도시

---

68 4.29 참조.

69 스토아적 입장에 따르면, 우주는 단일하고 질서 있는 전체이고, 모든 부분(4.45, 12.30)이 상호 연결되어 있으며, 신적인 이성의 지배를 받기 때문에, 발생하는 모든 일에 화를 내는 것은 자신을 우주와 분리시키는 것이다. 4.29, 11.8 참조.

70 단 한 사람에게서 소외되는 것은 이성적 존재의 공동체 전체에서 한 사람을 단절시키는 것이다. 자연에 순응하지 않기 때문에.

71 여기서 마르쿠스는 다른 사람에게 영향을 미치는 행동과 우리 자신에게만 영향을 미치는 행동을 결합하고 있다. 우리는 두 가지 측면 모두에서 덕 있게 행동해야 한다. 우리의 개인적 내적 성장은 타인에 대한 점점 더 올바른 행동과 병행되어야 한다. 또 쾌락과 고통에 대한 언급과 함께, 우리는 정념(파토스) 또는 그것들의 거의 모든 것이 우리의 진정한 본성을 왜곡하고, '자연과 일치하는 삶'을 방해하는 마음의 질병이라는 생각을 다시 접하게 된다.

72 자신에게 해를 입히는 유사한 목록에 대해서는 9.1 참조.

및 국가[73]의 이성과 법령을 따르는 것이다.[74]

17 인생의 시간은 한순간[75]에 불과하고, 사람의 실체[76]는 흘러가고,[77] 그 감각은 무뎌지고, 그 육체 전체의 조합은 부패하기 쉬우며, 그 영혼은 소용돌이치고, 그 운명은 예측할 수 없고, 그 명성은 불확실하다. 한마디로 말하자면, 육체에 속하는 모든 것은 흐름(강)이고, 영혼에 속하는 모든 것은 꿈이고 연기다. 인생은 싸움이고, [이

---

73 우주를 가리킨다. 우주는 신들과 인간들로 이루어진 국가이며, 그 최선의 국제(politeia)이다.

74 이것은 스토아가 위대한 도시나 국가, 모든 사람이 시민인 코스모폴리스로 생각한 세계 자체를 의미한다. 3.11.2, 4.3, 4.23, 4.29. 10.15, 12.36 참조. '도시'는 법으로 구현된 이성에 의해 지배된다(4.4, 8.2, 10.25, 12.36).

75 원어인 stigmē는 수학적으로는 '점'(點)을 의미한다.

76 질료(수동적인 물체)를 말한다.

77 마르쿠스는 '모든 것은 흐른다'(panta rhei)는 에페소스의 헤라클레이토스(기원전 500년경)의 유명한 말을 언급하고 있다. 스토아 철학자들(특히 클레안테스)은 그들의 선구자 중 하나로 헤라클레이토스를 되돌아본다. 직접적으로 또는 그의 작업을 해석함으로써, 스토아 철학자들은 불을 우주 발생의 과정을 시작하고, 우주를 조직하며, 주기적인 화재를 통해 우주를 끝내는 능동적 원리로 생각하는 그의 사상을 이어받았다. 또한 그들은 국지적으로 또 전반적으로 모든 것이 '흐름'이라는 데 동의했다. 불안정한 세계의 다원성 아래에 통일성이 있다는 것도 동의하며, 그것이 불이라는 것도 받아들였다. 그들은 우주가 로고스(이성, Logos)에 의해 지배되고, 인간의 로고스가 '우주의 로고스'의 파편이라는 데 동의했다. 심지어 그들은 헤라클레이토스가 결정론자라고 주장하기까지 했다. 특히 마르쿠스는 위대한 현자(3.3, 4.46, 6.42, 8.3)로 여겼던 헤라클레이토스에게 빚을 졌다고 느꼈다. 그는 보편적 흐름(2.17, 4.43, 5.23, 6.15, 7.19)을 나타내기 위해 헤라클레이토스의 '강'의 이미지를 사용하고, 6.17, 6.57 및 9.28에서 다른 유명한 헤라클레이토스의 '직접적인 말'을 넌지시 드러내고 있다. 마르쿠스는 감각은 신뢰할 수 없고(2.17), 사물의 진정한 본질은 숨겨져 있다는(5.10) 헤라클레이토스에게 동의한다.

국의 땅으로] 여행의 길이며,[78] 사후 명성은 망각일 뿐이다.[79] 그렇다면 이 삶에서 우리를 보호해 줄 수 있는 것은 무엇일까. 하나, 단하나의 것 철학이다.[80] 철학은 곧 내면의 다이몬(수호신)이 모독을 당하고 손상을 입지 않도록 지켜 주고, 또 쾌락과 고통을 통제할 수 있도록 유지하는 데 있다.[81] 또한 아무 일도 마구잡이로 행하지 않고, 아무 일도 거짓이나 위선으로 행하지 않으며, 다른 사람이 무엇을 하든 상관하지 않도록 모든 사건이나 자기에게 주어진 몫은 자기 자신이 유래한 것과 같은 곳에서 오는 것으로서 기

78 12.1.2("조국에서 이방인이 되는 것을 그만둘 것이며").

79 마르쿠스의 명성에 대한 견해 3.10, 7.34 참조. 마르쿠스는 자주 명성과 그것의 덧없음이라는 주제를 되풀이하고 있다. 아마도 황제로서 늘 명성의 유혹을 받았을 수도 있다. 여기에서 그는 일반적으로 명성을 무가치하다고 일축하지만, 이 문제에 대해 약간의 논쟁이 있다. 스토아 철학자들도 소크라테스처럼 고결한 사람으로 유명해지지 않을 수 있을까? 에픽테토스는 자신의 일생의 목표가 '소크라테스가 되는 것'이라고 말하지 않았나? 실제로 스토아 철학자들은 정치적 활동에 참여하는 것을 금지한 것은 아니다. 실제로 많은 스토아 철학자들이 공적 활동에 나선 것은 사실이 아닌가?

80 마르쿠스가 철학을 어떻게 생각했는지 이해할 수 있는 중요한 구절이다(그의 철학에 대한 견해 8.1 참조). 스토아 철학이 시작된 후, 기원전 4세기 이후 수백 년 동안 인간으로서 행복하고 만족하기를 원하고, 그것을 위해 일할 준비가 되어 있는 사람에게 철학은 필수 도구였다. "생명은 불멸의 신들이 우리에게 주었지만, 잘 사는 선물은 철학이 준다는 것을 누가 의심할 수 있겠는가?"(세네카, 『도덕서한』 90.1).

81 "신은 네 곁에. 너와 함께, 네 안에 있네(prope est a te deus, tecum est, intus est). … 우리가 그분에게 한 대로 그분은 우리에게 하는 것이네"(세네카, 『도덕서한』 41.3). "네가 문을 닫고 그 안에 어둠을 만들 때, 혼자라고 결코 말하지 않아야 한다는 것을 기억하라. 사실상 너는 혼자가 아니다. 신이 네 안에 있으며, 너의 영(다이몬) 또한 네 안에 있으니까 말이네"(에픽테토스, 『강의』 1.14.13~14). "하지만 너는 주도적 가치를 가진 존재이며, 신의 조각이기도 하네. 또 네 안에 신의 부분을 가지고 있네. 그렇다면 왜 너는 너의 고귀한 출생에 대해 무지한 것이냐? 네가 어디서 왔는지를 왜 알지 못하는가?"(에픽테토스, 『강의』 2.8.11). 우리 내부에서 '신'을 발견하는 것은 로마 스토아 철학자(세네카, 에픽테토스, 마르쿠스)에게 공통적이다.

꺼이 이를 받아들이도록 하고, 무엇보다 죽음을 편안한 마음으로
기다리고, 각 생물을 구성하는 요소들이 해체되는 것에 불과한 것
으로 죽음을 간주하도록 유지하는 데 있다.[82] 만일 개별적인 요소
들이 끊임없이 다른 것으로 변화하는 것이 이들 요소 자체에 조금
도 무서운 일이 아니라면, 왜 우리가 만물의 변화와 해체를 두려
워하겠는가. 그것은 자연에 따른 것이다. 자연에 따른 것에는 나
쁜 것이 하나도 없는 것이다.

---

[82] 2.3 참조. 마르쿠스도 플라톤 이래로 '철학은 죽음의 연습'이라는 입장을 따르고 있다
(『파이돈』, 64a 참조). 에픽테토스는 좀 더 적극적으로 이렇게 개진하고 있다. "플라톤이 말한
것처럼 너는 죽는 것을 연습할 뿐만 아니라, 고문을 당하고, 추방되고, 채찍질을 당하는 연습,
한마디로 말해 너 자신의 것이 아닌 모든 것을 반납하는 연습을 하지 않겠는가?"(에픽테토
스, 『강의』 4.1.172). 죽음을 구성했던 요소들의 해체로 언급하는 것은 4.5, 4.14, 4.32.2, 5.13,
8.18, 10.7.2, 11.20.2, 12.24 참조. 마르쿠스에 따르면, 죽음은 피할 수 없고, 예측 가능하며, 자
연의 탄생, 성장, 쇠퇴, 재탄생의 순환만큼이나 일상적인 것이다. 죽음은 한 번 함께 살아 있
는 인간을 구성했던 물질적 육체와 물질적 영혼의 변형으로 태어나는 것만큼이나 철저하게
규칙적인 우주적 계획의 일부이다. 에픽테토스는 죽음을 '자연의 과정'으로 이해하고 있다.
마르쿠스의 죽음에 대한 생각과 비교하라. "그러나 그것은 우주의 소멸을 가리키는 것은 아
닐 것이네. 나뭇잎이 지는 것도, 무화과가 건무화과가 되는 것도, 포도가 건포도가 되는 것도
불길하다고 말하라. 이 모든 것은 그 이전의 상태에서 다른 것으로의 변화기 때문이네. 즉 그
것은 소멸이 아니라 하나의 정해진 분배이자 지배인 것이네. 외국 여행도 그렇고, 작은 변화
네. 죽음도 그렇고, 지금 있는 **것에서 없는 것으로가 아니라, 지금 있지 않은 것으로의 더 큰 변
화인 것이네**"(에픽테토스, 『강의』 3.24.91~93 참조).

제3권

카르눈툼[1]에서 적다.

I 인생은 하루하루 소비되어 가고 남은 부분은 점점 적어진다. 뿐만 아니라, 다음 같은 일도 고려해야 한다. 설령 어떤 사람의 수명이 연장되더라도, 그 사람의 사고력이 장래에도 변함없이 사물의 이해에 적합하고, 신적, 인간적 사항에 관한 지식[2]을 추구하는 관

---

1 이 문장도 아마 제3권 첫머리에 있었을 것이다. 카르눈툼(Carnuntum)은 빈에서 멀지 않은 지금의 오스트리아 하임부르크 근방으로, 다뉴브강 오른편 강둑에 있던 속주 판노니아의 주도였다. 마르쿠스는 171~173년까지 콰디족(Quadi)에 대처하기 위해 진영을 세우고 이곳에 체류했다. 지금은 훌륭한 고고학 공원이 된 카르눈툼은 콰디족과 같은 적대적인 게르만 부족들과 함께 로마제국 북쪽 국경의 경계인 다뉴브강에 있었다. 이곳에서 마르쿠스는 최전방보다는 조금 더 많은 여가와 평화로운 마음을 가졌던 것으로 보인다. 이 점은 '좋은 삶을 살기 위해 좋은 사람이 되는 것이 무엇인지'에 초점을 맞춘 이 노트('철학적 일기')에서, 표면적으로 어둡고 우울하고 덧없음과 인생의 허무를 그린 제2권보다는 덜 추상적이고, 비교적 가볍고 밝은 분위기, 감정의 따뜻함, 적극적인 문제와 어조 등으로 설명될 수 있다(A. S. L., Farquharsonm[1944], p. 297 참조). 좋은 자란 인간과 자신의 내부와 외부에 있는 신에 대한 의무에서 이루어지는 것으로, 좋은 사람이란 결국 '신들의 제사장이자 신들을 섬기는 자이며, 자기 안에 자리를 차지하는 자들에게 봉사하는' 자이다(3.4.3). 이를 통해 마르쿠스는 자신의 삶의 목적을 설정하고 있다. 이것은 이 '철학적 일기' 전체에서 그가 말하고자 하는 것이기도 하다. 그는 웅변조로, 격조 있게, 자신에 차서 이렇게 말한다. "자신의 가슴속에 자리 잡은 다이몬을 더럽히거나 많은 상념으로 혼란스럽게 하지 말고, 이를 맑고 깨끗하게 지키고 질서정연하게 신을 따르며, 한마디도 진리에 어긋나는 말을 하지 않고 정의에 어긋나는 행동을 취하지 않는 것이다. 그리고 자신이 성실하고 겸손하게, 선의를 가지고 생활하고 있다는 것을 설령 아무도 믿어 주지 않더라도 그들 중 누구에게도 화를 내지 않으며, 인생의 종국 목적으로 인도하는 길을 놓치지도 않는다. 삶의 목적을 향해 순결하게, 평정하게, 아무런 집착 없이, 강요받지 않고 스스로 자기 운명과 조화하며 걸어가야 하는 것이다"(3.16.2).

2 이 시기에 가장 일반적인 철학의 정의 중 하나. 세네카, 『도덕서한』 31.8, 89.5 참조.

조에 충분한지도 불분명하다. 왜냐하면 망령이 들기 시작하면, 호흡, 소화, 표상, 충동[3] 등과 같은 유사한 기능[4]은 상실되지 않지만, 자기 자신을 잘 이용할 수 있는 것, 의무 하나하나를 명확하게 변별하는 것,[5] 감각 현상을 분석하는 것, 이미 인생을 떠나야 할 때[6]

---

3 식물도 표피(기공)를 통해 증산(蒸散)을 실시한다(6.16, 12.8 참조). 스토아적 입장에 따르면, 인간이 동식물과 공유하는 기능이다.

4 이상까지는 동물과 대비되는 능력이다.

5 kathēkon(적합한 행위)은 스토아 윤리학 기술적 용어다. 특정한 인간이 처한 외적 상황에 따라 그 행위를 명확히 준별하는 것을 말한다. 자식에 대한 의무, 부모에 대한 의무, 사회에 대한 의무는 다르다. 여러 의무 중 나는 어떤 것을 선택할 것인가? 에픽테토스, 『강의』 2.10("어떻게 여러 가지 이름에서 적합한 행동[의무]을 발견할 수 있는가?").

6 10.8.3 참조. 자살할 권리는 스토아 이론의 일부였다. 스토아학파의 시조인 제논(기원전 263년)과 그 후계자인 클레안테스(기원전 232년)는 스스로 목숨을 끊었다고 전해지고, 카토와 브루투스(1.14 참조)도 스토아의 자살로 유명하다. 마르쿠스는 진정한 삶을 살 수 없는 상황이 있을 때 자살을 허용하고 있다(3.7, 5.29, 8.47, 9.2, 10.8.3, 10.22, 10.32, 11.3 참조; 에픽테토스, 『강의』 1.24.20, 1.25.18 참조). 스토아학파는 자살을 신의 뜻이라면, 즉 사람이 자연에 순응하고 덕스럽게 사는 것이 불가능해지면(예를 들어 미쳤거나 심하게 불구가 된 경우, 완전한 궁핍한 경우) 혹은 동료와 국가에 봉사할 수 없을 경우에는 자살하는 것이 이성적이고 옳은 일이라고 생각했다. 소크라테스의 재판과 죽음에 대한 크세노폰(플라톤이 아님)의 설명에 따르면 소크라테스는 사실상 자살했다. 후기 스토아주의자인 세네카는 자살을 인간의 '자유'에 대한 궁극적인 정당성으로 간주했는데, 물론 강제적인 요소가 있긴 하지만, 결국 그도 이 이론을 실천에 옮긴 셈이다. 스토아적 입장에 따르면, 자살은 '이성에 맞는 벗어남'이라는 것이다. 상황적 의무, 고통 등의 자연에 반하는 외적인 나쁨이 외적인 좋음을 압도할 경우, 자연에 반하는 것을 선택하는 합당한 행위로 말해진다. 로마의 법학자 울피아누스(Domitius Ulpianus, 228년 죽음)는 스토아 철학자들의 자살 동기의 범주를 '범죄에 대한 자각', taedium vitae(삶에 대한 혐오), valetudinis adversae impatientia(나쁜 건강을 견딜 수 없음), iactatio ut quidam philosophi(특정 철학자들과 경우[소크라테스]와 같은 '과시')로 구분했다 (Digest 28.3.6.7). 스토아의 자살에 대해서는 M. Griffin, Philosophy, Cato, and Roman Suicide: I, Greece & Rome, Vol. 33(1986), pp. 64~77 참조. 마르쿠스 자신은 카시우스 디오(Casssio Dio, 71.30.2)에 따르면 원로원에 보낸 편지에서 자살하겠다고 위협했으며, Capitolinus(xxviii. 3)에 따르면 그는 실제로 음식을 끊어서 자신의 죽음을 앞당겼다고 한다.

가 아닌가를 판단하는 것,[7] 그 밖에 이렇게 잘 훈련된 추리력을 필요로 하는 모든 일들을 처리하는 능력은 바로 소멸되고 만다. 그러므로 우리는 재촉받아야 한다. 그것은 단지 시시각각 죽음에 가까워지기 때문만이 아니라, 사물에 대한 통찰력이나 이해력이 죽기 전에 이미 작동하지 않게 되기 때문이다.

2 (1) 다음 일에도 주의할 필요가 있다. 자연적 사건의 부수적 수반 현상[8] 또한 우아함과 매력이 있다는 것이다. 예를 들어 빵이 구워질 때 군데군데 갈라짐이 생긴다. 이런 식으로 생긴 갈라진 틈은 어떻게 보면 빵 굽는 사람의 의도를 저버리는 것이기는 하지만, 눈을 사로잡아 독특한 방식으로 식욕을 돋운다. 또 무화과도 완전히 익으면 활짝 벌어진다. 금방이라도 열매가 떨어지려는 올리브 나무는 열매가 더할 나위 없이 무르익을 즈음에 오히려 어떤 아름다움을 띠기 마련이다. 곡식의 이삭이 아래로 늘어져 있는 것이나 사자의 주름 잡힌 이마나 멧돼지의 입에서 흘러나오는 거품이나 그 밖의 많은 것들은 이를 하나하나 떼어서 보면 도저히 아름답지 않지만 자연이 작용한 결과이기 때문에 그것들은 아름답게 장식하는 데 도움이 되고 마음을 끄는 것이다.

(2) 따라서 우주 속에서 일어나는 일에 대한 감수성과 더 깊은 통찰력을 가진 사람들에게는, 비록 다른 일의 결과로서 생기는 것에

---

7 제6권 36 참조.

8 6,36, 8,50 참조.

지나지 않는 것조차도, 특별한 매력을 갖지 않는 것은 거의 없는 것처럼 느껴질 것이다. 그는 현실의 야수가 입을 쩍 벌린 것을 보고도 화가나 조각가[9]가 이를 모방해 표현하는 작품을 바라보는 것 못지않은 즐거움을 느낄 것이다. 또한 그의 사려 깊은 눈으로 본다면[10] 늙은 남녀 속에도 한창때의 힘찬 힘과 원숙한 아름다움을, 자신의 노예 소년들 속에서는 사랑스러운 매력을 찾을 수 있을 것이다. 이와 유사한 것들이 많지만, 그것은 모든 사람의 마음을 끌어당기는 것이 아니라, 단지 진정으로 자연과 그 기능에 친숙한 자의 마음에만 호소하는 것이다.

3   (1) 히포크라테스[11]는 많은 병자를 치유하고 나서 자기 자신은 병에 걸려 죽었다. 칼다이오이인들[12]은 많은 사람들의 죽음을 예언했지만 그 사이에 운명은 그들도 붙잡고 말았다. 알렉산드로

---

9 '사자의 쩍 벌린 입'은 6.36에서 되풀이되며, 다시 일반적으로 무시무시하게 발견되는 것으로 나타난다. 아리스토텔레스는 이렇게 말한다. "우리가 이러한 것들의 단순한 유사성을 탐구하고, 또 그렇게 하는 것을 즐긴다면, 우리는 그것들을 만든 화가나 조각가의 예술을 관조하고 있기 때문이다. 그렇지만 우리가 실제 원인을 식별할 수 있는 능력이 있음에도 불구하고 자연 자체의 작품을 관조하는 데 훨씬 더 기뻐하지 않는 것 않는다는 일은 비논리적이고 이치에 맞지 않는 것이 될 것이다"(『동물의 부분들에 대하여』 645a10~15).

10 즉 그는 그들의 매력을 단순히 자연적인 과정의 부산물로 보기 때문이다. 노예들인 베네딕타와 데토도토스 대해 언급하는 1.17.6과 비교하라.

11 코스섬 출신의 고대 헬라스에서 가장 유명한 의사(기원전 460년경~370년 이전). '의술의 아버지'로 소크라테스와 동일한 시대에 활동.

12 바빌론 출신의 점성술사로 이루어진 제사장 계급. 의사와 점성가를 언급하는 4.48 참조. 이 말은 고대 바빌로니아의 한 지방의 이름이 그 바탕이 되고 있지만 고전 문학에서는 점성술사로 이루어진 제사장 계급을 뜻한다. 헬레니즘 시기에 동방에서 헬라스로 도래한 후 다시 로마로 전해졌으며, 제정 초기에 대유행하였다.

스[13]와 폼페이우스[14]와 가이우스 카이사르[15] 등은 여러 차례 도시 전체를 파괴하고 수만 명의 기병과 보병을 산산조각 냈지만 그들 또한 어느새 삶을 떠났다. 헤라클레이토스[16]는 우주의 대화재(ekpurōsis)[17]에 대해 그토록 많은 연구를 했지만 결국 몸 안에 물이 가득 차 쇠똥을 바른 채 죽었다.[18] 데모크리토스[19]는 이(虱) 때

13 알렉산드로스 대왕(기원전 365~323년). 아버지 필립포스 2세가 암살되면서 왕위를 이어 헬라스를 정복한 후 아시아로 건너가 기원전 330년 페르시아 제국을 멸망시켰다. 이어서 군사를 일으켜 영토를 메소포타미아까지 넓혔으나 열병으로 급사했다.

14 그나에우스 폼페이우스 마그누스(대 폼페이우스)(기원전 106~48년). 기원전 70, 55, 52년 집정관. 제1회 삼두정치의 한 사람 카이사르와 함께 공화정 말기를 지배한 정치인. 군사적 수완으로 동방 세계에 왕처럼 군림했으나 내전에서 카이사르에게 패하고, 이집트 해안에서 죽임을 당했다. 알렉산드로스와 마찬가지로 '위대한'이라는 이름이 붙는다.

15 가이우스 율리우스 카이사르(기원전 100~44년). 기원전 59년, 48년, 46~44년의 집정관, 기원전 49~44년 독재관 제1차 삼두정치의 한 사람으로 공화정 로마 최대의 정치인. 탁월한 지휘로 갈리아 지방을 정복한 뒤 내란으로 폼페이우스와 공화정파를 꺾고 단독 지배를 쌓았으나 브루투스 등의 공화정파에게 암살당했다.

16 기원전 540~480년경. 에페소스의 괴팍한 철학자. 불을 실체로 하는 그의 자연철학에서 스토아학파는 큰 영향을 받고 있다. 이곳에서 언급되는 우주 연소(우주가 마지막으로 불이 되는 교설)는 스토아학파의 자연 학설이다. 그의 수종과 최후에 대해서는 DL 제9권 3 참조.

17 "이 세계는 모두에게 동일한데, 어떤 신이나 인간이 만든 것이 아니라 언제나 있어 왔고, 있고, 있을 것이며, 영원히 살아 있는 불(pur aeizōon)로서 적절한 만큼 타고 적절한 만큼 꺼진다"(DK. B30). "불이 덮쳐 와서 모든 것을 판결하고 단죄할 것이다"(DK. B66 참조). 대화재에 대해서는 2.14.2, 5.13 참조. SVF 1.107~109, 2.596~632, LS 46 참조.

18 이것은 헤라클레이토스의 죽음에 관한 유명한 이야기로, 불을 강조한 그가 수종으로 죽었다는 사실 사이의 아이러니한 대조를 보여 준다. 이와 유사하게 소똥 찜질은 그의 이론의 고상함과 대조되고 있다. 실제로 소똥 찜질법은 여전히 세계 여러 곳에서 사용되고 있다.

19 기원전 460~370년경. 압데라 출신 철학자로 고대 원자론의 완성자다. 그는 '이' 때문에 죽은 것이 아니라 오래 살다 금식으로 죽은 것으로 알려져 있기 때문에 마르쿠스는 곳곳에서 회자되는 죽음에 관한 일화가 전해지는, 기원전 6세기의 페리퀴데스(신화에 관한 저서를 저술했다)와 혼동하고 있는지도 모른다. 덧붙여 헤라클레이토스와 데모크리토스 두 사람을

문에 죽었고,[20] 소크라테스[21]는 다른 종류의 이(蝨)에 의해서 죽었다.[22]

(2) 이게 무슨 소리냐. 너는 배를 탔다. 항해했다. 착륙했다. 배에서 내려라. 비록 다른 삶이 있기 때문이라 할지라도 그쪽에서도 무엇 하나에도 신들이 없지는 않을 것이다. 또한 무감각한 상태에 있기 때문이라면,[23] 너는 더 이상 고통이나 쾌락을 견뎌 낼 필요가 없게 되고, 몸이라는 그릇을 섬길 필요도 없게 된다.[24] 이 그릇은 여기에 봉사하는 것보다 훨씬 비루하다. 하나는 지성이고 다이몬이지만, 다른 하나는 흙이고 더럽혀진 피에 불과하기 때문이다.

'우는 철학자'와 '웃는 철학자'라는 짝으로 하는 취급이 로마기 문학에서 자주 나온다. 세네카, 『분노에 대하여』 2.10.5 참조.

20 데모크리토스는 이(phtheir) 감염으로 죽었다고 알려진 고대의 유일한 사람이 아니었지만, 그가 단순히 발진티푸스(phthiriasis)에 걸렸거나 이에 물린 것이 아닌 한, 어떤 질병이 언급되고 있는지 명확하지 않다. 그의 죽음은 아마도 헤라클레이토스의 경우처럼 아이러니하게 여겨질 것이다. 소크라테스를 죽인 '이'는 기원전 399년에 그를 사형에 처한 아테나이 사람들(배심원)을 말하는 것이다.

21 기원전 470~399년. 아테나이 철학자, 고대 철학의 조상. 불경죄로 고소당해 독배를 마시고 죽었으니, 고발자를 벌레에 비유한 것일 것이다.

22 이(蝨)로 죽은 사람으로는 페레퀴데스(DL 제1권 117), 스페우시포스, 플라톤 등이 있다. 어떤 보고는 데모크리토스가 104세까지 살다가 굶어서 죽었다고 한다(Lucian).

23 사후 가능성(post mortem)의 전체 범위는 '분산, 소멸 또는 생존[장소 변화]'이다(7.32, 8.25, 11.3). 그러나 '분산'은 에피쿠로스적 세계관에 기인한 가능성이며, 여기서와 5.33에서 그는 자신에게 두 가지 스토아적 가능성만을 제공한다. 즉 소멸이나 장소 변화다(3.3, 5.33, 6.47, 8.58 참조). '소멸 또는 생존'의 선택은 플라톤의 『변명』 40c~41c에서 소크라테스에 의해 유명하게 된 가정이다.

24 심신이원론은 이 책의 주요 주제다. 정신은 신성(2.1), 육체는 물질적인 것들의 결합. 2.17.1, 7.68, 8.37, 10.33.3, 12.1.3 참조.

4　(1) 공동의 이익을 목적으로 하는 것이 아니라면 다른 사람에 대한 생각으로 너의 여생을 낭비하지 마라.[25] 그렇게 함으로써 너는 다른 일을 할 기회를 잃기 때문이다. 즉, 이러저러한 사람이 무엇을 하고 있는가, 왜인가, 무엇을 말하고, 무엇을 생각하고, 무엇을 계획하고 있는가 하는 이런 것들은 모두 너를 망연자실하게 하고, 자기 내면의 지도적 이성(헤게모니콘)[26]을 주의 깊게 지켜보지 못하게 방해한다.

(2) 그러므로 우리는 생각의 연쇄에서 마구잡이나 헛된 일을 피해야 한다. 또 그보다 더한 참견이나 심술궂은 일도 모조리 피해야 한다. 갑자기 누군가가 '너는 지금 무슨 생각을 하고 있느냐'라고 물어도 즉각적으로 솔직하게 '이것'이나 '저것'이라고 대답할 수 있는 그런 생각만 하도록 자신을 습관 들여야 한다. 이렇게 하면 그 대답에 의해 네 안에 있는 것은 단순하고 선의가 풍부하며, 사회성[27]을 지닌 인간에게 적합한 것이고, 네가 쾌락에 무관심하

25　이 장은 좋은 삶의 본질과 좋은 인간의 특징을 논한다(8.22 참조). "좋은 인간은 어떠해야 하는지 논하는 것은 이제 그만하고, 좋은 인간이 되는 것이 어떻겠는가"(10.16). "네가 그런 일을 당하는 건 당연해. 너는 오늘 좋은 사람이 되기보다는 내일 되자는 거야"(8.22).

26　자신의 지도적 이성 부분(헤게모니콘)에 대해서는 2.2, 2.13 참조. 이 항목과 이후 항목(3.14까지)에서 마르쿠스는 훌륭한 사람이자 훌륭한 통치자로서 자신에게 기대하는 행동의 종류를 설명하고 있다. '자족'(autarkeia)은 여기와 아래 몇 항목에서 특히 강조되고 있다.

27　사회성(공동체 의식)은 우리 모두가 같은 공동체의 구성원이며, 친척이라는 인식에서 비롯되었기 때문에 스토아 철학의 하나의 덕목이었다. 특히 로마 스토아학파는 전통적인 헬라스 철학의 엄숙한 냉담함을 벌충하고, 스토아 철학을 국가에 대한 봉사와 친구와 가족을 돌보는 전통적인 로마의 덕과 조화시키는 방법으로, 특히 친절함(선의)을 강조했다. 그들은 정신적 초연함을 일상생활과 결합하려고 시도했다.

고, 온갖 향락적인 생각이나, 경쟁의식, 질투, 의혹 따위의 마음속에 있는 것을 고백하면 얼굴을 붉히게 될 것들을 네가 전혀 생각하지 않는다는 것이 당장 드러날 것이다.

(3) 참으로 이러한 인간, 즉 가장 뛰어난 인간의 한 사람이어야 한다고 이미 애쓰는 인간은 말하자면 일종의 제사장이며 신들을 섬기는 자다.[28] 또한 그는 자기 안에 자리를 차지하는 자들에게도 봉사하는 것이다. 내면에 있는 자는 인간이 쾌락에 물들지 않도록, 어떤 고통에도 상처받지 않도록, 어떤 위해(危害)의 손길도 닿지 않도록, 어떤 악에도 무감각하도록 그를 지키고, 그를 가장 큰 경기, 즉 어떤 격정에도 패배하지 않는[29] 경기의 선수로 규정하고, 또한 그를 정의에 철저하게 물들게 해서 자신에게 일어나는 모든 사건이나 운명지어진 일을 마음속 깊이 환영하는 사람으로 규정하고, 특히 필요한 경우나 공동체를 위한 경우를 제외하고는 다른 사람이 무엇을 말하고 행하는지, 어떤 생각을 하는지에 대해 거의 생각하지 않는다.[30] 이러한 인간은 자신과 관련된 것만을 활동의 대상으로 삼으며, 우주 전체를 짜는 것들 중에서[31] 자신에게 할당

---

28 좋음인 신들은 '우주에서 가장 좋은 것'에 대한 책임이 있으니까.

29 즉 '내동댕이치다, 전복되다'(katablēthēnai)라는 것을 말한다. 레슬링은 고대 헬라스와 로마 세계에서 매우 인기가 있었기 때문에 이 운동의 은유가 자주 사용된다.

30 마르쿠스는 자신이 열망하였던 것과 같은 스토아적 현자의 모습을 효과적으로 묘사하고 있다.

31 직조(織造)의 은유(2.3 참조)는 전통적인 헬라스 종교의 세 운명의 여신 중 하나가 직공인 클로토에서 유래한 것이다. 다른 두 운명의 신은 아트로포스(Atropos[되돌릴 수 없는 자, 용서 없는 자]와 라케시스(Lachesis[할당하는 자])였다.

된 것에 끊임없이 주의를 기울인다. 또한 자신의 임무는 이를 잘 수행하기 위해 노력하는 것이며, 자신에게 할당된 것[운명]은 좋음이라고 확신한다. 왜냐하면 각자에게 할당된 운명은 우주의 질서 속에 포함되고, 그 안에 우주의 질서도 포함하기 때문이다.[32]

(4) 이러한 인간은 이성적인 모든 것은 동족이라는 것, 모든 사람을 돌보는 것이 인간의 자연 본성에 일치하는 것임을 기억하고 있다. 또한 우리가 모든 사람의 의견을 존중해서는 안 되며,[33] 오직 자연에 따라 사는 사람[34]의 의견만을 존중해야 한다는 것을 기억한다. 그리고 그렇게 살지 않는 사람들은 집 안팎에서 밤낮으로 어떤 사람인지, 또 어떤 사람과 어울리고 있는지[35] 하는 것들을 염

---

32 달리 문자적으로 옮기자면, "인간에게 할당된 운명은 그를 데려갈 뿐만 아니라 다이몬과 함께 그를 데리고 간다"이다. 신령(다이몬) 또는 지도적 이성 부분(헤게모니콘)은 인간의 내부 부분이며, 이런 의미에서 다이몬과 함께 운반되지만 그것은 인생의 길을 따라 사람을 인도하는 것이기도 하다.

33 다중('그들')에 대한 경멸에 대해서는 3.15, 6.18, 6.59, 7.62, 8.4, 9.18, 9.34, 9.41, 10.13, 10.19, 11.14, 11.18.2 참조.

34 스토아학파의 삶의 목적의 정의인 '자연과 일치하는 삶'(homologoumenōs tē phusei zēn, to akolouthōs tēn phusei zēn) 혹은 '이성에 따라 사는 것'에 근거한다. 여기에는 스토아의 어려움이 놓여 있다. 모든 인간은 친족이며, 그들 안에 이성의 불꽃과 우주의 좋음을 가지고 있다. 그런데 어떤 사람들은 그것에 따라 행동함에 있어서 다른 사람들보다 분명히 더 멀리 떨어져 있다. 여기서와 같이 때때로 마르쿠스는 그들에 대해 그 자신에게 경고한다. 다른 곳에서 그는 더 스토아적으로 "그들을 가르치거나 참아라"(8.59)라고 말한다. 어떤 경우에 그의 염세적 태도는 아주 심한 말을 사용해서 그런 이들을 묘사하기도 한다(5.10, 5.28). 이론적으로 마르쿠스는 이웃을 사랑하고 싶지만 그것을 실천하기는 어렵다는 것을 발견했을 것이다.

35 이 항목의 첫 번째 문장과 모순되는 것처럼 보일 수 있지만, 여기에서 그는 다른 사람들을 고려하려는 의미에서 생각하는 것이 아니라 그들이 얼마나 비열하고 비열한지를 스스로에게 상기시키고 있다.

두에 두고 있다. 그렇기 때문에 그런 사람들의 칭찬 따위는 아무런 문제가 되지 않는다. 이런 무리들은 자기 자신조차 만족시키지 못하는 사람들이다.

5 무언가를 할 때 마지못해 하지 마라. 이기적으로[36] 하지 마라. 무심코 하지 마라. 서로 다른 동기를 가지고[37] 하지 마라. 네 생각을 미사여구로 꾸미지 마라. 쓸데없는 말이나 행동을 삼가라. 그대 내면의 신으로 하여금 남자다운 인간, 나이 든 인간, 시민이며 로마인이며 통치자인 인간의 감독관이 되게 하라. 그 통치자는 어떤 것에도 얽매이지 않고 삶에서 다시 소환되는 신호[38]를 기다리면서도 선서나 증인을 필요로 하지 않는 자로서 그 지위에 오른 것이다. 쾌활한 마음을 가지고, 외부의 도움을 필요로 하지 말고, 또 다른 사람이 주는 평안을 필요로 하지 않도록 주의하라. 그렇게 하여 똑바로 세워질 수 있는 것이 아니므로 (스스로) 똑바로 서 있어야 한다.

6 (1) 네가 인생에서 정의, 진리(정직), 절제, 용기[39]보다 더 나은 것

---

36 원어는 akoinōnētos(반공동체적인, 반사회적인, 반시민적)이다.

37 '마음과 다르게', '상충하는 동기로'.

38 anaklētikon은 군사 용어로 '퇴각하라는 소리'를 가리킨다. 군사적 은유는 5.31, 7.7, 7.45, 10.22, 11.10, 11.20에서 반복되고 있다. "인생은 전쟁이다"(2.17). 은유의 원래 출처는 플라톤의 『변명』(28b~e)에서의 소크라테스였다. 마르쿠스는 7.45에서 이를 부분적으로 인용하고 있다.

39 스토아학파에게 유일하게 참된 좋음은 '덕'이었고, 마르쿠스는 다른 덕들이 파생되는 일차적인 덕을 4개의 목록으로 열거하고 있다. 건강, 부, 인기, 명예와 같은 다른 모든 좋음은

을 찾는다면, 요컨대 네가 올곧은 이성[40]에 따라 수행하도록 하는 행동들에서 네 마음이 자신에 대해 만족하고, 스스로 선택하지 않았음에도 할당된 사건들의 운명에 만족하는 것보다 더 나은 것을 찾는다면, 말하건대, 네가 생각하는 것보다 더 나은 것을 발견할 수 있다면, 너는 온 마음을 다해 네가 찾은 최고의 좋음을 즐기도록 하라.

(2) 그러나 만일 그대 안에 있는 다이몬(수호령)보다 더 나은 것이 없는 것 같다면, 그 다이몬이 모든 개인적인 충동을 자신에게 종속시키고, 여러 가지 생각을 검토하고, 소크라테스가 말한 것처럼[41] 감각적 유혹을 벗어나 신들의 지배 밑에 자신을 두고, 인류를 위해 헌신하는 것이지만 다른 모든 것들이 다이몬보다 작고 가치 없게 여겨진다면, 그 어떤 것에도 여지를 내주지 말라. 일단 다른 것에 마음이 기울면 너 자신의 것, 특히 너에게 주어진 좋은 것을 주의를 딴 데로 돌리지 않고는 가장 소중히 여길 수 없게 될 것이

'아무런 관련이 없는 것들'(adiaphora)이다. 여기서 마르쿠스는 진리(정직, alētheia) 대신에 지혜(phronēsis)를 넣어 지혜, 절제, 정의, 용기로 열거하기도 한다(5.12).

40 단순한 인간 이성이 아니라 스토아 현자에게 실현되는 완전한 형태의 이성으로 우주를 지배하는 이성과 같다.

41 직접적인 인용은 아닌 것으로 보인다. 전거는 불분명하지만, 뒷 문장에 연결한다면 플라톤이 『파이돈』 83a~b에서 말하고 있는 철학에 의한 육체의 감각과 정념으로부터의 영혼의 해방에 관련될지 모른다. 또, 선행하는 말에 연결한다면 에픽테토스의 말과의 관련도 생각해볼 수 있다. '음미하지 않는 삶은 살 만한 가치가 없다'라고 소크라테스가 말했던 것과 마찬가지로, 에픽테토스는 '인상(표상)을 음미하지 않고 받아들여서는 안 된다'고 말했다(『강의』 3.12.15 참조).

다.[42] 즉 이성과 공민적 정신이라는 좋은 것에 대해 대중의 찬양[43]이라든가 권력, 부라든가 쾌락, 탐닉과 같은 본질이 다른 것을 대립시켜서는 안 되는 것이다. 이런 모든 것은 비록 잠시 동안 우리 생활 속에 잘 빠져드는 것처럼 보일지라도 갑자기 우리를 압도해서 길 아닌 곳으로 우리를 데려가 버린다.

(3) 그래서 나는 말한다. 단순하게, 자유롭게 더 나은 것을 선택하고, 이것을 잘 지켜라. '그러나 더 나은 것은 유익한 것이네.'[44] 이성적 존재로서의 자신에게 유익하다면 그것을 지키는 것이 좋다. 그러나 만일 그것이 동물적 존재로서 자신에게 유익하다면[45] 그 점을 분명하게 표명하고 우쭐대지 말고 자신의 판단을 고수하라. 단, 이 검토를 실수 없이 행하는 것이 좋다.

7   언젠가 너에게 강요하는 다음과 같은 것들을 너에게 유익한 것으로 소중히 해서는 안 된다. 예를 들면 믿음을 깨뜨리는 것, 성실성을 포기하는 것, 다른 사람을 미워하는 것, 의심하는 것, 저주하는

---

42 "네가 조금이라도 주의를 게을리했을 때, 원할 때 언제든 그것을 되찾을 수 있을 것이라고 생각해서는 안 되네. 오히려 오늘 저지른 잘못으로 인해 필연적으로 네가 관련된 다른 일로 그 사태가 훨씬 악화될 것이라는 각오를 해야 하네"(에픽테토스, 『강의』 4.12.1).

43 대중의 인기는 아무런 관련이 없기 때문만이 아니라 그것을 주는 사람의 질이 나쁘기 때문에 비난받는다. 왜 바보들에게 사랑받기를 구해야만 하는가? 에픽테토스는 인기(명예)가 '나에 달려 있는 것'이 아니라고 말할 것이다.

44 마르쿠스는 종종 대화 형식을 사용한다. 여기서 대화 상대자는 상상 속의 반대자로 생각되지만 때로는 마르쿠스 그 자신이다.

45 여기에서 마르쿠스는 쾌락을 추구하고 고통을 피하는 것을 비난한다. 이는 우리의 동물적 본성에 기인하므로 인간으로서는 성취할 수 없는 것이다.

것, 위선자가 되는 것, 벽이나 장막이 필요한 것을 원하는 것.[46] 왜냐하면 자기 자신의 이성과 다이몬, 그것의 덕에 대한 경배를 무엇보다 먼저 선택한 자는 비극의 흉내를 내지 않고, 깊은 한숨 소리를 내지 않으며, 고독도 군중을 필요로 하지 않을 것이기 때문이다. 어차피 그는 아무것도 쫓지도 피하지도 않고 살 것이다.[47] 자신의 영혼이 육체에 싸여 있는 기간이 길든 짧든[48] 그는 전혀 상관없다. 왜냐하면 이제 당장 떠나야 한다고 하더라도, 품위와 질서를 가지고 행할 수 있는 다른 일들의 경우와 같이 기꺼이 떠날 것이다. 일생을 통틀어 그의 유일한 염원은 자신의 생각이 어떤 경우에도 이성적이고 시민적(공동체적)인 존재[49]로서 어울리지 않는 상태가 되지 않게 하자는 것이다.

8   스스로 자신을 훈계하고 깨끗이 한 인간의 정신 속에는 고름도 종기도 없이 표면은 깨끗하고 내부의 곪은 상처[50]도 전혀 찾아볼 수 없을 것이다. 비극 배우가 제 역할을 다하지 못하고 극을 끝까지

---

46 이상한 변태적인 '성행위'를 말한다. '정상적인' 성행위가 무엇이냐는 논란이 있을 수 있지만, 당신의 일반적인 관행을 생각하라.

47 (우리를 끌어당기는) 쾌락과 (회피하려고 하는) 고통으로부터 자유로워진다.

48 삶의 길이에 길고 짧음에 대한 무관심은 이 책의 끝없는 주제다. "사흘을 사는 아기와 네스토르의 세배나 장수한 인간 사이에 무슨 차이가 있겠는가"(4.50). 이 밖에도 2.14.2, 4.15, 4.47, 6.23, 6.49, 7.46, 9.33, 12.35, 12.36 참조.

49 "인간은 사회적 존재다"(아리스토텔레스, 『정치학』 1253a 참조). 마르쿠스에게 사회성은 공통의 유익함(공동선)을 증진하는 데 있다.

50 당시의 철학은 일종의 영혼 치료라고 생각되었기 때문에, 의술의 비유가 자연스럽게 나왔다. 스토아학파는 초기부터 정념을 상처에 비유하는데, 특히 세네카에서 두드러진다. 철학과 의술의 비교는 세네카, 에픽테토스, 마르쿠스 아우렐리우스에게서 공통적으로 나타난다.

연기해 버리기 전에 무대를 떠나는 경우 남들이 말하는 것처럼 그의 일생이 미완성 상태에서 운명의 손에 잡히는 일은 없는 것이다.[51] 또 거기에는 노예근성이나 꾸밈이 전혀 없고, 타인에 대한 의존이나 떨어짐, 추궁할 책임도 없으며, 슬그머니 구덩이 속에 숨지도 않는 것이다.

9 의견을 만드는 능력을 경외하라. 자연에 대해, 또 이성적 존재로서의 구성 소질[52]에 대해 적합하지 않은 의견이 우리의 지도적 이성(헤게모니콘) 속에 더 이상 생기지 않도록 하는 역할은 전적으로 이 능력에 달려 있는 것이다. 또한 이 능력이야말로 우리가 경솔해지는 것[53]을 막고, 인간에 대한 친밀감(oikeiōsis)과 신들에 대한 복종을 약속하는 것이다.

---

51 무대 위 배우의 이미지는 10.27, 11.1, 특히 12.36에서 반복된다. 인생과 연극을 비유하는 것은 세네카(세네카, 『도덕서한』 77.20), 에픽테토스(『엥케이리디온』 제17장 참조)에게도 그대로 나타난다.

52 원어 kataskeuē는 스토아 윤리학 용어로 원래는 자연이 준 동물의 신체 구성(자기와 종의 보존에 합치된 고유한 형태)을 말한다. 동물은 이 자연 기반에 입각하여 행동한다. 인간은 자연에 의해 이성이 부여되었으며, 사고하고, 명제에 동의함으로써 인간 본연의 행위를 이룬다. 제7권 55 참조.

53 즉 '성급한 동의'에서 벗어난다는 의미이다. 동의(혹은 '승인', sugkathesis)는 스토아의 전문 용어다. 우리는 내부적으로 또는 외부적으로 생성된 인상(판타시아)에 동의한다. 더 엄격하게 말하자면 우리는 인상의 '명제적 내용'에 동의한다(에픽테토스[김재홍], 『강의 1·2』 그린비, 2023, 해제 참조). 여기서 마르쿠스는 성급한 동의(승인)와 사물이 무엇인지에 대한 그릇된 판단이 잘못된 행동으로 이끌 것이라는 점을 걱정한다. 에픽테토스는 이렇게 말한다. "인상이여, 잠시만 기다려라. 당신이 무엇인지, 당신이 어떤 인상을 받는지 보자. 당신을 시험해 보자"(2.18.24). 거짓말은 잘못된 판단을 영속시키는 것이기 때문에 진실이 마르쿠스에게 왜 그렇게 중요한 덕이었는지를 알 수 있다.

10 다른 건 다 던져 버리고 그냥 이 몇 가지 것들을 지켜라. 그와 동시에 기억하라. 우리 각자는 오직 현재, 이 한순간에 불과한 현재만을 산다는 것을.[54] 인생의 나머지는 이미 살아 버렸거나 아직 알 수 없는 미래에 속한다.[55] 그러므로 각자의 일생은 작고,[56] 그가 사는 지상의 한구석도 작다.[57] 또한 가장 오래 지속되는 사후의 명성이라 할지라도 작으며,[58] 그것도 신속하게 죽어 가는 작은 인간들이 차례차례 이를 이어 가는 데서 비롯된 것일 뿐이다. 그 작은 인간들은 자기 자신을 모르는데 하물며 아주 오래전에 죽은 사람에 대해서는 알 도리가 없는 것이다.

11 앞서 언급한 원칙[59] 외에 한 가지 더 덧붙이는 것이 좋다. 즉 염두에 떠오르는 대상에 대해 반드시 정의[60] 또는 묘사(개요)(horos kai

---

54 2.14, 8.36, 12.26 참조. 과거도 미래도 나에게 달려 있는 것이 아니다. 단지 현재만이 나의 힘이 미치는 범위에 있을 뿐이다.

55 "미래의 공포와 과거의 괴로움에 대한 기억을 잘라 내야만 한다. 후자는 나와 더 이상 관련된 것이 아니며 미래는 아직 나와 관련된 것이 아니다"(세네카, 『도덕서한』 78.14).

56 인생은 영원한 시간의 아주 극소한 부분에 불과하다(4.48, 4.50, 5.23, 5.24, 6.15, 6.36, 9.32, 10.17, 12.32 참조).

57 지리(地理)상의 무의미에 대해서는 3.11.2, 2.3.3, 6.36, 8.21, 12.32 참조.

58 명성의 덧없음에 대해서는 2.17.1, 4.3.3, 4.19, 4.33, 7.6, 7.21, 9.30 참조.

59 원어인 parastēma는 '곁에 서 있는 것들'로 '충고'로도 새길 수 있다.

60 "한편 정의(horos)는 안티파트로스가 『정의에 대하여』 제1권에서 말하듯이 분석에 따라 (kata analusin) 정확히 산출된 설명(logos)이거나 크뤼시포스가 『정의에 대하여』에서 말하듯이 고유성에 대한 설명(idiou apodosis)이다. 개요(hupographē)란 개략적으로 주제(pragmata)로 이끄는 설명이거나 정의의 본래 의미를 더 단순한 형태로 밝힌 정의다. 유는 분리되지 않는 복수의 개념들을 싸잡는 것이다. 예컨대 동물이 그렇다. 이것은 각각의 동물들을 포괄한 것이기 때문이다"(DL 제7권 60).

hupographē)를 행해 볼 것. 그러면 모든 부가물을 제거하고 그 대상만을 발가벗긴 채 전체적으로 바라보면서[61] 그것이 본질적으로 어떤 것인지를 볼 수 있고, 그 고유의 이름과 그것을 구성하는 요소, 즉 이윽고 분해하면 다시 그것으로 환원해 버리는 부분의 요소의 이름을 자신에게 말해 볼 수 있을 것이다.[62]

(2) 진정 인생에서 마주치는 모든 것에 방법적으로 진실하게 검토하는 것만큼 마음을 원대하게 만드는 것은 없다. 그 대상이 어떤 우주에 대해 어떤 효용을 가지고 있는지, 전체적으로 우주에 대해 어떤 가치를 가지고 있는지, 인간——최고의 국가(폴리스)[63]의 시민이며, 그 국가와 비교하면 다른 국가들은 모두 그 안의 집에 지나지 않는 것 같지만[64]——에 대해 어떤 가치를 가지고 있는지를 고찰하고, 그것이 무엇인지, 어떤 요소로 구성되어 있는지, 현재 나에게 이런 인상을 주고 있는 이 대상이 얼마 동안 이대로 존

---

61 도덕 및 물질적 맥락에 적용하는 이 방법에 대해서는 6.13, 8.36, 9.34, 9.36, 10.9, 11.2, 11.17, 12.2, 12.8 참조.

62 이 객관성의 연습에 대해서는 2.12, 6.13, 9.34, 9.36, 10.11, 11.2, 11.16, 11.17, 12.2, 12.8 참조.

63 2.16 참조.

64 스토아 철학자들이 말했듯이 모든 인간은 서로 간에 '친화력'이 있거나 오이케이오이 (oikeioi)이기 때문에 공통의 집(가정, oikos)에 속한다. 우리가 태어날 때 우리는 우리 자신과 자연스러운 친화력을 가지고 있다. 이것은 평생 동안 우리로 하여금 자기 보존을 중시하게 만든다. 이 친밀감은 우리의 생존에 기여하면서 점차 자신에서 어머니, 가족, 친구로 확장된다. 마침내 성인이 되어 발달한 이성적 기능을 통해 다른 모든 인간과도 친밀감을 갖는다는 것을 알게 된다. 이것은 타인에 대한 의무감을 수반한다. 마음과 덕의 삶은 단순한 물리적 보존이 아니라 좋음이 있어야 하는 것임을 알게 된다. 그래서 우리는 '적합한 행동'(카테콘)에서 '올바른 행동'으로 옮겨 간다.

속하는지, 이에 대해 나는 어떠한 덕을 필요로 하는지. 예를 들어 부드러움, 용기, 진실, 신실함, 단순, 자족 등의 이러한 점을 고찰할 수 있듯이 항상 그런 식으로 개별적 대상을 보는 것만큼 마음을 원대하게 하는 것은 없다.

(3) 따라서 너는 각각의 경우에 이렇게 말해야 한다. 이것은 신에게서 온 것이다. 그런데 이것은 운명의 조합이라든가 운명의 여러 가지 사건들이 섞여 모인 것(그물망)이라든가, 뭔가 그러한 우연의 일치와 우연에 의한 것이다. 또한 이것은 나 자신의 동포이자 친척이며 동료인 자에게서 온 것이다. 그는 무엇이 자신의 자연 본성에 일치하는지 모른다. 그런데 나는 그걸 모르는 게 아니다. 그래서 나는 이웃과 좋게 지냄이라는 자연의 법[65]에 따라 호의와 정의로 그를 대접한다. 그러나 이와 동시에 (좋지도 나쁘지도 않은) 중간적인 일에 대해서는 각각 그 가치에 상응하는 부분을 목표로 하는 것이다.[66]

I2 만일 네가 눈앞에 있는 일을 올바른 이성에 따라 열심히, 힘차고, 친절하게 행하고, 결코 사소한 일처럼 하지 않고, 너의 다이몬을

---

65 스토아주의자들은 인간이 본성적으로 덕의 자원을 부여받았다고 주장하기 때문에 그것들이 '자연의 법'이라는 것이다.

66 스토아적 성향을 지닌 마르쿠스는 그의 일이 덕을 증진시키는 것으로 보았지만, 물론 그도 덕이 유일한 좋음이고 나쁨이 유일한 나쁨으로 인식되는 이상적인 스토아의 세계가 아닌 현실 세계에서 살아야 했다. 스토아의 입장에서는 '아무런 차이가 없는 것들'('아무런 관련이 없는 것들', adiaphora)에 대해서도 사람들을 칭찬하거나 비난해야 했을 것이다. 5.36, 6.45 및 9.11 참조.

당장 돌려줘야 할 것처럼[67] 깨끗하게 유지한다면, 또한 네가 이 일을 꼭 붙잡고, 아무것도 기다리거나 피하지 않고, 자연에 합당한 현재의 활동에 만족하고, 만일 어떤 것을 말할 경우에 네가 너의 영웅시대와 같은 진실로 말하는 것에 만족한다면 너는 행복한 삶을 살 것이다. 누구도 그것을 막을 수 있는 사람은 없다.

13 의사가 항상 응급 처치용 기구나 메스를 손아귀에(procheira) 가지고 있듯이, 너도 항상 너의 원리[68]를 마련하여 신에 관한 일과 인간에 관한 일을 이해하고, 사소한 것이라도 모두 이 양자[69] 사이의 상호 관련을 의식하면서 행할 수 있도록 하는 것이 좋다. 왜냐하면 어떤 인간적인 일이라도 이를 신적인 일에 관계시키지 않고서는 잘 행할 수 없으며, 그 반대도 마찬가지다.

14 더 이상 방황하지 마라. 너는 이제 너의 각서[70]나 고대 로마와 헬

---

67 "지금은 시간이 됐으니 아침 식사를 하자. 그리고 나서 죽자. 어떤 식으로. 남의 것을 돌려주는 사람에게 어울리는 방식으로"(에픽테토스,『강의』1.1.31).

68 '철학'을 말한다. 철학과 의술과의 유비에 대해서는 3.8, 5.8, 5.9, 10.35 참조.

69 신적인 일과 인간적인 일.

70 '휘포므네마타'(각서, 비망록, 메모)란 말로, 마르쿠스가 현재의 어느 책을 언급하는지는 분명하지 않다. 그는 에픽테토스의『강의』를 같은 말로 언급하기도 한다(1.7). 제7권과 제11권의 일부 발췌문은 마르쿠스가 기억해 두어야 할 문구를 적어 놓기 위해 작성되었을 가능성을 보여 준다. 이 항목은 그의 다른 문학 활동에 대한 흥미로운 통찰력을 제공한다. 그들 중 어느 것도 출판을 목적으로 하지 않은 것 같다. 자신의 아들의 교육을 위해 기록해 놓은 것으로 추정되기도 한다. 12개의 메모에 간헐적으로 자신의 다양한 생각과 반성의 기록을 적으려다가 나중에 우리가 가지고 있는 이 책으로 통합된 것일 수 있다(R. Waterfield[2021]의 제3권 주석 37 참조).

라스인들의 언행록이나 노년을 위해 아껴 둔 책의 초록 등을 읽을 기회가 없을 것이다. 그러니 종국의 목표를 향해 서둘러라. 그리고 만일 너 자신이 마음에 걸린다면, 헛된 희망을 버리고, 허락받는 동안 너 자신을 구하는 것이 좋다.

15 사람은 다음 같은 말이 얼마나 많은 의미가 있는지 모른다. 예를 들어 훔치다, 씨를 뿌리다, 사다(구입), 평정하다, 무엇을 행해야 하는가를 보는 것 등등. 이것은 눈으로 보는 것이 아니라 어떤 다른 종류의 시력으로 알 수 있는 것이다.

16 (1) 신체, 영혼, 지성.[71] 신체에는 감각, 영혼에는 충동, 지성에는 믿음(원리). 감각을 통해 인상을 받는 것은 가축들에게서도 볼 수 있다. 충동의 실타래에 끌어당겨지는 일은 야수나 여자와 같은 남자(동성애하는 남자), 팔라리스[72]나 네로[73]에게서도 공통적이다. 또 의무(적합한 행동)라고 생각되는 일을 향해 지성을 이끄는 일은 신들을 부정하는 자나 조국을 저버리는 자, 문을 닫고 무슨 짓

---

71 여기서 영혼(psuchē)은 동물과 공유하는 생명력으로 사용되었다. 다이몬(헤게모니콘, 정신의 '사령부' 내지는 '지도 부분')을 포함하지 않는 것으로 여기서는 사용되었다. 마르쿠스는 인간과 신들에게 고유한 '이성', 동물과 공유하는 '영혼', 식물과 공유하는 자연적 성장으로서의 영혼의 기능을 삼분하고 있다.

72 쉬라쿠사이의 아크라가스 참주(재위 기원전 570년경~554년경). 헬라스의 잔학한 참주의 전형. 안에 사람을 가둬 데워 죽이는 청동 황소상 '팔라리스의 황소'로 유명하다.

73 네로 클라우디우스 카이사르 아우구스투스 게르마니쿠스(37~68년). 제5대 황제(재위 54~68년). 어머니를 살해한 로마 폭군의 전형. 폭군을 언급하는 6.34 참조.

(악행)이든 행하는 자들이라도 하는 일이다.[74]

(2) 모든 것들이 앞서 말한 동물의 세계와 사람들의 부류와 공통적이라면 좋은 사람들에게 고유한 것으로 남는 것은 자신에게 일어난 여러 가지 사건과 자신을 위해 운명의 손이 짜 준 것들을 사랑하고 환영하는 것이다. 또한 자신의 가슴속에 자리 잡은 다이몬을 더럽히거나 많은 상념으로 혼란스럽게 하지 말고, 이를 맑고 깨끗하게 지키고 질서정연하게 신을 따르며, 한마디도 진리에 어긋나는 말을 하지 않고, 정의에 어긋나는 행동을 취하지 않는 것이다. 그리고 자신이 성실하고 겸손하게 선의를 가지고 생활하고 있다는 것을 설령 아무도 믿어 주지 않더라도 그들 중 누구에게도 화를 내지 않으며, 인생의 종국 목적으로 인도하는 길을 놓치지도 않는 것이다. 삶의 목적을 향해 순결하게, 평정하게, 아무런 집착 없이, 강요받지 않고 스스로 자기 운명과 조화하며 걸어가야 하는 것이다.[75]

---

74   앞의 7과 제10권 13 참조. 무신론자, 애국심의 결여, 은밀한 파티. 이 세 가지 것으로 고발되었던 기독교인들을 가리킬 것이다(C. R. Heines, p. 63). 우리는 덕에 대한 주지주의적인 개념을 접하는데, 앞서 언급한 바 있는, 즉 배반자나 성적 도착자를 포함해서 모든 사람이 자신이 최선이라고 생각하는 것을 행한다는 것이다. 이것은 자신에게 참으로 좋은 것에 대한 잘못된 믿음에 따라 행동하도록 이끈다.

75   삼인칭을 사용하고 있다. 자신을 위한 깨달음의 정도를 주장하지 않는 것이 마르쿠스의 방식이다(R. Waterfield [2021], 제3권 각주 40, p. 75 참조).

제4권

1 ^{1} 우리의 내적 주인이 자연을 따르고 있을 때에는, 일어나는 사건에 대하여 가능하고 허용된 것에 항상 쉽게 적응할 수 있는 태도를 취하는 것이다. 왜냐하면 그것은 딱히 이렇다 할 특정한 질료^{2}를 선호하는 것이 아니라, 그 목적을 향해 어떤 유보 조건^{3}을 가지고 나아가기 때문이다. 그리고 어떤 장애물에 부딪히든 이것을 자신

---

1 제4~11권은 2권, 3권, 12권에 비해 어조가 덜 개인적이며 원리와 이론에 더 관심이 많다. 예를 들어 다이몬(내면의 신, 수호령)에 대한 언급이 만물을 지휘하는 '보편적 본성'에 대한 언급과 보편적 자연의 파편으로서의 우리의 지성에 대한 언급으로 대체되고 있다. 마르쿠스의 개인적인 걱정과 염려는 그가 이 책에서 다루는 방대한 우주적 힘에 비하면 사소한 것처럼 보인다. 예를 들어 죽음은 제2권과 제3권에서처럼, 개인적인 개심을 촉발해야 하는 어떤 것이 아니라 '자연 현상'으로 취급되고 있다.

2 덕이라는 삶의 기술이 대상으로 하는 소재, 즉 구체적인 상황.

3 '유보 조건을 가지고'에 대해서는 5.20, 6.50, 11.37 참조. 세네카, 『베풂에 대하여』 4.3.44 참조. 유보(hupexairesis)는 스토아의 전문 용어로 미래지향적 충동, 심지어 이성적 충동도 항상 상황이 잘못될 가능성이 있기 때문에 항상 조건문을 동반해야 한다는 사실을 말하는 것이다. 이를테면 건강을 유지하기 위해 음식을 먹고 싶은 충동이 생길 수 있지만 '신의 뜻이라면' 과 같은 비슷한 말을 추가하는 것이다. 즉각적인 충동의 발휘를 제한하고, 인상의 내용을 음미하는 것이다. 이런 식으로 현명한 사람의 충동은 결코 좌절될 수 없다. 그 행동에 앞서 이미 어떤 장애물을 있을 것을 예상하고 있기 때문이다. 스토아 철학자들에게 중요한 것은 우리가 무엇을 하느냐가 아니라 그것을 하는 도덕적 태도였다. "그러한 방식으로 목욕을 하려는 데 너를 방해하는 어떤 일이 일어난다면, '그래 나는 단지 목욕만을 원했던 것이 아니다. 오히려 자신의 의지를 자연에 맞게 유지하기를 원했어'"(에픽테토스, 『엥케이리디온』 제4장). 로마 스토아학파의 정치 영역에서도 '유보'를 강조했다. 스토아 철학의 '유보 조건'(exceptio)에 대해서는 에픽테토스의 『강의 1·2』 해제 및 T. Brennan, Reservation in Stoic Ethics, *Archiv für Geschichte der Philosophie* 82.2. pp. 149~177, Walter de Gruyter, 2000 참조.

을 위한 질료로 만들어 버린다. 이 점은 마치 불이 자신에 던져진 것을 제압하는 경우와 비슷하다. 작은 등불이라면 그것들에 의해 꺼지겠지만 활활 타오르는 불은 자신에게 던져진 것을 순식간에 자신의 것에 동화시키고 태워서, 던져진 것에 의해 한층 높이 치솟는 것이다.[4]

2   어떤 행동도 마구잡이[5]로 하지 마라. 혹은 삶의 기술의 완벽을 보장하는 철학 원리에 따르지 않고는 행하지 마라.[6]

3   (1) 사람들은 시골이나 해안, 산에다 물러날 수 있는 곳(피신처, anachōrēsis)[7]을 찾는다. 너 또한 그런 곳을 열렬히 동경하는 습성이 있다. 그러나 이는 모두 지극히 속된 사고방식[8]이다. 너는 네가 **원할 때마다 너 자신의 내면으로 물러날** 수 있기 때문이다. 사실 어

---

4   그래서 우리의 이성적 능력은 많이 사용할수록 더 강력해지고, 세상을 이성적으로 다루는 일을 더 많이 할 수 있게 되는 것이다.

5   원어는 eikē이다. 즉 '목적 없이'.

6   '자연과 일치해서', '덕 있게 산다'라는 것은 자연의 법칙, 즉 지도적인 부분(지휘 사령부, 헤게모니콘)이 식별한 대로 자연이 규정한 규칙을 따르는 것이다. 그러나 규칙을 알고 그에 따라 행동하는 것은 예술가와 장인이 하는 일이다. 따라서 스토아 철학자들은 소크라테스의 방식으로 덕은 기술이나 기예, 삶의 기술이라고 결론 내리고 있다.

7   '자기 자신으로 물러감'의 개념을 말하는 5.2, 6.11, 7.28, 7.67 참조. '자기 자신에게로 돌아감'(퇴각)은 군사적 용어로서 여기서 유비로 사용되었다. 이 말은 '자신의 돌봄'(푸코), '내면으로 돌아섬', '은신', '은둔' 등으로 이해될 수 있다. '너 자신의 [내면의] 이 작은 땅(정원, agridion)으로 물러날 것(hupochōrēsis)'(4.3.4). "걱정으로부터 해방된 정신은 하나의 성채이다"(8.48).

8   '비철학적이다.' 원어 idiōtikos는 '철학자'가 아닌 '일반 사람'을 의미한다.

떤 곳이라 하더라도 **자기 자신의 영혼 안보다 더 평화롭고 한적한 피신처를 찾을** 수는 없을 것이다. 이 경우, 그것을 지그시 바라보고 있으면 금세 마음이 완전히 편안해지는 것을 자신 안에 가지고 있으면 더욱 그렇다. 그리고 내가 말하는 이 평온한 마음이란 좋은 질서가 아닐 수 없다. 그러므로 끊임없이 이 피신처를 자신에게 대비하고 원기를 회복하라.[9] 그리고 거기에는 **간결하고 근본적인 원칙들**[10]을 준비하는 것이 좋다. 그런 원칙이라면 이것을 마주하자마자 곧바로 온갖 괴로움을 지워 버리고, 네가 지금까지 대해 왔던 일에 대해 아무런 불만 없이 돌아갈 수 있게 해 주고, 돌려줄 만한 힘을 충분히 가지고 있을 것이다.[11]

---

9 진정한 스토아의 방식에 따라서 마르쿠스는 철학의 심리적 유익함을 '평온함', '동요하지 않음', '평정심'이라고 부른다. 이 점을 잘 보여 주는 7.68 참조.

10 원어인 brachea kai stocheiōdē는 '철학의 원리', 즉 스토아적 삶의 원리를 말한다. 다른 곳에서는 dogmata(원리들) 혹은 kephalaia(주요 원리, 근본원리), theōrēma(일반 원리)로 말한다. 이 원리를 통해 우리가 얻는 것은 마음의 편안함(eumareia)이다.

11 '자신 안으로 물러남'에 대해서는 6.12, 7.28, 7.59 및 8.48 참조. 세상은 어지럽고, 분명히 타락했다. 그렇다면 세상에서 물러나는 것이 현명하지 않겠는가? 이에 대한 마르쿠스의 입장은 그러한 물러남은 전투에 복귀하기 위해 자신의 '근본원리'를 고려함으로써 자신을 재충전하는 수단으로, 일시적인 것이어야 한다는 것이다. 그는 신비주의자가 아니라 충실한 황제였다. 그가 권장하는 근본원리를 참조하는 수행은 신비적인 체계에서 수행하는 '불교식의 명상 수행'과는 전혀 다르다. 스토아적 물러남은 단지 부정적인 것에 그치는 것이 아니라 오히려 긍정적인 철학적 원리를 마음에 새겨 놓는 것을 지향한다. 즉 자신의 철학적 믿음을 재차 확인하고, 다시 고쳐 쓰는 과정이다. 이 과정을 통해서 이 철학적 원리들을 사용할 수 있도록 손 가까이에 준비해 놓아야 한다(J. Sellars [2018], pp. 23~24). 푸코는 '자신 안으로 물러남' 혹은 '자아의 돌봄'(epimeleisthai heautou)으로 돌아섬은 1세기와 2세기의 철학적 저술의 주요 특징이었다고 주장한다(M. Foucault [1990], pp. 41~45 참조). 예를 들면 세네카, 에픽테토스 등이 그렇다. 이 점은 '너 자신의 내면으로 물러날 수', '자기 자신의 영혼 안보다 더 평화롭고 한적한 피신처를 찾을'(4.3.1), '너 자신의 [내면의] 이 작은 땅으로 물러날 것'(4.3.4)이라는 표현에서 명확히 드러난다.

(2) 그런데 도대체 너는 무엇에 대해 불만을 품고 있는가? 인간의 악에 대해서 말인가?[12] 다음의 결론을 생각해 보는 것이 좋다. 이성적 동물은 서로를 위해 태어났으며, 서로를 참는 것은 정의의 일부이며, 사람은 비자발적으로 잘못을 범하는 것이며,[13] 또 서로 적대감과 의심과 증오를 품거나 창으로 찌른 사람들이 지금까지 얼마나 무덤 속에 누워 있다가 불에 타 재가 되었는지 생각해 보라. 이제 그만 마음을 가라앉히는 게 어떠냐? 그러나 자네는 전체 속에서 자신에게 할당되어 있는 것에 대해 불만을 가지고 있단 말인가? 다음 선언 명제를 상기하는 것이 좋다. '섭리인가 원자인가?'[14] 또한 우주는 일종의 국가[15]라는 것이 얼마나 많은 사실에 의해 증명되고 있는가를 상기하면 좋다. 아니면, 육체적인 일이 널

---

12 즉 인간이 덕을 가지고 있지 않다는 점.

13 이것도 덕에 대한 소크라테스적인 주지주의적 관점이다. 사람들은 항상 자신이 최선의 이익을 위해 행동하고 있다고 생각하며, 또 나쁜 짓을 행함은 자신의 이익에 반하는 것임을 깨닫지 못하기 때문에 '비자발적으로'(akontes, 의도를 갖지 않고) 행한다는 것이다.

14 이 물음은 다음과 같은 물음의 줄임이다. 즉 사물이 '섭리'에 의해 미리 결정되었기 때문에 발생하는 것이거나(스토아학파의 견해), '원자들'의 우연한 조합의 결과(에피쿠로스학파의 견해)로 발생하는 것인가? 마르쿠스는 4.27, 6.4, 6.10, 6.24, 7.32, 8.17, 9.28, 9.39, 10.6, 11.18, 12.14에서 이분법적으로 의견을 제시하고 있다. 섭리, 신, 자연에 의해 지배되는 것은 스토아적 입장이다. 그는 일반적으로 이분법을 사용하여 에피쿠로스적 관점의 불쾌한 결과를 지적한다. 그는 주로 스토아적 관점에 매달린다. 이 점은 에픽테토스에게도 마찬가지다. 그는 '너의 세계관이 무엇이든 간에 이러저러한 것이 사실이다'라는 방식을 사용해 자신의 입장을 주장한다. "결국 전체에 대해서 신이 존재한다면 모든 것이 좋을 것이고, 모든 것이 단지 우연에 불과하다면 [그 경우에] 너마저 닥치는 대로 살지 말라"(9.28). 여기에 스토아적 입장이 함축되어 있는데, 즉 우주가 섭리적으로 설계되었다는 스토아의 관점에서(intellectual design) 그는 자신에게 할당된 운명을 원망해서는 안 되기 때문이다.

15 모든 이성적 존재가 시민인 위대한 도시. 마르쿠스는 다음 항목에서 이 도시의 현실을 이야기한다.

아직도 붙잡고 놓지 않는 것일까? 일단 지성이 자신을 되찾고, 자신의 힘을 알게 될 때는 부드럽거나(평온하거나) 거칠게 움직이는 숨결[16]이거나 간에 그것과 섞이지 않는다는 것을 생각하라. 또한 고통과 쾌락에 대해 네가 듣고 동의한 바를 모두 기억하라.[17]

(3) 아니면 쓸데없는 명예욕이 너의 마음을 괴롭히는가? 모든 것의 망각이 얼마나 신속하게 오는지 보라. 또한 우리의 이쪽과 저쪽에도 영원한 심연이 가로놓여 있을 것이며, 갈채 울림의 공허함과 함께 우리에 대해 좋게 말하는 것처럼 보이는 사람들의 마음은 쉽게 바뀔 것이고, 사려 깊지 못할 것이다. 이 모든 것들을 둘러싼 공간의 협소함을 보라. 지구 전체가 한 점에 불과한 것이다. 그리고 우리가 사는 곳은 이 지구의 이 얼마나 작은 한구석에 지나지 않는지. 거기서 얼마나 많은 인간이, 또 어떤 인간이, 장차 너를 찬양할 것인가?

(4) 그러니 이제부터는 너 자신의 이 작은 땅(정원)으로 물러날 것을 기억하라. 무엇보다 정신을 산만하게 하지 말고, 긴장하지

---

16 신체의 쾌감과 고통을 말한다. '부드럽다', '까칠하다'는 에피쿠로스학파 용어에 스토아학파의 '숨결'(생체 원리인 물체)이 덧붙여져 있다. 숨결(프네우마)은 스토아학파에게 개인뿐 아니라 전체 우주를 조직하는 중요한 원리다. 그러므로 그것은 신이라고도 불린다. 여기서 마르쿠스는 이성적인 인간의 영혼인 순수한 프네우마가 육체적인 프네우마와 그것의 지속적인 움직임에서 떨어진 상태로 남아 있거나 오히려 분리된 상태를 유지해야 한다고 말하고 있다. 에피쿠로스에서 유래한 육체적 쾌락과 고통에 대한 동일한 설명에 대해서는 5.26과 10.8에서 반복된다.

17 즉 구체적으로 쾌락과 고통을 다스리는 것이지, 그것에 노예가 되지 말아야 한다. 쾌락과 고통은 무차별적인 것, 중간적인 것에 속하며 진정한 선악과 무관하다.

말고, 자유롭게 지내라. 그리고 남자로서, 인간으로서, 시민으로서, 죽어야 할 존재로서 사물을 보라. 그리고 네가 마음을 기울여야 할 가장 가까이 지니고 있어야 하는 원리들 중에 다음 두 가지를 준비하는 것이 좋다. 그중 하나는 세상의 사물은 영혼에 닿지 않고, 바깥쪽에 조용히 서 있고, 귀찮은 것(걱정거리)은 단지 내심의 믿음(판단)에서 오는 것일 뿐이라는 것.[18] 다른 하나는 네가 보는 이 모든 것은 순식간에 변화하고, 존재하지 않게 될 것이라는 점이다. 그리고 네가 이미 얼마나 많은 변화를 겪었는지, 지속적으로 이것에 대해 명심하라.

'우주는 변화고, 인생은 믿음이다.'[19]

---

18 사물에 대한 믿음이나 판단을 보류하면 마음의 평화를 방해하는 걱정을 불러일으킬 수 없다는 의미에서 사물은 비활성적인 것이다. 모든 걱정은 사물 자체가 아니라 사물에 대한 의견이나 판단에서 비롯되기 때문이다. 이에 대해서는 5.19, 6.52, 7.14, 9.15, 11.11, 11.16 참조. 스토아주의자들은 격정(파토스, 정념)은 명제 형식으로 정신에 제시된 '인상'(판타시아)에 동의하여 형성된 믿음의 산물이라 주장한다. 예를 들어 괴로움은 나쁜 일이 있다는 생각에 의해 촉발된다. 정념을 바로잡으려면 믿음을 바로잡아야 한다. 즉 필요한 경우 그것을 바로잡기 위해서는 자신이 생각하고 느끼는 것을 지속적으로 깨달아야 한다. 파토스는 일종의 충동이며, 모든 충동은 행동으로 이어지므로 파토스를 교정하면 우리는 더 이성적이고 자연에 맞게 행동할 수 있게 된다.

19 2.15, 4.7, 12.22 참조. 이것("우주는 변화고, 인생은 믿음이다"[ho kosmos alloiosis, ho bios hupolepsis])은 마르쿠스가 내놓은 원리(원칙)들에 대한 일종의 요점 정리라 할 수 있다. 그는 손에 가지고 있어야 할 철학적 원리들을 통해 '자신 내부로 물러남'의 기간이 지나면 스토아의 자연학과 인식론에서 받아들인 '우주는 변화고, 인생은 믿음'이라는 생각을 가지고 일상 생활로 되돌아와야 한다고 생각했다. 이것이 이 책의 주된 기조(基調), 즉 마르쿠스의 윤리적 기획의 핵심이며, 인간의 죽음 문제, 삶의 일시적임(덧없음)이라는 주제를 움직이는 토대다. 그런데 이 말은 다른 여러 경구와 마찬가지로 출처가 알려지지 않은 퓌타고라스주의자인 데모크라테스에게로 돌려지고 있으나, 이는 기원전 5세기에 활동한 데모크리토스(3.3에서 언급)의 오기로 보인다. '데모크라테스의 금언'이라는 제목으로 전해지는 86개 항목 중 85번째와 같고, 원자론자 데모크리토스의 사상과 가까워 그의 단편으로 여겨진다(DK 68B115).

4 만일 지성이 우리에게 공통된 것이라면, 우리를 이성적 존재로 만드는 이성도 공통된 것이다. 그렇다면 우리가 해야 할 일과 해서는 안 될 일을 명령하는 이성[20] 또한 공통적이다. 그렇다면 법 또한 공통이다. 그렇다면 우리는 같은 시민이다. 그렇다면 우리는 모두 어떤 공통의 정체에 속해 있다. 그렇다면 우주는 어떤 종류의 국가(폴리스)와 같다.[21] 과연 인류 전체가 다른 어떤 정체에 속해 있다고 말할 수 있을 것인가?[22] 사실상 우리는 이 공동 국가로부터 지성적인 것, 이성적인 것, 법적인 것을 받았다.[23] 아니면 어

---

20 이것 자체가 스토아학파의 법의 정의이다.

21 2.16 참조. '우주의 시민'에 대해서는 후기 스토아 철학자 세 사람이 공통적으로 언급하고 있다. "누군가가 소크라테스에게 '어디 출신이냐'라고 물었을 때, 결코 '나는 아테나이인이다' 혹은 '나는 코린토스인이다'라고 말하지 않고 '나는 우주의 시민이다'라고 말했던 소크라테스의 예를 따르는 것 외에 인간에게 다른 무엇이 남아 있겠는가?"(에픽테토스, 『강의』 1.9.1). 견유학파의 디오게네스는 "당신은 어디 출신인가라는 질문을 받았을 때, 그는 '세계시민'이라고 말했다"라는 보고가 전해진다(DL 제6권 63). 세네카는 "나는 나의 조국이 세계라는 것과 신들이 나의 수호자이며, 내 위와 너머에서 나의 행위와 말을 심판한다는 것을 안다"(Patriam meam esse mundum sciam et praesides deos, hos supra circaque me stare factorum dictorumque censores)고 말했다(Seneca, *De vita beata*, 20.5). "두 개의 공동체[국가](duas res publicas)가 있다. 하나는 크고 참된 공동체로 신들과 인간들을 포함하여 이 모퉁이로 저 모퉁이로 보여지는 것이 아니라 태양으로 경계를 삼는 공동체며, 다른 하나는 우리의 우연적 출생으로 할당되는 것이다"(Seneca, *De Otio* 4.1). 세네카, 『도덕서한』 28.4 참조.

22 마르쿠스는 여기서 다른 행성에 있는 이성적 존재의 가능성을 상상하고 있는 것이 아니라 하나의 단일한 세계에서 이성적 존재인, 신들과 인간의 코스모폴리탄적 공동체를 구상하고 있다. 에픽테토스, 『강의』 2.5.26 참조. 마르쿠스는 우주의 시민으로서 그 자신과 모든 이성적 존재에 대한 자신의 생각을 정당화하기 위한 두 개의 논증을 전개하고 있다. 또 인간은 사회적 존재(5.16, 7.55)이며, 그들의 이성(12.26)에 의해 결속되어 있다는 주장도 하고 있다.

23 헤라클레이토스, 「단편」 114 참조. "지성을 가지고 말하려는 사람들은 모든 공통된 것에 확고한 기반을 두어야만 한다. 마치 도시가 법에게 그래야 하는 것처럼, 그것도 훨씬 더 그래야 한다. 왜냐하면 모든 인간의 법들은 하나인 신의 법에 의해서 양육되기 때문이다. 왜냐하면 그것은 하고자 하는 만큼 지배하고, 모든 것들을 충족시키고, 그러고도 남음이 있기 때문

디서부터일까. 마치 내 존재의 흙으로 된 부분은 어딘가의 흙에서 분할되고, 물로 된 부분은 다른 요소에서, 숨 쉬는 공기는 어딘가의 원천에서, 열과 불 부분은 또 다른 고유의 원천에서 분할되는 것처럼——아무것도 무에서 나오지 않고, 마찬가지로 아무것도 무로 돌아가지 않는 것이니까[24]——그렇게 지성은 또한 어딘가에서 온 것이다.[25]

5 죽음은 탄생과 마찬가지로 자연의 신비다. 하나는 동일한 원소들의 결합, 다른 하나는 그 원소들로의 〈해체〉지, 거기에 부끄러운 것은 전혀 없다. 왜냐하면 그것은 지성적 동물에 걸맞지 않은 것이 아니고, 또한 그의 구성 소질(paraskeuē)의 원리(로고스)[26]에 맞지 않는 것도 아니기 때문이다.[27]

이다.” 스토아주의자들은 인간이 만든 법률의 기초를 형성해야 하는 근본적 도덕 원칙이 자연에 의해 우리에게 지시되었다는 자연법을 받아들였다. 이것은 ‘자연과 일치하는 삶’이 의미하는 것의 큰 부분이며, 그는 3.11, 7.9, 8.2, 10.11, 10.25, 10.33 및 12.1에서도 ‘법’이라는 용어를 사용한다. 자연적 공정성과 인간이 만든 정의에 대한 구별은 11.20 참조. 법과 정의에 대한 소크라테스의 입장에 대해서는 크세노폰, 『회상』 4.4 참조. 소크라테스와 헤라클레이토스의 스토아 철학에 미친 영향은 지대하다고 할 수 있다.

24 스토아 철학에서 무로부터의 창조(nihil ex nihilo)는 없다. 그렇기에 스토아는 영원히 존재하는 실체(4.40)로부터 우주의 반복이 생기고, 다시 그것으로 해체된다고 생각했다.

25 마르쿠스는 우주의 이성과 완전성에 대한 전통적인 스토아학파의 주장에 의지하고 있다. 이점에 관해서는 키케로, 『신들의 본성에 대하여』 2.18~22 참조.

26 그는 인간의 ‘구성 소질의 원리’가 네 가지 원소로 만들어졌다고 믿고 있다. 이 네 가지 원소들은 어느 순간 모여서 그를 만들고, 어느 순간 다시 해체될 것이다. 이것이 우리 인간의 구성 원리며, 죽음이 자연스럽고 불가피한 과정인 이유기도 하다.

27 죽음의 위안에 대한 생각에 관해서는 2.3, 2.14, 2.17.2 참조.

6 이런 사람들[28]의 성격을 보면, 그들에게서 자연스럽게 이런 일이 벌어지는 것은 필연적이다. 이것을 원하지 않는 사람은, 무화과가 신물[29]을 가지고 있지 않기를 바라는 것과 같다.[30] 요컨대 다음 일을 명심하는 것이 좋다. 아주 적은 시간 안에 너도 저 인간도 죽을 것이고, 그 후 얼마 지나지 않아 너희들의 이름조차 뒤에 남지 않을 것이라는 것을.[31]

7 '내가 손해를 봤다'라는 의견을 없애는 것이 좋다.[32] 그러면 그런 느낌도 없어진다. 손해 봤다는 느낌을 없애면 그 손해도 없어지고 만다.[33]

---

28 어리석고 부정한 인간. '이런 일'이란 부정을 저지르는 것.

29 12.16 참조. 8.15, 10.8.2 및 11.33에서 마르쿠스는 다시 무화과나무를 '본래 있는 그대로'와 다른 것이 될 수 없는 것의 예로 사용한다. 무화과나무 수액은 다양한 의학적, 요리적 기능을 가지고 있지만 여기서 그가 생각하는 것은 수액이 피부를 따끔거리게 하고, 심지어 화상을 입힐 수도 있다는 사실이다. 세상에는 불행한 사람이 있듯이 불행한 일도 있다.

30 무화과의 유비는 5.17, 12.16(8.15)에서 다시 사용된다.

31 마르쿠스는 대개 다른 사람들도 이성적인 존재며, 따라서 그의 동족이라는 것을 상기함으로써 다른 사람들에 대한 조급함을 다룬다. 어쨌든 그는 악하고 어리석은 사람들의 존재에 대해 취해야 할 올바른 태도를 객관적으로 찾으려고 시도한다. 그들은 의도적으로 잘못을 저지르지 않는다. 그들은 이성적인 존재며, 따라서 나의 친족이다. 따라서 교정의 여지도 있다. 그리고 그들은 우리를 해칠 수 없다. 이 네 가지 원칙은 이 책에서 반복되는 주제다.

32 2.15, 12.25 참조.

33 판단의 훈련. 네가 상처받기를 선택하지 않는 한, 아무도 너를 해치지 않는다. 이것이 이 책의 공통 주제다. 판단을 형성하는 것과 그것을 문장이나 명제로 구성하는 것 사이에는 생각에서든 말에서든 간에 거의 차이가 없지만, 마르쿠스는 명확성을 위해 두 가지를 구분하고 있다.

8 인간 자신을 나쁘게 하지 않는 것은 그의 삶을 나쁘게 만들지 않는다. 안쪽에서도 바깥쪽에서도 인간에게 해를 입히지 못한다.[34]

9 유익한 것의 본성은 필연적으로 작용할 수밖에 없는 것이다.[35]

10 모든 일은 올바르게 일어난다.[36] 만일 네가 주의 깊게 살펴본다면, 이것이 그렇다는 것을 발견할 것이다. 내가 말하는 것은 단순히 일의 연쇄[37]로 일어나는 것이 아니라 정의에 따라서이며, 마치 어떤 자가 각자에게 그 가치에 따라 몫을 주는 것처럼 일어난다는 것이다. 그러니 네가 이미 했던 것처럼 그 상태로 계속 살펴보라. 그리고 네가 무엇을 하든 가장 엄밀한 의미에서 좋은 인간일 것이라는 그런 마음가짐으로 해라.[38] 모든 활동을 함에 있어서 이것을 지키는 것이 좋다.

---

34 유일하게 진정으로 나쁜 것은 도덕적 악덕이다. 진정으로 해로운 것은 없다.

35 즉, 섭리를 말한다. 섭리와 결정론은 모든 것을 '필연'으로 만든다. 그러나 마르쿠스와 스토아의 세계에서는 운명이 아닌 개인의 성격에 의존하는 '의지'가 여전히 강력한 요소였다. 모든 상황에서 우리는 독자적인 도덕적 행위자가 되기 위해 노력한다. 결정론자들은 숙고하거나 어떤 일을 하는 것이 아무 의미가 없다고 주장한다. 결정론자가 빠지는 '게으른 논쟁'에 대해서는 T. Brennan, *Stoic Life*, pp. 270~287 참조. 예를 들어 우리는 죽을 수밖에 없지만, 우리가 어떻게 죽는지는 우리의 선택에 달려 있다.

36 5.8 참조. 인용으로 보이지만 그 출처를 알 수 없다. 모든 일은 '정의'에 따라 일어나며, 그것을 기꺼이 받아들이는 것은 우리의 의무다. 이 책의 거듭되는 주제다.

37 즉 원인과 결과의 보편적 연쇄.

38 스토아적 의미에서 '좋은 사람'은 일어나는 모든 일이 정의롭다는 것을 보장하는 섭리와 일치하고 그것에 따라서 돕는다.

11 너에게 해를 끼치는 사람이 가지고 있는 의견이나 그 사람이 너에게 가지고 싶어 하는 의견을 받아들이지 마라. 있는 그대로의 모습으로 사물을 보라.

12 다음 두 가지 생각을 항상 손에 준비해 두어야 한다. 그중 하나는 왕이자 입법자로서의 이성이 인간의 이익을 위해 너에게 하라고 명하는 것만 행하는 것. 다른 하나는 만일 누군가가 너의 곁에 있으면서 너 혼자의 생각을 교정하고, 바꾸려고 한다면, 생각을 바꾸는 것.[39] 다만 이 변화는 항상 그것이 옳거나 공동체의 이익에 이바지하는 것이라는 확신에 의한 것이어야 하며, 그렇게 하려는 동기[40]는 단지 하나로, 그것이 즐거워 보인다거나 대중적 인기가 있을 것 같기 때문에 해서는 안 된다.

13 너는 이성을 가지고 있나? '가지고 있다.' 그렇다면 왜 이성을 사용하지 않느냐?[41] 만일 그것이 그 몫을 다하고 있다면, 너는 다른 무엇을 바라는가?

14 너는 전체의 일부로서 존속해 왔다. 너는 자신을 낳은 것 속으로

---

39 마르쿠스의 생각에는 다른 사람의 의견으로부터 독자적이고자 하는 욕구(2.17, 5.3, 5.19)와 조언을 기꺼이 받아들이려는 태도(6.21, 8.16) 사이의 긴장이 있다. 도움을 부끄러워하지 마라(7.5, 7.7, 10.12.1). 다음 항목에서 그가 기꺼이 받아들일 조언 종류의 예가 포함돼 있다.

40 proēgmena로 읽는다.

41 5.28 참조

사라지리라. 오히려 변화에 의해 그 씨앗적(생식적) 이성 속으로 다시 되돌아갈 것이다.[42]

15 많은 향 알갱이들이 같은 [단일한 불] 제단 위에 던져진다. 어떤 것은 먼저 떨어지고, 어떤 것은 나중에 떨어진다. 그러나 그것은 아무래도 좋은 일이다.[43]

16 네가 너 자신의 원리와 이성을 존중하는 마음으로 돌아가기만 한다면 현재 너를 짐승이나 원숭이처럼 여기는 자들도 열흘도 안 돼 너를 신처럼 여길 것이다.[44]

---

42 '최초의 불'과 '영원한 이성'은 하나며, 동일하고, 모든 것의 씨앗(정자, sperma)을 담고 있다고 여겨진다. 죽었을 때 해체된 네 가지 원소는 재사용 및 우주의 영속을 위해 사용될 수 있다는 의미에서 우주의 '씨앗 이성'(종자적 이성, 생성 원리: 6.24)으로 도로 되돌아간다. 인간의 경우에 씨앗적 이성은 지도적 이성 부분(헤게모니콘)의 통제하에 있는 자연적 능력 내지는 지도 부분의 기능으로 간주되었다. 우주에 대해서도 마찬가지다. 스토아는 '씨앗 이성'('생성하는 이성', spermatikos logos)을 신과 동일시했다. 이것은 비유적으로 종(정자)에 포함된 이성으로 유전자와 같은 것으로, 스토아학파는 우주 자체와 사물들의 생성과 진행 과정을 생물의 발생과 형질 발현의 유비로 파악한다. 대우주와 소우주는 동일한 법칙에 종속된다. 우주와 사람은 태어나고, 정해진 시간 동안 살다가 죽는다. 둘 다 자신을 재생산한다.

43 향의 비유로써 우리의 삶의 길이에 대한 무관심을 말한다. 우리의 삶은 왔다가 다시 흡수되어 돌아갈 우주에 바치는 제물('향')과 같다.

44 플라톤이 전하는 헤라클레이토스의 말을 염두에 두고 있다(「단편」 82~83). "원숭이들 중 가장 아름다운 놈도 사람의 부류에 비하면 추하다." "사람들 중 가장 현명한 자도 신에 비하면 원숭이로 보인다. 지혜에서도, 아름다움에서도, 다른 모든 것들에서도." 인간은 고상해지면 신처럼 될 수도 있고, 조야(粗野)해지면 짐승처럼 될 수도 있다(hē theos hē thērion, 아리스토텔레스, 『정치학』 제1권 제2장 참조)

17 마치 만 년을 살 것처럼 행동하지 마라. 불가피한 것[45]이 네 위에 달려 있다. 살아 있는 동안, 허용된 동안에 좋은 사람이 되어라.[46]

18 이웃이 무엇을 말하고 무엇을 하고 무엇을 생각하는지 들여다보지 않고 자신이 하는 일에만 주목하고, 그것이 옳고 경건하다고 생각하는 자는 얼마나 많은 여가를 얻는가. 다른 사람의 엉큼한 성격[47]에 눈을 돌리는 것은 좋은 사람에게 적합하지 않다.[48] 목표를 향해 똑바로 달리고 한눈팔지 마라.[49]

19 사후의 명성에 대해[50] 심장이 뛰는 인간은 다음을 생각하지 않는다. 즉 그를 기억하고 있는 인간 각자도 곧 죽고, 이어서 그다음 세대도 죽을 것이고, 불타오르다가 사라지는 횃불처럼 그에 관한 기억이 꼬리에 꼬리를 물고 전해지다가 마침내는 그 기억 전체가 소멸되고 만다는 것을. 그러나 다시 기억되는 사람들은 불사이며,[51] 그 기억도 불후라고 가정해 보라. 도대체 그것이 너에게 무엇이란

---

45 즉 죽을 수밖에 없는 운명.

46 4.10, 4.25, 7.15, 10.16 참조.

47 4.28 참조. C. R Heines('검은 성격'[melan ēthos])를 따른다.

48 타인에 대한 무관심(3.4.4, 4.6)과 타인의 영향으로부터의 독립적 태도를 유지(5.3).

49 그 올바른 길('죽음')을 향해 똑바로 나아가라(5.4 참조).

50 명성에 대한 주제는 이전과 다음 항목에서도 자연스럽게 이어지고 있다. 명성을 얻으려는 것은 다른 사람들이 너에 대해 어떻게 생각하는지에 관심을 가지는 것이니까.

51 이것의 구체적 이미지는 고대 세계에서 인기가 있었던 '횃불 이어달리기'이다(플라톤, 『국가』 328a). 인간의 삶의 계승에 대한 횃불 이어달리기의 이미지 적용은 플라톤에 처음으로 나온다(플라톤, 『법률』 776b 참조).

말인가? 말할 것도 없이 죽은 사람에게는 아무것도 아니다. 또 살아 있는 인간에게 있어서도 찬양이란 무엇일까. 기껏해야 무슨 편의가 되는 정도가 고작이다.[52] 어쨌든 너는 현재 자연의 선물[53]을 얻는 기회를 놓치고, 남들이 말하는 일에 집착하고 있는 셈이다. 결국 ….[54]

20   어떤 의미에서 아름다운 것은 모두 그 자체로 아름답고, 그 자체로 완성되어 있으며, 찬양을 자기의 일부로 여기지 않는다.[55] 적어도 인간은 찬양을 받아도 그로 인해 나빠지지도 않고 좋아지지도 않는다. 이것은 일반적으로 아름답다[56]고 하는 것, 예를 들어 질료적 대상이나 인공적인 제작품에 대해서도 마찬가지다. 참으로 아름다운 것은 그 자체와 별도로 무엇을 필요로 할까? 아니, 그것은 법이나 진리나 선이나 겸손의 경우와 조금도 다르지 않다. 이들 중 어떤 것이 대체 찬양을 받으니 아름다워지고, 비난을 받으니

---

52 명성과 찬양은 덕 있는 스토아적 삶에서 '아무런 차이가 없는 것들'(adiaphora)일 뿐이다. 따라서 스토아 철학자로서 황제에게도 그런 것들은 무관심의 대상이었다. 그러나 황제로서 자신이 하는 일을 사람들이 좋아한다면, 그런 찬양이 자신과 아무 관계 없는 것이지만, 그것이 자신의 삶을 더 편하게 해 준다는 사실만큼은 받아들일 수 있을 것이다(3.10, 7.34 참조).

53 여기서 '자연의 선물'이란 독자적인 도덕적 행위자로 살 수 있는 능력을 의미한다.

54 맨 끝 문장의 loipon[결국] 다음에 원문의 탈락이 상정된다.

55 마르쿠스는 대중의 찬양을 거부한다(3.6.2). 대중의 찬양은 '혀로 박수받는 것'(6.16.2). 무엇을 하든 칭찬받기를 원하는 것은 '건강하지 못한 것'(10.35). 찬양하고 또 거둬들이는 자들은 이성과 영혼의 벌거벗음을 보아야 한다. 이들이 무엇을 열심히 추구하는지 어떤 이유로 찬양하고 있는지 이들의 변덕스러움을 생각해 봐야 한다(9.30, 10.34).

56 '아름다운'을 의미하는 헬라스어 칼로스(kalos)는 신체적 아름다움에서 도덕적 고상함에 이르기까지 칭찬할 만한 자질의 범위를 포괄한다.

망가질 것인가? 에메랄드는 찬양받지 못하면 질이 떨어지는가?
금, 상아, 자조개,[57] 뤼라, 단도, 꽃송이, 관목 등은 어떤가?

21 (1) 만일 영혼들이 (사후에도) 존속한다면, 공기는 어떻게 이 영
혼들을 영원으로부터 내포하는 것일까?[58] 땅은 어떻게 그런 영원
으로부터 묻힌 사람들의 신체를 포함하는 것일까. 지상에서는 이
들 신체가 잠시 땅속에 머물다가 변화하고 분해하여 다른 시체에
게 자리를 비우는데, 바로 그런 식으로 영혼도 공기 속으로 옮겨
진 후 잠시 그대로 있다가, 이윽고 우주의 씨앗 이성(생성 원리)[59]
으로 도로 받아들여지게 되면서 변화하고, 용해되고, 불태워진다.
이런 방식으로 그것들은 그곳에 거처를 구하러 오는 영혼들에게
자리를 마련하는 것이다. 영혼이 사후에도 존속한다는 가정을 하
면, 이것이 그 사람에게 해 줄 수 있는 답이다.[60]

---

57   자조개(자색 조개, porphura, Murex)에서 엄청난 노동력을 들여 다양한 색조의 빨간색과
자주색 염료를 추출했다고 한다. '왕가의 자주색'이라고 불리는 짙은 보라색 염료는 이러한
염료 중 가장 희귀하고 비쌌으며 높은 평가를 받았다. 이것은 로마의 최고위층 관리들의 토
가 밑단을 염색하는 데 사용되었으며, 황제는 전체가 자주색인 토가를 입었다.

58   여러 가지의 사후 가능성(post mortem)을 고려하고 있다(3.3). 대부분의 스토아 철학자
들은 사후에도 영혼이 계속 존재한다고 믿었지만 어떤 형태로든 개인의 생존에 대해 이야기
하지는 않았다. 시작 질문에 함축된 반론(아마도 마르쿠스 자신?)은 우리의 영혼도 물질적이
라는 스토아학파의 견해에 대한 피상적인 이해에 근거하고 있는 듯 보인다. 어쨌든 마르쿠스
는 자신의 견해를 명확하게 밝히지 않는다(불가지론).

59   '씨앗 원리'는 일부 스토아 철학자들에 의해 전체 우주의 근원이자 근본 물질인 일차적
인 '불'과 동일시되었다.

60   사물들을 두 개의 원인인 물질인(to hulikon)과 원인(이성, to aitiōdes)으로 분류하는(5.13
참조) 세네카의 『도덕서한』 65 참조. 이 점에서 마르쿠스는 사물을 기본적 구조로 원인/질료
인으로 나누는 세네카의 입장을 따르고 있다. 마르쿠스는 이 두 가지 개념을 통하여 저장과

(2) 이렇게 묻히는 사람들의 헤아릴 수 없는 몸(시신)뿐만 아니라 날마다 우리 인간들이나 다른 동물들에게 잡아먹히는 동물들의 양도 생각해야 한다. 이렇게 잡아먹혀서, 말하자면 이것을 먹는 자의 몸속에 묻혀 버리는 동물의 수는 무엇일까! 그럼에도 그들이 피가 되거나 공기나 불로 변해 버림으로써[61] 그것들 모두에게 자리가 생기는 것이다.

(3) 이 점에 관해 진리를 탐구하는 길은 무엇인가? [사물들을] 물질인과 원인(형상인)으로 나눔으로써.[62]

22   소용돌이에 휩쓸리지 마라. 모든 충동에서 정의가 요구하는 바에

재활용, 삶과 죽음의 문제를 다루고 있다.

61   그래서 물질적이고 단단한(흙 같은) 것이 다른 요소로 변한다. 현대 의학적 사고에서 모든 음식은 소화되어 피(물)로 변한다. 생기를 주는 힘이나 사물을 유지시켜 주는 응집력(hexis, 붙듦)은 공기로 돌아간다. 그리고 그것의 열(불)은 새로운 창조를 위해 재사용되기 위해 우주의 씨앗적 원리로 되돌아가는 것이다.

62   이 탐구 방법에 대해서는 5.13, 7.29, 8.3, 8.11, 9.25, 9.37, 12.10, 12.18, 12.29("인생에서 구원이란 하나하나의 것을 전체를 통해 철저하게 파악하고, 그 자체가 무엇인지, 그 질료는 무엇인지, 그 원인은 무엇인지를 검토하는 데 있다.") 참조. 그것은 우주의 모든 것이 능동적이거나 수동적이라는 스토아주의와 완벽하게 일치한다. 예를 들어 몸은 그 자체로 비활성적이고 수동적인 물질(질료)이며, 영혼이나 마음은 운동과 생명의 능동적 원천이기 때문에 원인이다. 이것은 이 항목과 관련된 구분이다. 흙과 물은 수동적 요소고, 공기와 불은 능동적 요소다. 신이나 이성은 능동적인 기술자(匠人)이고, 그가 작업하는 질료는 수동적이다. 마르쿠스는 질료와 그 원인을 고려해서 그 사물의 중요한 측면을 포착해 내고 있다. 그는 질료를 실체(물질)라고도 부른다. 즉, 신발은 그 목적(그 원인)을 위한 질료다. 인간에게 있어서는 마음과 신체(정신과 물질)로서 파악된다. 이러한 예들은 10.38에서 주어진다(직조녀와 북, 글 쓰는 사람과 펜, 마부에 대한 채찍). *LS* 44 참조.

따르고,[63] 모든 인상에서 올바른 파악[64]을 견지하라.

23 오 우주여, 너와 조화되는 것은 나와도 조화롭다. 너에게 시의적절한 것이라면 나에게도 너무 빠르지도 너무 늦은 것도 없다. 자연이여, 너의 계절이 가져다주는 것은 나에게도 결실이다. 모든 것은 너에게서 오고, 너에게 내재하며, 너에게 돌아간다. 어떤 사람은[65] '사랑하는 케크롭스의 도시여!'[66]라고 말하고, 너는 다음과 같이 말하지 않는가? '사랑하는 제우스 신의 도시여!'[67]라고.[68]

24 '만일 마음 편히 지내고 싶다면[69] 일을 적게 하라'라고 그는 말한

---

63 즉 '행위할 때마다 옳은 일을 행하라.'

64 스토아학파의 인식론에서는 대상 자체에 기초한 진정한 이해력(파악)을 '파악적 인상'(phantasia katalēptike)이라고 부른다.

65 여기서 언급되는 '도시'는 아테나이이다.

66 코메디아 시인 아리스토파네스(기원전 450~386년)의 「단편」 112(카셀~오스틴). 케크롭스(Kekrops)는 아테나이의 신화상의 초대왕.

67 큰 도시로서의 '우주', 제우스의 도시(2.16 참조)는 스토아 체제에서 코스모폴리탄 성격의 토대를 보여 주고 있다. 제우스는 헬라스의 최고신이지만, 스토아 자연학에서는 우주의 이성과 동일시된다. 마르쿠스는 스토아주의와 전통적 신들과의 양립할 수 있다고 믿었지만, 종교에 대한 그의 시각은 여전히 철학적이다. 그는 다른 신들(로마의 전통의 신들)에게 희생제의나 기도하지 않고, 우주와 우주적 자연을 지배하는 정신을 숭배하도록 스스로를 격려하고 있다. 그는 '신'과 '신들'을 무차별적으로 언급하는데, 이 점은 에픽테토스의 경우에도 마찬가지다.

68 이 찬양과 유사한 7.9, 10.21 참조.

69 "유쾌해지고자 하는 사람은 사적으로나 공적으로나 많은 일들로 분주해서는 안 되고, 무슨 일을 하든지 그것을 자신의 능력과 본성(phusis) 이상으로 취해서도 안 되며, …"(데모크리토스, 「단편」 3). 이 말은 에피쿠로스학파도 받아들였다('숨겨진 삶' [lathe biōsas]). 철학자가 세상에 어느 정도로 관여해야 하는가는 에피쿠로스와 스토아학파 사이의 주요 논쟁거리

다. 이런 게 낫지 않을까. '필요한 것만 하라. 또한 자연에 따르는 시민적 삶을 영위하기 위해 태어난 사람의 이성이 요구하는 모든 것을 그 요구대로 하라. 왜냐하면 이것은 좋은 일을 하는 데서 오는 편안함뿐 아니라 적게 일하는 데서 오는 편안함도 가져다주기 때문이다. 우리가 말하는 것과 행하는 일 대부분이 필요한 일이 아니기 때문에 그것을 버리게 되면 너는 더 여유롭게 되고, 한층 마음의 평화를 누리게 될 것이다. 그러니 각각의 경우에 잊지 말고 자신에게 물어보는 것이 좋다. '이것은 불필요한 것 중 하나가 아닐까?' 그러나 우리는 단순히 불필요한 행위뿐 아니라 불필요한 인상도 버려야 한다. 그러면 그 밖의 쓸데없는 행위가 뒤따라 일어나지 않을 것이기 때문이다.

25 '전체'에서 자신에게 할당된 만큼에 만족하는 사람, 자신의 행위를 바르게 하고 선의의 태도를 취함으로써 만족하는 이런 좋은 사람의 생활이 너에게도 잘 맞는지 시험해 보라.

26 저것을 보았느냐? 그렇다면 이것도 봐라. 초조해지지 마라. 너 자신을 단순하게 하라.[70] 누군가가 잘못을 저지르는가? 그는 자기 자신에 대해 잘못을 저지르는 것이다.[71] 너에게 무슨 일이 일어났

였다. 에피쿠로스학파는 철수를 권고했고, 스토아학파는 마르쿠스가 주장하는 것처럼 우리가 자연적으로 '사회적 존재'라는 사실에 근거해서 '참여'를 주장했다. 그 밖에도 세네카, 『분노에 대하여』 3.6.3, 『마음의 평정에 대하여』 13.1 참조.

70 즉 복잡한 삶을 피하라.

71 잘못된 행위가 행위자 자신에게 해를 끼친다는 마르쿠스의 반복적 생각(9.4, 12.1 참조).

느냐? 좋다. 일어나는 모든 일은 처음부터 '전체' 속에서 너를 위해 정해져서 너의 운명 속에 짜인 것이다.[72] 요컨대 인생은 짧다. 올바른 추론과 정의로 현재로부터 이익을 얻어야 한다.[73] 편안한 시간에도 맑은 정신을 유지하라.

27 잘 정돈된 질서 있는 우주거나 뒤죽박죽으로 뒤섞인 '혼합된 음료'든가 우주는 그 둘 중 하나다. 그러나 후자의 경우에도 하나의 질서는 있다.[74] 그렇지 않으면 '전체' 속에는 무질서가 지배하는데 네 안에는 일종의 질서가 존속한다는 것이 가능할 수 있는가. 게다가 모든 것이 이렇게 분리되고 분산되면서도 여전히 서로 작용을 주고받는데도?[75]

---

72 보편 결정론.

73 "각자가 사는 것은 현재이고, 잃는 것도 현재뿐이다"(12.26).

74 우주에는 질서가 있지만 그것은 지적 설계(스토아주의)의 결과인가 아니면 우연(에피쿠로스주의)인가? 여기서 마르쿠스는 두 가능성을 열어 두면서도 우주가 인간만큼 철저하게 질서가 있다는 스토아의 입장으로 기울고 있다. '혼합된 음료'로 번역된 kukeōn은 서로 잘 섞이지 않는 보릿가루, 가루 치즈, 포도주, 꿀을 뒤섞어 만든 음료수다. 따라서 이것들의 침전을 방지하기 위해 마시기 전에 반드시 저어 주어야 했다. 헤라클레이토스는 "보리 음료(퀴케온)도 젓지 〈않으면〉 분리된다"(「단편」125)라는 은유를 사용하고 있다. 즉 사물은 움직임 없이는 결합되지 않는다는 것이다. 6.10에서 마르쿠스는 이를 에피쿠로스의 우주 이미지로 다시 사용하고 있다.

75 예를 들어 달과 지구는 이만한 정도로 떨어져 있으면서 조석(潮汐)에서 조화를 이루고 있다. 이것은 우주가 질서정연하다고 믿어야 하는 이유에 대한 가능한 대답 중 하나다. 이 밖의 다른 답변은 6.10, 9.39, 11.18 및 12.14. 47에서 주어지거나 암시되고 있다. 우주가 어떻게 작동하는가를 설명하려는 스토아의 자연학에 따르면 각 사물은 고유한 속성을 가지고 있지만 다른 모든 것과 '혼합'된다고 말한다. 동일한 네 가지 원소들로 구성되고, 내재적 영혼에 의해 생성되고 유지되기 때문이다.

28   엉큼한 성격, 여자다운 성격, 완고한 성질, 사나운 성질, 짐승적이고 가축적이며, 아이 같고, 어리석고, 기만적이고, 염치없고, 돈만 아는 폭군적 성격.[76]

29   우주 속에 있는 사물을 모르는 인간이 우주 속의 이방인[77]이라면, 그 속에서 일어나는 일을 모르는 인간 또한 못지않게 이방인이다. 시민적 이성(원리)[78]에서 멀어지는 자는 떠돌이(이방인)다.[79] 지성의 눈을 감고 있는 자는 눈먼 자다. 남에게 의존하고 삶에 필요한 모든 것을 자기 자신에게 의존하지 않는 자는 거지다. 일어나는 일에 대해 불만스럽기 때문에 우리의 공통 자연의 이성을 외면하고, 이로부터 멀리 떨어지는 자는 우주의 농양[80]이다. 왜냐하면 그 일을 초래한 것과 같은 자연이 너를 가져왔기 때문이다. 자기 고유의 영혼을 이성적 존재의 영혼에서 떼어 내는 자는 도시(사회)로부터 단절된 조각과 같다. 영혼은 오직 하나이기 때문에.

76   누구를 염두에 두고 쓰고 있는 것인가? 아마 자신에게서 없애고 싶은 성격을 상기하고 있을 것이다. '아이 같은' 성격은 '정념적이고 이성적이지 않은 것'을 의미한다. 아이들은 '완전히' 이성적이지 않다고 여겼기 때문일 것이다. 이 점은 아리스토텔레스에게서도 나타나는데, 그는 아이를 '완전히 성숙하지 않은 자'로 아직 '완전한 인간'이 아니라고 생각했다(『니코마코스 윤리학』 1119b12~15, 『정치학』 1260a30~33).

77   12.2 참조. 이방인은 인간 사회 혹은 우주적 본질에서 떨어져 있음을 의미한다. '분리, 떨어져 나감'의 구체적 의미('반사회적인 사람')에 대해서는 8.34, 11.8 참조.

78   우리는 모두 친척이며, 공동선을 위해 행동해야 한다는 원리.

79   즉 이곳에 집이 없는 자. 12.1, 12.13 참조.

80   2.16 참조.

30   한 철학자는 키톤(외투)[81]없이 살고, 한 사람은 책 없이, 다른 사람은 반나체로 있다.[82] 그는 '나는 빵을 가지고 있지 않다. 또 이성에 충실하고 있다'라고 말한다. 나도 배움으로부터 먹고사는 것을 얻지 못하지만 배움에 충실하고 있다.[83]

31   네가 배웠던 작은 기술을 친구로서 간직하고, 그 안에 머물도록 하라.[84] 그리고 너 자신의 모든 것을 마음속 깊이 신들에게 맡긴 자, 혹은 어떤 인간에 대해서도 자신을 폭군이나 노예로 만들지 못한 자처럼 여생을 보내라.[85]

32   (1) 예를 들어 베스파시아누스[86] 시대를 생각해 보라.[87] 그러면 다

81   라틴어로는 tunica로 소매가 짧고 밑단이 무릎까지 내려오는 옷.

82   마르쿠스는 모든 사회적 제도와 관습을 거부하고 떠돌이처럼 살았던 견유학파 철학자들의 소박한 삶을 염두에 두고 있다.

83   스토아학파의 원류이기도 하며 이른바 '개' 디오게네스로 유명한 견유학파는 남루한 의복, 검소한 음식을 먹는 태도로 생활하며 외투만을 입었다. 사회 관습뿐만 아니라 자유인에게 어울리는 배움('책'으로 상징된다)도 무용지물로 간주하였다. 진정한 행복에 기여하는 '삶의 기술'로서의 철학의 실천을 강조했다. 이 문장을 해석하는 여러 입장이 있다. 부정사를 이동시키는 방안을 취한다면 '나는 학문으로부터의 먹고사는 것은 유지하지만 이성을 보유하고 있지 않다', 즉 교양을 가지면서 철학의 가르침을 실천하지 않는다는 마르쿠스의 자기비판이 된다.

84   삶의 기술(4.2와 11.5 참조).

85   모든 인간은 신성한 이성을 공유하기에 서로 동등하게 대해야 한다. 서구 정치사상에서 계급, 성별, 인종, 국가와 무관하게 모든 인간을 인간성의 존엄성에 근거하여 보편적으로 존중해야 한다는 생각의 기원은 스토아 사상에 뿌리를 두고 있다(M. Nussbaum, *The Desire of Therapy*, p. 12 참조).

86   티투스 플라비우스 베스파시아누스(9~79년). 제9대 로마 황제(재위 69~79년). 네로 사후 정쟁(政爭)에서 승리하여 황제에 올랐고, 견실한 시책으로 제국을 재건했다.

음과 같은 모든 것을 남김없이 찾을 것이다. 결혼하거나 아이를 키우고, 병들고, 죽고, 전쟁을 하고, 축제를 벌이고, 장사를 하고, 농사를 짓고, 아부하고, 자랑하고, 의심하고, 음모를 꾸미고, 누군 가가 죽기를 기도하고, 현재 주어진 것에 투덜거리거나, 사랑을 하고, 축재(蓄財)하고, 집정관의 지위나 왕위를 탐내는 사람들.[88] 그런데 이런 사람들의 삶은 더 이상 그 흔적조차 남아 있지 않는 것이다.

(2) 다음으로 트라이아누스[89] 시대로 넘어가 보자. 거기서도 하나 부터 열까지 똑같다. 그 삶도 가 버렸다. 마찬가지로 여러 시대와 모든 민족의 다른 기록들을 살펴보면 얼마나 많은 인간이 있는 힘 을 다해 노력한 후 얼마 지나지 않아 쓰러지고, 원소들로 분해되 어 녹아 버렸는지를 볼 것이다. 특히, 네가 스스로 알고 있던 사람 들을 떠올려 봐야 한다. 그 사람들은 헛된 일을 위해 열중하고, 자 기 자신의 구성 소질에 걸맞은 일을 하는 것, 그것에 막힘없이 고 수하는 것, 또 그것에 만족하는 것을 게을리했던 것이다. 여기서 반드시 기억해야 할 것은 각각의 활동을 향한 마음가짐에는 그 각 각의 고유 가치와 균형이 있어야 한다는 것이다. 그러면 너도 하

---

87   마르쿠스는 종종 과거에 대해 생각하도록 이끌고 있다(4.50, 6.24, 7.19, 8.25, 8.31, 8.37, 9.30, 12.27 참조).

88   7.3과 7.48에도 지구상의 인간 활동 및 삶에 대한 유사한 목록이 있다. 9.30도 참조.

89   마르쿠스 울피우스 트라이아누스(53년경~117년), 제13대 로마 황제(재위 98~117년). 오현제의 두 번째이자 뛰어난 군주로 명성이 높았고, 그 아래에서 로마제국의 판도는 극대화 됐다.

찮은 일에 필요 이상으로 몰두했다가 낙담하지 않을 것이다.[90]

33　옛날에 쓰던 일상의 표현들은 지금은 옛말이 되었다. 마찬가지로 그 옛날 인구(人口)에 회자하던 이름도 어떤 의미에서 지금은 시들해진 옛말에 불과하다. 가령 카밀루스,[91] 카이소,[92] 볼레수스,[93] 덴타투스.[94] 조금 후의 스키피오,[95] 카토,[96] 그리고 또 아우구스투스,[97] 하드리아누스[98]와 안토니누스[99] 등이 그렇다. 모두가 사라져

90　영원회귀와 인간 삶의 덧없음이 계속 논의되고 있다. "인간 각각의 가치는 그 사람이 열심히 추구하는 대상의 가치와 같다는 것을 이해해야 할 것이다"(7.3).

91　마르쿠스 프리우스 카밀루스(기원전 446~365년). 기원전 396년 독재관으로서 에트루니아의 베리를 함락시켰다. 로마를 약탈하는 갈리아인에 대항한 것을 비롯해 많은 무용담을 갖고 있는 전설적 영웅.

92　아마도 퀸크티우스 카에소. 기원전 479년 파비우스 씨족 306명을 이끌고 클레멜라 강둑에서 베리인들과 싸우다가 한 명을 제외하고 전원 전사했다.

93　전설적인 사비니인으로 초기 로마의 명문가 발레리우스 씨족의 조상. 사비니인 왕 타티우스와 함께 로마로 가서 그와 로물루스를 화해시켰다.

94　마니우스 쿠리우스 덴타투스. 기원전 290년에 죽음. 284년, 275년, 274년에 집정관 지냄. 헬라스 에피로스의 왕 퓌로스를 꺾고(기원전 275년) 남부 이탈리아에 헬라스 왕국의 건설을 막았다.

95　아마도 푸블리우스 코르넬리우스 스키피오 아프리카누스(大스키피오, 기원전 235년경~183년). 두 차례의 집정관을 지냄. 제2차 포에니전쟁의 영웅으로 이때 카르타고의 명장 한니발을 물리쳤다.

96　아마도 마르쿠스 포르키우스 카토 켄소리우스(기원전 234~149년). 기원전 184년의 감독관. 기원전 2세기 전반에 활약한 대정치인.

97　가이우스 율리우스 카이사르 옥타비아누스 아우구스투스(기원전 64~기원후 14년). 초대 로마 황제(재위 기원전 27~14년). 카이사르의 조카로 기원전 44년 카이사르가 암살된 후 18세에 그 계승자로 등장하여 제2회 삼두정에 의해 공화정파를 타도하였다. 이후 안토니우스와 대립하여 로마를 동서로 양분하였으나 31년 악티움 해전에서 안토니우스와 클레오파트라 연합군을 물리치고 지중해 세계 전역에서 단독 통치를 확립하고, 개혁을 통해 로마에

금세 전설의 소재가 되어 깜빡깜빡 망각에 매몰되고 만다. 더군다나 여기서 나는 세상에서 놀라울 정도로 광채를 뿜어낸 사람들을 말하고 있다. 왜냐하면 그 밖에 다른 사람들은 숨을 거두자마자 '보이지도, 들리지도 않기'[100] 때문이다. 영원히 기억된다는 것은 도대체 무엇인가. 참으로 허망한 일이다. 그렇다면 우리의 진지함을 쏟아야 할 것은 무엇일까. 단지 이 한 가지 일뿐이다. 즉 정의로운 생각, 공공선을 위한 행동, 거짓 없는 말,[101] 일어나는 모든 일을 필연적인 것으로, 친숙한 것으로, 또 같은 근원이나 같은 샘에서 흘러나오는 것[102]으로 환영하는 심적인 태도다.[103]

34 너 자신을 기꺼이 클로토[104]에게 바치고, 그녀가 원하는 것이 무엇

평화와 번영의 시대를 가져왔다.

98 푸블리우스 아엘리우스 하드리아누스(76~138년). 제14대 로마 황제(재위 117~138년). 트라이아누스의 양자가 되어 그 뒤를 이었다. 안토니누스의 양아버지이자 마르쿠스의 양할아버지인 셈이다. 국경 방비에 진력하여 제국을 돌아다니며 내정(조직 개혁과 법률 편찬)에 치중했다. '작은 헬라스'라는 별명을 가졌던 그는 헬라스 문화(특히 건축)를 사랑하는 문화인이었다. 헬라스 문화를 좋아했던 하드리아누스가 마르쿠스를 입양하고, 마르쿠스가 헬라스어로 자신의 일기를 쓴 것은 그저 우연은 아니었을 것이다.

99 제1권 제16장 각주 참조.

100 호메로스, 『오뒷세이아』 제1권 242행 참조. 텔레마코스가 자신의 아버지 오뒷세우스의 행방불명에 절망하고 나서 하는 말. 지나간 시대의 사람들을 열거하는 것은 '인생의 덧없음'을 말하는 것이다.

101 진실을 추구하는 것에 대해서는 9.1 참조.

102 즉 이성에 의해 이해할 수 있는 것과 이성적 원천.

103 5.8은 좋은 사람은 자신에게 오는 모든 것을 환영한다는 반복되는 주제를 길게 이야기하고 있다. 6.44, 10.1, 10.6 참조.

104 세 자매인 운명(모이라이)의 여신 중의 한 명으로 여기서는 '운명'을 가리킨다. 클로토

이든 너의 운명의 실을 짜게 하라.

35 모두가 하루살이일 뿐이다. 기억하는 자나 기억되는 자나!

36 변화에 의해 만물이 생기는 것을 끊임없이 바라보면서 우주의 자연은 현재 있는 것을 변화시키고 또 같은 것을 새롭게 만들어 내는 것[105]을 무엇보다 선호한다는 생각에 익숙해져라. 왜냐하면 어떤 의미에서 현재 존재하는 모든 것은 미래에 그로부터 생겨날 것의 씨앗[106]이기 때문이다. 그런데 너는 씨앗이란 오직 땅속이나 자궁에 뿌려지는 것만을 말하는 것이라고 생각한다. 그것은 참으로 비-철학적인 견해다.[107]

37 곧 너는 죽을 것이다. 그런데도 너는 아직 단순하지도[108] 평정하지도 않고, 외적인 일로 해를 입지 않을까 하는 의심에서 해방되지도 않았고, 모든 사람에게 선의를 갖고 있는 것도 아니며, 지혜는 단지 올바른 행동을 이루는 데 있다고 생각하지도 않는 것이다.

는 '실 뽑는 자'라는 의미다. 이 운명의 실로부터 운명을 할당하는 신이 라케시스('나누어 주는 자')이다. 아트로포스('돌이킬 수 없는 자')는 이 실을 잘랐다. 이렇게 해서 인간의 수명이 정해진다.

105 우주의 변화에 대해서는 2.17, 4.3, 6.15, 7.25, 7.47, 8.50, 12.23 참조.

106 씨앗 이성(종자적 이성).

107 마르쿠스는 신으로 알려진 '씨앗 이성(원리)'이 만물에 고루 퍼져 있다는 스토아 이론을 반영하고 있다.

108 '단순하다'(haplous)는 것은 통합되고, 집중되고, 정념(pathos)에 의해 방해받지 않고, 기교 없이, 자신의 원리와 타협하지 않고 다른 사람들을 대할 수 있는 것을 말한다.

38 사람들의 지도적 이성(지휘 사령부)을 주의 깊게 바라보면서 현자들이 피하는 것이 무엇인지 추구하는 것은 무엇인지 살펴보라.

39 네 불행은 다른 사람의 지도적 이성 속에 있는 것이 아니다. 또한 너를 둘러싼 조건의 바뀜과 변화 속에 있는 것도 아니다. 그럼 어디에 있을까? 무엇이 불행한지에 대해 판단을 내리는 너의 능력 안에 있다.[109] 그러므로 그 능력이 판단을 내리지 못하게 하라. 그러면 모든 것이 잘 될 것이다.[110] 비록 그것에 가장 가까운 이웃, 즉 가련한 육체가 절단되고, 불타고, 곪고, 썩더라도 이러한 것들에 대해 판단 내리는 너의 부분을 평안하게 유지하라.[111] 즉 악인에게도 선한 사람에게도 똑같이 일어날 수 있는 일을 악이라고도 선이라고도 판단하지 말라. 왜냐하면 자연에 반하는 삶을 사는 사람에게도 또 자연에 따라 살아가는 사람에게도 똑같이 일어나는 일은 자연에 따르는 것도, 자연에 반하는 것도 아니기 때문이다.

40 우주는 하나의 생명체며, 하나의 실체와 하나의 영혼을 가진 것[112]이라는 사실에 끊임없이 생각을 가라앉혀라. 어떻게 모든 것이 우주의 단 하나의 감성으로 돌아가는지, 우주가 모든 것을 단 하나

---

109 '좋거나 나쁜 것은 없지만 생각이 그렇게 만든다'는 말이다. 에픽테토스의 프로하이레시스(의지) 개념과 비교해 보라.

110 반복되는 주제다. 판단을 제거하는 것이 해를 제거하는 것이다.

111 7.68, 8.41 참조("애초에 지성의 고유한 활동은 (너 자신을 제외하고는) 다른 외적인 사람에 의해 방해를 받지 않는다. 불도 쇠도 폭군도 비방도 그와 같은 그 어떤 것도 이것을 건드리지 못하기 때문이다").

112 4.45, 7.9 참조. 범신론(pantheism)에 대한 명확한 진술이다.

의 충동으로부터 일으키는지, 어떻게 모든 것이 생겨나는 모든 것에 대한 공동의 원인인지, 또 어떻게 그것들이 함께 얽히고 짜여지는지를[113] 항상 생각하라.

41 에픽테토스가 말했듯이 '너는 한 시체를 메고 있는 작은 영혼일 뿐이다.'[114]

42 변화를 겪는 것은 사물에 나쁜 것이 아니다. 마찬가지로 변화의 결과로서 있게 되는 것이 사물에 좋은 일도 아니다.[115]

43 영원(시간, ho aiōn)이란 말하자면 일어나는 사건들로 이루어진 강이고, 그 흐름은 격렬하다. 어떤 것의 모습이 보이는가 하면 금세 운반되고, 다른 것이 지나가는가 하면 그것 또한 가져가 버린다.[116]

---

113 우주에 대한 스토아적 관점과 그와 연결된 인과 관계에 대한 설명.

114 이 말은 현존하는 에픽테토스의 작품(『강의』 전체 8권 중에서 4권만이 전해진다. 「단편」 26[셴클])에는 나타나고 있지 않지만 마르쿠스는 몸 자체가 '생명 없는 시체'라고 주장하는 경향이 있다. 마르쿠스는 9.24에서도 약간 다른 형태로 이 말을 반복하고 있다.

115 아래 몇 항목은 변화가 주제가 되고 있다.

116 마르쿠스는 강 이미지를 자주 반복 사용한다(헤라클레이토스의 말, B12, B49, B91 참조). 2.17, 5.23("존재하는 것과 생성되는 것이 얼마나 신속하게 지나가고 사라지는지에 대해 가끔 생각해 보는 것이 좋다. 왜냐하면 실체는 끊임없이 흐르는 강과 같고"), 6.15, 7.19 및 9.29, 9.67 참조. '아무런 차이가 없는 것들'(아디아포라)을 중요한 것으로 간주하는 것은 어리석다. 사물의 동일성은 반복되는 주제다. 여기서 그는 그 주제가 대부분의 것의 최소 가치에 대해서 객관적이 되는 데 도움이 된다는 것을 함의하고 있는 듯하다.

44 온갖 일은 마치 봄의 장미, 여름의 과실처럼 일상적이고 친숙한 일이다. 병이나 죽음, 중상(中傷)이나 음모, 어리석은 자를 기쁘게 하거나 슬프게 하는 모든 일도 그와 같다.

45 뒤따라오는 것은 앞서 온 것과 항상 밀접한 관계를 가지고 있다. 왜냐하면 이것은 사물의 단위를 따로따로 거론하고, 그것이 단지 불가피한 순서를 가지고 있는 것에 지나지 않는다고 하는 경우와는 달리, 거기에는 이성적인 연결이 있기 때문이다. 그리고 존재하는 것들이 조화롭게 조합되어 있듯이, 생성하는 것들은 단순한 연속이 아닌 놀라운 친화성을 보여 주고 있다.

46 항상 헤라클레이토스의 말을 기억하는 것. '흙의 죽음은 물의 생겨남이고, 물의 죽음은 공기의 생겨남이며, 공기의 죽음은 불의 생겨남이다.' 그 역도 마찬가지다. 또한 기억해야 할 것은 자신의 길이 어디로 가고 있는지를 잊어버리는 자에 대해 다음과 같이 말하는 것. '그들은 가장 지속적으로 어울리고 있는 것들과 불화를 겪고 있다.' 즉 '전체'를 지배하는 이성과. '그것과 날마다 마주치는 일이 그들에게 낯선 것으로 보인다.'[117] 또 '잠든 자처럼' 행동하거나 말을 해서는 안 된다는 것. 우리가 자면서도 행동하거나 말을 하는 것처럼 보이기 때문이다. 그리고 우리는 '부모의 아이'[118]와 같아서는 안 된다. 즉 단순히 '그들이 전하는 대로' 받아

---

117   12.1, 12.13 참조.
118   원문이 파손되었고, 많은 학자들은 '부모의'로 읽는다. 또한 이 글은 헤라클레이토스 「단편」 71~74, 76(*DK*)이다.

들여서는 안 된다.[119]

47 어떤 신이 너에게 '너는 내일이나 모레쯤 죽는다'라고 말한다면, 어쨌든 네가 극도로 쩨쩨한 사람이 아니라면, 내일 죽든 모레 죽든 상관하지 않을 것이다. 그 기간에 무슨 차이가 있는가? 이와 마찬가지로 몇 년 뒤에 죽든 내일 죽든 대단한 문제가 아니라고 생각하면 된다.[120]

48 끊임없이 다음 일을 명심하는 것. 즉 얼마나 많은 의사들이 눈살을 찌푸리며 환자들을 진찰했고, 그 끝에 자기 자신도 죽고 말았는가. 또 얼마나 많은 점술가들이 남의 죽음을 무슨 큰일인 것처럼 예언한 다음에, 얼마나 많은 철학자들이 죽음이나 불사에 대해 끝없이 논쟁을 벌인 뒤에, 얼마나 많은 장군들이 수많은 사람을 죽인 다음에, 얼마나 많은 폭군들이 마치 스스로는 죽지 않을 것처럼 무지막지한 오만으로 생사여탈권을 행사한 뒤에 죽고 말았는가. 또 얼마나 많은 도시 전체가, 이런 식으로 말할 수 있다면, 죽어 버린 것인가. 예를 들면 헬리케나 폼페이, 헤라클라네움이나

119　마르쿠스의 바꿔 쓰기(패러프레이즈)에서 헤라클레이토스가 말한 '실제' 단어를 분리하기는 쉽지 않다. 이러한 헤라클레이토스 인용은 「단편」 76, 71~74 참조(Diels/Kranz판). 마르쿠스는 헤라클레이토스에 기대어 사물의 보편적 흐름, 현실에 대한 사람들의 인식 부족, 타인으로부터 벗어나 독자적으로 행하는 욕구 등을 강조하고 있다.

120　수명보다 삶의 질이 더 중요하다. 중요한 것은 우주의 의지에 따라 덕 있게 사는 삶이다. 6.23 및 11.1 참조. 에픽테토스, 『강의』 4.10.31 참조("내일이나 모레면 자신이나 친구가 죽어야 한다는 것을 눈앞에 떠올리지 못했단 말인가?").

그 밖의 다른 헤아릴 수 없이 많은 도시들이.[121]

(2) 게다가 또 네가 개인적으로 안 사람들이 차례차례 죽어 간 것을 떠올려 보라. 한 사람이 다른 사람의 장례를 치러 주고, 그다음 그 사람 자신이 다른 사람의 손에 무덤에 눕혀지고, 다음에는 다른 사람도 무덤에 묻혔다. 이 모든 일은 잠깐 사이에 일어난 일이었다. 요컨대 인간에 관한 모든 것이 얼마나 덧없고 하찮은 것인지 끊임없이 주목해야 한다.[122] 어제는 약간의 점액[123]이었다가, 내일은 미라라든가 재가 된다. 그러니 이 아주 짧은 시간을 자연에 따라 걸으며 즐거운 마음으로 인생 여정을 마치는 것이 좋다. 마치 잘 익은 올리브 열매가 자신을 낳은 땅을 찬양하고 자신을 성장시켜 준 나무에 감사를 드리며 떨어지는 것처럼.[124]

49 파도가 끊임없이 밀려와 부서지는 갑(岬)처럼 되라. 갑은 꿋꿋이 버티고 서서 그 주위를 거칠게 넘실거리는 파도를 부드럽게 잠재

---

121 79년에 베수비오 화산 폭발로 폼페이와 헤르쿨라네움이 파괴되었다. 헬리케는 기원전 373년에 지진으로 인한 쓰나미로 인근 부라(Bura)와 함께 침수된 코린토스만 남쪽 해안에 있던 헬라스 도시였다. 세네카는 명시적으로 이렇게 말하고 있다(『자연 탐구』 6.32). "바다가 헬리케와 부라를 통째로 삼켰다. 불쌍한 한 몸을 두려워할까?"

122 이것 역시 반복되는 주제다. 2.17, 5.10('이러한 어둠이나 오물'), 7.24('우리 지상 생활의 더러움'), 8.24, 8.38('가죽 자루에 가득 찬 썩은 피'), 12.27('연기와 재'), 12.33('송장이고 연기') 참조.

123 정액. 6.13 참조.

124 마르쿠스가 인간 생명의 짧음을 받아들이는 것은, 모든 것이 궁극적으로 무의미하다는 견해인 허무주의를 인정하는 것이 아니라 가능한 한 빨리 덕 있는 사람이 되는 것이 시급하다는 점을 밝히기 위한 것이다.

운다.[125]

"내가 이런 일을 당하다니, 운이 나쁘구나!" 아니, 그 반대다. 오히려 "왜 나는 운이 좋은 걸까? 이런 일을 당했는데도 고통받지 않고 지내고 현재 상황에 짓눌리지도 않으며 미래의 고통도 두려워하지 않는다"라고 말해야 한다. 왜냐하면 이런 일은 모든 사람에게 일어날 수 있으나 그들 모두가 슬픔을 겪지 않고 지낼 수 있는 것은 아니기 때문이다. 그렇다면 어찌 그 일이 불운이고, 이 일을 행운이라고 할 수 있을까? 어느 쪽이든 인간 본성의 잘못이 아닌 것을 너는 인간의 불운이라고 말할 것인가? 또 인간의 자연 본성의 의지에 어긋나지 않는 것을 인간 자연 본성의 잘못이라고 생각하는 것인가? 아니다. 그 의지라는 것을 너는 배웠을 것이다. 너에게 일어난 일이 네가 정의로워지려는 것을 방해할까? 또한 네가 고매한 마음을 가지고, 자제심을 갖고, 사려 깊고, 경솔하지 않으며, 남을 속이지 않고, 조심스럽고, 자유로운 것이 되고, 심지어 그것들이 갖추어지면 인간의 자연 본성이 그 자신의 고유한 몫을 다할 수 있게 되는 그 밖의 성격을 갖는 것을 방해하던가? 앞으로는 어떤 일이든 너를 슬픔에 빠뜨릴 일이 있다면 다음 원칙을 사용해

---

125   호메로스, 『일리아스』 제15권 618~622행 참고(헥토르 공격에 맞서는 아카이아 군인들의 모습. "그러한 그들의 모습은 갑자기 불어 닥치는 요란한 바람들과 노호하며 몰려드는 부푼 물결 앞에서도 물러서지 않는 잿빛 바닷가에 우뚝 솟은 암벽과도 같았다"). 베르길리우스 『아이네이스』 제7권 586~590행에서도 이를 모방하고 있다. '현자의 덕의 항상성(恒常性)', '현자의 부동의 정신'을 이에 준하는 것으로 말하고 있는 세네카의 『현자의 항상심에 대하여』 3.5, 3.6 참조. 『행복한 삶에 대하여』 27.3 참조. 흔히 현자의 견고한 마음은 갑처럼 혹은 바위처럼 흔들리지 않는 모습을 나타낼 때 사용되는 직유이다. 11.22에도 이와 같은 비유가 있다.

야 할 것임을 잊지 말아야 한다. 즉 "그것은 불운이 아니다. 오히
려 그것을 고귀하게 견디는 것이야말로 행운이다."

50 죽음을 경멸하기 위한, 속되지만 효과 있는 도움은 집요하게 삶에
집착했던 사람들을 떠올려 보는 것이다. 즉 그들이 요절한 사람들
에 비해 무엇을 얻었는지 자신에게 물어보는 것이다. 이렇든 저
렇든 결국 그들은 어딘가에 묻혀 있다는 것이다. 카디키아누스,[126]
파비우스,[127] 율리아누스,[128] 레피두스,[129] 그 밖의 이와 비슷한 자
들[130]도 많은 사람들을 무덤으로 옮겼지만 마침내는 자신도 무덤
으로 옮겨져 버렸다. 전반적으로 볼 때 결국 그 시간상의 차이라
는 것은 중요하지 않다. 게다가 그 기간 동안 얼마나 많은 고생을
거쳐 어떤 동료들과 어떤 신체 속에서 그 시간을 질질 끌면서 보
냈을까. 그러니까 그것을 중요한 문제로 삼지 마라. 네 뒤에 영원
한 시간의 심연이 입 벌리고 있는 것을 보라. 그리고 네 앞에 또 하
나의 무한한 시간이 펼쳐져 있는 것을 보라.[131] 이런 관점에서 사

---

126 123~140년 사이에 다키아(Dacia)에서 황제 대리관을 지낸 퀸투스 알브루니우스 카디
키아누스(Quintus Aburnius Caedicianus)일지도 모른다.

127 130년의 집정관 파비우스 카툴리누스(Quintus Fabius Catullinus)일지도 모른다.

128 마르쿠스 스승 프론토의 서한(書翰) 이름 앞으로 나오는 클라우디우스 율리아누스라
는 인물이 있다(〈FRONTO〉 Claudio Iuliano 〈salutem〉, *The Correspondence of Marcus Cornelius
Front*[Loeb, 1920], vol 2, p. 90). 또 저명한 법학자 율리아누스도 후보로 꼽는다.

129 이 이름을 가진 유명 인사는 제2회 삼두정(기원전 43년)의 한 사람(Marcus Aemilius
Lepidus; 기원전 89~13/12년)인데, 마르쿠스와 동시대인이라면 부자연스럽다. 아마도 다른
사람일 것이다.

130 마르쿠스는 오래 산 사람들의 예로 4명의 '잘 알려지지 않은' 이들을 언급하고 있다.

131 5.23, 9.32, 12.7, 32 참조

홀을 사는 아기와 세 배나 장수한 네스토르 사이에 무슨 차이가 있겠는가.[132]

51   항상 지름길로 가라.[133] 지름길은 자연을 따르는 길이다.[134] 그러면 모든 것을 가장 건강하게 말하거나 행할 수 있을 것이다. 왜냐하면 이러한 방침은 [노고나 싸움(망설임)[135]이나, 모든 숨은 동기[모략], 모든 가식(假飾)의 마음가짐으로부터][136] 너를 해방시키기 때문이다.

---

132 '세 배나 오래 산 네스토르'(trigerēnios)는 마르쿠스가 만든 헬라스어 단어다. trigerēnios 란 말은 trigerōn과 메세니아 지방 퓔로스의 왕인 네스토르(Nestor, Nestōr Gerēnios)의 별칭인 Gerēnios('게레나 출신의 사람') 간의 교묘한 결합이다. 네스토르는 퓔로스의 왕 네레오스의 아들이다. 주관적 관점에서는 수명의 길고 짧음은 큰 차이가 있지만 3일과 300년은 무한한 시간의 한 점(點)에 불과하다. 스토아적 입장에서는 생후 3일 된 아기는 '이성적 능력'을 개발할 기회가 없었고, 따라서 덕을 가질 기회도 없었다.

133 스토아주의자들은 견유학파(퀴니코스교도들)의 삶을 '덕으로 가는 지름길'이라고 부른다(DL 제7권 121 참조).

134 마르쿠스는 '자연의 길' 이미지를 좋아했다. 4.18, 5.3, 5.4, 5.34, 10.11, 11.9, 12.23 참조.

135 stateias 대신에 straggeias로 읽은 경우.

136 [ ]에는 불명확한 점이 있으나, 일단은 C. R. Heines를 따른다.

제5권

I (1) 새벽에 일어나기 어려울 때는[1] 다음과 같은 생각을 염두에 두고 준비하는 것이 좋다.[2] '인간의 일을 다하기 위해 나는 일어나는 것이다.' 내가 그것을 위해 태어나고, 그것을 위해 이 세상에 온 역할[3]을 하려고 하는데 아직도 투덜대는 것인가. 아니면, 나라는 사

---

1 2.1 참조. 프론토에 따르면, 마르쿠스는 어린 시절에 일찍 일어나는 습관이 있었다(오전 3시, 5시). 침실이 너무 추워서 이불 밖으로 손을 거의 뻗을 수 없었는데, 프론토는 '자유인이 자는 만큼 더 자라고' 충고했다고 한다. 나중에 마르쿠스는 끔찍한 불면증에 시달렸다. 그래서 그는 오랫동안 일종의 만병통치약으로 알려진 수면 성분이 든 약을 복용했다고 한다. 그 약에는 소량의 아편 혹은 만드라고라(독성을 지녔지만 마약이나 수면제의 효과도 들어 있는 식물. 마취제로 쓰기도 함)가 들어 있었다. 그러나 그 약이 쉬이 졸리게 한다는 것을 알고 끊었다가 잠을 잘 수 없어서 다시 복용했다(Galēnos, 『해독제에 대하여』, in Kühn vol. 14.3~5, p. 201). 8.12에서도 그는 잠자리에서 일어나기를 꺼려한다고 말한다. 마르쿠스의 주치의였던 갈레노스도 이를 언급하고 있다. 또 로마의 역사가 카시우스 디오(Cassius Dio, 『로마의 역사』 72.24.4)도 이 점을 보고하고 있다.

2 마르쿠스는 종종 '쉽게 사용할 수 있도록' 또는 '손 가까이에 있도록'(procheiros) 생각과 원칙을 유지해야 한다고 자신에게 촉구한다. 이 단어는 에픽테토스가 자주 사용하는 것이다. 아마 마르쿠스가 에픽테토스에게서 배운 것으로 이해된다. "이상의 내성(內省)의 생각들을 밤낮으로 손 가까이에 두도록 하라. 그것을 쓰고, 거듭 읽도록 하라. 스스로 자신에게 이것에 관해 말을 건네고, 다른 사람에게도 이것에 대해 '이 문제에 대해 나에게 도움을 줄 수 없겠습니까?'라고 말하고, 또 차례로 다른 사람에게 가야 하는 것이네"(『강의』 3.24.103).

3 '좋음을 행하는 것', '그의 자연적인 일을 하는 것', '덕에 따라 행동하는 것', '자연, 신, 섭리, 보편적 이성(로고스)의 의지와 일치하는 삶'. 이런 것들은 모두 동의어다. 마르쿠스는 인간의 고유한 본질 및 이성적, 사회적 존재(황제)로서의 고유한 역할을 생각하고 있다. 11.18.1("양 떼를 이끄는 숫양처럼, 혹은 소 떼의 선두에 서는 황소처럼 나는 그들의 앞에 서기 위해 태어난 것이다.")

람은 이불 속으로 파고들어 몸을 데우려고 만들어진 것일까. '하지만 그게 더 즐거울 거야.' 그렇다면 너는 즐거움을 위해 태어났을까? 대체 너는 사물을 경험하기 위해 태어났을까 아니면 행동하기 위해 태어났을까?[4] 작은 초목이나 작은 새, 개미, 거미나 꿀벌까지 각자의 일을 하느라 분주하며, 자기 몫을 다해 우주의 질서를 형성하는 것을 보지 못하는가?[5] 그런데 자네는 인간 노릇을 하는 것이 싫은가? 네 본성에 맞게 이루어진 일을 완수하기 위해 달려가지 않는가? '하지만 휴식도 해야 해.' 그건 나도 그렇게 생각한다. 하지만 자연은 휴식에도 한도를 뒀다. 마찬가지로 먹고 마시는 것에도 한도를 뒀다. 그런데도 너는 적당한 만큼의 한도를 넘어서고 있다. 더 이상 행동하지 못하고, 네가 할 수 있는 만큼 일하고 있지 않다.

(2) 요컨대, 너는 너 자신을 사랑하지 않는 것이다. 그렇지 않았다면 너는 분명 너의 본성(자연)과 그 의지를 사랑했을 것이다. 자신의 기술 영역을 사랑하는 다른 사람은 목욕도 식사도 잊고 자신의 일에 전력을 다한다. 그런데 너는 조각가가 금속을, 무용가 무용을, 수전노가 돈을, 허세쟁이가 하찮은 명성을 존중하는 만큼도 자신의 자연 본성을 존중하지 않는다. 이 사람들도 자신의 일에

---

4 6.51, 9.16 참조.

5 5.6(말, 개, 벌), 6.54(벌), 9.9(벌집, 가축 떼, 새들), 10.10(거미), 11.18(벌)에도 자연 세계의 질서 있는 역할에 대한 교훈을 이야기하고 있다. 세상의 모든 피조물이 적절한 일을 한다면 세상은 질서 있고 행복한 곳이 될 것이다. "게으른 자여, 개미에게로 가서 그 행위를 살피고 지혜를 구하라"(「잠언」 6:6).

열중하면 숙식을 잊고 자신이 열정을 기울이는 일을 진척시키려고 한다. 더구나 너에게는 공공의 일에 도움이 되는 활동이 이보다 더 가치가 없어 보이고, 이보다 더 열심히 할 가치가 없는 것처럼 여겨지는가?

2 마음을 흩트리는 맞지 않는 생각(인상)을 쫓아내고, 없애 버리고, 당장 온전한 평정[6]에 도달하는 것은 얼마나 쉬운 일인가![7]

3 자연에 맞는 말과 행동은 모두 너 자신에게 적합하다고 생각해야 한다. 그 결과로 생겨날 수 있는 다른 사람의 비판이나 말 때문에 옆길로 비켜 가지 마라. 만일 행하거나 말하는 것에 좋은 일이었다면, 너 자신을 그것에 가치가 없다고 생각해서는 안 된다. 사람들은 저마다 자기 자신의 지도적 이성을 가지고 있으며, 자기 자신의 충동을 따르고 있는 것이다. 그대는 그런 일에는 한눈팔지 말고 똑바로 너의 길[8]을 가서 너 자신의 자연 본성과 보편적 자연을 따르는 것이 좋다. 이 두 가지 길은 하나니까.

4 나는 자연에 따른 길을 걷다가 마침내 때가 되면 쓰러져 휴식을 취할 것이다. 매일 들이마시던 공기 속으로 마지막 숨을 내쉬고,

---

6 7.28, 12.22 참조.
7 4.3, 7.28, 12.2 참조.
8 반복되는 삶의 은유이며, '길'(hodos)에서의 스토아적 삶의 기술, 그리고 벗어나지 않고 따라야 할 길. 보편적 자연의 길 5.3, 이성의 길 5.14, 5.34, 8.7, 11.9, 신의 길 10.11, 12.23 참조. '올곧은 길'에 대해서는 8.7. 신적인 길로 이해하기 어려운 길을 말하는 6.17 참조.

나의 아버지가 씨앗을, 어머니가 피를,[9] 유모가 젖을 퍼냈던[10] 땅 위에 쓰러질 것이다. 그 땅에서 나는 지난 여러 해 동안 매일 음식을 얻고 마실 것을 얻었으며, 또한 내가 그 위를 걸으며 여러 가지 방식으로 이것을 이용하고 있는데도 땅은 나를 지탱해 주고 있는 것이다.

5 너의 정신적 날카로움은 사람이 감탄할 만한 것이 아니다. 좋다. 하지만 네게는 '나는 그만한 타고난 재능을 가지고 있지 않다'라고 말할 수 없는 다른 많은 것들이 있다. 전적으로 너에게 달려 있는 그것들을 발휘하라. 예를 들어 표리부동을 피함, 진지함, 고통을 견딤, 쾌락에 대한 무관심, 운명에 대해 불평하지 않음, 검소함, 호의, 자유, 소박함, 잡담 회피하기, 큰 영혼을 지니기 등이다.[11] 지금 이미 네가 얼마나 많은 덕을 발휘할 수 있는지 자각하지 못하는가? 이런 덕에 대해서는 선천적으로 그런 능력을 갖고 있지 않다거나 적합하지 않다는 변명을 대고 도망칠 수는 없는 것이다.

---

9 2.1 참조. 태아는 경혈(經穴)에 의해 양육된다.

10 고대 로마 세계에서 귀족 여성들은 스스로 아기에게 젖을 먹이지 않고 젖먹이 유모를 고용하는 것이 일반적이었다. 마르쿠스도 젖먹이 유모의 보살핌을 받았을 것이다. 아마 이 장은 자신의 유모에 대한 언급으로 보인다. 대개는 자신의 아기가 죽은(고대에는 영아 사망률이 높았기 때문에 매우 흔한 일이었다) 젖가슴이 풍만한 채로 남겨진 여성을 고용했다. 아리스토텔레스의 발생학에 따르면, 아버지의 씨앗이 일단 자궁에 심어지면 배아로 형성되고, 어머니의 피에 의해 양육되고 길러진다. 탯줄은 배아가 숨 쉴 수 있는 공기를 제공하는 것으로 생각되었다.

11 덕은 우리에게 달려 있는 반면 지성의 결여와 같은 것은 선천적이다. 그것에 대해 우리가 할 수 있는 일은 거의 없다. 또 덕은 지적 통찰력에 의존하지 않는다.

그런데도 너는 여전히 자발적으로 낮은 곳에 머물러 있겠는가?[12] 아니면 너는 천성적으로 능력이 없기 때문에 투덜거리고, 인색하게 굴고, 아첨하고, 보잘것없는 몸을 비난하고, 남에게 아부나 하고, 허풍을 떨거나 마음을 수시로 바꾸겠는가? 안 되네. 신들에 맹세코 그래서는 안 되네. 너는 오래전에 이런 나쁜 버릇에서 벗어날 수 있었을 것이다. 그리고 무엇인가 책망을 받았다면 단지 이해가 다소 느리고 이해가 서투르다는 말만 듣고 끝났을 것이다. 이 점에 대해서 여전히 훈련을 받아야 하며, 너의 어리석음을 무시하거나 즐기면 안 된다.[13]

6   (1) 어떤 사람이 남에게 좋은 일을 베푼 경우, 자칫 그 은혜를 돌려받으려는 생각을 하기 쉽다.[14] 어떤 사람은 그렇게까지는 아니지만 그래도 마음속으로 은근히 상대를 부채자처럼 생각하고 자신이 한 일을 의식하고 있다. 그런데 제3의 사람은 어떤 의미에서 자신이 한 일을 의식하지 않는다. 그는 포도송이가 열려 있는 포도나무와 닮았다. 포도나무는 한 번 제 열매를 맺어 버리면 그 이

---

12   즉 '너 스스로 너의 최선보다도 여전히 못하게 행하려고 하겠느냐?'

13   우리에게는 두 가지 반대되는 사항이 존재한다. 운명에 의해 결정되는 성격들과 결점을 지닌 심리적 자아를 발견하는 데 사용하는 인식. 이와 반대로 지도하는 이성으로서의 자신의 자아 인식을 보는데, 그래서 우리는 도덕의 영역에 접근할 수 있는 것이다. 따라서 우리는 추론과 사고 능력이라는 두 가지 측면과 관련을 맺고 있다. 이성은 모든 인간에게 내재되어 있지만 그것은 단지 판단 및 도덕적 결정 능력으로서의 역할에서만 모든 인간에게 동등하게 존재한다. 하지만 이것은 개인의 특수성에 따라 사변과 표현에서 질적 차이가 있음을 막을 수는 없다.

14   목적으로서의 친절과 그 보상 자체로서의 친절에 대해서는 각각 7.73, 9.42.4 참조. 「누가복음」 6.34 참조("너희가 받기를 바라고 사람들에게 꾸어 주면 칭찬받을 것이 무엇이냐?").

외에는 아무것도 찾으려고 하지 않는다. 마치 질주를 끝낸 말처럼, 사냥감을 쫓은 개처럼, 꿀을 다 만든 꿀벌처럼. 그래서 인간도 누군가에게 잘해 주면 [그것으로부터 이익을 얻으려 하지 않고][15] 다른 행동으로 옮겨 가는 것이다. 때가 돌아오면 포도나무가 새로 포도송이를 열매 맺는 것처럼.

(2) 그렇다면 사람은 어떤 의미에서 그렇게 하는 것을 의식하지 않고 그런 일을 하는 사람이어야 한다.[16] '그렇습니다.' 누군가 말한다. '하지만 그런 종류의 행위는 의식해야만 합니다. 왜냐하면 그것은 공동체적 성격을 갖춘 인간에게 고유한 특징으로 자신이 공동체에 이익이 되는 행동을 하고 있음을 자각하고, 또 제우스에 맹세코, 공동체의 이웃들도 그것을 알아주기를 원하는 것이라고 하지 않습니까.'[17] 네 말이 맞다. 하지만 너는 지금 내가 하는 말을 오해하고 있어. 그 때문에 너도 내가 전에 언급했던 자들 중의 한 명이 되어 버릴 거야. 그들도 어떤 종류의 그럴듯해 보이는 논리 때문에 길을 잃고 있으니까. 그러나 만일 네가 내가 한 말의 요점

---

15 epiboatai로 읽는다.

16 선행은 그 자체로 보상이다.

17 사회적 인간은 의도적으로 행하기 때문에 자신이 행하는 선행을 알고 있다. 그가 다른 사람들도 그것을 알기를 바란다면, 그것은 아마도 그의 행동이 그들의 미래 행동의 모델이 될 수 있도록 하기 위함일 것이다. 마르쿠스가 이 점을 즉시 받아들이는 것은 놀라운 일이 아니다. 아마도 그가 바로 위에 '어떤 의미에서'라는 제한 조건을 추가한 이유일 것이다. 그는 다른 종류의 깨달음, 즉 자신이 한 일에 대해 칭찬하고, 그에 대한 인정을 기대하는 것을 거부하고 있다는 점에서만 반대자와 다르다. 그렇지 않으면 행위의 가치를 판단하는 의도의 중요성에 대한 반대자의 강조는 정통 스토아주의와 완전히 일치한다.

을 파악하고 싶다면 그것 때문에 공익적 행위가 소홀해지지는 않을 것이니 걱정하지 마라.

7 　아테나이인들의 기도.[18] '비를, 비를, 자비로운 제우스[19]여, 아테나이 사람들의 들판과 밭 위에.' 전혀 기도하지 않거나, 이런 식으로 단순하고, 자유로운 마음으로 기도하거나 해야만 한다.[20]

8 　(1) 사람들은 말한다. 아스클레피오스는 어떤 사람에게 승마를, 혹은 냉수욕을, 혹은 맨발로 걷는 것을 처방했다고.[21] 이것은 정확히 이렇게도 말할 수 있다. '전체의 자연은 어떤 사람에게 병을, 혹

---

18 기도의 본질에 대해서는 9.40. 이 밖에도 6.44, 12.14 참조.

19 최고의 신 제우스는 스토아 철학에서 우주의 이성, 섭리, 자연 등과 같은 것이지만 번개, 천둥, 비를 비롯한 대기의 기후 현상을 관장한다. 시나 일반 대화에서 비를 보내는 주체는 제우스다(『일리아스』 제12가 25행, 『오뒷세이아』 제14가 457행). 비가 올 때, 헬라스 사람들은 '제우스 님이 오시네'라고 말한다.

20 기도의 성격에 관한 자세한 언급에 대해서는 9.40 참조. 거기에서(9.40) 마르쿠스는 엄격한 스토아주의자에게 '무관심한 것들'(adiaphora)에 대해서도 기도할 이유를 발견하고 있다. 여기에서 그는 '단순하고'(haplōs, 즉 자신에게만 좋은 것이 아닌, '좋음'을 바라는), '자유로운'(eleutherōs, 신의 은총을 구하지 않는) 기도에 호의를 보이며, 탄원하는 기도를 완전히 거부하는 것처럼 보인다. 엄밀히 말하면, '탄원 기도'는 스토아 용어로 신성을 모독하는 것이었다. 왜냐하면 그것은 세상이 있는 그대로 완벽함에도 세상이 달라지기를 요구했기 때문이다.

21 아스클레피오스(헬라스의 '치유의 신', 아스클레피우스[라틴어])는 여기에서 '의사'의 줄임말일 수 있지만, 신이 꿈에서 치료를 지시하거나 예시하는 것으로 생각되었다는 점도 기억할 가치가 있다. 펠로폰네소스 반도의 에피다우로스에는 아스클레피오스 신전(아스클레피에이온)이 세워졌다. 그곳에는 일종의 병원이라 할 수 있는 숙박 및 치료 시설이 있었다. 환자들은 이곳에서 와서 휴식을 취하고 종교 의식에 참여하면서 치료를 받았다(1.17.8 참조). 여기서 마르쿠스가 언급한 특정 처방이 어떤 질병을 치료하기 위한 것인지는 분명하지 않지만, 고대 의학에는 신앙 치유의 많은 요소가 포함되어 있어서, 처방이 질병을 치료할 수 있다고 믿는다면 맨발로 걷는 것만으로도 질병을 치료할 수 있다고 믿었다.

은 불구가 되는 것을, 혹은 무언가를 잃는 것을, 혹은 그 밖에 이와 같은 것을 처방했다'라고.[22] 전자에서 '처방했다'는 것은 대개 다음과 같은 것을 의미하니까. 즉 '그는 건강에 이로운 것으로 이러한 사람에게 이것을 지정했다'라는 것이다. 후자의 경우에 각 사람에게 일어나는 일은 어떤 의미에서 그의 운명에 적절한 것으로서 정해졌다는 것이다. 이러한 방식으로 일어난 이러한 일이 우리에게 '꼭 맞았다'라고 말하는 것은 마치 벽이나 피라미드 안의 네모난 돌이 서로 어우러져 일종의 구조로 조화를 이루는 것을 건축사들이 '꼭 맞았다'[23]라고 말하는 것과 같다. 결국 사물의 조화는 오직 하나일 뿐이며, 마치 우주가 모든 물체가 함께 결부되어 이렇게 큰 물체가 되는 것과 마찬가지로 운명이란 것도 모든 원인이 함께 결부되어 이렇게 큰 원인이 되는 것이기 때문이다. 내가 하는 말은 가장 무지한 자들(비철학자들)이라도 이해한다. 왜냐하면 그들도 운명이 이 일을 그 사람에게 가져다준 것이라고 말하기 때문이다. 그렇다면 이 일이 그에게 보내진 것이고, 말하자면 이것이 그에게 처방된 것이다. 그러니 아스클레피오스가 처방한 것을 받아들이는 것처럼 우리에게 일어난 일을 받아들이도록 하자.

---

22 좋은 신들에 의해 섭리적으로 조직된 것으로 생각되는 세계에 고통과 도덕적 악이 존재한다는 것은 스토아학파에게 특히 심각한 문제였다. 마르쿠스의 대답은 우리가 '큰 그림'을 가지고 있다면 우리가 '악'으로 생각하는 것이 실제로는 어떻게 '선'인지를 볼 수 있을 것이라는 것이다. 물론, 개인적으로는 그렇지 않더라도 적어도 전체로서의 세계에 대해서는 '선'이라는 것이다.

23 '일이 사람에게 생긴다'와 '어떤 것이 다른 것에 잘 맞는다'라는 뜻이다. 마르쿠스가 기술과의 비유를 들고 있는 대목은 조각가(5.1), 의학(5.8), 일반적 기술(6.16), 건축사, 의사(6.55), 선장, 의사(8.15), 목수/제화공(8.50) 등.

실제로 처방들 중에는 쓰디쓴 것도 많지만 건강해지려는 희망으로 우리는 그것들을 환영하자.[24]

(2) 보편적 자연에 의해 승인되는 일들의 수행과 완성을 너 자신의 건강을 보는 듯한 눈으로 보라. 따라서 어떤 가혹한 일이라도 일어나는 일은 무엇이든 환영하라. 그것은 우주의 건강, 제우스의 번영과 행복에 이바지하기 때문이다. 왜냐하면 그것이 '전체'에 기여하는 것이 아니었다면, 그는 이 일을 어떤 사람에게 가져오지 않았을 것이기 때문이다. 또한 어떤 자연도 자신의 지휘 아래 있는 것들에게 적당하지 않은 것을 가져오지 않는다.

(3) 그러므로 두 가지 이유로 너는 너에게 일어나는 일을 기뻐해야 한다. 그중 하나는 그것이 너에게 일어난 일이고, 너에게 처방된 것이고, 애초에 가장 오래된 원인에서 비롯된 운명의 실이[25] 어떤 의미에서 너와 관련이 있기 때문이다. 다른 하나는 개인적으로

---

24 이 장에서 마르쿠스는 자신에게 자연(운명[클로토], 보편적 자연, 전체, 법[10.25], 신들, 우주, 섭리, 제우스[5.8.4], 유래한 것과 같은 곳[2.17], 만물의 원천[8.23], 신이 ⋯ 자연에 따라 [12.11])이 할당한 모든 것을 기꺼이 환영하며 받아들이는 것이 '좋은 사람의 기쁨이자 의무' 라고 주장한다. 우리는 자신의 운명을 의무로서 아무런 불평 없이 긍정적으로 환영하고 받아들여야 한다. 개인의 이익이 전체의 이익에 종속되는 한, 즉 "내가 한 부분인 한, 전체로부터 내게 할당되는 어떤 것에 대해서 전혀 불만을 드러내지 않을 것이다". 전체에 도움이 되는 것이 그 부분에 해가 되는 것은 하나도 없으니까(10.6.1; 5.8.2, 5.22, 6.54 참조). 이 점은 여러 방식으로 이 책 전체에 걸쳐 되풀이되는 주제다(거의 30번가량[M. Hammond, p. 154, 2006]). 이 것은 마르쿠스의 철학, 신학, 우주론에서 기본적 원칙이다(4.33, 6.44, 10.1, 10.6 참조).

25 시간이 시작된 이래로 원인과 결과의 끝없는 사슬이 있기 때문에 오늘 너에게 일어나는 일은 태초부터 정해진 것이다.

우리 각자에게 일어나는 일들조차 우주를 지배하는 자의 번영과 완성, 그리고 제우스에 맹세코 그 영속의 원인이 되기 때문이다. 왜냐하면 네가 비록 조금이라도 구성하는 각 부분이나 원인들 상호의 결합과 연속성을 끊는다면[26] 우주 전체의 완전성은 훼손되고 말 것이다. 그런데 너는 마음에 불만을 품을 때면 네가 할 수 있는 범위 내에서 이것을 끊고 어떤 의미에서는 파괴한다.

9 모든 일에서 올바른 원칙대로 행동하는 네 능력이 항구적 습관으로 굳어지지 못하더라도 언짢아하거나 낙담하거나 싫어하지 마라. 실패하면 다시 그 원칙으로 돌아가라. 그리고 대개 자신의 행동이 인간으로서 적합하다면 그것으로 만족하고, 네가 다시 돌아가려는 일을 사랑하라. 철학으로 돌아갈 때는 학교 교사 곁으로 돌아가 듯이 하지 말고 눈병을 앓는 사람들이 작은 해면(스펀지)이나 [달걀의] 흰자[27]를 구하러 가는 것처럼, 또는 병자가 찜질포나 세척제를 찾으러 가는 경우처럼,[28] 그런 마음가짐으로 돌아가야 한다. 그러면 너는 이성에 대한 복종을 보여 주는 일이 없이도 이성 아래서 쉬게 될 것이다. 그리고 기억해야 할 것은 철학은 네

---

26 4.29 참조.

27 당시의 눈병 치료제 중 하나.

28 '영혼의 치료로서'의 철학과 의술을 비교하고 있다. 이 이미지는 앞서 언급된 아스클레피오스를 겨냥하고 있다. 치료로서의 철학에 대해서는 M. C. Nussbaum(1994), 김재홍(2023), 에픽테토스, 『강의 1·2』 해제 참조. 철학의 인도에 대해서는 2.17 참조. "네가 현재 사는 그대로의 삶만큼 철학하기에 적합한 어떤 다른 삶도 있지 않다는 것은 얼마나 분명하게 납득되는 일인가!"(11.7) 이와 달리 8.1에서는, "너의 근본적인 조건을 볼 때, 너는 철학자가 되는 것을 방해한다"라고 말한다.

자연(본성)이 원하는 것만을 원한다는 것이다. 그런데 너는 자연
본성에 따르지 않는 것을 원했다.[29] 그러나 네 자연 본성을 만족시
키는 것보다 더 너를 즐겁게 하는 것이 있을까? 그 때문에 쾌락이
우리를 전복시키는 것은 아닐까. 그러나 보라. 위대한 마음, 자유,
단순함, 온정, 경건, 이것들이 더 즐겁지 않은가.[30] 지혜 그 자체보
다 더 즐거운 것이 있을까? 이해와 지식의 능력이 모든 경우에 얼
마나 확실한 작용을 하고, 어떤 성공을 거둘지 생각해 보면 알 수
있는 일이다.

10 사물은 어떤 면에서 보면 신비에 싸여 있기 때문에 꽤 많은 철학
자들, 더구나 평범하지 않은 철학자들이 우리가 이것을 전혀 파악
할 수 없을 것이라고 생각했다.[31] 뿐만 아니라 스토아학파의 철학
자들조차[32] 이를 파악하기 어려운 것으로 생각했다. 사실 우리가

---

29 '너'(su)과 '너의 본성'(hē phusis sou) 사이의 구별에 주목하라. 이것은 '나'(에고)와 '나의
본질'의 구별이다. 진정한 '자아'는 어떤 의미에서 비인격적이다. 그것은 이성이고, 이성은 다
른 모든 이성적 존재와 공유하기 때문이다.

30 즐거움에는 다양한 범주가 있다. 현자는 쾌락과 고통을 자연스럽게 느끼지만, 잘못된 판
단의 결과로 인한 쾌락과 고통을 느끼지 않는다. 천박한 쾌락이 일에서 우리를 산만하게 해
서는 안 되지만, 덕을 실천하는 것에도 그 자체의 쾌락이 있다. 마르쿠스는 여기서 그것을 부
분적으로 고통에서 벗어난 쾌락이라고 주장한다. 사실 덕을 추구하는 삶은 비록 쾌락이 강렬
하지 않더라도 가장 즐거운 삶이다. 왜냐하면 사람은 영원히 자연과 조화를 이루며 살기 때
문에 고통의 혼합이 없기 때문이다. 다음 문장에서 마르쿠스는 그가 언급한 모든 덕(그리고
암시적으로 거기에 있는 모든 덕)이 지혜의 측면임을 암시하고 있다. 이 아이디어는 스토아의
설립자인 키티온의 제논과 그 이전의 소크라테스에게서 유래하고 있다.

31 특히 회의론자들은 지식의 가능성을 부인하고, 판단의 중지로 이끈다. 그들은 대상의 확
실한 '파악'이라는 스토아학파의 인식론을 공격했다. 스토아의 지식론에 대해서 *LS* 41 참조.

32 여기가 마르쿠스가 명시적으로 '스토아 철학자'를 언급하는 유일한 곳이다. 이것이 마르

지각에 동의할 경우 항상 실수를 저지를 수 있다.[33] 잘못을 저지르지 않는 자는 어디 있는가? 이제 가까이 있는 실제적인 감각 대상들로 눈을 돌려 보라. 그것들이 얼마나 덧없고 쓸모없고 하찮은 것인가를.[34] 게다가 그것은 남색하는 자,[35] 창부, 도둑들도 소지할 수 있는 것이다. 다음으로 너와 함께 생활하는 사람들의 성격에 눈을 돌려 보라. 그들 중 가장 세련된 사람들조차도 좀처럼 참기 어려우며, 하물며 인간이 자기 자신을 참는 것만도 이만저만한 일이 아니다.[36]

쿠스 자신이 스토아학파가 아니라는 것을 말하는 것은 아니다. 모든 스토아 철학자들 중의 '한' 사람으로 다른 철학자들을 '스토아 철학자'라고 부르는 의미로 받아들일 수 있다. 아니면 '스토아의 철학 선생'을 말하는 것일 수도 있다.

33 스토아의 인식론에 따르면 우리에게 들어오는 경험을 통한 '인상'(phantasia, '인상에 수반하는 명제')에 '동의'(혹은 '승인')해야 명확한 지각이나 생각을 실제로 형성하고, 그에 따라서 행동하게 된다. 그러나 여기에서 마르쿠스가 말하는 것과는 달리 스토아 철학자들은 일부 인상이 인상을 제공하는 대상과 진정으로 일치한다고 주장했다. 내가 석류에 대해 갖는 인상은 석류의 밀랍 모형이 아니라 실제 석류에 대한 인상이다. 이러한 상황에서 진정한 믿음과 심지어 지식의 획득까지도 가능하며(실제로 스토아학파에게 지식은 또 다른 조건인 '강력한 동의'가 필요하며, 이는 스토아학파의 현자에게만 가능하다), 이것이 필연적으로 올바른 행동으로 이끌게 된다.

34 주변적인 것들에 대한 덧없음, 경멸, 조잡함에 대한 언급에 대해서는 2.12, 3.6, 5.33, 6.13, 8.24, 9.14, 9.36, 12.7("모든 물질의 연약함") 참조.

35 남색에 대한 혐오에 대해서는 1.16.1 참조.

36 철학적 좌절이 현실에 대한 혐오로 이끌고 있다. 가장 회의적 태도를 보이는 장이다. 이런 생각이 계속해서 "이러한 어둠이나 오물, 존재와 시간의 큰 흐름, 움직임과 움직이는 것의 흐름 속에 도대체 높이 평가되어야 할 것이나 일반적으로 열심히 추구되어야 할 것에 무엇이 있을 수 있는지 나는 생각할 수조차 없다"라고 말하게 만드는 것이다.

(2) 이러한 어둠이나 오물,[37] 존재와 시간의 큰 흐름, 움직임과 움직이는 것의 흐름 속에 도대체 높이 평가되어야 할 것이나 일반적으로 열심히 추구되어야 할 것이 무엇이 있을 수 있는지 나는 생각할 수조차 없다. 오히려 우리는 스스로를 격려하고 자연스러운 분해를 기다려야 하며, 그것이 좀처럼 오지 않는 것에 초조해하지 말고, 단지 다음 두 가지 생각으로 위안을 삼아야 한다. 그중 하나는 전체 자연에 적합하지 않은 일은 결코 나에게 일어나지 않을 것이라는 것. 다른 하나는 나에게는 내적인 신과 다이몬을 거스르는 어떤 일을 한다는 것이 가능하지 않다는 것. 왜냐하면 이를 어기도록 나에게 강요할 사람은 아무도 없기 때문이다.

11 '나는 지금 내 영혼을 무엇을 위해 사용하고 있는가?' 하는 일마다 이 질문을 자신에게 하고, 이어서 다음과 같이 자신을 음미해 보는 것이 좋다. 지도적 이성이라고 불리는 나의 내적인 부분은 나와 지금 어떤 관계에 있는가? 그리고 지금 나는 누구의 영혼을 가지고 있는가. 아이의? 청년의? 연약한 여자의? 폭군의? 가축의?[38]

---

37 7.47 참조.

38 타인에 대한 관용과 돌봄을 말하고 있음에도, '(사람의) 무리'에 대한 마르쿠스의 경멸적 언급에 대해서는 6.16, 7.8, 9.30, 9.39 참조. 그의 인정은 '자연에 일치해서 그들의 삶을 살아가는 자들'에 한정되고 있다(3.4.4, 10.15). 그는 즐겨 삼인칭 복수로 다중을 '그들'로 표현하는데, "그들이 그것[자연에 따라 사는 삶]을 참을 수 없다면, 그들로 하여금 너를 죽이게 하는 것이 좋다. 그들처럼 사는 것보다 그게 나으니까"라고 말한다. 이런 식의 결정적인 가장 놀라운 표현은 이런 것이다. "아이들의 말싸움과 놀이, 또 '시체를 짊어진 영혼들'—이로써 '네퀴이아'도 더욱 분명하게 실감날 것이다"(9.24). 이런 인간 혐오적인 생각을 의식한 마르쿠스는 동료 시민에 대한 사랑을 강요한다. "네 몫으로 주어진 환경에 너 자신을 조화시켜라. 너의 운명이 너에게 정해 준 인간들을 사랑하라. 다만 진심으로 사랑하기를"(6.39). 그러고는 이렇

야수의?

12 다중이 좋다고 생각하는 것이 어떤 것인지를 이해하는 것은 다음
과 같은 방식이다.[39] 만일 어떤 사람이 어떤 것을 진실로 좋은 것
으로 생각한다면, 예를 들어 지혜, 절제, 정의, 용기(남자다움)[40]
등, 그런 생각을 미리 갖고 있으면서 이른바 '수많은 좋은 것을 위
하여 …'와 같은 시인의 구절을 듣는 것은 더 이상 견뎌 낼 수 없
을 것이다. 그건 적합한 것이 아니니까. 그러나 만일 어떤 사람이
다중에게 좋음이라고 생각하는 것을 자신도 좋음이라고 생각한
다면 희극 시인의 말을 적절한 것으로 듣고 이를 순순하게 받아들
일 것이다.[41] 이처럼 일반 다중조차도 [이 두 부류의 좋음의] 차이
를 알아챈다. 그렇지 않았다면 (전자의 경우) 이 말은 남의 기분을
상하게 하거나 가치 없는 것으로 거부당하지 않았을 것이다. 이에
반해 이것이 부나 사치와 명성이 가져다주는 행운의 몫에 대해 말
한 것이라면 우리는 이를 적절하고 재치 있는 말로 받아들이는 것
이다. 그렇다면 더 나아가 이렇게 물어보라. 도대체 이런 것들을

게 스스로에게 위로하며 조언한다. "자신을 즐겁게 해 주고 싶을 때, 너와 함께 살고 있는 사
람들의 긍정적 성격을 생각해 보는 것이 좋다"(6.48).

39 다중의 선호에 의해 좋은 것과 나쁜 것이 결정되는 것은 아니고, 그것이 좋은 사람과 나
쁜 사람에게 부과되느냐에 따라 결정된다(세네카, 『섭리에 대하여』 5 참조).

40 이것들은 스토아 철학의 네 가지 기본 덕목이며, 행위자에게 일관되게 좋은 유일한 덕목
으로 여겨졌다.

41 첫째, 그것들은 물질적 좋음으로서 그것의 많은 것이 공간을 차지하기 때문이고, 두 번
째로 그것들은 많지만 덕은 적기 때문이다. 희극 시인은 아테나이의 신희극을 대표하는 뛰어
난 시인인 아테나이 출신의 메난드로스(기원전 345~292년경)다.

존중하고 좋은 것으로 보아야 하는가? 이런 것들을 우선 곰곰이 생각해 보면, 그 소유자에 대해 그가 너무 많이 갖고 있어서 마침내 '똥을 누러 갈 자리조차 없다'[42]라고 적절하게 말할 수 있는 것이다.

13 나는 원인(형상인)과 물질인으로 이루어져 있다.[43] 이것들 중 어느 것도 무에서 생성된 것이 아닌 듯이, 어느 것도 소멸해 무로 돌아가 버리는 일은 없다.[44] 이처럼 나의 모든 부분은 각각 변화에 의해 우주의 어떤 부분에 배분되고, 그다음에 그 부분도 새롭게 우주의 다른 부분으로 변화되는 식으로 무한히 이어져 간다. 내가

---

42 메난드로스, 「단편」 530(Kock). '좋은 것들이 빽빽하게 들어차서 똥 쌀 공간을 갖고 있지 않다.' 『유령』이라는 대부분 잃어버린 파피루스로 남아 있는 메난드로스 연극의 단편의 일부다(「단편」 43[Sandbach]). 한 철학자(디오게네스, 아리스티포스)가 침 뱉는 것이 금지된 호화로운 주택으로 들어서서 주의를 받자 주인의 얼굴에 침을 뱉으며 이렇게 말했다. "더 더러운 곳을 찾을 수 없어서"(*DL* 제6권 32 참조).

43 4.21.3, 12.18 참조. 세네카, 『도덕서한』 65.4 참조. 마르쿠스는 우주의 역사에 생성과 소멸이 있듯이 자신은 구성과 해체의 영원한 반복적 주기에서 자신의 역할을 수행한다는 것이다. 앞서 그는 "'나'라는 이것은, … 단지 육신, 약간의 숨결과 지도하는 이성적 부분으로 이루어진 것에 지나지 않는다"라고 말한 바 있다(2.2.1). 그렇다면 '원인'과 '물질인'은 신체와 영혼, 정신을 말하는 것일까? 영혼은 원인이고 육체는 물질이다. 모든 사람은 물질에 작용하는 원인의 거대한 우주 그물망의 일부다. 이것의 편재성과 비인격성은 죽음에 대한 두려움을 없앨 수 있다. 요컨대 영혼은 원인적 요소(nous)와 물질적 요소(숨결, to pneumation)로 구성되어 있다. 우리는 원인과 물질이 상호작용하는 자연 과정의 일부로 태어나 살고 또 죽는다. 우리에게는 다른 것이 없다. 즉, '나는 원인과 물질인으로 이루어진 복합물'이라는 것이다. 세상이 우리를 부정의하게 대우하는 것처럼 보이더라도 그것은 인격적인 것이 아니다.

44 "아무것도 무에서 나오지 않고, 마찬가지로 아무것도 무로 돌아가지 않는 것이다"(4.4). 우주는 항상 정확히 같은 양의 물질을 가지고 있으며, 이는 다른 창조물로 끝없이 재사용된다(7.23, 7.25, 10.1). 따라서 우주는 자기 자신 외에는 아무 데서도 취하지 않기 때문에 완전히 자족적인 유일한 것이다.

생겨난 것 역시 이러한 변화에 의한 것이고, 나의 부모님도 마찬가지로 이런 식으로, 또 하나의 무한으로 거슬러 올라간다. 비록 우주가 일정한 주기에 따라 지배되고 있다고 해도 이렇게 말하는 것에 아무런 지장도 없다.[45]

14 이성과 추리의 기술은 그 자체로, 또한 그 고유의 활동(결과)에서 자족할 수 있는 능력이다. 그것들은 자기 자신만의 원리에서 출발하여 앞에 놓인 목표를 향해 나아간다.[46] 그래서 이런 행동은 올곧은 행위[47]로 명명된다. 즉 그것은 올곧은 길을 가는 것을 의미하기 때문이다.

15 인간에게 인간으로서 적합하지 않은 것들[48]을 인간의 본분이라고 불러서는 안 된다. 이것들은 인간에게 요구되는 것이 아니다. 인간의 내적 자연은 이를 보증하지도 않는다. 또한 이것들은 인간의

---

45 스토아 철학자들이 믿었던 것처럼 우주가 주기적으로 발생에서 연소에 이르는 동일한 과정을 반복한다는 이론을 언급하고 있다. '불'에 의해 파괴되어 시간이 주기적으로 다시 시작된다고 해도, 이러한 주기적인 '대화재'는 또한 무한한 순서(시퀀스)를 형성하기 때문에 무한한 시간에 대해 이야기하는 것이 여전히 정당하다(2.14, 3.3, 5.32, 6.4, 9.28, 10.7, 11.2 참조). 대화재에 대해서는 *LS* 46, 52 참조.

46 이것은 추론을 통해 결론에 도달하는 이성의 모든 사소한 활동과 지혜 또는 현자의 목표를 향해 우리를 이끌어 가는 우리 삶의 전반적인 이성의 행동에 적용된다는 말한다.

47 스토아 윤리학 용어로 현자의 행위를 가리킨다. 현자의 행위인 '완전히 적합한 행위'로 우주의 이성인 '올바른(올곧은) 이성'에 해당한다.

48 이러한 '부적합한 것들'은 좋지도 나쁘지도 않은 '아무런 관련이 없는 것들'(adiaphora)일 것이다. 왜냐하면 오직 좋음만이 본질적으로 좋음인 인간의 본성(자연)에 고유한 것이기 때문이다.

자연 본성의 완성도 아니다. 그러므로 인간을 위한 목표[49]는 이것들 안에 존재하지 않으며 그 목표를 성취하는 것, 즉 좋음도 이것들 안에 없다. 더욱이 이것들 중 어떤 것이 인간으로서의 그 본성에 적합하다면 이것들을 경멸하거나 반대하는 것은 인간에게 적합한 것이 아닐 것이다. 또한 이것들을 필요로 하지 않는 모습을 보이는 인간도 별로 칭찬받을 만하지 않을 것이다. 또한 이러한 것들이 좋은 것이라면 그것들 가운데 어떤 것에 대해 그 공정한 몫을 취하지 않으려는 사람 또한 좋은 사람이 아닐 것이다. 그런데 실제로는 이런 것들이나 그와 다른 유사한 것들을 자신에게서 빼앗거나 그들이 빼앗는 것들을 참으면 참을수록 그 사람은 더 나은 사람이다.

16 네가 자주 떠올리는 생각(인상)의 성격처럼 네 정신의 성격도 그렇게 될 것이다. 정신의 성격(영혼)이 그 생각에 의해 물들기 때문이다.[50] 그렇다면 너는 네 마음의 성격을 다음과 같은 생각의 연속으로 물들이는 것이 좋다. 예를 들어, 사람이 살 수 있는 곳에서는 잘 사는 것이 가능하다.[51] 궁정에서도 사는 것이 가능하다. 그러므로 궁정에서도 잘 살 수 있는 것이 가능하다.[52] 게다가 각각의

49 스토아학파의 삶의 목적의 가장 표준적인 정식은 '자연과 일치해서 사는 것'이다. 이는 '덕을 따라 사는 것'과 같다. DL 제7권 87 참조.

50 이 책에도 반복되는 생각이다(6.30 참조). 마르쿠스는 가치 있는 원칙으로 정신을 물들이려고 한다. "인간 각각의 가치는 그 사람이 열심히 추구하는 대상의 가치와 같다는 것을 이해해야 할 것이다"(7.3).

51 1.17 참조. 그러나 마르쿠스는 6.12와 8.9에서 궁전이 좋음을 방해한다고 말있다.

52 6.12 참조. 마르쿠스는 '궁정의 삶'과 자기가 생각한 '좋은 삶'이 양립할 수 없다는 것을

동물은 그것이 구성된 목적을 향해 이끌린다. 그것이 이끌리는 것 속에 그 목적이 있다. 목적이 있는 곳에 각각의 이익과 좋음이 있다. 그러므로 이성적 동물의 좋음은 공동체 생활을 영위하는 것이다. 즉, 우리가 공동체 생활을 영위하도록 태어나고 있다는 것은 오래전에 밝혀졌다.[53] 혹은 열등한 것을 우월한 것을 위해, 우월한 것은 서로를 위해 존재한다는 것이 분명하지 않은가?[54] 사실 생물은 무생물보다 더 낫고, 이성을 가진 것들은 생명만 갖고 있는 것들보다 더 우월한 것이다.[55]

17 불가능한 일을 추구하는 것은 광기다. 그런데 못된 사람이 이런 일을 하지 않는다는 것은 불가능하다.[56]

18 본성적으로 견딜 수 없는 일은 아무에게도 일어나지 않는다.[57] 같

의식하고 있는 듯하다. 그러면서도 그는 현재 자신에게 주어진 현실에서도 '철학적 삶'을 살 수 있음을 자신에게 재촉하고 있다.

53 2.1 참조. 아리스토텔레스, 『정치학』 1253a 참조. 마르쿠스는 아마도 기원전 3세기 초기 스토아에서 유래한 다른 접근 방식을 염두에 두고 있는 듯 보인다.

54 따라서 우월한 존재인 이성적 존재만이 자연적으로 사회적 존재가 된다. 나머지는 지원 하는 역할을 수행한다(5.30, 7.55, 9.9, 11.18 참조). 마르쿠스가 가정한 사회 구성은 하위 계층 이 상위 계층을 지원하는 모델이다(5.30 참조).

55 7.55 참조. 무생물에서 이성적인 것으로 상승하는 단계는 이 책 전반에 걸쳐 다양한 형태 로 반복된다. 그것은 상식적인 개념으로 간주되었고, 스토아 철학에 의해서 그대로 받아들여 졌다.

56 4.6, 12.16 참조.

57 8.46과 10.3("일어난 모든 일은 네가 태어날 때부터 이것을 견딜 수 있도록 일어나거나 견 딜 수 없게 일어나거나 그 둘 중의 하나다.") 참조.

은 일이 다른 사람에게도 일어나지만, 그것이 일어난 것을 모르기 때문인지 아니면 자신의 통 큰 마음을 과시하려고 하기 때문인지, 어쨌든 그는 태연하게 서서 상처를 받지도 않는다. 무지와 비굴함이 지혜보다 힘이 세다니 참으로 끔찍한 일이다.

19 사물들 그 자체는 어떤 식으로든 우리 영혼을 건드리지 않으며, 또한 영혼에 접근할 수도, 그 방향을 바꾸거나 영혼을 움직일 수도 없다. 오직 영혼만이 자신의 방향을 바꾸고, 스스로 자신을 움직이고, 무엇이든 자신에게 걸맞다고 생각되는 판단에 따라 외부에서 일어나는 일들을 자신에 따라 처리하는 것이다.[58]

20 어떤 의미에서 인간은 우리에게 가장 친숙한 존재다. 우리가 인간에게 잘 대해 주거나 인간을 견뎌 내야 한다는 점에 관한 한 그렇다. 그런데 인간 중에 나 자신의 고유의 활동을 방해하는 자가 있는 한, 인간은 태양이나 바람, 야수 못지않게 나와는 아무런 관련

---

58 정신의 독자성은 되풀이되는 주제다(2.15, 4.3, 7.16 참조). 여기서 마르쿠스는 사물의 판단이 우리에게 달려 있다고 주장한다. 우리가 사물이 그렇다고 생각하는 경우에만 사물이 좋거나 나쁘다는 주장에 대해서는 2.15와 4.39 참조. 모든 순간, 우리는 우리가 사는 세계를 공정하게 만들 것인지 아닌지를 선택한다. 그 비결은 공평하지 않다고 판단하기 전에 그 순간을 포착하고, 모든 것이 신의 뜻에 의해 행해졌다는 것을 받아들임으로써 공정하게 바꾸는 것이다. "하나는 세상의 사물은 영혼에 닿지 않고 바깥쪽에 조용히 서 있고, 귀찮은 것은 단지 내심의 믿음(판단)에서 오는 것일 뿐이라는 것"(4.3.4). 에픽테토스의 다음 말과 비교하라. "네가 이러한 생각으로 외적 인상에 맞선다면 너는 인상을 압도할 것이고 그것에 의해 휩쓸려가지도 않을 것이네. 그러나 무엇보다도 먼저 갑작스러운 그 충격으로 당황하지 말고, '내 인상아, 잠시 기다려라. 네가 누군지, 네가 무엇에 대한 인상인지 내가 좀 보자꾸나. 내가 너를 시험해 보도록 하라'라고 말하게"(에픽테토스, 『강의』 2.18.23~24 참조).

없는 것들(adiaphora)[59] 중 하나가 되고 만다. 이런 인간에 의해 나의 활동은 어느 정도 속박을 받을지도 모르지만 나의 충동과 정신의 상태는 속박되지 않는다. 왜냐하면 나는 **유보 조건을 가지고**[60] 활동하거나 장애물을 뒤집을 수 있기 때문이다. 사실상 우리의 정신(이성)은 그 활동에 방해가 되는 모든 것을 뒤집고, 이것을 목적 달성에 도움이 되는 것으로 바꾸어 버린다. 그리하여 활동에 방해가 되었던 것이 오히려 이 활동을 돕는 것이 되고, 길을 방해하던 것이 오히려 이 길을 가도록 도와주는 수단이 되는 것이다.[61]

21   우주에서 가장 뛰어난 것을 존중하라. 그것은 모든 것을 이용하고, 모든 것을 지배하는 것이다. 마찬가지로 네 안에 있는 가장 뛰어난 것을 존중하라.[62] 그것은 전자와 같은 성질의 것이다.[63] 왜냐

---

59 마르쿠스가 들고 있는 '아무런 관련 없는 것들'은 죽음, 삶, 명성, 불명예, 고통, 쾌락, 부, 가난, 찬양, 권력 등이다. 스토아 철학자들은 무관심한 것들 중 어떤 것은 '선호될 만한 것'으로 분류한다. 예를 들면 건강, 장수, 명예 등. 이것들은 그 자체로 덕과 관련 있는 '좋음'은 아니다. 그러나 많은 이들은 이 '선호되는 관련 없는 것들'을 '진정한 좋음'으로 간주하는 잘못을 범한다(5.12). 일반적으로 "그러한 것들 중 하나를 필요로 하는 사람은 필연적으로 감정적 혼란 속에 있을 수밖에 없고, 게다가 신들에 대해서도 여러 가지 비난을 퍼붓지 않을 수 없게 된다"(6.16.3).

60 이에 대해서는 4.1 해당 각주 참조.

61 마르쿠스는 정신의 독자성과 긍정적인 빛으로 세상을 볼 수 있는 가능성을 강조한다. 이전 항목이 이론적이었다면, 이 항목은 실천에 중점을 두고 있다. '유보 조건 및 적응력'에 대해서는 4.1 및 6.50, 김재홍(2023), 에픽테토스의 『강의 1·2』 해제 참조.

62 4.1('우리 안의 주인이 되는 것'), 6.40('내재되어 있는 힘'), 10.38('네 안에 숨어 있는 힘, … 인간 그 자체인 것이다'). 이 힘이 우리의 '지도적 이성', '내면의 신성', '제우스가 각자에게 부여해 준 그 자신의 조각'(5.27)이다. 이 장을 이어지는 5.26, 5.27과 연관해서 읽는 편이 좋다. 신들과 공유하는(6.35) 지도적 이성의 본질, 목적, 중요성, 허약성에 대해서는 2.2, 3.9, 4.3, 5.32, 6.8, 7.16, 7.28, 9.7('지도적 이성을 자기 통제하에 두어라'), 9.15, 9.26, 11.19('지도적 이성

하면 다른 모든 것을 이용하는 그 자체가 너 자신 안에도 있고, 네 삶은 그것에 의해 지배받기 때문이다.

22 국가(폴리스)를 해치지 않는 것은 시민도 해치지 않는다. 네가 손상되었다고 생각되는 모든 경우에 다음 규칙을 적용해 보라. 만일 폴리스가 이로 인해 해를 입지 않는다면 나 또한 해를 입지 않을 것이다.[64] 만일 폴리스가 해를 입었다면 폴리스를 해치는 사람들에게 화를 내지 말아야 한다.[65] 그러나 '그가 무엇을 잘못 보았을지'를 그에게 보여 줘야만 한다.[66]

23 존재하는 것과 생성되는 것이 얼마나 신속하게 지나가고 사라지는지에 대해 가끔 생각해 보는 것이 좋다. 왜냐하면 실체는 끊임없이 흐르는 강과 같고, 그 활동은 끊임없이 변하며, 그 형상인은 헤아릴 수 없을 만큼 변화하고, 그대로 있는 것은 거의 없기 때문

의 편향에는 네 가지 방식이 있다'), 11.20, 12.14 참조. 지도적 이성의 이상적 상태에 대해서는 12.3 참조.

63 "이 두 가지 길은 하나니까"(5.3).

64 전체의 이익이 부분의 이익보다 우선하며, 따라서 먼저 우리 자신을 전체의 이익에 맞춰야 한다. 그러면 개인적인 피해가 덜 중요하다는 것을 알게 될 것이다.

65 시민과 공동체의 관계에 대해서는 5.35, 6.54, 10.6 참조.

66 2.13, 6.27 참조. 문장 처음에 alla deikteon를 보충했다. 마르쿠스는 폴리스라는 말로 분명히 로마를 염두에 두고 있을 것이다. "그 국가와 비교하면 다른 국가들은 모두 그 안의 집에 지나지 않는 것 같지만"(3.11) 그 위대한 도시(국가)는 상상할 수 있는 어떤 수단으로도 해를 입을 수 없을 것이다. 그러나 로마 황제가 국가에 해를 끼친 사람에게 그러한 관용을 베푸는 것은 이례적인 일이다. 그런 일이 가능할까?

이다. 심지어 [시간상으로] 바로 우리 곁에 있는 것조차 말이다.[67] 과거의 무한과 미래의 심연이 입을 벌리고 있고, 그 속으로 모든 것이 사라져 간다.[68] 이런 것들 속에서 우쭐대거나 고민하거나 상당 기간 또는 오랫동안 심하게 고통받는 자처럼 불평하는 인간이 어찌 어리석은 자가 아니겠는가.

24 보편적 실체를 기억하라. 그것의 아주 작은 일부분이 너인 것이다. 보편적 시간도 기억하라. 그 짧은, 아주 짧은 순간이 너에게 할당되어 있는 것이다.[69] 운명을 기억하라. 네가 그것의 얼마나 작은 부분인가?[70]

25 어떤 사람이 나에게 잘못을 저질렀다고? 그건 그의 관심사다.[71] 그는 자신의 기질, 자신의 활동을 한 것이다. 나는 현재의 보편적 자연이 나에게 지금 가지라고 명령하는 것을 갖고, 나의 자연 본성이 나에게 지금 하라고 원하는 것을 행하고 있다.[72]

---

67 오랜 시간을 두고 보면 천천히 변하는 것들도 변하고 있다는 것은 명백하지만, '시간상으로 우리에게 가까운' 것들은 변하지 않는 것처럼 보일 수 있다.

68 4.50 참조.

69 12.32 참조.

70 에픽테토스, 『강의』 1.12.26 참조("전체에 비교해서 너의 부분이 얼마나 작은지 알지 못하는가?").

71 7.16, 11.13 참조.

72 잘못을 범한 그가 경험하는 사건과 그의 행동은 다른 사람에 의존하지 않는다. 이러한 사건과 행동은 어쨌든 예정된 것이므로, 그는 언제든 자신이 해야 할 일을 행한다. 다른 사람도 마찬가지다. 상대방도 마르쿠스가 자신의 운명을 해결하는 것처럼 자신의 운명을 해결해야 한다. 요컨대, 양자 간의 중요한 차이는 다른 사람은 명령을 내리는 자신의 사령부를 우주

26   네 영혼의 지도적 이성이자 지배하는 부분이 네 살 속에 일어나는 부드럽거나 강렬한 움직임[73]에 의해 흔들려서는 안 된다. 이런 움직임과 섞이지 않고, 그 자체로 고립되고, 그 자극받은 육체적 느낌들(마음의 흥분 상태)은 영향받은 그 신체의 부분들 안에 제한되어야 한다.[74] 그렇다고 하더라도 이 육체적 느낌이 한 몸인 이상 당연히 일어날 수 있는 것처럼 다른 공감 작용[75]에 의해 정신 속으로 올라갈 때 그 감각은 자연적인 것이므로, 이를 거스르려 해서는 안 된다. 다만 너의 지도적 이성 스스로가 이것이 좋다느니 나쁘다느니 하는 의견을 덧붙이지 않도록 해야 한다.[76]

자연의 의지에 맞추지 않았기 때문에 잘못을 범하고 있다는 것이다.

73   즉, 순전히 신체적 쾌감과 신체의 고통(감정)을 말한다. 이것들은 도덕적인 것의 범주에 속하지 않는다. 스토아 철학에서는 선악은 마음 본연의 자세(윤리적 가치)에만 관련되기 때문에 무차별적이다.

74   9.41의 에피쿠로스의 말과 비교하라. 10.8 참조.

75   이 개념은 스토아 철학에서 중요하다. '우주의 모든 부분은 그것들에 편재하는 프네우마에 의해 서로 관계 지어지고 있다'라는 것이 '우주적 공감'(sumpatheia)이다(A. A. Long, *Hellenistic Philosophy*, 1986(2nd,), p. 163 참조).

76   심신은 물체로서 긴밀하게 연결되는 이상 돌발적이고 강렬한 쾌락과 고통은 움직임과 인상(판타시아)이 전달되면 좋거나 악하지 않다는 것을 알면서도 신체의 반응을 제어할 수 없게 된다. 예컨대 용감한 병사라도 전투를 앞두고는 신체 떨림 등 정념의 표출과 유사한 반응이 나온다. 자연적 가치와 진정한 좋음과 나쁨을 혼동하면 이성은 전도되고 정념(pathos)이 된다. 그러므로 이성은 인상에 대해 즉시 동의하지 말고 유보하고, 그것이 선인지 악인지를 음미해야 한다. 요컨대 감각은 자연 현상이기 때문에 지도적 이성 안으로 침투하는 것을 막을 수 없다. 그럼에도 지도적 이성은 그것들에 대해 그 자체의 가치 판단을 덧붙여서는 안 된다. 현자(賢者)의 경우를 생각해 보자. 그도 역시 외부로부터의 공격, 예를 들면 "육체적 고통, 신체적 불구, 친구와 자식의 상실, 전화(戰火)에 휩싸인 조국의 재난" 등을 느낄 수 있으므로 돌이나 쇠라고 불릴 수는 없다. **느끼지 못하는 것을 견디는 것**은 결코 덕이 아니다. 현자도 타격을 입지만 그것을 극복하고 치료하고 진정시킬 수 있는 것이다(세네카, 『현자의 항상심에 대하여』 10.4). 세네카에 따르면 '정념은 의지'와 무관한 것이지만 (거의 조건 반사처럼 일

27   신들과 함께 살아라. 신들과 함께 사는 자는 신들에게 항상 자기 몫에 만족하는 영혼을 보여 주고, 다이몬의 뜻대로 무엇이든 행하는 자다. 다이몬이란 제우스 자신의 일부분(조각)으로 제우스가 각자에게 관리자와 지휘 사령부로서 행위하도록 준 것이다.[77] 이것은 각자의 지성과 이성이다.[78]

28   겨드랑이 땀 냄새를 풍기는 인간에게 너는 화를 내지 않겠지? 입에서 악취가 나는 인간에게 화를 내지 않겠지? 화내 봐야 무슨 소용이 있는가? 그는 그런 입을 가지고 있으며, 그런 겨드랑이를 가지고 있다. 그런 곳에서 그런 냄새들이 발산하는 것은 어쩔 수 없는 일이 아닌가.[79] '그러나 그 인간도 이성을 가지고 있는데요. 그러니까 어떤 점에서 자신이 사람의 마음을 불쾌하게 하는지 조금만 생각해 보면 알 수 있을 것인데요'라고 누군가 말한다. 좋네! 그런데 너도 이성을 가졌구나. 너의 이성적인 태도에 따라 상대방

어나기 때문에) 첫 번째 정념의 움직임은 이성으로 제어할 수 없는 것으로, 현자 자신도 회피할 수 없는 것이다. 그 이후의 정념의 움직임은 판단에 기인하므로 판단에 의해 제어될 수 있다(『화에 대하여』 2.4.1~2). 그래서 세네카는 현자 역시 항시 '정념의 그림자'를 느낀다고 말한다(『화에 대하여』 1.16.7).

77   일반적으로 다이몬(Daimon)은 신과 인간 사이에 있는 중간적인 '영적 존재'(신령)이지만, 스토아 철학에서 다이몬은 '수호자 영', '인간의 이성', '양심', '내면에 있는 신의 목소리', 즉 '진정한 내면의 자아'(superego)를 의미한다(SVF 2.1101 참조). "제우스는 우리 각자에게 수호자로서 그 자신의 개인적인 영(다이몬)을 할당해 주었으며, 또 그는 결코 잠들지 않고, 결코 속임 당하지 않는 수호자로 우리 각자를 그의 보호에 맡겨 두었던 것이네"(에픽테토스, 『강의』 1.14.12).

78   따라서 자신의 운명을 받아들이고, 이성적으로 행동하는 사람은 '신과 함께 사는 자'다 (6.44 참조).

79   4.6 참조. 어리석은 자의 악행에 화를 내는 것의 잘못을 말하고 있다.

의 이성적인 태도를 움직여 잘 알아듣게 충고해 줘라.[80] 만일 그가 귀를 기울인다면 너는 그 사람을 치유해 줄 것이고, 화낼 필요가 없을 것이다.

비극 배우나 창녀가 되지 말라.[81]

29 네가 세상을 떠났을 때[82] 거기에서 보내고자 하는 삶을 이 땅 위에서도 살 수 있다. 하지만 그것이 여기서 도저히 불가능하다면 그 때야말로 인생을 떠나라. 다만 그 경우 네가 어떤 해를 겪는 것처럼 그렇게 해서는 안 된다. '연기가 난다. 그래서 나는 떠난다.'[83]

---

80 분노보다는 설명에 의존하는 경우에 대해서는 5.22 및 9.42 참조.

81 수수께끼 같은 말이다. 마르쿠스가 자신에게 무언가를 조언하고 있는 것으로 해석할 수 있다. 냄새나는 친구와의 교류를 피하지 말고, (창녀의 경우) 이성의 능력을 사용하지 않고 자신을 값싸게 팔지 말라는 것. 즉 남에게 화를 내는 것을 경계하는 것과 마찬가지로 남에게 아부하는 것도 경계해야 한다(11.18 참조).

82 '여기서부터'이니, 여기는 '궁정이나 군대의 진영'일 수 있다. '네가 죽은 후에 신들과 함께 살 것이므로 너는 여기에서도 신들과 함께 살 수 있다'는 것을 의미할 것이다. 스토아주의자들은 인간의 죽음을 육체에서 영혼의 분리로 보았다. 스토아 철학자의 대부분은 영혼, 영혼의 지도적 부분인 지휘 사령부가 얼마 동안 존재한다고 믿었다. 도덕적이지 못한 사람에게는 짧은 시간 존재하지만 계몽된 사람들에게는 이 우주의 마지막 대화재에 이르기까지 가능하다. 이런 개인적 생존에 대한 생각은 마르쿠스의 언급에 대해서는 3.3('다른 삶이 있기 때문이라 할지라도 …'), 4.21('영혼들이 (사후에도) 존속한다면…'), 8.58, 12.5 참조. 죽음을 '흩어짐과 사멸'로 보는 것과 함께, 세 번째 사후 가능성으로서의 생존/장소의 변화에 대해서는 4.21 참조. 사후 가능성의 전체 범위는 '분산, 소멸 또는 생존[장소 변화]'이다(8.25, 11.3). 그러나 분산은 에피쿠로스적 세계관에 기인한 가능성이며, 그래서 여기서와 5.33에서 그는 자신에게 두 가지 스토아적 가능성만을 제공한다. 즉 소멸이나 장소 변화.

83 자살에 대해서는 3.1 참조. 이것은 에픽테토스의 말이다. "누군가가 집에 연기를 피웠는가? 연기가 너무 많지 않으면 나는 머물 것이네. 지나치게 많다면 나는 집을 떠나갈 것이네. 우리는 문이 열려 있다는 사실을 기억하고, 또 굳게 명심해야만 하니까 말이네"(에픽테토스, 『강의』 1.25.18, 1.24.20 참조). 스스로 목숨을 끊는 '이성적 이탈'은 '상황적으로 적합한 행

왜 이를 중대한 일로 여기느냐. 그러나 이런 일이 나를 쫓아내지 않는 한 나는 여전히 자유의 몸으로 남을 것이며, 내가 하고 싶은 일을 하는 데 아무도 방해하지 못할 것이다. 그리고 내가 하고 싶은 것은 이성적인 공동체적 동물의 본성[84]에 일치하는 것을 행하는 것이다.

30 전체의 지성은 공동체적이다.[85] 적어도 그것은 우월한 것을 위해 열등한 것을 만들고,[86] 우월한 것들은 서로 화합하도록 만들었다.

위'로 '연기'에 준하는 질병 등 자연적(외적인) 나쁨이 자연적 좋음을 압도하는 경우에 선택된다. 자연적 가치의 계량에 근거하므로 내면적인 선악(善惡)이나 인간의 행불행(行不行)과는 관계가 없다. 스토아 철학에서는 이런 조건에서만 자살이 허락된다. 현자와 어리석은 자의 조건은 다를 수 있다. 악덕은 자살에 대한 이유를 댈 수 있는 힘을 소유하지 못하기 때문에 어리석은 자가 어느 쪽을 선택해도 '비참한 삶'은 여전히 비참할 것이고, 또 '바람직하지 못한 삶'이 연장된다고 해서 더 크게 증대되는 것도 아니다. 그러니 어리석은 자는 살아남는 것이 적절하다(키케로, 『선과 악의 목적에 대하여』 3.60~61 참조). '이런 조건'은 초기(Old) 스토아적 입장에 따르면 '신체적 고통이 극단에 치달은 경우'에 해당한다. 에픽테토스에게서 죽음의 도피를 '집안의 연기'와 비유하는 장면이 하나 더 나온다. 이것은 더 이상 견딜 수 없다면 삶을 포기하라는 뜻일 것이다. 이런 주장은 퀴니코스(견유)학파의 입장이다. 그러나 이 주장은 '신으로부터 신호가 올 때까지 기다리라'라는 에픽테토스의 다른 주장과 차이가 있어 보인다. "'하지만 나에게는 먹을 것이 없어질 것이다.' 내가 그토록 애처로운 처지에 있다면, 죽는 것이 항구가 된다. 죽음은 모든 사람의 항구자 피난처다. 그러니까 인생에서 뭐 하나 어려운 것은 없는 것이다. 너는 원할 때마다 나갈 수 있고, 불쾌한 연기에 시달릴 필요가 없다"(에픽테토스, 『강의』 4.10.26~27).

84 6.44("나의 본성은 이성적이고 정치적(공동체적)이다") 참조.

85 5.29~31은 일종의 단위를 형성하는 것 같다. 이전 항목의 이상적인 '이성적이고 사회적인 존재'에 대한 언급은 이 항목에서 생각을 불러일으킨다. 그다음 '우주의 마음'이 어떻게 조화를 이루는지 설명한 마르쿠스는 다음 항목에서 자신의 개인 생활에서도 동일한 작업을 수행했는지 확인한다.

86 우선 식물과 동물과 같은 열등한 존재가 인간과 신과 같은 우월한 존재를 섬긴다는 것을 의미한다. 그러나 일부 사람들이 본성적으로 낮은 계급에 속하도록 운명지어져 있다는 정치

보라. 전체의 지성이 [우열을 가진 것들을] 어떻게 종속적으로 질서를 세우고, 서로 동격적으로[87] 정리 정돈해서 각각에 그 가치에 상응하는 몫을 배분하고, 가장 뛰어난 것들을 서로 조화하며 하나로 일치하도록 해 놓았는지를.

31 너는 오늘까지 신들에 대해 어떤 태도를 취해 왔는가? 부모, 형제,[88] 아내, 아이들, 선생님들, 개인 교사들, 친구들, 친척, 하인들에 대해서는 어떤가. 오늘까지 그들 모두를 향해 네가 '무례하게 굴지도 나쁘게 말하지도 않았다'[89]고 말할 수 있을지 생각하라. 네가 무엇을 겪었는지 얼마나 많은 것을 견뎌 냈는지 상기하라. 또한 너의 삶의 이야기[90]는 종결되었으며, 너의 복무는 완결되었다는 것을[91] 상기하라. 그리고 네가 아름다운 행위를 얼마나 많이 보았으며, 얼마나 많은 쾌락과 고통을 아랑곳하지 않고,[92] 얼마나 많은 명예를 무시하고, 얼마나 많은 불친절한 사람을 친절하게 대했

적 의미도 함축한다(5.16 참조).

87 즉 '종속적인 상하 관계와 대등한 좌우 관계'를 말한다(11.10 참조).

88 마르쿠스에게는 친자매인 파우스티나(Annia Cornificia Faustina) 한 명뿐이었지만, 그는 항상 입양된 형제인 베루스(Lucius Verus)를 마치 친형제인 것처럼 말하고 있다.

89 호메로스, 『오뒷세이아』 제4권 690행 참조.

90 이야기(역사, historia) 은유일 뿐만 아니라, 황제로서 그의 통치가 역사가들에 의해 기록될 것이라고 확신할 수 있었던 마르쿠스에게는 적합한 표현이다.

91 10.22("여기서 산다면 이미 잘 적응하고 있는 것이거나 다른 곳에 간다면 그것은 네가 원하는 바였거나, 그게 아니라 죽는다면 너의 복무를 끝낸 셈이다. 이것들 외에는 아무것도 없다. 그러니 용기를 내라.") 참조. 인생을 군사적 복무와 비교하고 있다.

92 즉, 즐거움에 대한 기대로 유혹당하지 않고, 고통이 닥쳐올 것 같은 전망에도 포기하지 않는 의지의 힘을 말한다.

는지를 상기하라.

32 어째서 기술도 지식도 없는 자의 영혼이 기술과 지식 있는 자의
영혼을 당황하게 하는 것일까. 대체 기술과 지식이 있는 영혼이란
어떤 것인가. 그것은 시작과 끝을 아는 영혼, 존재 전체에 침투하
여 정해진 주기에 따라서 '전체'를 영원토록 지배하는 이성을 아
는 영혼이다.[93]

33 조금 있으면 그대는 재나 해골이 되어 버리고, 이름만, 아니 이름
조차 없어진다. 이름이란 단순한 울림, 메아리에 불과하다. 삶에
서 높이 평가받는 것들은 모두 공허하고, 썩어 빠지고, 하찮으며,
서로 물어뜯는 강아지들이나[94] 말다툼 하다가 웃는가 하면 이내
우는 어린아이와 같은 것이다.[95] 그리고 성실과 겸손, 정의와 진실
은 '폭 넓은 길의 대지에서 올림포스 저편으로'[96] 떠나 버렸다.

---

93 그래서 그것은 대부분의 사람들이 보여주는 관심의 시시함 때문에 어리둥절해진다. '규
칙적 주기'는 세계를 새롭게 하는 보편적인 대화재들 사이의 동일한 연속된 시간이다. 신은
자신 안으로 물러나서(자신의 '내면으로의 후퇴', 4.3 참조) 대화재에서도 살아남아 다음의 연
속된 순서(시퀀스)를 시작할 수 있다. 그러나 복수형의 신들은 대화재 시에 다른 모든 것과
더불어 소멸할 것이다. 에픽테토스, 『강의』 3.13.4 참조("외톨이가 되는 것이 외롭기 위한 충분
한 조건이라면 제우스도 우주의 대화재(대연소) 시대에는 외롭고 스스로에게 탄식한다고 말
해야 할 것이다. '나는 얼마나 비참한가. 헤라도, 아테나도, 아폴론도 없으며, 한마디로 형제
도, 아들도, 손자도, 다른 어떤 친척도 없어졌구나'").
94 7.3("강아지에게 던져 주는 잔뼈").
95 9.24 참조.
96 헤시오도스, 『일과 나날』 197행. 헤시오도스(기원전 650경)는 마르쿠스가 나열한 것과
유사한 특성이 땅에서 사라진 것에 대해 이야기하고 있으므로 적절한 인용문이다.

그렇다면 대체 무엇이 너를 아직도 여기에 붙잡아 두는 것일까? 만일 감각적인 것이 항시 변하면서 불안전하고, 우리의 감각기능도 흐릿하고 거짓된 인상에 의해 속기 쉬우며, 우리의 가련한 작은 영혼 자체도 피에서 뿜어내는 증기라고 한다면[97] 이런 인간들 사이에서 좋은 평판이란 헛된 일이다. 그렇다면 남는 것은 무엇인가. 소멸되거나 다른 곳으로 옮겨지기를[98] 미련 없이 깨끗하게 기다리는 것 아니겠는가?[99] 그때가 올 때까지, 어떻게 해야 만족스럽겠는가? 신들을 섬기고 찬양하며, 인간들에게 좋은 일을 베풀고, 그들을 '참고 참는 것'과 '멀리하는 것'(관용과 절제)[100] 이외에

---

97 영혼은 불과 같은 물체며, 하늘의 불이 바다와 대지로부터의 증발물을 연료로 하는 것과 마찬가지로 혈액으로부터의 증발물에 의해 길러진다. 실제로 스토아주의자들은 공기이거나 호흡인 영혼이 부분적으로는 혈액의 증발(우리가 먹는 음식으로 보충됨)과 부분적으로는 우리가 숨을 쉴 때 흡입하는 공기로 형성되고 보충된다고 주장했다. 여기서 마르쿠스는 사물의 덧없음을 강조하기를 원하기 때문에 '증기'를 강조하고 있다. 스토아 철학자들은 영혼이 '피로부터의 증발'이라는 생각을 헤라클레이토스에서 얻은 아이디어라고 주장한다.

98 이것이 스토아주의와 양립할 수 있는 두 가지 내세의 가능성이다. 플라톤, 『변명』 40c~41c 참조.

99 4.21 참조.

100 '참고 견디는 것'(anechesthai)과 '멀리하는 것'(apechesthai)은 관용과 절제를 말한다. "참는 것(관용)은 정의의 일부다"(4.3.2). 이 두 말은 에픽테토스가 '마음의 평화'(행복)를 위한 두 가지 핵심적 원칙으로 '육체의 고통을 견디고, 쾌락을 멀리함'을 가리킨다(「단편」 10). "'육신과 호흡의 한계 안에 있는 것에 대해 이것이 너의 것도, 너에게 달려 있는 것(epi soi)도 아니다'라는 말은 에픽테토스가 흔히 하던 말이다. '모든 것 중에 가장 중대하고 가증스러운 악덕으로 두 가지가 있다고 한다. 즉 참을성 없음과 부절제다. 참아야 할 난폭한 행위를 견디지 못하고 참을 수 없는 경우와 억제해야 할 욕망을 억제할 수 없는 경우다. 그는 계속해서 '따라서 이 두 말을 마음에 새기고 이를 준수할 것을 스스로에게 부과하고, 감시한다면 대개 나쁜 일을 저지르지 않고 지극히 평온한 삶을 살 수 있을 것'이라고 말한다. 그가 하던 두 마디의 말은 '견뎌라'와 '삼가라'(anechou et apechou)였다"(A. 겔리우스, 『아티카의 밤』 XVII. 19.1~6, 에픽테토스, 「단편」 10 참조). 헬라스어 '아네쿠 아페쿠'는 어조가 좋긴 하지만, 나란

다른 무엇이 있겠는가?[101] 너의 가엾은 육신과 작은 숨이 닿는 곳에 있는 모든 것은 나의 것도, 너에게 달려 있는 것도 아니라는 것을 기억하라.[102]

34 올바른 길[103]을 걷고, 올바른 길을 따라 생각하거나 행동할 수 있다면, 너의 삶도 항상 순조롭게 흘러가게[104] 할 수 있다. 신과 사람의 영혼, 또 모든 이성적 동물의 영혼에 다음 두 가지가 공통된다. 즉 타인으로부터 방해받지 않는 것. 또 좋음은 정의로운 태도와 행동에 있다고 생각하며 거기에 자기의 욕망을 한정하는 것.

35 만일 이것이 나의 나쁨도, 나의 나쁨에 따른 행위도, 공공의 이익을 해치는 것도 아니라면, 내가 왜 그것 때문에 걱정을 해야만 할까? 거기서 공공의 이익에 대해 어떤 해가 있을 수 있을까?

히 사용되는 예는 없다. 전자는 에픽테토스의 『강의』(2.1. 36, 3.4.11, 3.26.7)에, 후자는 『엥케이리디온』 제33장 10에서 볼 수 있다. 그 생각의 뿌리는 오뒷세우스의 말 tetlathi dē, kradiē(참아라, 나의 심장이여!)일 것이다(호메로스, 『오뒷세이아』 제20권 20행).

101 마르쿠스는 '좋은 삶'을 신에 대한 의무와 인간에 대한 의무라는 두 가지 계율로 요약한다. "신들을 경외하라. 다른 사람들을 도우라"(6.30.1) "인류를 사랑하라. 신을 따르라"(7.31) "정의를 위해서만이 아니라 신들에 대한 경건함과 경외"(11.20.2). 3.6, 3.9, 6.7, 6.16, 6.23, 7.54, 7.66 참조.

102 '신을 숭배(찬양)하고, 인간에게 선을 행하며 관용과 자제'의 태도를 지니는 것은 에픽테토스에게 자주 나타난다. 마지막 문장은 다시 에픽테토스식으로 '우리에게 달려 있는 것들'과 "가엾은 육신(kreadion)과 작은 숨(pneumation)이 닿는 곳"은 이 장의 앞부분에서 강조한 일시적인 육체적 속성을 나타낸다.

103 5.4 참조.

104 즉 행복한 삶을 살아감. '삶의 순조로운 흐름'은 스토아학파의 시조 제논에 의한 '행복'의 정의이다.

36 (1) 인상에 온 마음을 빼앗기지 않도록 하라. 오히려 네가 할 수 있는 만큼, 그들이 가진 가치에 따라 다른 사람을 도우라. 아무런 관계가 없는 일들[105]에서 다른 사람이 실패했더라도 그것을 손해로 생각하지 마라.[106] 그것은 나쁜 습관이다. 마치 (극 중에서) 노인이 떠나면서 자신이 키운 아이의 팽이[107]를 그것이 하나의 팽이에 불과하다는 것을 알면서도 돌려달라고 요구하는 것처럼,[108] 너도 여기에서 그렇게 행동하라.[109] [그것이 또한 로스트라에서 어떻게 네가 행동해야만 하는 것이다.][110] '인간아, 너는 이게 뭔지 잊었느냐?

---

105 원어인 ta mesa(중간적인 것들)는 '좋음, 나쁨과 관계없는 도덕적으로 중립적인 것들', 즉 adiaphora(아무런 차이가 없는 것들)를 가리킨다.

106 의심할 여지 없이 마르쿠스는 에픽테토스의 생각을 염두에 두고 있다. "자신의 아이가 집을 멀리 떠났기 때문에, 혹은 자신의 소유물을 잃어버렸기 때문에, 누군가가 슬픔에 빠져 우는 것을 보면, 그 사람이 외적인 나쁜 일에 빠져 있다는 인상에 사로잡히지 않도록 주의하라. 오히려 너는 즉시 다음과 같이 말할 수 있도록 하라. '이 사람을 비탄에 잠기게 한 것은 일어났던 일이 아니라(그 일이 다른 사람을 비탄에 잠기게 하지는 않으니까) 그것들에 대한 그의 판단이다.'"(에픽테토스, 『엥케이리디온』 제16장)

107 빙글빙글 도는 장난감(바람개비).

108 정확히 그렇다고 단정할 수는 없지만, 이것은 연극의 한 장면에 대한 언급인 것처럼 보인다(C. R Heines, C. Gill의 번역과 주석 참조).

109 즉 일반인(어리석은 자)이 자연적 가치(건강, 미모, 부, 가족 등)를 잃고 슬퍼하는 모습을 보더라도 그 표상(인상)에 이끌려 슬퍼해서는 안 된다. 그것들은 진정한 좋음(선)이 아니므로 자신은 그러한 감정에 빠지지 않고 공감의 태도로 상대방에게 도움을 주어야 할 것(내면적으로는 애통해하지 않는 것)을 연극의 한 장면에서 거듭 행하고 있는 것이다(『엥케이리디온』 제16장 참조). 늙은이가 아이와 헤어질 때 그를 기쁘게 하려고 일부러 그의 장난감을 기념으로 달라고 부탁한다. 아이는 일반인 또는 어리석은 자로, 장난감은 그에게 좋음이 되는 자연적 가치를 의미하며, 철학을 익히는 사람은 그것이 진정한 좋음이 아니라는 것을 알면서도 기쁜 태도로 받아들여야 한다는 것이다. 덧붙여 이 뒤에 몇 단어가 크게 파손된 원문이 계속되고 있다.

110 파손된 문장이다. 로스트라(Rostra)는 로마 포럼(광장, Forum)에 있는 연사의 연단이었

(이것들이 얼마나 가치 없는 것인지?)' '그래요. 하지만 그것이 이 사람들에게는 대단히 중요합니다.' 그렇다고 해서 너까지 바보가 되어야 하는가?[111]

37　(2)[112] 한때 나는 어디에 버려져도 운이 좋은 사람이었다. '운 좋은 사람'은 자기 자신에게 좋은 몫을 준 사람이고,[113] 좋은 몫이란 영혼의 좋은 성향, 좋은 충동, 좋은 행동이다.[114]

다. 정치의 많은 부분이 스토아학파의 용어로 '도덕적으로 중립적인 것들'과 관련이 있지만, 마르쿠스는 여전히 연극의 노인처럼 자신의 역할을 해야 한다고 말하고 있다. 3.11, 6.45 및 9.11 참조.

111　마르쿠스는 여기서 중요한 문제를 다루는 것처럼 공적으로 행동해야 하지만, 무엇이 중요하고 중요하지 않은지에 대한 다른 사람의 견해에 어리석게 몰두하거나 휘말리지 말라고 충고하고 있다.

112　36.2로 나누기도 한다.

113　플라톤, 『에우튀데모스』 279c~280b 참조.

114　헤라클레이토스의 말을 염두에 두고 있는 것일까? "인간에게는 성품(ēthos)이 수호신(daimōn)이다"(B119).

제6권

I 전체의 물질적 실체는 순응적이고 가변적이다.[1] 이것을 지배하는 이성은 그 자체로 악의를 품지 않는다. 나쁨을 갖고 있지 않으며, 나쁜 짓을 하지 않고,[2] 어떤 것도 그것에 의해 훼손되지 않는다. 만물은 이 이성에 따라 생성되고 완성된다.

2 네가 적절하게 행위하는 한,[3] 춥든 뜨겁든 개의치 마라. 또 잠이 오든[4] 충분히 잤든, 남들이 욕하든 칭찬을 받든, 바로 죽음에 처하든, 다른 어떤 일을 하든 상관하지 마라. 왜냐하면 죽는다는 것 또한 삶의 행위 중 하나이기 때문이다.[5] 그러므로 이 일에[6] 있어서도 역

---

1 세네카는 '제작자가 물질을 바꿀 수 없습니다'(Non potest artifex mutare materiam)라고 말한다(『섭리에 대하여』5.9)

2 물질은 우주의 이성적 원리의 능동적 의지에 수동적으로 순응하며, 이성적 원리는 잘못을 저지를 수 없기 때문에 우주에는 나쁜 것이 없다는 결론이 나온다.

3 여기서 원어는 prepon(적절한 행위)은 kathēkon(의무. 적합한 행위)과 같은 말이다(6.22). 마르쿠스의 의무는 개인적인 것으로, 인간과 신에 대한 두 가지 의무다. 이 의무는 이성적 존재와 사회적 존재로서 가지는 의무다. 이 두 의무는 마르쿠스에게 '좋은 인간이 되는 의무'로 환원된다(8.5, 7.15["나는 좋은 인간이어야만 한다."]). 이 두 계율에 대해서는 5.33 및 그 주석을 보라. 마르쿠스는 황제임에도 제국과 군사적인 것에 대한 의무를 말하고 있지 않다.

4 갈레노스는 마르쿠스에게 처방받은 약 때문에 '선잠을 잔다'고 말했다고 한다(xiv. 3, Kühn). 마르쿠스는 평소의 수면 부족 때문에 수면을 많이 의식하고 있는 듯하다.

5 세네카, 『도덕서한』 77.19("죽음 또한 삶을 살아가면서 반드시 행해야 하는 의무"[unum ex vitae officiis et mori]).

6 죽는 경우에도.

시 '현재 하고 있는 일을 잘하는 것'[7]으로 충분하다.[8]

3   사물의 내부를 보라. 어떤 것의 고유한 본성[9]이나 가치도 네 눈을 피하지 않도록 하라.

4   눈앞에 놓여 있는 모든 것은 신속하게 변화하고, 만일 실체가 하나의 통일된 전체라면 그것은 증기로 발산하거나 분산되어 버릴 것이다.[10]

5   우주를 지배하는 이성은 자기 자신의 성향이 어떤지 알고, 자기가 무엇을 하고 있는지 어떤 질료를 가지고 이를 이룰 것인지를 알고 있다.

---

7   핏타코스의 답변을 참조. "언젠가 '무엇이 최선인가'라는 질문을 받았을 때, '현재의 것을 선용하는 것'(to paron eu poiein)이라고 대답했다"(DL 제1권 77).

8   2.14 참조. 인생은 끝까지 현재 순간의 연속이다. 12.3은 현재 순간의 중요성에 대한 마르쿠스의 가장 지속적인 명상이다. 현재에 집중하는 것은 주의력을 훈련하는 좋은 방법이며(12.3 참조), 순간에는 즐겁거나 불쾌한 성질이 없기 때문에 고통이 줄어들 수 있다(8.36, 11.2).

9   사물의 본질을 말한다.

10   즉 분해되어 연기 같은 미세한 것으로 변하는 것을 말한다. 여기서는 죽음을 두 이론으로 말하고 있다. 일관적으로 마르쿠스의 선택은 스토아적 관점과 에피쿠로스 관점 사이에서 이루어진다. 스토아의 입장은 우주가 주기적인 대화재(그 실체의 '증기로의 발산')를 겪는다(2.14, 5.13)는 것이다. 결국 모든 것이 불이 된다. 그 과정은 항상 불가역적으로 서서히 진행되고 있다. 이에 반하여 에피쿠로스에 따르면 모든 것을 구성하는 원자는 분산되거나 흩어진다. 즉 원자가 끊임없이 결합과 분리를 반복한다는 것이다(LS 13 참조). 여기서 마르쿠스는 두 대안 중 하나를 선택하지 않는다. 물론 그는 스토아의 세계관의 질서와 의미를 선호했을 것이다. 그에게는 어느 경우든 모든 것이 일시적이고 덧없기 때문이다.

6 가장 좋은 복수의 방법은 자신도 적과 같은 행동을 하지 않는 것 이다.[11]

7 그저 다음 같은 한 가지 일에서 즐거움과 안식을 찾아라. 그것은 항상 신을 생각하면서 공익적 행위에서 다른 공익적 행위로 옮겨 가는 것이다.[12]

8 지도적 이성은 스스로 자극하고, 방향을 바꾸고, 원하는 대로 자 신을 만들며, 일어나는 모든 일을 자기가 원하는 대로 자신에게 보이게 만든다.[13]

9 각각의 사물들은 전체의 자연에 따라 완성된다. 어쨌든 밖에서 이 우주를 감싸거나 또 그것에 의해 내부에 포함되었든 또는 외부에 떨어져 있는 실재물로 있든 간에 이것을 할 수 있는 다른 우주가 있는 것은 아니다.[14]

---

11 4.11 참조. 플루타르코스가 인용한 퀴니코스파의 창시자 시노페의 디오게네스의 말(『자 신의 적에게서 어떻게 이익을 얻는가』 88b) "내가 적으로부터 어떻게 나를 방어할 것인가? 나 자신이 좋으며 명예롭다는 것을 증명함으로써."

12 12.29 참조. 공익적 행위의 요청에 부응하는 것은 인류가 친족이라는 신념에서 나온다. "이성적이란 우선 시민적(사회적, 정치적, 공동체적) 존재라는 것이다"(10.2). "이성적인 자연 이 그 길을 올바르게 걷는 것은 … 충동을 오직 공동체적인 유익한 일에만 향하게 하고"(8.7).

13 모든 것이 우리의 지휘 사령부(지도적 이성)에서 판단하는 대로 있는 것이다. 2.15 및 4.39 참조. 어떤 의미에서 인간의 이성은 신적 이성이 6.1에서 세상의 질료(물질)를 다루는 것과 같은 방식으로 '경험'을 가변적으로 다룬다. 5.19 참조.

14 문자적으로 옮기면, "어쨌든 이것은 밖에서 우주를 둘러싸든 안에서 싸여 있든 외부에 서 이것과 떨어져 있는 어떤 다른 자연에 따라 하는 것이 아니다." 마르쿠스는 이러한 가능성

10   [구성 요소들의] 혼합된 음료,[15] [그 요소들의] 뒤엉킴과 흩어짐인가 아니면 통일, 질서, 섭리인가.[16] 전자라면 무엇 때문에 나는 그런 마구잡이의 조합과 혼란스러운 뒤범벅 속에서[17] 시간을 보내며 머물기를 바랄 것인가? 마침내 '흙이 되는 것'[18] 말고는 내가 다른 어떤 것에 마음에 두는 것이 있을까. 그것이 왜 나를 혼란스럽게 할까. 내가 무엇을 하든 흩어짐은 나에게도 미치고 말 것이다. 그러나 후자라면 나는 공경심에 가득 차서 발을 확고히 딛고 서서 우주를 지배하는 자에게 신뢰를 둘 것이다.[19]

11   주위 사정 때문에 강요당해서 마음의 평화가 다소 흐트러지게 되면 서둘러 자신의 안으로 되돌아가고,[20] 필요 이상으로 너의 리듬

을 최대한 활용하고자 한다. 이것은 정의에 따라 우주가 단일하다고 말하는 강력한 방법이다. 우주는 있는 그대로 완결되며 완전하기 때문에, 우리가 우주의 존재를 어떻게 생각하든 어디에 있다고 생각하든 그런 우주는 있을 수 없는 것이다.

15   kukeōn에 대해서는 4.27 주석 참조. 호메로스, 『오뒷세이아』 제10권 290, 316행 참조. 헤라클레이토스, 「단편」 125(DK) 참조.

16   3.3, 4.3 참조.

17   에피쿠로스적 우주는 목적론적 우주가 아니다. 전체적인 계획이 없고, 원자의 임의적인 해체와 재결합이 있을 뿐이다. 그러나 마르쿠스는 질서정연한 우주를 선호한다.

18   호메로스, 『일리아스』 제7권 99행 참조(메넬라오스가 아카이아 군인들에게 하는 말. "여기 앉아 있으니 앉은 그대로 너희 모두가 물과 땅으로 썩기를"). 이 인용된 문구는 마르쿠스의 불분명한 기억이거나 알려지지 않은 시인의 것일 수 있다.

19   마르쿠스는 에피쿠로스주의자인가? 마르쿠스가 에피쿠로스의 우주 구성에 관한 관점을 받아들이고 있는 것은 분명하지만 이 항목을 쓴 사람이 에피쿠로스적 관점에 매력을 느꼈을 것이라고 상상하기는 어렵다. 그가 에피쿠로스적 가능성을 제기할 때마다 명시적으로든 암묵적으로든 그 입장은 거부되고 있다.

20   자기 자신으로의 퇴각(물러남)에 대해서는 4.3. 참조.

에서 벗어나지 않도록 하라. 지속적으로 조화로 돌아감으로써 너는 한층 더 이를 지배할 수 있게 될 것이다.

12 만일 네가 계모[21]와 친모를 동시에 가지고 있다면 전자를 섬기기는 하겠지만 너는 끊임없이 친모에게로 돌아갈 것이다. 궁정과 철학은 너에게 딱 이런 관계에 있다. 철학으로 자주 돌아가 거기서 휴식을 취하는 것이 좋다.[22] 철학을 통하여 네가 궁정 생활조차 참을 수 있을 것으로 보이며 또 너 자신도 궁정 생활을 하는 동안 참을 수 있게 되는 것이다.

13 고기 요리나 그와 비슷한 음식은 물고기 사체라든가 새 또는 돼지 사체, 팔레르누스의 포도주는[23] 포도송이의 즙, 자주색 옷은 조개의 피에[24] 적신 양털,[25] 성교는 내부 기관의 마찰과 약간의 경련을 수반하는 점액의 분출이라든가[26] 하는 그런 인상을 갖는 것이 얼마나 좋은가! 이러한 인상은 사물 자체에 도달하고 그 핵심을 관

---

21 동서양 공히 계모에 대한 이미지는 못돼먹음이다.

22 세네카, 『도덕서한』 103 참조.

23 북 캄파니아의 팔레르눔(Falernum) 와인은 이탈리아 와인 중 최고로 널리 인정받았다고 한다.

24 4.20 참조. 염료는 뮤렉스(murex)의 피에서 나온 것이 아니라, 그 조개 아가미 아랫샘에서 추출한 체액에서 나온 붉은 염료로 매우 비쌌다. 일반적으로 이 색깔의 옷은 부(富)와 권력을 상징한다.

25 좀 더 적나라한 표현은 9.36에 나온다.

26 2.2, 5.28, 8.24, 8.37, 9.36에서 이와 유사한 노골적인 사실적 묘사가 나온다. 디오게네스는 사람들이 보고 있는 가운데 자위를 하면서 "배를 이렇게 쓰다듬는 것만으로도 허기가 사라지면 좋을 텐데"라고 말했다고 한다(DL 제6권 69).

통하여 그것이 도대체 무엇인지를 볼 수 있게 해 준다. 너도 바로 이런 식으로 일생을 통해 행동해야 한다.[27] 즉 사물을 지나치게 신뢰하게 될 때에는 그것들을 벌거벗은 모습으로 만들어 그것들이 얼마나 보잘것없는 것인지를 간파하고, 실제보다 더 중요한 것으로 칭찬하게 만드는 이야기를 벗겨 내야 한다. 자부심은 가공할 만한 궤변가다. 그것이 네가 가치 있는 일에 종사하고 싶어 할 때 가장 너를 홀리게 하는 것이니까. 어쨌든 크라테스가 크세노크라테스에 대해 말한 것[28]을 생각해 보라.

14 일반 사람이 경탄하는 대부분의 것은 가장 넓은 범주에 속하며 어떤 물리적인 상태(hexis, 붙들림)에 의해 결합되어 있거나[29] 자연

---

27 이것은 3.11과 동일한 '벌거벗김'의 훈련이지만 다른 목적을 갖고. 3.11에서는 죽음에 대한 두려움을 제거하는 것이었다.

28 크라테스가 크세노크라테스에 대해 뭐라고 했는지는 전혀 알려진 바가 없다. 두 사람 모두 아테나이에 살았는데, 그곳에서 그들은 시민권이 없음에도 불구하고 외교 임무에 선발될 정도로 존경받았다고 한다. 크라테스는 기원전 368/365~288/285년경의 테바이 출신의 시인이자 퀴니코스파 철학자로 시노페의 디오게네스의 제자이다. 아내 히파르키아와 함께 청빈한 삶을 살았고, 시민들에게 권고를 내렸다고 한다. 스토아학파의 시조인 제논의 스승이기도 하다. 크세노크라테스는 칼케돈 출신인 플라톤의 제자로 그 학원 아카데미아의 제3대 학장(기원전 339~314년)을 지냈다. 위엄 있고 과묵한 성격을 지녔다. 전혀 오만하지 않았다고 하는데(*DL* 제4권 6~11 참조), 이 부분에서 의미하는 바는 지나친 자부심이 없는 그의 성격에 대한 평가 자체가 고무적이라는 것이다.

29 이 가운데 돌, 나무는 붙들림(hexis)에 의해서, 무화과, 포도나무, 올리브는 자연(phusis)에 의해서. hexis(응집)는 스토아 자연학의 기술적 용어다(*LS* 47 참조). hexis는 모든 것의 신성한 생명력인 프네우마의 주요 방식 중 하나다. 무생물은 hexis로 프네우마를 가지고 있다. 개별적인 경우에서 유기물이나 무기물들은 각각 그것들의 프네우마 덕분에 그들의 정체성과 속성을 얻게 된다. 프네우마의 두 원소인 불과 공기는 서로 다른 사물에서 다른 비율로 섞여 그 사물의 정체성을 이룬다. 프네우마의 엷기와 섬세함이 가장 높은 형태에서 프네우마

[적 통일(성장)]에 의해 결합되어 있는 것들이다. 예를 들어 돌, 목재, 무화과, 포도, 올리브 등이다. 조금 더 아는 사람들이 경탄하는 것은, 예를 들어 양 떼나 소 떼처럼 생명에 의해 결합된 것에 속한다. 더 교양 있는 사람들이 경탄하는 것은 이성적 영혼에 의해 결합되는 것에 속한다.[30] 그렇지만 무엇보다 이성적이라는 것이 보편적 이성을 가진 영혼을 말하는 것이 아니라 어떤 기술을 통한다든지 어떤 점에서 숙련자라든가 또는 단순히 많은 노예를 소유하는 것과 같은 영혼을 말하는 것이다. 그런데 이성적, 보편적, 정치적 영혼을 존중하는 인간은 더 이상 다른 어떤 것에도 주의를 기울이지 않고, 무엇보다도 먼저 자신의 영혼이 그 자체에서, 또 그 활동에서 이성적이고 공동체적이기를 바라며, 자신과 같은 동포들과도 협력하여 이 목적을 달성하도록 노력하는 것이다.[31]

의 일부는 인간의 이성(logos)으로 기능한다. 이것을 가장 높은 긴장률을 가진 로기케 프시케(logikē psuchē)라고 한다. '이성적 영혼'으로서 프네우마를 가지고 이성적 사고를 할 수 있는 존재가 위계의 상단을 차지한다. 그 다음 단계는 프네우마의 한 가지 다른 배열인 동물의 영혼(psuchē)이다. 이것은 지각, 운동, 생식의 힘을 가지고 있다. 그 밑의 또 다른 프네우마의 배열이 그것들이 있는 바대로 그것들을 있게 해 주는, 즉 성장할 수 있도록 해 주는 자연(본성, phusis)인 식물의 구조고, 마지막 단계인 개별적 사물, 이를테면 돌의 응집은 또 다른 배열 구조로 되어 있다. 개별적 사물인 돌과 같은 것들 안에서 그 사물들을 붙들어 매 주는 프네우마를 단순히 hexis('붙들림')라고 부른다. 따라서 이성(logos), 동물의 영혼(psuchē), 식물의 영혼(즉, Phusis), 붙들림(hexis) 등은 각각 계층적으로 자연의 위계적 질서를 이룬다(scala naturae). 요컨대 각 위계적 단계는 각 단계에 고유한 프네우마의 힘(dunamis)에 의해 특징지어지는 것이며, 또 자연의 통일성은 각 단계에서의 프네우마의 연속성을 통해서 유지된다. 이성적 존재는 이 모든 네 방식의 프네우마를 가진다.

30 스토아 자연학에서는 만물에 침투해 있는 숨(pneuma)이 각 사물을 이루고 있다. 프네우마는 긴장 정도에 따라 무기물에서는 '붙들림'(hexis), 식물에서는 '자연'(phusis), 동물에서는 '영혼'(psuchē), 인간에서는 '이성적 영혼' 또는 '이성'(logos)이 된다.

31 상대적 가치에 대한 물음은 계속 아래에도(15장, 16장) 이어진다.

15   어떤 것들은 서둘러 생기려 하고, 어떤 것들은 서둘러 소멸하려 하고, 어떤 면에서는 생긴 것도 이미 사라져 버렸다.[32] 끊임없는 시간의 진행이 영원한 세월을 거듭할수록 흐름과 변화가 세계를 끊임없이 새롭게 한다. 그 위에 제대로 발 디딜 곳도 없는 이 흐름의 강[33] 속에서 우리 곁을 지나쳐 가는 것들 가운데 어떤 것을 그리 귀하게 평가해야 하겠는가? 그것은 마치 우리 곁을 날아가는 참새들 가운데 하나에 사랑을 느끼기 시작하는 것과 같은 것으로, 정작 참새는 이미 시야 밖으로 가 버린 것이다.[34] 실제로 각 사람의 삶 자체도 피에서 증발한 것이나 공기에서 흡입된 숨과 비슷한 것이다.[35] 왜냐하면 마치 우리가 공기를 들이마시고 다시 그것을 뱉듯이, 그것은 우리가 매 순간 하고 있는 일이지만 어제나 그저께 네가 태어났을 때 획득한 모든 호흡 능력 전체를 네가 처음 숨을 퍼낸 원천으로 되돌려 주는 것과 똑같은 일이기 때문이다.

16   (1) 식물처럼 증산(蒸散)에 의해 호흡하는 것에도,[36] 가축이나 야수처럼 호흡하는 것에도, 감각을 통해 인상의 각인을 받는 것에도, 충동에 의해 꼭두각시처럼 [이리 저리로] 끌려 당겨지는 것에도, 가축들이 모여드는 것에도, 음식물을 섭취하는 것에도 존중할

---

32 아마도 이전과 같지 않기 때문일 것이다. 7.40, 9.19 참조.

33 강의 이미지는 4.43 참조.

34 4.43 참조.

35 5.33 참조. 스토아 자연학에 따르면, 일반적으로 영혼은 피가 내뿜는 수증기와 우리가 호흡하는 공기에 의해 유지된다. 태아의 생명을 유지하는 것은 식물과 같은 '자연'이며, 태어나 호흡을 시작하는 순간 그것이 '영혼'으로 변화한다.

36 3.1 참조.

만한 것은 전혀 없다. 그것은 음식의 찌꺼기를 배설하는 것에 상당하는 것이기 때문이다.

(2) 그럼 무엇이 존중할 만한 것인가? 박수를 받는 것? 아니다. 그렇다면 혀로 박수받는 것 또한 아니다. 다중으로부터 받는 찬양은 혀의 박수에 불과하기 때문이다. 그래서 너는 공허한 명예도 버렸다. 그러면 무엇이 존중할 만한 것으로 남을 것인가. 내 생각에 그것은 자신의 고유한 구성 소질에 따라[37] 활동하거나 활동을 자제하는 것이다.[38] 우리의 일과 기술의 목적은 거기에 있다. 왜냐하면 모든 기술의 목표는 만들어진 것이 그 만들어진 목적인 기능에 적합하도록 하는 것이기 때문이다.[39] 포도를 돌보는 포도 재배자, 망아지를 조련하는 자, 개를 길들이는 자 모두 이것을 목표로 하고 있다. 또 자녀 교육법이나 교수법도 이를 위해 노력한다. 그렇다면 이것이야말로 존중받아야 할 것이다.

(3) 그래서 이것이야말로 가치 있게 여겨져야 할 것이다. 이 한 가지 것이 제대로 되어간다면, 너는 너 자신을 위해 다른 좋은 것이라고 말해지는 것을 획득하려 하지 않을 것이다. 그리하여 너는

---

37 즉 이성.

38 "이롭게 된다는 것은 덕에 따라 행동에 들어가거나 제지하는 것이고, 해를 입는다는 것은 악덕에 따라 행동에 들어가거나 제지하는 것이다"(*DL* 제7권 104).

39 우리도 일정한 목적을 위해 특정한 방식으로 행동하거나 행동하지 않도록 만들어졌거나 구성되었다. 우리의 변함없는 목표는 덕이다. 이것은 덕이 '일종의 기술 지식'이라는 플라톤의 대화편에 나오는 소크라테스가 옹호한 주장과 맞닿아 있다.

많은 다른 것들을 존중하는 것을 멈추지 않을까? 그렇지 않다면 너는 자유의 몸이 될 수도, 자족한 사람이 될 수도, 정념에 흔들리지 않는 사람이 될 수도 없을 것이다. 왜냐하면 그 경우에 너는 부러워하거나 질투하거나 그런 다른 것들을 너에게서 빼앗을 수 있는 사람들을 의심하거나 네가 소중히 여기는 것을 가진 사람들에 대해 음모를 꾸미게 되는 것은 필연적이다. 일반적으로 말해 그러한 것들 중 하나를 필요로 하는 사람은 필연적으로 감정적 혼란 속에 있을 수밖에 없고, 게다가 신들에 대해서도 여러 가지로 비난을 퍼붓지 않을 수 없게 되는 것이다.[40] 그런데 너 자신의 정신을 존경하고 존중한다면 너는 너 자신에게 만족한 자가 되고, 사람들과 화합하고 신들과 조화를 이루는 자, 즉 신들이 정하고 베풀어 주신 모든 것들을 찬양하는 자가 될 것이다.

17 위로 아래로 또는 원을 그리면서 원소들은 움직인다.[41] 반면 덕의 운동은 그 어느 것도 아니지만 더 신적인 것으로 측정하기 어려운 길을 순조롭게 나아간다.

18 그들이 하는 일은 얼마나 묘한가! 그들은 자신과 시대를 같이하며 함께 사는 사람들을 칭찬하려 하지 않는다. 그런데 그들 자신은 자신이 결코 본 적 없고, 앞으로도 볼 일 없는 후세 사람들에게

---

40 자기가 탐내는 것이 부족하다고 신을 비난함.

41 원소들의 순환에 대해서는 2.17, 4.3, 7.23, 7.25, 7.47, 8.50, 12.23 참조. 원소의 상하운동에 대해서는 9.9 참조. 4원소 중 불과 공기는 위쪽으로, 흙과 물은 아래쪽으로 운반된다. 하늘의 순수한 불(아이테르)은 주위를 도는 운동을 하고 있다.

찬양받는 것을 상당히 중요하게 받아들인다. 이것은 마치 너보다 이전 시대에 살던 사람들까지 너에 대해 찬양의 말을 하지 않았다고 한탄하는 것에 가깝지 않은가.

19 어떤 일을 네가 하기 어렵다고 해서 이것이 인간에게 불가능하다고 생각하지 마라. 인간에게 가능하고 인간 본성에 부합하는 일이라면 그것은 너도 도달할 수 있는 일이라고 생각하라.[42]

20 시합에서 어떤 상대가 우리를 손톱으로 할퀴고 머리로 심하게 들이받았다고 하자. 그러나 우리는 그를 비난하지도, 되받아치지도 않고, 그 후에도 상대방이 우리에게 음모를 꾸미고 있다고 의심하지도 않는다. 우리는 그를 경계하고 있지만 그것은 적으로서가 아니고, 그에 대해 의심을 품는 것도 아니다. 호의를 베풀면서 상처를 입을까 봐 그를 피한다. 우리는 인생의 다른 부분에서도 그와 동일한 방식으로 행동해야 한다. 말하자면 우리와 함께 시합하고 있는 상대방에게 많은 것들을 그냥 지나쳐 주도록 하자. 내가 말한 것처럼 그들을 의심하거나 미워하지 않고서도 피하는 것은 가능하니까.

21 만일 어떤 사람이 내 생각이나 행동이 옳지 않다는 것을 증명하

---

42 마르쿠스는 아마도 무엇보다 '덕'(아레테)을 먼저 생각하고 있을 것이다. 스토아는 완전한 덕에 이르는 것이 가능하다고 생각했고, 마르쿠스도 계속 노력할 것을 촉구한다. 그러나 이 점에서 완벽함이 인간에게 가능한지에 대한 상당한 논쟁이 있었다. 그는 스스로 그렇게 생각하도록 몰아세우고 있는 셈이다.

고 깨우쳐 준다면 나는 기꺼이 그것들을 바로잡겠다. 왜냐하면 나는 진리를 찾고 있으며, 진리에 의해 해를 입은 사람이 아직껏 없었기 때문이다. 이에 반해 자기기만과 무지에 집착하는 자는 해를 입게 된다.[43]

22 나는 나에게 적합한 것[44]을 행한다. 다른 일들은 나를 산만하게 하지 않는다. 그것들은 생명이 없거나 이성이 없거나, 그들의 길을 잃고 그들의 길을 모르는 것들이기 때문이다.[45]

23 이성이 없는 동물이나 일반 대상과 사물들을 관대하고 자유롭게[46] 대하라. 너에게는 이성이 있고 그것들에게는 이성이 없기 때문이다. 그러나 인간은 이성을 가지고 있기 때문에, 공동체적 방식으로 그들을 대하는 것이 좋다. 그리고 모든 일을 할 때 신들에게 도움을 청하라. 대체 네가 언제까지 이러고 있어야 할지 걱정 마라. 세 시간 정도로도 충분하다.[47]

24 마케도니아의 알렉산드로스나 그의 말을 돌보던 자나 죽고 나서

---

43 소크라테스의 말을 상기하라. "음미하지 않는 삶은 살 만한 가치가 없다"(플라톤, 『변명』 38a).

44 kathēkon은 스토아 윤리학에서 중요한 용어로 '의무' 혹은 '적합한 행위'를 의미한다.

45 이 항목과 다음 항목을 단일 단위로 묶기도 한다. 여기서 실재물을 무생물, 비이성적 생물, 이성적 생물로 세 부분으로 나누고 있다.

46 즉 '멀찍이 떨어져 관대한 마음으로'.

47 삶의 질이 양보다 중요하다. 4.47 및 11.1 참조.

는 같은 처지가 돼 버렸다. 즉 두 사람은 우주의 '씨앗 이성'[48] 속으로 되돌아갔거나 원자 속으로 똑같이 흩어진 것이다.[49]

25 　우리 각자의 몸과 마음속에 얼마나 많은 일들이 같은 순간에 일어나는지 생각해 보라. 그러면 우리가 우주라고 부르는 하나이자 포괄적인 실재 안에 그보다 더 많은 것들이 존재하고, 그보다 많은 사건들이 동시에 공존한다고 해도 너는 놀라지 않을 것이다.

26 　만일 어떤 사람이 너에게 '안토니누스[50]라는 이름은 어떻게 쓰느냐'고 묻는다면 너는 그것을 구성하는 철자들 하나하나를 이를 악물고 힘주어 발음하지 않을까? 그리고 어떨까. 만일 그 경우 상대방이 화를 내면 너도 화를 내지 않을까? 너는 태연하게 철자 하나하나를 열거하지 않겠는가? 그와 마찬가지로 여기 인생에서도 모든 적합한 행위는 여러 항목으로[51] 이루어져 있음을 기억하라. 너는 이것들을 지키며, 흥분하지 말고, 남들이 성을 낸다고 해서 화를 내는 사람들에게 너도 덩달아 화를 내지 말고, 눈앞에 주어진

48 　이에 대해서는 4.14, 4.36 참조. '씨앗 이상'(종자적 이성)은 창조적 원리가 된다.

49 　이 항목의 요점은 6.4와 거의 동일하다. 늘 그렇듯이 마르쿠스는 에피쿠로스 이론과 스토아학파 이론 중 하나를 선택하라고 제안하고 스토아학파를 선호한다.

50 　이것은 마르쿠스의 이름이었다. 그가 황제가 되었을 때, 전임자인 안토니누스 피우스에게 경의를 표하기 위해 그의 이름에서 '안토니누스'를 추가하여 마르쿠스 아우렐리우스 안토니누스가 되었다.

51 　1.12 각주 참조. 3.1 각주 참조. 의무는 여러 가지 행위들의 '수'로 이루어진다. "배우의 연기나 무용의 기술은, 올바르게 행해지고 있는 경우에도 그 기술을 구성하고 있는 여러 부분을 모두 포함하고 있는 것이 아니라 어떤 특정한 부분만을 포함한다. 이것에 대해서는, 올바른 행위는 덕의 모든 수를 포함하고 있다"(키케로, 『선과 악의 목적에 대하여』 3·24) 참조.

일을 길을 따라서 수행하라.

27 자신들의 본성에 적합하고 유익하다고 생각하는 것을 향해 나아가는 것을 허락하지 않는 것은 얼마나 잔인한가. 그런데 사람들이 잘못했다고 네가 분개할 때마다 너는 어떤 의미에서 그들에게 이것을 행하는 것을 허락하지 않는 것이다. 왜냐하면 사람들은 일반적으로 자신의 자연 본성에 적합하고 유익한 것에 이끌리기 때문이다.[52]

'그런데 사실은 그들이 잘못했다.'

그렇다면 화내지 말고,[53] 그들에게 가르쳐 주고 설명해 주는 것이 좋다.[54]

28 죽음은 감각을 통해 오는 인상으로부터, 꼭두각시처럼 이리저리로 이끌리는 충동으로부터, 생각의 미혹으로부터, 육신에 대한 봉

---

52 모든 사람이 자신에게 좋은 것을 취하기를 원한다는 것은 소크라테스적이고 스토아적인 생각이다. 의지의 약함(akrasia)은 실제로 자신에게 좋은 것이 무엇인지에 대한 '잘못된 믿음'이다. "무릇 모든 생명체는 그 자신의 이익보다 더 강하게 집착하는 것은 아무것도 없다는 점이네. 그래서 그에게 그 이익을 방해하는 것처럼 보이는 것은 무엇이든지, 그것이 형제나 아버지나 자녀나 사랑하는 사람이나 사랑을 받는 사람이 되었든 간에, 그는 그를 계속 미워하고 경계하고 저주할 것이네. 이는 그가 본성상 자기 자신의 이익만큼 사랑하는 것이 없기 때문인 것이네"(에픽테토스, 『강의』2,22.15).

53 바로 앞 항목에서도 화가 적절한 반응이 아니라고 밝혔다. 이제 마르쿠스는 그 이유를 설명한다.

54 5.18, 8.59 참조.

사로부터의 중지이다.

29 이 삶에서 너의 육신이 굴복하지 않고 있는데, 영혼이 먼저 굴복한다는 것은 부끄러운 일이다.[55]

30 (1) '카이사르의 모습'이 되지 않도록, [자주색으로] 물들지 않도록 주의하라.[56] 그것은 흔히 일어나는 일이니까. 따라서 소박하고, 좋으며, 순수하고, 품위 있고, 꾸밈이 없으며, 정의로운 친구가 되도록 너 자신을 지켜라. 신을 공경하고, 호의를 베풀며, 애정이 넘치고, 자신의 의무를 다하는 씩씩한 사람이 되도록 하라. 철학이 너를 만들고자 했던 그대로의 인간으로 남아 있도록 노력하라. 신들을 경외하라. 다른 사람들을 도우라. 인생은 짧다. 지상 생활의 유일한 수확은 경건한 태도와 공동체를 이롭게 하는 행동이다.[57]

---

55 자살 문제를 더 길게 다루고 있는 3.1 참조. 세네카, 『도덕서한』 58.32~36 참조("인생을 끝낼 특권을 잃는 것보다 인생의 무언가를 잃는 것이 더 잔인하다고 생각하는가? … 나는 병을 고칠 수 있고 정신에 장애가 없다면 병을 피하기 위해 죽지 않을 것이네. 나는 고통 때문에 나 자신에 손을 대지는 않을 것이네. 그러한 죽음은 패배네. 그러나 내가 쉼이 없이 고통을 견뎌야 한다는 것을 안다면, 나는 고통 자체 때문이 아니라 삶을 가치 있게 만드는 모든 것으로부터 나를 방해하기 때문에 떠날 것이네. 단지 고통 때문에 죽는 사람은 약하고 게으른 것이네. 고통만을 위해 사는 사람은 바보네.").

56 자신에게 가능적으로 지니고 있는 절대 권력자로의 타락을 경고하고 있다. 마르쿠스는 '카이사르화되다'(apokaisarōthēs, apokaisaroomai, '황제가 되다')라는 신조어를 만들었다. 율리우스 카이사르를 언급하는 것으로 보인다. 곧 이 말은 '독재자가 되지 마십시오'를 의미한다. 이와 동시에 그는 '자주색으로 물드는 것'에 대해 자신에게 경고하고 있는데, 자신이 피하고 싶은 것은 자신의 역할이 황제 역할과 동일시되어 '공통된 인간성'을 망각하는 것이다. 자주색에 대해서는 4.20 참조. 물들임의 비유에 대해서는 5.16('그 생각에 의해 물들이다.') 참조.

57 '유일한 수확'은 두 측면을 갖는데, '경건한 태도'는 철학자의 내적 표현이고, '공동체를

(2) 모든 일을 안토니누스의 제자답게 행하라.[58] 이성에 맞는 행동에 대한 그의 헌신, 모든 경우에 차분한 성격, 경건함, 그의 얼굴의 온화함과 성품의 부드러움, 공허한 명예에 대한 경멸, 사안을 올바르게 파악하려는 열정 등을 생각하라. 또한 그가 그 무엇도 먼저 잘 검토하고 확실하게 이해하지 않고서는 그냥 지나치지 않았는가 하는 점. 자신을 부당하게 비난하는 자에 대해 맞서 같이 비난하지 않고 이를 참아 낸 점. 결코 어떤 일에도 서두르지 않는 것. 악의 찬 비방에 귀를 기울이지 않은 것. 사람의 성질이나 행동을 면밀하게 검토해서 판단했다는 것. 그가 사람들이 한 일을 비난하는 사람도, 소심한 사람도, 남을 믿지 못하는 자도, 궤변가도 아니었던 것. 그가 주거, 침상, 의복, 음식, 시종과 같은 사안에 대해서 작은 것으로 만족한 것.[59] 그는 얼마나 부지런하고, 참을성이 많았던가. 또 그는 간소한 식사를 하고 있었기 때문에 정해진 시간 외에 음식 찌꺼기를 배설할 필요가 없었고, 덕분에 밤까지 같은 일을 계속할 수 있었다. 자신의 친구들에 대해서는 충실하고 한결같았다. 그의 의견에 공공연하게 반대하는 자에 대해서는 인내심을 갖고, 더 나은 것을 가르쳐 주는 자가 있으면 기뻐했다. 또 신들을

이롭게 하는 행동'은 철학자의 외적 표현이다. 이 장을 통해 마르쿠스에게 철학의 궁극 목적은 '삶의 방식'이었다는 점을 밝히고 있다. 즉 스토아적으로 '이상적인 모습을 갖춘 좋은 인간이 되는 것'이다.

58 자신을 입양했던 자신의 아저씨이자 의붓아버지 안토니누스 피우스 황제를 말한다. 자신의 여러 지인들과 스승들에 대한 칭송문과 관련해서는 1.16 참조. 여기에서의 칭송문을 미루어 보면, 제1권에서의 그들에 대한 칭송이 왜 나왔는지를 짐작할 수 있다. 이것이 그 예비적 단계였을 것이다. 추측건대 제1권은 마지막에 쓰였다. 6.48 참조.

59 '소박한 삶'은 마르쿠스 어머니로부터의 교훈(1.3)이었다.

경외하면서도 미신에 빠지지 않았다. 이와 같은 존경할 점을 생각하며, 너도 그를 본받아 언젠가 최후의 시간이 오더라도 양심에 떳떳할 수 있도록 해 두어라.

31 정신을 차리고[60] 자신을 되찾아라. 이제 다시 잠에서 깨어나 너를 괴롭힌 것이 꿈이었음을 깨닫고, 다시 깨어 있는 상태에서 본 것들을 꿈속에서 보았던 것처럼 바라보라.[61]

32 나는 보잘것없는 육체와 영혼으로 이루어져 있다.[62] 육체에서 모든 것은 아무런 관계가 없는 것들[63]이다. 육체는 사물을 구별할 능력이 없기 때문이다. 영혼에서는 그 활동에 속하지 않는 모든 것은 아무런 관계가 없는 것들이지만 그 활동에 속하는 모든 것은 정신의 지배 범위 안에 있다. 다만 그 활동 중에서도 오직 현재에 관련된 것만 문제가 된다. 그것의 미래 및 과거의 활동들은 현재

---

60 문자 그대로 해석하면 '술에서 깨어나 맑은 정신으로 돌아오라'라는 의미이다. 당시 로마인들은 하루에 꽤 많은 양의 포도주를 마신 것으로 알려져 있다. 실제로 포도주는 모든 군인 배급의 주요 구성 요소였다. 마르쿠스의 경우, 그가 복용한 '아편'이 다음 날 아침 좋지 않은 기분의 원인이 되었을 수 있다(5.1 참조). 워터필드(R. Waterfield)는 이 항목을 마르쿠스가 밤에 침대 옆에 '일기책'을 두었다는 증거로 받아들인다. 그는 한밤중에 나쁜 꿈을 꾸고 깨어난 후에 그것을 분명히 일기에 썼기 때문이다.

61 현실적으로 일어난 일도 꿈속에 본 것과 아무런 차이가 없다는 말인가? 이 세상의 현실적인 것들이 꿈에서 본 것만큼 환상적이라면, 그것들이 그의 마음의 평정을 방해하도록 내버려 둘 이유도 없다. 실제로 우리는 깨어난 후에야 꿈이 환상이었다는 것을 깨닫는다. 그러나 잠들었을 때 꿈은 분명히 사람의 평정을 방해할 수 있다.

62 다른 방식의 구분에 대해서는 2.3, 3.16, 7.16, 12.3 참조.

63 adiaphora는 스토아 윤리학적 의미로 '아무런 차이가 없는 것들'로 선악과 무관한 것을 말한다.

에는 아무런 관계가 없는 것이다.

33 발이 발의 몫을 하고 손이 손의 몫을 다하는 한, 손이나 발의 노고
는 자연에 반하는 것이 아니다.[64] 마찬가지로 인간이 인간의 몫을
다하는 한, 인간으로서 하는 인간의 노고는 자연에 반하는 것이
아니다. 인간에게 자연에 반하는 것이 아니라면 그 자신에게도 나
쁜 것이 아니다.

34 강도나 남색꾼이나 아버지 살해자나 폭군 등은 어떤 쾌락을 맛보
았을까.[65]

35 공공 기술자들은 어느 정도까지는 비전문가에게 장단을 맞추지

---

64 "그렇다면 외적인 것들 중 어떤 것들은 자연에 따르고, 다른 것들은 자연에 어긋난다고
말하는 것은 어떤 의미일까? 이것은 마치 우리 자신을 나머지 것들에서 떨어진 존재로 받아
들이는 것과 마찬가지일세. 그래서 나는 발에 대해 이렇게 말할 것이네. 따로 떼어 내 받아들
일 때 발이 깨끗한 것은 자연스러운 것으로 인정하지만, 네가 따로 떼어 낸 것이 아니라 발을
발로서 받아들인다면 발이 진흙에 들어가고, 가시덤불을 짓밟고, 때로는 전체로서의 몸을 위
해 잘려 나가는 것조차도 그것을 위해 적절하게 될 것이네. 그렇지 않으면 그것은 더 이상 발
이 아닐 것이네"(에픽테토스, 『강의』 2.5.24).

65 그러므로 쾌락은 선이 아니다. "신은 욕망의 정체를 폭로하는 더없이 좋은 방법으로, 가
장 비열한 자들에게는 넘겨주고 가장 좋은 사람들에게서 빼앗는 방법을 택했다"(세네카 『섭
리에 대하여』 5.2). 마르쿠스가 존속 살해자가 아버지를 죽이는 동안 실제로 강렬한 쾌감을
느낀다고 말하는 것이 아니다. 다만 그러한 사람이 강렬한 쾌감을 느낄 수 있다는 것이다. 스
토아 철학자들은 자신에게 모든 쾌락은 아무런 관계없는 것이며, 타락한 사람들도 쾌락에 움
직인다는 사실이 쾌락의 무가치함을 증명하는 것으로 보고 있다(3.16 참조). 5.10에서 볼 수
있듯이 이 원칙은 쾌락뿐 아니라 소유물에도 적용된다. 플라톤, 『고르기아스』 493d~495a 참
조. 소크라테스는 쾌락을 비난하면서, "이와 같은 것들의 절정인 비역질하는 자들의 삶, 그것
은 끔찍하고 부끄럽고 비참하지 않겠나?"(494e)라고 말한다.

만 그렇다고 자신들의 기술 원리를 따르는 데 소홀함이 없고, 그것을 포기하지 않는다는 것을 보지 않느냐?[66] 건축가나 의사가 자신의 기술 원리에 대해 갖는 마음이, 인간이 자기 이성——이것을 인간은 신들과 공유하는데——에 대해 갖는 마음보다 더 경건하다면 이는 끔찍한 일이 아닌가?

36　(1) 아시아, 유럽은 우주의 한구석들. 모든 대양은 우주 속의 한 방울. 아토스산[67]은 우주 속의 작은 흙덩이. 현재의 시간은 모조리 영원 속의 한 점. 모든 것은 작고, 변하기 쉽고, 금세 사라진다.

(2) 만물은 그쪽에서 온다.[68] 즉 우주의 지도적 이성에서, 직접적으로 이것에서 시작하여서 움직여 오거나 혹은 인과관계에 따라서[69] 온다. 그러므로 사자가 입을 벌린 곳이나 독약이나 가시나 늪지와 같은 모든 해로운 것은 그 고귀한 것, 아름다운 것들의 결과물일 뿐이다.[70] 그러므로 이것들이 네가 공경하는 것과 다른 것이

66　3.11("이와 동시에 [좋지도 나쁘지도 않은] 중간적인 일에 대해서는 각각 그 가치에 상응하는 부분을 목표로 하는 것이다.") 및 5.36("오히려 네가 할 수 있는 만큼 그들이 가진 가치에 따라 다른 사람을 도우라.") 참조.

67　칼키디케반도 동쪽 끝에 서 있는 장엄한 고봉(해발 1,938m)으로 된 곳으로, 현재는 그리스 정교회의 여러 수도원이 모여 있는 고립된 장소다. 페르시아전쟁에서 크세르크세스 왕이 아시아에서 유럽으로 진군하던 중인 기원전 492년 함대가 이 근처에서 폭풍으로 난파하자 반도 지협에 운하를 팠다.

68　모든 것들의 원천은 하나라는 것이다.

69　즉 결과로서.

70　마르쿠스는 3.2와 8.50에서도 모든 것의 아름다움을 보기 위한 동일한 주장, 즉 '자연적 과정의 부수적 효과'로 그 자체의 아름다움과 매력을 지닌다고 말한다.

라고 생각하지 말고, 모든 것의 원천을 생각하라.

37   현존하는 것을 본 자는 영원한 옛날부터 존재했던 모든 것을 보았으며, 또 영원히 존재할 모든 것을 본 것이다. 왜냐하면 만물은 같은 종과 같은 형상을 띠고 있기 때문이다.[71]

38   우주 속 모든 것의 상호 연결과 서로 간 관계에 대해 가끔 생각해 보는 것이 좋다.[72] 어떤 의미에서 모든 것은 서로 결부되어 있고, 이것 때문에 모든 것은 서로에 대해 호의를 가진다. 왜냐하면 이러한 것들은 팽창과 수축의 긴장 운동이나 공통의 호흡이나[73] 모든 물질의 단일성 때문에 서로 원인이 되고 결과가 되는 것이다.[74]

---

71 마르쿠스에게 반복되는 생각(동일회귀)으로 2.14, 4.32, 6.46, 7.49 참조.

72 우주의 통일성과 단일성은 마르쿠스의 철학과 우주론의 중심 주제다(4.23). "그것들이 함께 얽히고 짜여지는지, 이런 것들을 항상 생각하라"(4.40). "모든 것들은 서로 얽혀 있고, 그 결속은 신성하다"(7.9). "여러 원인의 얽힘은 영원한 옛날부터 너의 존재와 이 특정한 사건을 연결해서 짜 놓고 있었던 것이다"(10.5). "전체로 연결되어 … 전체와 협력한다"(7.19). 그 밖에도 7.75, 8.23, 9.39, 10.6, 12.30 참조.

73 '긴장 운동'은 전 우주와 각 물체에 퍼져 있는 프네우마의 양방향 운동을 의미한다. 공통 호흡이란, 예를 들어 달과 조석의 관계 등과 같이 우주 내 거리상으로 떨어진 사물에 생기는 '공감' 현상을 말한다.

74 스토아 자연학에서 프네우마(숨)는 핵심 개념이다. 에피쿠로스학파와 달리 스토아 철학에서는 세상에는 '빈 곳'이 없다(DL 제7권 140 참조). 실재는 프네우마가 스며든 실체의 단일 연속체이다. 질료 자체는 완전히 비활성이므로, 사물의 성질은 그 안에 있는 프네우마의 다양한 긴장 운동(tonikē kinēsis, 일종의 내부 진동)에 의해 결정된다. 상대적으로 비활성인 것은 낮은 긴장을 갖고, 그 안의 프네우마는 단지 '붙들림'(hexis, 응집)을 유지하기 위해 작용한다(6.14 참조). 활동적인 것들은 높은 긴장을 갖고, 그 안에 있는 프네우마는 '영혼'이다. 일반적으로 프네우마는 '신적 이성'과 동일하다. 모든 개별 사물은 그 자신의 개별적 긴장을 가진다. 여기에서 마르쿠스가 말하는 스토아학파의 견해에 따르면, 사물들의 긴장된 진동 사이에 상

39 네 몫으로 주어진 환경에 너 자신을 조화시켜라. 너의 운명이 너에게 정해준 인간들을 사랑하라. 다만 진심으로 사랑하기를.[75]

40 기구, 도구, 용기 등은 그 만들어진 목적을 달성한다면 모두 좋은 상태에 있는 것이다. 그렇지만 그 경우 이것을 만든 사람은 거기에 없다. 그런데 자연에 의해 유지되는 것들에서는 이것을 만든 힘은 그 안에 내재되어 있으며, 거기에 계속 머물러 있다.[76] 그러므로 너는 이 힘을 더 공경해야 하며, 만일 너의 성향과 너의 행동이 그 의지에 따른다면 네 안에 있는 모든 것은 너의 예지에 따라 이루어질 것임을 알아야 한다. 마찬가지로 우주에서도 그 사태들

호 양립성 혹은 공감이 있다는 것이다. 그래서 우주의 이 측면이 또한 통합하는 힘이 된다.

75 우리가 다른 사람에게 경멸을 보내는 것을 자주 볼 수 있듯 다른 사람을 진정으로 사랑하는 것은 극히 어렵다. 그러나 마르쿠스는 모든 이성적 존재의 공동체와 다른 모든 인간이 그의 동족이라는 것을 자신에게 자주 상기시키고 있다. 여기서 주어지는 그의 해결책은 단순히 우주의 의지에 복종하라는 것이다. 이것은 다음 항목에서도 이어지는 주제다. "너는 아직도 진심으로 인간을 사랑하는 것이 아니며, 또한 좋은 일을 행하는 것이 그 자체로 너를 기쁘게 하는 것도 아니다. 너는 아직도 이것을 그저 의무로서 행하는 것일 뿐이지 너 자신에게 베푸는 선행으로서 행하는 것이 아니다."(7.13) 에픽테토스의 스토아적 세계관을 참조. "이 우주는 단 하나의 도시(폴리스)며, 우주가 그로부터 형성되는 실체도 하나이네. 그리고 필연적으로 어떤 주기가 있으며, 어떤 것이 다른 것에 자리를 양보하고, 해체되는 것이 있으면 생겨나는 것이 있고, 같은 장소에 머무는 것이 있으면 변화하는 것도 있는 것이네. 모든 것은 친애적인 것으로 가득 차 있으며, 즉 우선은 신들이, 다음에는 인간들로 가득 차 있으며, 인간은 서로 자연 본성적으로 동족인 것이네. 어떤 사람들은 서로 장소를 공유하고 있으며, 다른 사람들은 떨어져 나가야 하지만, 우리는 함께 있는 것을 기뻐해야 하며, 떠나는 것을 보고 속상해해서는 안 되는 것이다. 또 인간은 본성적으로 고상한 마음을 갖고 의지의 바깥에 있는 모든 것들을 경시하지만, 거기에 더해 땅에 뿌리를 내리고 이에 집착하는 일을 하지 않고, 어떤 때는 특정한 필요의 압력을 받으며, 어떤 때는 그저 구경만 하고, 때에 따라 한 장소에서 다른 장소로 옮겨갈 수 있는 것이네"(『강의』 3.24.10-12).

76 무생물이나 인공물과 달리 생물은 그 기능을 수행하려는 내적 추진력을 가진다.

은 우주의 지성에 따라 이루어지는 것이다.

41 너의 의지에 달려 있지 않은 것들[77]에 대해 이것은 자신에게 좋다
거나 나쁘다고 생각한다면,[78] 그런 나쁜 것들에 부딪히거나[79] 그런
좋은 것들을 얻지 못한다면, 너는 신들을 비난할 것이고 또 그런
좋은 것을 얻지 못하고 그런 나쁜 것에 부딪힌 것에 대해 책임이
있거나 혹은 앞으로 그러한 일들에 대해 책임이 있을 거라고 의심
가는 사람을 미워하게 될 것이다.[80] 사실상 우리는 이러한 아무런
차이가 없는 것들에 가치를 부여하기 때문에 많은 부정한 짓을 저
지른다. 그러나 우리에게 달려 있는 것들만을 좋거나 나쁘다고 판
단한다면 신들을 탓할 이유도 없고, 다른 인간에 대해 적대적 입
장을 취할 이유도 더 이상 남아 있지 않은 것이다.

---

77 원어 aprohairetōn는 '자신에게 선택의 자유가 없는 것들'을 말한다. 에픽테토스가 자주
사용하는 개념으로 '나의 의지의 영역에 속하지 않는 것들'을 가리킨다. 다른 말로는 '나에게
달려 있지 않은 것들'을 의미. "좋음의 본질은 인상의 사용에 있고, 나쁨의 본질도 그와 마찬
가지지만, 프로하이레시스(의지) 영역 밖에 있는 것들(ta aprohaireta)은 나쁨의 본성이나 좋
음의 본성을 받아들이지 않는다"(에픽테토스, 『강의』 2.1.4~5).

78 우리의 힘이 미치는 한 '우리에게 달려 있는 것들(ta eph' hēmin)'만이 좋거나 나쁘다. 그
밖의 모든 것, 즉 우리에게 일어나는 우리에게 달려 있지 않은 모든 일들은 그 자체로는 좋지
도 나쁘지도 않지만(2.1, 2.15, 5.12, 5.19, 6.16), 우리는 그것들을 좋게 사용할 수도, 나쁘게 사
용할 수도 있다. 이것들이 바로 스토아 철학이 말하는 adiaphora(아무런 차이가 없는 것들)이
다. 이 항목은 에픽테토스의 철학을 떠올리게 한다. 『강의』 제1권 제1장과 『엥케이리디온』
제1장에서 '나에게 달려 있는 것들'과 '나에게 달려 있지 않은 것들'의 구분을 참조.

79 또는 떨어지거나.

80 우리에게 달려 있지 않은 것들, 즉 '외적인 것들'을 좋음과 나쁨으로 돌리는 결과로 우리
는 신들과 인간에 대해 비난하게 된다는 것이다(6.16.3).

42 우리는 모두 한 가지 목적을 성취하기 위해 서로 협력하고 있다. 어떤 사람은 자각하고 이해하며 그렇게 행하고, 어떤 사람은 그것을 알지 못하고 그렇게 행한다. 나는 헤라클레이토스가 말했듯이, '잠자는 자조차 우주에서 일어나는 사건에서 일꾼이며 협력자'[81]라고 생각한다. 사람들은 각기 서로 다른 방법으로 협력하고 있으며, 사건을 비난하는 자, 이에 반항하려는 자, 이를 소멸시키려는 자조차도 협력할 여지가 있는 것이다. 우주는 이런 자들도 필요로 했기 때문이다.[82] 남은 것은 네가 어떤 인간 편에 자신을 놓을 것인지를 결정하는 것이다. 물론 어쨌든 우주의 지배자는 너를 잘 이용하고, 협력자나 조력자들 사이 어딘가에 자리를 정해 줄 것이다. 그러나 너로서는 크뤼시포스[83]가 언급하고 있는 극 중의 부질없고 웃어야 할 시구와 같은 자리를 차지하지 않도록 조심하는 것이 좋다.[84]

---

81 헤라클레이토스, 「단편」 "잠자는 자들은 세계에서 벌어지는 일들을 하는 자들이거나 그것을 돕는 자들이다"(B75).

82 긍정적이든 부정적이든, 우리에게 부여된 모든 일은 미리 정해진 계획의 일부를 이행하는 것이기에.

83 크뤼시포스(기원전 280년경~208년)는 소아시아 키리키아에 있는 솔로이 출신 스토아 철학자로 초기 철학의 완성자로 제3대 수장(기원전 232~208년)을 맡았다. 여기에 관련된 그의 말을 플루타르코스가 전하고 있다.

84 "코미디가 우스꽝스러운 대사를 포함하고 있는 것처럼, 그 자체로는 열등하지만 연극 전체에 어떤 매력을 더해 준다. 그래서 네가 그 자체로 악을 받아들인다면, 너는 그것을 비난할 수 있지만, 전체로서의 우주는 그것을 쓸모없는 것으로 발견하지 않는다"(플루타르코스, 『공통 개념에 관하여』 14. 1065d), SVF(von Arnim) 2.1181 참조. 플루타르코스는 나쁨(악)을 좋음(선)의 '장식'으로, 즉 좋음을 돋보이게 하는 것으로 생각해서 나쁨 자체도 가치를 가졌다고 주장하는 스토아의 입장에 대해 혹독하게 비난을 가했다. 이것은 스토아의 궤변에 불과하다는 것이다.

43 태양이 비의 역할을 하려고 할까. 혹은 아스클레피오스가 수확을 가져오는 여신[85]의 역할을 하려고 하겠는가? 각각의 별에 대해서는 어떤가? 그들은 각기 다르면서도 동일한 목적을 향해 협력하고 있지 않은가?[86]

44 만일 신들이 나에 대해, 또 나에게 일어날 일[87]에 대해 협의했다면 반드시 올바른 결정을 내렸을 것이다.[88] 사려 깊지 않은 신은 상상조차 할 수 없기 때문이다. 게다가 도대체 어떤 이유로 신들이 나에게 해를 입히려고 하겠는가? 그런다고 해서 신들, 혹은 신들의 섭리의 최고 관심사인 공통의 좋음(우주)에 무슨 유익함이 있겠

---

85 수확의 여인은 데메테르(또는 로마에서는 케레스)이다. 아스클레피오스는 의술(치유)의 신이었다(5.8).

86 바로 앞 항목의 주제를 이야기하고 있다. 각각의 것들은 다른 역할을 하며, 모두 신 또는 섭리적으로 우주를 인도하는 이성에 의해 결정된 목적에 기여하게 된다. 전체의 공감적 통일성에 대해서는 9.9 참조.

87 신이 나를 위해 준비해 둔 운명.

88 스토아의 신론에 대해서는 LS 54 참조. 마르쿠스의 신들에 대한 생각, 신들에 대한 인간의 관계에 대해서는 1.17, 2.11, 2.12, 3.4.3, 3.13, 7.9("모든 것들에 내재하는 하나의 신이 있으며"), 7.70, 9.40, 10.1, 12.5, 12.28("신들에 대해서도 마찬가지로, 나는 그들의 힘을 사사건건 경험하고, 그것으로부터 그들의 존재를 확신하며, 그들을 경외한다.") 참조. '우리 내면의 신성'(2.1), '각 개인의 지성은 신이며, 신에게서 흘러나왔다'(12.26). '기도'에 대해서는 5.7, 신들과 인간의 의무에 대한 두 개의 계율에 관해서는 5.33 참조. 마르쿠스가 품고 있는 신에 대한 개념을 요약하고 있는 M. Hammond and D. Clay(2006), p. 169 참조. 요컨대 우리는 '신들과 더불어 살고 있다'라는 것이다(5.27). 왜냐하면 그들은 우리와 함께 있으며, 우리의 삶을 공유하고 있기 때문이다(6.44). 이런 점을 미루어 볼 때, 마르쿠스는 '종교적 철학자'라고 평가할 수 있다. 그는 평생 "이성과 신에게 복종하는 것"을 인생의 궁극적 목적으로 삼았다(12.31). 이 책의 마지막 노트인 제12권은 신을 찬양하는 종결의 노래로 끝맺고 있다(nunc dimittis). "그러니 침착하게(평화롭게) 떠나라. 너를 해고하는 신도 침착할(평화로울) 수 있을 테니까"(12.36).

는가? 그러나 신들이 개별적으로 나에 대해 협의하지 않았더라도, 어쨌든 공통의 좋음(우주)에 대해서는 협의하였으니[89] 나에게 일어나는 일도 그 결과로 생기는 것이기 때문에 나는 이 사건들을 기꺼이 받아들이고 사랑해야 한다. 이와 반대로 신들이 어떤 것에 대해서도 협의하지 않았다면, 이런 것을 믿는 것은 경건하지 않은 행위이지만, 적어도 우리는 더 이상 희생 제물도, 기도도, 맹세도 하지 않을 것이며, 다른 것도 통틀어서 하지 않기로 하자. 왜냐하면 이러한 일들은 이와 같이 신들이 현존하는 것, 우리와 함께 살

---

89 마르쿠스 이래로 오늘날까지 여전히 논란이 되는 문젯거리다. 신들은 우리를 개별적으로 돌보는가, 아니면 일반적 '인류'만을 돌보는가? 마르쿠스가 제기하는 대로, 과연 신들은 인류 전체를 돌보는가? 에피쿠로스주의자들은 그렇지 않다고 주장한다. 신은 우주의 창조에는 개입했지, 그 후에 신은 더 이상 우주의 일에 대해 개입하지 않는다는 것이다. 일부 스토아주의자들은 적어도 우리를 개인적으로도 돌본다고 주장했다. 평소대로 마르쿠스는 스토아 편에 서고 있다. 에픽테토스는 신들에 관련해서 여러 학파들의 입장을 설명하기보다는 가능할 수 있었던 고대의 견해들을 대략적으로 정리하고 있다(에픽테토스, 『강의』 제1권 제12장 참조). "신들에 관련해서, (1) 신적인 것이 아예 존재하지 않는다고 말하는 사람들도 있고, (2) 존재한다고 하는 말하는 사람들도 있지만, 신적인 것이 활동하지 않으며 무관심하고 섭리적 돌봄을 전혀 행사하지 않는다고 말한다. (3) 세 번째 부류의 사람들은 신적인 것이 존재하며 섭리적 돌봄을 행사하지만, 단지 하늘과 관련된 중대한 문제들에 대해서만 관련되고 지상의 일에는 전혀 관련이 없다고 말한다. (4) 네 번째 부류의 사람들은 신이 세상적인 일과 인간의 일에 대해 생각을 품고 있지만, 각각의 특정한 개별자에 대한 관심을 나타내지 않고 단지 일반적인 방식으로만 고려한다고 주장한다. (5) 오뒷세우스와 소크라테스가 속한 다섯 번째 부류는 '내 움직임이 당신을 벗어날 수 없습니다'라고 말하는 사람들이다." (1) 고대에서는 아주 드물 수밖에 없는 무신론자의 입장, (2) 에피쿠로스주의자들, (3) 아리스토텔레스의 입장, (4) 아리스토텔레스주의자들과 플라톤주의자들, 스토아적 입장으로 '생각될' 수 있는 것, (5) 소크라테스(혹은 플라톤)에게로 귀속되는 입장으로, 스토아적 입장일 수 있다. 소크라테스는 신의 전지성과 신이 개별자를 돌보는 것을 지지한다. 에픽테토스는 구체적으로 누가, 어떤 학파가 이런 주장들을 했는지는 언급하고 있지 않다. 에픽테토스는 이 중에서 다섯 번째 입장을 취하고 있는가? 여하튼 에픽테토스는 스토아적 신의 전지성(全知性)을 지지한다.

고 있는 것으로 간주하고, 그 신들에게 행해지고 있는 것이기 때문이다. 자, 지금 말한 것처럼 신들이 우리에 대해 아무것도 협의하지 않는다면,[90] 어쨌든 나는 나 자신에 대해 협의할 수 있고 나의 유익함에 대해 숙고할 수 있다. 이제 각자에게 유익한 것은 자신의 구성 소질과 본성에 부합하는 것이다. 그런데 나의 본성은 이성적이고 정치적(공동체적, 사회적)이다. 내가 속한 도시와 국가는 안토니누스[91]로서는 로마고, 인간으로서는 우주[92]다. 따라서 이 도시들에게 유익한 것만이 나에게도 좋은 것이다.

45   각각의 개인에게 일어나는 일은 '전체'에게도 유익하다. 그것으로도 충분하다. 그러나 더 주의 깊게 살펴보면 다음과 같은 것이 일반적임을 알게 될 것이다. 한 사람에게 유익한 것은 다른 사람에게도 유익하다는 것.[93] 그러나 이 경우 '유익'이란 말은 좋음도 나쁨도 아닌 것들에 적용하는 경우와 같이 더 일반적인 의미로 받아

---

90 신이 우리와 우리의 일에 관심을 기울이지 않는다면.

91 161년에 황제로 취임할 때 그의 양아버지인 전임자 Antonius Pius에서 Antonius를 취했다. 그래서 마르쿠스의 온전한 이름은 '마르쿠스 아우렐리우스 안토니누스 아우구스투스'(Carsar Marcus Aurelius Antoninus Augustus)다.

92 이 우주의 도시, 즉 '큰 도시'에 대해서는 2.16 참조. "어느 것에서나 우주 도시의 시민처럼 산다면 여기에 있든 저기에 있든 아무런 차이가 없다"(10.15). "두 개의 국가가 있다는 생각을 받아들이자. 하나는 방대하고 진정으로 모든 사람에게 공통적이며 신과 인류를 포함하는 것으로서, 그 안에서 우리는 이 구석도 저 구석도 보지 않고 태양의 경로를 따라 우리 국가의 경계를 삼는다. 다른 하나는 출생 환경에 따라 등록되는 국가이다"(세네카, De Otio 4.1).

93 이것은 두 가지로 이해할 수 있다. 하나는 건강이 나에게 좋은 것이라면 다른 사람에게도 좋은 것이다. 다른 하나는 건강한 사람으로서 다른 사람을 더 잘 대접할 수 있다는 점에서 나의 개인 건강은 다른 사람에게도 좋다.

들여야 한다.[94]

46 원형경기장과 유사한 장소에서의 경기는 항상 똑같은 광경만 보여 주기 때문에, 그 단조로움이 광경을 몹시 지루하게 만들기 마련이다. 우리는 인생 전체에서도 이와 동일한 반응을 겪는다. 왜냐하면 위에 있는 것도 아래에 있는 것도 모두 똑같은 것이고, 동일한 것에서 생기는 결과이기 때문이다. 언제까지 그럴까?[95]

47 모든 종류의 인간, 모든 직업, 모든 종족의 인간이 죽었다는 사실을 지속적으로 염두에 두어야 한다. 이렇게 해서 필리스티온이나 포이보스나 오리가니온[96] 등에 이르기까지 내려가고, 다음에 다

---

94 스토아 윤리학에서 '유익'이란 좋음의 고유 성질이며, 엄밀하게는 덕과 덕에 입각한 행위로만 말할 수 있다. 이 관점에서 보면 개인의 좋음과 우주의 좋음은 맞아떨어진다. 이에 반해 일상적으로 유익하다고 일컬어지는 건강이나 부 등 자연적 가치를 지닌 것은 선악과 무관한 '아무런 차이가 없는 것들'이다. '유익'의 일상적 개념에 대해서는 3.6, 5.12 참조. '아무런 차이가 없는 것들'의 의미에 대해서는 5.20 참조

95 요점을 설명하기 위해(2.14 참조) 마르쿠스는 여기에서 검투사와 야생동물 쇼의 단조로움에 초점을 맞추고 있다. 명백한 상속인이자 황제로서 그는 로마에 있을 때, 그것들(전차와 검투사의 경기)에 참석하게 될 것으로 예상되었다(1.5). 다른 곳에서 그는 그것들에 대해 약간의 혐오감을 표현했고(10.8), 카시우스 디오(『로마의 역사』 72.29)는 마르쿠스가 검투사들에게 무딘 칼로 싸우라고 명령했다고 보고하고 있다. 1.5에서 마르쿠스는 그러한 싸움에서 누가 이기거나 지는지 상관하지 않았다고 말한다. 이것은 아마 사실일 것이다. 147년 말에 작성된 편지에서 프론토는 마르쿠스가 자신의 독서와 편지 쓰기를 따라잡기 위해 쇼를 사용했음을 알려 주고 있다. 9.14에는 이 항목의 마지막 단어에서와 같이 극도의 권태감에 대한 또 다른 표현이 포함되어 있다. Tedium(싫증)은 마르쿠스가 자살을 생각하게 만들기에는 충분하지 않았지만 죽음을 생각하게 만들 수는 있다.

96 이 세 사람들이 누구였는지 알 수 없지만(소아시아 출신의 1세기 초기의 극작가란 설도 있다), 아마도 그들은 마르쿠스가 글을 쓰는 시점의 최근에 죽었을 것이다. 마르쿠스의 "모든

른 인종으로 눈을 돌려라. 그렇게 많은 훌륭한 웅변가들과 많은 엄숙한 철학자들, 헤라클레이토스, 퓌타고라스,[97] 소크라테스 등이 떠난 곳으로 우리도 옮겨 가야 하는 것이다.[98] 또 많은 옛날의 영웅, 그 후의 많은 장군이나 폭군, 게다가 에우독소스,[99] 힙파르코스,[100] 아르키메데스,[101] 그 밖의 날카로운 성질의 사람이나 관대한 마음의 소유자나 노고를 마다하지 않는 사람들이나 무엇이든 하는 사람, 의지가 강한 사람, 메닙포스[102]나 그 밖의 많은 사람들처럼 덧없고 하루살이 같은 삶 자체를 비웃는 사람들도 모조리 이곳으로 가 버렸다. 이 사람들이 모두 오래전부터 죽어서 무덤에 누워 있는 것을 생각하라. 그들에게 무슨 끔찍한 일이 있겠는가? 또 전혀 이름조차 없는 사람들에게 무슨 끔찍한 일이 있겠는가? 이 세상에서 큰 가치가 있는 것은 단 하나, 거짓말쟁이나 부정한

종족의 인간"이란 표현이 함축하는 바처럼, 그 이름들이 노예 이름처럼 들리므로 마르쿠스 궁정의 가족 구성원이었을 수도 있다. 아마도 그들은 군대의 진영을 황폐화시킨 전염병으로 '막' 죽었을 것이다.

97 기원전 6세기 중반 사모스섬에서 태어난 신비적인 인물로, 철학자, 수학자, 종교가, 음악가이다. 기원전 530년경 남이탈리아 크로톤으로 옮겨 이곳에서 종교 집단을 조직했다.

98 내세의 가능성(post mortem)에 대해서는 3.3 참조.

99 크니도스 출신의 수학자이자 천문학자(기원전 390년경~340년경). 플라톤의 학생이었다고 한다.

100 니케아에서 태어나 로도스에서 활약한 천문학자이자 수학자(기원전 190~120년경).

101 쉬라쿠사이 출신의 수학자이자 기술자(기원전 287년경~212년). 금과 은의 비중 차이를 발견했을 때, '유레카'(Eureka)를 외쳤던 일화가 전해진다. 쉬라쿠사이 함락 때 로마 병사들에게 살해당했다고 한다.

102 쉬리아 출신의 작가(기원전 3세기 전반). 퀴니코스파의 영향을 받아 패러디를 활용해 풍자와 해학이 풍부한 작품을 저술했다고 한다. 작품은 상실되었지만 그 영향은 루키안(Lucian)과 바로(Varro)에서 찾아진다.

사람들에게는 호의를 가지면서 진실과 정의 속에 일생을 보내는 것이다.[103]

48 자신을 즐겁게 해 주고 싶을 때, 너와 함께 살고 있는 사람들[104]의 긍정적 성격을 생각해 보는 것이 좋다. 예를 들어 이 사람의 정력적인 활동성, 저 사람의 조심성, 또 다른 사람의 아량, 그 밖의 다른 사람들의 다른 긍정적 성격들을. 왜냐하면 그 덕의 모습들이 우리와 함께 살고 있는 사람들의 성격 속에 나타나는 것만큼, 그리고 그것이 가능한 한 많은 사람들에게 나타나는 것만큼 기쁜 일은 없기 때문이다. 그러므로 이러한 모습들을 늘 네 마음 앞에 나타나도록 해 두어야 한다.[105]

49 몸무게가 단지 몇 관[106]이고 삼백 관이 나가지 않는다고 너는 한탄하겠는가? 마찬가지로 네 수명이 몇 년이고, 그보다 길지 않다고 한탄해서도 안 된다. 너에게 할당된 실체의 양만으로 만족하듯 너에게 주어진 시간에 대해서도 똑같이 만족하라.[107]

---

103 4.33 참조.

104 친구들과 지인들. 앞의 항목에서 마지막 부분에서 타인에 대한 냉소적 태도와 달리 여기서는 이런 사람들의 성격을 늘 마음속에 새겨보라고 말함으로써 냉소적 태도를 벗어나고 있는 듯하다. 하지만 마르쿠스의 일반적 태도는 냉소주의(cynicism)에 더 가까운 듯하다.

105 그의 동료와 일반인에 대한 비판적 태도(3.4, 4.6, 5.10.1)와 달리 이 장은 타인에 대한 매우 관용적인 모습을 보여 주고 있다.

106 리트라(litra)는 무게를 재는 단위(1파운드, 약 340그램).

107 삶의 길이에 아무런 차이가 없다는 3.7 참조.

50 우선 사람들을 설득해 보라. 그러나 정의의 원칙이 그렇게 하도록 이끌 때에는, 설령 그들의 의지에 반하더라도 행동하는 것이 좋다. 그럼에도 누군가가 힘으로 네 길을 방해하려는 자가 있다면, 그것을 순순히 고통이 없이 받아들여 이 장애물을 다른 덕을 발휘할 기회로 이용하라.[108] 그리고 네가 이와 같은 행동을 취하려 했던 것도 주변 사정의 유보 조건[109] 때문이었지 굳이 불가능을 노렸던 것은 아니었음을 상기하라. 그렇다면 무엇을 목표로 하고 있었는가. 유보 조건을 가지고 뭔가 그러한 일을 해 보려고 했을 뿐이다. 그러나 너는 그 목적을 달성했다. 왜냐하면 우리가 나아갈 수 있는 범위 내의 일은 실현되었기 때문이다.

51 명성을 사랑하는 자는 자신의 좋음이 타인의 행위 속에 있다고 생각하고, 쾌락을 사랑하는 자는 그 좋음이 자신의 감정 속에 있다고 생각하지만, 지성을 가진 자는 그 좋음이 자신의 행동 속에 있다고 생각한다.[110]

52 이러한 사안에 대해 의견을 정하지 않고, 영혼에서 고민하지 않는

---

108 스토아주의 네 가지 기본 덕목 중 하나인 '지혜'(프로네시스)를 말한다. 여기의 논의는 '유보 조건'과 연결되어 있다(4.1 참조). 스토아의 그림에 따르면 궁수가 과녁을 명중시킬지 여부는 전적으로 그에게 달려 있지 않지만, 얼마나 잘 쏠지는 통제할 수 있다.

109 이에 대해서는 4.1 참조. 원어로는 meth' hpexaireseōs(exceptio)이다.

110 5.1, 9.16 참조. 그러므로 지성을 가진 자는 '그에게 달려 있는' 것만 행하는 도덕적 행위자이며, 반면에 명예를 좇는 자는 명성을 위해 다른 사람에게 의존하고, 쾌락주의자는 외부 자극에 의존한다. 그러나 스토아주의자는 '오히려 자신의 일을 어떻게 행할 것인지'를 생각한다.

것은 가능하다. 왜냐하면 일 그 자체는 우리가 판단할 수 있는 본
성을 가지고 있지 않기 때문이다.[111]

53 남의 말을 주의 깊게 듣는 습관을 길러라. 그리고 가능한 한 말하
는 사람의 영혼 속으로 들어가라.[112]

54 벌집에 유익하지 않은 것은 꿀벌에게도 유익하지 않다.[113]

---

111 첫 번째 문장에서 감정이 의견(믿음)에 의해 생겨난다는 스토아적 이론을 만난다. 요
컨대 믿음을 없애면 감정이 따르지 않는다. 도덕적 행위자로서 우리는 자신의 의견을 '올바
르게' 형성하고, '올바르게' 가치를 판단해야 한다. "세상의 사물은 영혼에 닿지 않고"(4.3.4).
"사물들 그 자체는 어떤 식으로든 우리의 영혼을 건드리지 않으며"(5.19). 마르쿠스와 스토
아 철학의 중심적 주장이다. 두 번째 문장에서 마르쿠스는 비활성 개념을 재도입하고 있다.

112 "너의 지성을 일의 결과나 원인 속으로 들어가도록 하라"(7.30). "모든 사람에게 너의
지도적 이성 속으로 들어오는 것을 허용하라"(8.61). 이와 달리, 타인의 정신의 결함을 식별
하기 위해 사람들의 정신을 살피는 것(4.38, 9.18, 9.27, 9.34)과 타인의 생각과 말에 신경 쓰는
것은 시간 낭비라는 주장(2.8, 2.13, 3.4, 4.18)도 있다. 마르쿠스에게는 자신과 타자의 화해가
쉽지 않았던 것으로 보인다. 관용의 정신을 유지하면서도 어리석은 자들과 타협하지 못하는
성격은 머리 좋은 사람의 특징일 수 있다. 에픽테토스는 소크라테스를 빌려 이렇게 말한다.
"소크라테스는 아무도 다른 사람의 지도적 중심 부분(헤게모니콘)을 지배할 수 없다는 것을
확고하게 기억하고 있었다. 따라서 그는 진정한 자신의 것 이외의 아무것도 원하는 것이 없
었다. 그러나 그것은 어떤 것인가? 그것은 남에게 자연 본성에 따라 [행동하라고 간섭하지 않
는 것이다]. 왜냐하면 이것은 다른 사람과 관련된 것이기 때문이다. 오히려 그들에게는 자신
들이 좋다고 생각하는 대로 자신들의 일을 하도록 하며, 그 자신도 그에 못지않게 자연 본성
에 따르고, 또 그에 따라 살면서 그들 또한 자연 본성에 따르도록 자신과 관련된 일만 하고 있
는 것이다"(『강의』 4.5.4~5).

113 "국가(폴리스)를 해치지 않는 것은 시민도 해치지 않는다"(5.22). 개인과 공동체, 인간
과 우주적 차원에 해당하는 말이다. "각각의 개인에게 일어나는 일은 '전체'에게도 유익하
다"(6.45). "전체에 도움이 되는 것이 그 부분에 해가 되는 것은 하나도 없다"(10.6.1). "도시를
해치지 않는 것은 본성적으로 시민으로 태어난 자를 해치지 않는다"(10.33.4).

55 만일 선원들이 키잡이를 욕하고 환자들이 의사를 욕했다면, 그것은 그 인간이 어떻게 하면 승무원의 안전을, 또 환자들의 건강을 가져다줄 수 있을까 하는 관심에서 비롯된 것이 아닌가.[114]

56 나와 함께 이 세상에 온 자들 중 벌써 몇 명이 세상을 떠났을까.

57 황달[115]을 앓고 있는 사람들에게 꿀은 쓴맛이 난다. 광견병 환자들에게는 물이 무섭다. 어린아이들에게는 자신의 공이 아름다워 보인다. 그런데 나는 왜 화를 내는 것인가? 너는 잘못된 의견이 황달 환자의 담즙, 광견병 환자의 병독보다 더 영향력이 없는 것이라고 생각하는가?[116]

58 네가 네 자연의 이성에 따라 사는 것을 아무도 방해하지 않을 것이다. 또한 우주적 자연의 이성에 반해서는 아무 일도 너에게 일어나지 않을 것이다.[117]

---

114 정치적 돌봄과 관련해서 스스로를 위로하는 것이다. 다른 사람들은 그를 비난했지만, 그것은 자신이 일을 잘하는 것을 보기 위해 그런 것이라며 그들의 우려에 대한 근본적인 이유의 정당성을 변명해 준다. 황제로서 국가라는 선박의 선장이자 정치체제의 의사였기 때문에 그는 그 비유를 신중하게 선택한 것으로 보인다. 소크라테스도 의사와 선장은 그들 자신의 이익이 아니라 환자나 승객의 이익을 추구한다는 점을 말하고 있다(플라톤, 『국가』 342d~e 참조).

115 황달은 쓴 담즙이 몸에 너무 많아서 생긴다고 여겨졌다.

116 마르쿠스는 자신이 하는 일을 도울 수 없는 사람에게 화를 내지 말라고 촉구하고 있다. 광견병이 몸에 있는 독에 영향을 받는 것과 마찬가지로 그의 잘못된 의견에 의해 영향을 받는다고 생각하는 것이다.

117 "전체의 자연에 적합하지 않은 일은 결코 나에게 일어나지 않을 것이라는 것"(5.10.2).

59 사람들 마음에 들고자 하는 사람들, 얻고자 하는 이득, 사용하려
는 행동은 어떤 종류의 것인가? 얼마나 신속하게 시간이 모든 것
을 덮어 버리는가. 벌써 얼마나 많은 것을 덮어 버렸는가!

독자적인 도덕적인 행위자에 대한 사항과 예정(predestination)과 섭리(pronoia)를 말하고 있
다. 다음 항목은 그런 것으로 보이지 않지만 이 항목은 '철학적 일기 형식'의 노트에 적합한
맺음말에 근접하는 것으로 보인다.

제7권

1 악덕이란 무엇인가. 그것은 네가 자주 본 것이다. 사실상 모든 일에 대해 '이것은 네가 자주 본 적이 있는 것이다'라는 생각을 염두에 두고 준비해 두는 것이 좋다.[1] 일반적으로 위를 보나 아래를 보나 도처에서 동일한 것이 발견될 것이다. 고대사도 중세사도 현대사도 동일한 것들로 가득 차 있고, 오늘날도 도시와 가정은 이것들로 가득하다. 새로운 것은 하나도 없다. 모두가 친숙한 것이요, 일시적인 것이다.[2]

2 (1) 너의 삶의 원칙은 죽지 않는다.[3] 이에 상응하는 표상들이 소멸

---

1 4.4 참조.

2 동일한 것의 영원회귀(2.14 참조). 제7권은 되풀이되는 정신의 독자성을 다룬다. 이 철학적 일기는 가장 덜 통합된 노트 중 하나다. 지금까지 우리가 친숙해진 모든 주제와 관련한 '되새김'으로 주로 구성되어 있다. 이 첫 번째 항목은 잘못된 행위가 일으킬 수 있는 충격을 피하기 위한 쉬운 방법으로 사용되는 '사물의 영원한 동일성'을 다시 끄집어내고 있다. 요컨대 '잘못된 행위'는 사라지지 않을 것이다. 그것도 삶의 구조의 일부이므로, 그런 식으로 그것을 다루는 것이 좋을 것이다.

3 삶의 원칙('철학 원리')은 언제나 사용할 수 있도록 준비해 두고(procheira echousi) 있어야 한다. "[의사들과 마찬가지로] 너도 항상 너의 원리를 마련하여 신에 관한 일과 인간에 관한 일을 이해하고, 사소한 것이라도 모두 이 양자 사이의 상호 관련을 의식하면서 행할 수 있도록 하는 것이 좋다"(3,13). 이 점은 에픽테토스에게서도 마찬가지다. 『강의』에서 '손안에'(procheiros)라는 말이 여러 번 사용되고 있다. '인생에 필요한 원리들'을 언제든지 사용할 수 있도록 준비하고 있어야 한다는 점을 강조하는 경우에 이 말이 사용되고 있다(1.1.21). "이러한 생각들을 항시 손안에(en chersi) 가까이 두고 너 자신을 그것들을 사용할 수 있도록 훈

되지 않고서 어찌 죽을 수 있겠는가. 그리고 이러한 표상들을 끊임없이 다시 불타오르게 하는 것은 전적으로 너에게 달려 있다.[4] 나는 사물에 대해 내가 마땅히 가져야 할 적절한 의견을 가질 수 있다. 그렇게 할 수 있는데, 왜 나는 불안한 것인가? 내 정신 밖에 있는 것들은 내 정신과는 전혀 상관 없다. 이것을 배울 수 있다면, 너는 똑바로 설 것이다.

(2) 너는 새로운 삶을 시작할 수 있다. 사물들을 예전에 네가 보았던 대로 보도록 하라.[5] 새로운 삶을 시작하는 것은 그것에 있는 것이니까.[6]

3 행렬의 공허한 허세, 무대에서의 연극,[7] 양 떼, 소 떼, 창싸움, 강아지들에게 던져주는 잔뼈, 양어 못에 던져주는 빵 부스러기, 짐을 짊어진 개미의 노고, 겁에 질린 쥐의 갈팡질팡하는 도주,[8] 실로 조

련을 하고(tribōn) 그것들을 채비해 둔다면, 너를 위로해 주고 강화시켜 줄 사람이 결코 필요하지 않을 것이네. 먹을 것이 없는 것이 부끄러운 일이 아니라 두려움과 고통을 멀리할 수 있을 만한 충분한 이성을 가지고 있지 못한 것이 부끄러운 일이네"(『강의』 3.24.115).

4 '모든 이성적 피조물은 평등하게 태어났다'라는 원칙이 있다고 하자. 이 표상은 특정한 상황에 적용된다. '모든 사람이 평등하게 태어났다면, 나는 누구라도 평등하게 대우해야 한다.' 단지 실제 생활에 그 원리를 적용함으로써만 그 원칙은 살아남을 수 있다.

5 6.31 참조.

6 "정신을 차리고, 자신을 되찾아라. 이제 다시 잠에서 깨어나 너를 괴롭힌 것이 꿈이었음을 깨닫고, 다시 깨어 있는 상태에서 본 것들을 꿈속에서 보았던 것처럼 바라보라"(6.31).

7 10.17 참조.

8 11.22 참조.

종되는 꼭두각시 인형들!⁹ 이러한 것들 사이에서 너는 선의를 갖고 행동하고, 거만하게 굴어서는 안 된다. 다만 인간 각각의 가치는 그 사람이 열심히 추구하는 대상의 가치와 같다는 것을 이해해야 할 것이다.¹⁰

4 대화할 때는 남의 말에 주의해야 한다. 또한 모든 (행위를 일으키는) 충동에서는 그 결과에 주의해야 한다. 후자의 경우에서는 그것이 어떤 목적과 관련되어 있는지를 처음부터 알아야 하는 것이고, 전자의 경우에서는 그 의미가 무엇인지를 간파하는 것이다.¹¹

5 내 사고력은 이 일을 하는 데 충분한가 그렇지 못한가. 충분하다면 나는 그것을 우주의 자연으로부터 주어진 도구로서 그 일에 사용할 것이다. 충분하지 않다면 다른 이유로 그것이 의무로 허용되지 않는 한 더 잘 해낼 수 있는 사람에게 그 일을 양보하거나¹² 또는 [그것이 다른 사람에게 적합한 것이 아니라면] 나의 지도적 이성에 힘입어 현재 이 순간에 공동체를 위해 적절하고 유익한 일을 할 수 있는 사람의 도움을 받아 내가 할 수 있는 모든 것을 다 한다. 어쨌든 내가 직접 하든 아니면 다른 사람의 조력을 받아야 하

---

9 2.2, 12.19 참조. 삶의 총체성을 나타내는 다른 목록에 대해 4.32, 7.48, 9.30 참조. 여기에서는 인생의 태도가 중요하므로, 마르쿠스는 스스로에게 '입장을 취하라'고 촉구하고 있다.

10 5.16 참조.

11 6.53, 7.30 참조.

12 이 상식적인 충고는 '유보 조건' 개념과 일치하는 표준 스토아의 이론이다(6.50 참조). 이 항목에 대한 생각은 7.7 이후 항목에서 계속된다.

든 내가 하는 일은 오로지 공동체에 유익하고 조화로운 것만을 위해서 나아가야 하는 것이다.[13]

6 옛날에 크게 찬양받던 얼마나 무수한 사람들이 이미 망각에 빠져 버렸는가! 그리고 이 사람들을 찬양하던 얼마나 무수한 사람들 역시 오래전에 사라져 버렸는가!

7 남의 도움을 받는 것을 부끄러워하지 마라.[14] 왜냐하면 군인들이 공성전(攻城戰)을 펼칠 때처럼, 너에게 맡겨진 일을 완수할 의무가 있기 때문이다.[15] 네가 다리가 불편해서 성벽을 혼자서는 기어오를 수 없고, 다른 사람의 도움을 받으면 할 수 있다면 어떻게 할 것인가.

8 미래에 일어날 일로 마음을 졸이지 마라. 필요하다면, 지금 현재의 일에 사용하고 있는 것과 동일한 이성을 가지고 미래의 일에 맞설 것이다.

9 모든 것들은 서로 얽혀 있고 그 결속은 신성하다.[16] 거의 하나로서

---

13 타자의 조언, 도움, 교정에 대해서는 4.12 참조. 공익적 행위에 대해서는 6.7. 마르쿠스는 늘 사회적 책임을 강조하고 있다.

14 7.5, 7.12 참조.

15 군사적 비유를 들고 있는 3.5("소환되는 신호"), 5.31("너의 복무는 완결되었다"), 7.45(『변명』에서의 소크라테스의 인용), 10.22("너의 복무를 끝낸 셈이다"), '삶은 전쟁이다'(2.17). 플라톤, 『변명』 28d, 『파이돈』 61e 참조.

16 우주의 통합과 일체성에 대해서는 6.38, 12.29 참조. 스토아 자연학에서 모든 것을 하나

어떤 것도 어떤 것과 이질적인 것은 없다. 모든 것은 [각자의 고유한 자리에] 협력적으로 배치되어, 함께 하나의 동일한 우주의 질서를 형성하고 있다.[17] 모든 것들로 이루어진 하나의 우주가 있고, 모든 것들에 내재하는[18] 하나의 신이 있으며, 하나의 실체, 하나의 법률, 지성을 가진 모든 동물에게 공통된 [하나의] 이성, 그리고 하나의 진리가 있다. 즉 실제로 같은 종류이며[19] 동일한 이성을 공유하는 동물들의 완성이라는 것이 하나라면 진리 또한 하나인 것이다.[20]

10 모든 물질적인 것은 순식간에 우주의 실체 속으로 사라지고, 모든

로 묶는 결속(sundesis)은 모든 것에 스며들어 조종하는 프네뉴마, 즉 영혼이다. 그것은 범신론적인 방식으로 '신'이라고 부를 수 있다. 그래서 일어나는 모든 일은 사실상 신의 활동이다. 그것은 물질적인 것들에 완전히 스며들어서 신의 활동은 사유 속에서만 분리될 수 있지 실재에서는 분리될 수 없다. "만물이 하나의 통일체로 한데 묶였다고 생각하지 않느냐?"(에픽테토스, 『강의』 1.14.1). "신과 인간을 포함하는 네가 보는 이 전체(우주)는 하나(통일체)네. 우리는 하나의 거대한 몸의 지체네(omne hoc, quod vides, quo divina atque humana conclusa sunt, unum est; membra sumus corporis magni). 자연은 우리를 친족으로 태어나게 했네. 우리 모두를 동일한 재료로부터 또 동일한 목적을 위해 생기게 했던 것이지. 이 자연은 우리에게 서로 간의 사랑을 부여하고, 사회적 동료로 만들었다네. 자연은 공정함과 정의를 확립했네"(세네카, 『도덕서한』 95.52).

17 sugkosmei … kosmon. 헬라스어 kosmos는 '질서'와 '우주'를 의미한다.

18 dia pantōn은 문자적으로는 '모든 것들에 침투하는'이다.

19 동족.

20 모든 이성적 존재들에 대한 하나의 진리는 그들과 전체로서의 세계를 이끌어 가는 섭리와 일치함으로써 그들이 찾는 완성이다. 이것의 배후에 숨어 있는 생각은 세상이 이성적 존재들의 단일 공동체라는 것이다. 여기서 말하는 '하나의 법률'은 '섭리', 즉 "모든 사건을 규제하는 신적인 법칙"을 말한다. "좋은 사람은 [자기 자신에게 일어난 일이] 모든 사건을 규제하는 신적인 법칙을 통해서 일어난다는 것을 안다"(세네카, 『도덕서한』 76.23).

원인은 순식간에 우주의 이성(logos) 속으로 되돌아가고,[21] 또 모든 기억은 순식간에 영원 속에 묻히고 만다.

11 이성적 동물에게는 자연에 따른 행동이 이성에 따른 행동과 동일하다.[22]

12 올곧게 서 있을 것인가, 아니면 올곧게 있게 될 것인가.[23]

13 사지(四肢)와 몸통이 한 몸을 형성하는 경우와 같은 그런 원리가 서로 떨어져 있는 개별적 지체들을 갖는 이성적 존재들에도 들어맞는다. 그들은 각각 다른 개성을 가지고 있지만 어떤 하나의 목적을 위해 협력할 수 있도록 만들어졌다.[24] 네가 자신을 향해 '나는 이성적 존재들로 만들어지는 유기체[25]의 한 지체(melos)다'라고 되풀이해서 말해 보면, 이 생각이 더욱더 너에게 진정으로 다가올 것이다. 그러나 네가 낱글자 r로 바꾸어 네가 한 '부분'(meros)이라고 자신에게 말한다면,[26] 너는 아직도 진심으로 인

---

21 4.21 참조.

22 자연과 이성의 동일성에 대해서는 7.24 참조.

23 이게 무슨 의미인가? '올곧게 선다'는 것은 다른 사람에 의해 곧게 펴지는 것이 아니라 독자적인 '도덕적 행위'에 대한 은유일 것이다(그 의미에 대해서는 7.5, 7.7 참조). 비슷한 언급이 나오는 3.5 및 7.2 참조. 이와 동시에 마르쿠스는 자신의 견해 중 일부의 수정이 필요할 수 있음을 인정한다. 4.12, 6.21, 8.16 참조.

24 6.33, 4.29, 7.19, 8.59 참조. "우리는 협력하기 위해 태어난 것으로"(2.1).

25 즉 부분들로 이루어진 전체(sustēma).

26 헬라스어 '사지'는 melos이고, '부분'은 meros이다.

간을 사랑하는 것이 아니며[27] 또한 좋은 일을 행하는 것이 아직 그 자체로 너를 기쁘게 하는 것도 아니다.[28] 너는 아직도 이것을 그저 의무로서 행하는 것일 뿐이지 너 자신에게 베푸는 선행으로서 행하는 것이 아니다.[29]

14 그것을 느낄 수 있는 [육체의] 부분들에 대해, 외부에서 일어나려고 하는 일이 무엇이든 일어나도록 놔두는 것이 좋다. 이것을 느끼는 부분들이 원한다면 불평도 할 것이다. 그러나 내가[이성] 나에게 일어난 일을 나쁜 일로 생각하지 않는다면 여전히 아무런 해를 입지 않은 것이다.[30] 그리고 그렇게 생각하지 않을 능력이 나에게 있다.[31]

15 누가 무엇을 하든, 무슨 말을 하든, 나는 좋은 인간이어야 한다.[32]

---

27 5.10.1, 6.39 참조

28 마르쿠스가 하고자 하는 구분은 '부분'은 여전히 별개의 부분인 반면, '사지'는 전체와 동일시되고 전체의 이익에 맞춰진다는 의미에서 통합된 부분이라는 것이다. 어떤 부분은 혼자 할 수 있다고 생각할 수 있지만, 사지는 그런 생각을 품을 수 없다. 사지로서, 우리는 유기체가 유익을 얻을 때 유익을 얻고, 자연적으로 공동체적 존재가 반공동체적 행동을 할 때 불가피한 자기 갈등을 회피한다. 다른 곳에서 마르쿠스는 여기에서 '사지'라고 부르는 것처럼 단적으로 '부분'에 대해 말하는 것으로 완전히 만족하기도 한다.

29 11.4 참조.

30 외적인 것들이 나에게 해를 입히지 못한다는 것에 대해서는 2.1, 2.6 참조.

31 7.16에서와 같이, 육체로부터 정신의 독자성(이원론)에 대한 주장을 하고 있다. 바로 앞의 항목에서와 같이 마르쿠스는 '부분'에 발생한 일이 전체에 영향을 미칠 필요는 없다고 가정한다. 그의 몸인 전체는 정신이 올바른 믿음을 형성하도록 함으로써 통제될 수 있다.

32 4.17, 5.3 참조.

그것은 마치 금이나 에메랄드나 자조개가 입버릇처럼 이렇게 말했다고 하는 것과 같은 것이다.[33] '누가 무엇을 하든, 무엇을 말하든, 나는 에메랄드여야 하고, 내 자신의 색깔을 유지해야 한다.'[34]

16 지도적 이성(사령부)은 자기 자신을 괴롭히지 않는다. 예를 들어 자신을 욕망 속에 빠뜨리지[35] 않는다. 다른 사람이 이것을 두려워하거나 슬프게 할 수 있다면 마음대로 해 보라고 놔두어라. 지도적 이성은 자신의 판단에 따라 이런 방향으로 바꾸게 하지 않을 것이다. 육체는 할 수 있다면 아무런 고통도 받지 않도록 조심하면 좋을 것이다. 혹시나 고통을 받았다면 그것을 말하도록 하는 게 좋다. 그러나 영혼은 두려워하거나 슬퍼하는 능력을 가지고 있으며, 이러한 것들에 대해 일반적으로 판단을 내릴 수는 있지만 실상은 아무런 고통도 받지 않는다. 왜냐하면 영혼은 그러한 습성으로[36] 이러한 판단을 내려야 하는 것은 아니기 때문이다.[37] 지도적 이성은 스스로 필요를 만들어 내지 않는 한, 그 자신에게 아무것도 필요로 하지 않는다. 그러므로 그것은 스스로 자신을 혼란스럽게 하거나 방해하지 않는 한, 무엇에도 혼란되지 않으며 무엇에도 방해되지 않는다.

33 4.20 참조. 자조개에서 취한 염료에 대해서는 6.13 참조.

34 우리는 본래적으로 선하므로, 선을 행하거나 선하다는 것은 단순히 우리 자신의 본성을 표현하는 것이다.

35 phobei(곤경에 빠뜨리다)로 읽는다(PA). phrei(이끈다)로 읽기도 한다(C. R. Heines).

36 autō(C. R. Heines)를 hexis auto(PA) 혹은 hexis autō(Schenkl)로 읽는다

37 6.52, 7.14, 33, 8.40 등 여러 대목에서 확인할 수 있듯이, 사람이 두려워하게 되는 것은 단지 지도적 이성(사령부)이 상황을 무서운 것으로 식별할 때만이다.

17 행복은 좋은 다이몬[38] 또는 좋은 〈지도적 이성〉[39]이다. 그럼, 너는 여기서 무엇을 하고 있는가? 오! 표상(인상)이여,[40] 신들에게 맹세코, 네가 이리로 왔던 것처럼 저쪽으로 떠나가라! 나는 너를 필요로 하지 않거든. 너는 오랜 습관대로 여기 와 버린 것이네. 내가 딱히 너한테 화내는 것은 아니지만, 그저 떠나기만 해다오.

18 변화를 두려워하는 자가 있는가? 하지만 변화 없이는 무슨 일이 생기겠는가? 전체의 자연에서 이것보다 더 사랑스럽고 친밀한 것이 있을까? 나무가 어떤 변화를 겪지 않았다면 너는 뜨거운 물에 목욕할 수 있겠는가? 만일 음식물이 변화를 거치지 않았다면 너는 영양을 섭취할 수 있을까? 그 밖에 필요한 것 중 어떤 것이 변화 없이 이루어질 수 있는가? 그런데 너 자신의 변화가 그와 전혀 다르지 않은 것으로, 전체의 자연에도 마찬가지로 필요하다는 것을 알지 못하는가?[41]

---

38 'eudaimonia은 좋은 daimōn(수호령)이다'는 일종의 동어 반복이다. 에우다이모니아는 문자 그대로 'eu-daimōn'(좋은+영)을 갖는 것을 의미한다. 에우다이모니아는 오랫동안 헬라스 윤리학에서 좋은 삶, 즉 '행복하고 충만한 삶'을 뜻하는 용어였다.

39 '지휘 사령부'(헤게모니콘)는 보충된 것이다.

40 아마도 마르쿠스는 여기서 설명하는 것과는 다른 행복 개념에 끌리는 자신을 질책하고 있을 것이다. "무엇보다도 먼저 갑작스러운 그 충격으로 당황하지 말고, '내 인상아, 잠시 기다려라. 네가 누군지, 네가 무엇에 대한 인상인지 내가 좀 보자꾸나. 내가 너를 시험해 보도록 하라'라고 말하게"(에픽테토스, 『강의』 2.18.24).

41 전체 자연에 내재하는 변화에 대해서는 2.3 참조.

19   모든 육신은 겨울철에 불어난 물에 휩쓸리듯이[42] 전체의 실체에 의해 운반되어, 전체로 연결되어 우리 사지가 서로 협력하듯 전체와 협력한다. 영원은[43] 몇 명의 크뤼시포스, 몇 명의 소크라테스, 몇 명의 에픽테토스[44]를 이미 다 삼켜 버렸는가? 어떠한 사람이나 어떤 일에 대해서든 너는 이 생각을 상기하라.

20   내 마음에 걸리는 단 한 가지 일은, 부디 내 자신이 인간의 구성 소질이 원하지 않는 일을 하거나, 원하지 않는 방식으로 현재 원하지 않는 일을 하는 일이 없기를 바라는 것이다.

21   머지않아 너는 모든 것을 잊게 될 것이고, 머지않아 모든 사람이 너를 잊어버리게 될 것이다.

22   비틀거리는 사람들도 사랑하는 것이 인간의 특권이다. 이것에 도달하려면 다음을 생각해야 할 것이다. 그들은 너와 동족이고, 무지 때문에 자신도 모르게 잘못을 저질렀던 것이다. 곧 그들도 너도 죽고 말 것이다. 또 무엇보다도 우선 그는 너에게 조금도 해를 끼치지는 않았다. 그가 너의 지도적 이성을 예전보다 나쁘게 만들

---

42   소용돌이치는 '흐름'의 이미지에 대해서는 4,43 참조.

43   여기에는 영원회귀에 대한 암묵적인 언급이 있다. 영원회귀에 대해서는 2,14 참조. 3.3, 6.47 참조. 굳이 그의 말 그대로 받아들이면, 다수의 그런 인물들이 있었다는 말인가?

44   A. 겔리우스는 마르쿠스의 이 말을 토대로 에픽테토스가 그즈음에 죽었다고 말한다(『아티카의 밤』 15.11). 그렇다면 마르쿠스 시대까지(160~180년) 에픽테토스가 살았다는 이야기가 되지만 이것은 사실이 아니다.

지 않았으니까.[45]

23   전체(우주)의 자연은 전체의 실체로부터 마치 밀랍으로 물건을 만드는 것처럼 어떤 때는 말을 빚어내고, 다음에는 그것을 다시 녹여, 그 질료를 이용하여 장난감 나무를 만들고, 다음에는 인간을, 다음에는 또 다른 것을 만든다.[46] 그것들 각각의 것은 극히 짧은 시간만 존속할 뿐이다. 상자에게는 해체되는 것이 무서운 일이 아니듯이 조립되는 것도 마찬가지로 결코 무서운 일이 아니다.[47]

24   얼굴에 지나친 분노의 빛이 나타나는 것은 자연에 어긋나는 것으로, 그것이 자주 보이면 점잖은 표정은 죽고 마침내는 전혀 되살리기 불가능할 정도로 소멸되고 만다. 이것이 이성에 반하는 것이라는 점을 이 사실 자체에서 끌어내 보도록 하라. 우리가 잘못하고 있다는 자각이 없어진다면 더 이상 살아 있는 이유가 있겠는가? 그 기술의 놀라운 점이 있는데, 전체 자연은 자기 자신으로 한계 지어 있으면서도 그 안에서 부패하거나 노후화되거나 쓸모없게 된 것처럼 보이는 모든 것을 자신으로 변화시키고, 그러한 것

---

45 인간의 동족, 무지로 인한 잘못된 행위, 외적인 어떤 것도 인간이 영혼 혹은 정신에 해를 끼칠 수 없음에 대하여 2.1 참조.

46 2.3, 7.25 참조.

47 다음 항목인 7.24에서 이 주제가 계속된다. "그 기술의 놀라운 점이 있는데, 전체 자연은 자기 자신으로 한계 지어 있으면서도 그 안에서 부패하거나 노후화되거나 쓸모없게 된 것처럼 보이는 모든 것을 자신으로 변화시키고, 그러한 것들 자체로부터 다른 새로운 것들을 다시 만들어 낸다는 것이다"(8.50).

들 자체로부터 다른 새로운 것들을 다시 만들어 낸다는 것이다.⁴⁸

25 전체를 지배하는 자연은 네가 보는 모든 것을 순식간에 변화시키고, 그 실체로부터 다른 것을 만들고, 다시 그것들의 실체로부터 다른 것을 만든다. 이렇게 해서 우주가 항상 새로워지게 하는 것이다.⁴⁹

26 사람이 너에게 잘못을 저질렀을 때, 그 사람이 옳고 그름에 관한 어떤 개념을 가졌기에 이런 나쁜 짓을 했는지 즉시 생각해 보는 것이 좋다.⁵⁰ 네가 그것을 알게 되면 너는 그 사람을 불쌍히 여길 것이고,⁵¹ 놀라거나 화내지 않을 것이다. 왜냐하면 너 또한 그 사람과 같은 좋음의 개념을 가지고 있거나 대개 그와 비슷한 개념을 가지고 있기 때문이다.⁵² 그렇다면 그를 용서해야 한다. 그러나 좋

---

48 관상학과 윤리학의 연관성을 보여 주고 있다. 습관적인 남용이나 사용하지 않음은 안면 근육처럼 도덕적 근육을 위축시킬 수 있다는 것이다. 양심은 미소처럼 죽을 수도 있다. 고대 헬라스와 로마에서의 관상학에 대해서는 아리스토텔레스, 『관상학』(김재홍 옮김), 길, 2014, 해제 참조. 이와 비슷한 관상학적 유비는 7.37, 7.60, 11.15 참조.

49 6.15("흐름과 변화가 세계를 끊임없이 새롭게 한다."), 12.23("일반적으로는 전체의 자연이며, 그 자연의 각 부분들이 변화함으로써 전체 우주는 항상 젊고 한창때를 유지하게 되는 것이다.") 참조.

50 8.14 참조. 좋음에 대한 일상인의 견해와 철학자의 견해 차이(5.12 참조). 일반인의 태도와 철학자의 태도를 비교하는 에픽테토스의 『강의』 3.19 참조.

51 여기에서 마르쿠스는 스토아주의에서 약간 벗어나고 있다. 스토아는 연민과 같은 정념(파토스)을 느끼지 않아야 한다. 하지만 연민이 분노보다 낫다. 특히 분노가 여기서와 같이 누군가에게 부당한 대우를 받는 것과 같은, '무관심한' 사람에 의해 촉발될 때 그렇다.

52 10.30, 11.18 참조.

고 나쁨에 대해 더 이상 그런 개념을 갖지 않는다면 잘못 본 자에게 관대한 태도를 취하는 것은 더욱 쉬울 것이다.[53]

27 네가 가지고 있지 않은 것을 이미 가지고 있는 것으로 생각하지 마라. 그보다 네가 가지고 있는 것들 것 중에서 가장 고마운 것을 꼽고, 만일 이것이 없었다면 얼마나 이것을 추구했을지를 생각해 보라. 그러나 동시에 그렇게 좋아하기 때문에 그것들을 과도하게 평가하는 습관에 빠지고, 이 때문에 언젠가 그것들이 없어진다면 마음까지도 동요되는 일이 일어나지 않도록 주의하라.[54]

28 너 자신 속으로 물러나라.[55] 지도적 이성의 기능은 그 자연 본성상 올바른 행위를 하고, 그에 따라 마음의 평안을 얻을 때 스스로 만족하는 것이다.

---

53 여기서 우리는 마르쿠스가 지닌 가장 확고한 믿음들을 만난다. 현자와 평범한 사람 간의 선과 악에 대한 개념의 차이. 또 이웃에게 관대함을 보이고(5.33), 무지한 사람들을 교육할 의무(2.13). 이와 달리 세네카는 이렇게 말한다. "너는 마땅히 해야 할 것보다 더 노골적으로 그 사람을 비판했고, 그래서 너는 그를 개선하기는커녕 기분을 상하게 했다. 앞으로는 네가 말하는 것의 진실뿐 아니라 듣는 사람이 받아들일 수 있는지에 대한 물음도 고려하라. 좋은 사람은 훈계를 기뻐하지만 나쁜 사람일수록 그를 시정하는 사람에 대한 분노가 더 강해진다"(『화에 대하여』 3.26.4).

54 이 대목은 스토아와 입장과 일치하는 맥락으로 보이지 않는다. 왜냐하면 스토아는 '아무런 관련이 없는 것들'(adiaphora)에서 즐거움을 원하거나 찾지 않을 것이기 때문이다. 그래서 그런지, 그는 마지막 문장에서 어느 정도 그런 것들을 지나치게 추구하면, 그것이 가져올 마음의 평화가 깨지는 상황을 경계하고 있다.

55 4.3.1, 8.48 참조.

29 인상(표상)을 없애라.[56] 꼭두각시처럼 실에 놀아나지 마라.[57] 시간을 현재로 한정하라.[58] 너 자신 또는 다른 사람에게 일어나는 일을 인식하라. 네 눈앞에 있는 대상을 원인과 질료로 구분하여 분석하라. 최후의 시간을 생각하라.[59] 다른 사람이 잘못을 저질렀다면, 그 잘못은 그 잘못이 저질러진 곳에 놔두는 것이 좋다.[60]

30 너의 지성을 남이 말하는 것에 전념하도록 하라.[61] 너의 지성을 일

---

56 에픽테토스의 말처럼 들린다. 그러나 그 차이점에 주목해야 한다. 7.17, 8.29("너의 인상을 없애 버려라"), 9.7 참조. 외부에서 들어오는 모든 인상(phantasia)은 밀랍에 각인이 찍히듯이 영혼에 각인된다. 그래서 마르쿠스는 자신을 괴롭히는 인상이 무엇이든 그것에 매달리지 말라고 스스로에게 경계하고 있다. 이와 달리 에픽테토스는 인상을 사용하는 능력을 인간의 중요한 특징으로 본다. 그래서 에픽테토스는 승인에 앞서 '음미하지 않은 인상'을 받아들이지 말라고 권고한다. '승인'에 앞서 인상을 음미(검사)하라는 것이다.

57 2.2에서의 '꼭두각시'에 대한 해당 각주 참조. 7.3, 12.19 참조. 즉 꼭두각시처럼 실에 의해 여기저기 끌려다니는 것을 끝내라! 그렇게 끌려다니게 되면 우리의 '자율의 영역'이 없어진다는 것이다. 즉 외부로부터의 인상은, 우리가 감각적 자극과 감정적 자극에 대해 반응하는 것처럼, 기계적 운동에 의해 움직이는 꼭두각시처럼(사람에 의해 조종되는 꼭두각시가 아니라 기계적 장치에 의해 움직이는 인형을 말한다) 수동적으로 이끌려 다니게 만든다. 에픽테토스처럼 그 인상들에 대처하는 것으로는 충분하지 않고, 오히려 그 인상들을 모조리 없애 버리라는 것이 마르쿠스의 생각이다. '**한정하라**' 혹은 '**분석하라**'라는 말은 바로 이러한 생각을 표현하는 것으로 이해된다.

58 미래를 예상하거나 과거를 후회하지 마라. 8.36, 12.1, 12.3 참조. 오직 현재 순간만이 '우리에게 달려 있으며' 덕이 있는 삶의 여지를 제공한다.

59 2.5, 6.30.2 참조.

60 2.26과의 비교(7.16 및 9.20, 9.38 참조). "어떤 사람이 나에게 잘못을 저질렀다고? 그건 그의 관심사다"(5.25). 이것이 의미하는 바는 '잘못을 저지른 그 사람에게 그대로 두라. 그것은 너에게는 아무것도 아니니까'라는 것이다. 요컨대 잘못을 저지른 사람은 단지 스스로를 해치고 있을 뿐(9.4, 9.38)이다. '인상을 없애라'라는 말이 나머지 여러 개별적 사례들을 함축하는 제안이다.

61 7.4 참조.

의 결과나 원인[62] 속으로 들어가도록 하라.[63]

31 성실(단순함)과 겸손으로, 또 덕과 악덕의 중간에 있는 모든 것에 대한 무관심으로 자신을 빛내라. 인류를 사랑하라. 신을 따르라.[64] 그 사람은 말한다. '만물은 법칙(관습, 개인적 의견)을 따른다. 그러나 사실은 오직 원소들만이 있다'고.[65] 그러나 만물은 [공통의][66] 법을 따른다고만 기억하면 충분하다. [이것은 극히 간결하다.][67]

32 죽음에 대해서. 원자라면 분산. 하나의 통일체(실체)[68]라면 소멸이든가 장소의 변화.[69]

62　즉 일어난 것(일의 결과)을 찾고 일어나게 하는 것(일을 생기게 하는 원인)을 보도록.

63　6.53 참조("가능한 한 말하는 사람의 영혼 속으로 들어가라.")

64　"인류를 사랑하라. 신을 따르라." 이 두 계율은 신과 인간에 대한 의무를 말한다. 이것은 이 책에서 반복되는 주제다(5.33). 키케로,『최고선악론』3.73 참조.

65　이것은 데모크리토스의「단편」9(DK)를 마르쿠스 나름대로 풀어쓴 것이다(단편 117["관습상 뜨거운 것, 관습상 차가운 것이 [있지만], 실제로는 원자들과 허공[만 있다]"] 및 「단편」125 참조). 데모크리토스는 예를 들어 어떤 것을 '달콤하다'고 표현하는 것은 '관습'이나 인간이 만든 '합의'(규약)의 문제인 반면, 사실은 원자들(atomai)과와 허공(kenon)만이 있을 뿐이라고 말했다. 마르쿠스는 데모크리토스의 '원자들'을 스토아 철학에 더 적합한 용어인 '원소들'(stoicheia)로 옮긴다. 이 대목의 마지막 부분은 파손되어 불확실하다. 다 추정이다. 아마도 마르쿠스가 데모크리토스의 말을 어설프게 적용하고 있는 것으로 보인다. 그는 단지 스토아에서 당연시 받아들이는, 예를 들어 사람들이 좋다고 생각하는 거의 모든 것은 '아무런 차이가 없는 것'(adiaphora)이라고 말하는 것이다.

66　데모크리토스의 '법'을 마르쿠스는 스토아의 '공통의 법'으로 바꾸고 있다.

67　정확히 무슨 의미인지는 불확실하다.

68　즉 하나로의 결합.

69　3.3, 4.3.2 참조. 여기서도 역시 죽음에 대한 두 대안적 견해를 제시한다. 마르쿠스는 거부된 '분산'으로서의 죽음에 대한 에피쿠로스의 개념과 스토아학파의 '소멸' 또는 '생존' 가능성

33 고통에 대해서. 참을 수 없는 것은 우리를 죽이고, 오래 지속되는 고통은 견딜 수 있다.[70] 생각(정신)은 자신을 회복함으로써 평정을 유지하며, 지도적 이성은 그것 때문에 손상되지 않는다. 고통으로 인해 상처받은 부분들은 가능하다면 분명하게 표명하도록 하라.[71]

34 명성에 대해서. 명성을 열망하는 자들의 생각을 보라. 그리고 그들이 어떤 성격인지, 어떤 것을 피하고 어떤 것을 추구하는지 살펴보라.[72] 마치 뒤에 오는 것이 앞서 쌓인 모래언덕을 덮어 버리는 것처럼, 인생에서도 처음의 것은 뒤에 오는 것에 곧 덮일 것을 생각하라.

사이의 일반적인 선택을 말하고 있다. 세네카는 '죽음이란 끝이거나 옮겨 가는 것'(mors aut finis aut transitus)이라고 말한다(『도덕서한』 65.24). 에피쿠로스는 '죽음은 우리에게 아무것도 아니다', '죽음의 감각의 상실', '쾌락의 추구', '고통으로부터 벗어남'이라고 주장한다. "자연의 과정"으로 이해하는 에픽테토스는 죽음을 "지금 있는 것에서 없는 것으로가 아니라, 지금 있지 않은 것으로의 더 큰 변화"라고 주장한다(『강의』 3.24.91~94). 소멸이 아니라, 장소의 변화라는 것이다. 아리스토텔레스는 "가장 두려운 것은 죽음이다. 죽음은 끝(peras)이며, 죽어 버린 자에게는 좋은 것이건 나쁜 것이건 아무것도 없는 것처럼 보이기 때문"이라고 주장한다(『니코마코스 윤리학』 1115a27~28).

70 이 생각은 에피쿠로스에게서 빌리고 있다. 7.16, 7.64 참조. "큰 고통은 금방 지나간다. 긴 고통은 크기를 갖지 않는다. 왜냐하면 과도한 고통은 죽음으로 이어지기 때문이다"(「단편」 447, 448[우제너]).

71 그것들의 '항의'는 아마도 육체적 또는 정신적 고통의 형태로 올 것이다.

72 6.59, 7.62 참조. 이 문장의 '그들'은 '명예를 주는 사람들'이다. 마르쿠스의 요점은 다른 곳과 마찬가지로, 그러한 무가치한 사람들에게 의존하는 모든 것은 그 자체로 무가치한 것임이 틀림없다는 것이다. 명성에 대한 마르쿠스의 언급은 그 자신이 대중과 그 비판에 대해 민감했음을 보여 주는 것이다.

35 [플라톤으로부터] "큰마음[73]을 갖고 전 시간을 통틀어 모든 실체 (존재)를 관조할 수 있는 사람에게 인간의 삶이라는 것이 대단히 중요한 것으로 보인다고 생각하는가?" "그런 일은 있을 수 없습니다"라고 그는 말했다. "그렇다면 그런 사람은 죽음조차도 두려워하지 않겠군." "전혀 그렇다고 생각하지 않겠지요."[74]

36 [안티스테네스로부터] "좋은 일을 하고도 나쁜 말을 듣는 것은 왕다운 일이다."[75]

37 얼굴은 고분고분 생각이 명하는 대로 모습을 취하고 치장을 하는데, 마음 자신은 제 마음대로 모습을 취하고 치장도 못하다니 부

---

73 즉 고상한 영혼(고매함).

74 플라톤, 『국가』 486a~b 참조. 이 장으로부터 일련의 인용을 시작하고 있다(7.52까지, 7.37에서 일시 중단됨). 비교적 정확한 인용은 평소 암기한 것을 풀어쓴 것이 아니라, 당시 흔했던 책에서 발췌한 내용을 복사한 것임을 보여 준다(3.14 참조). 이것은 플라톤의 『국가』 486a~b에서 가져온 것이다. 이것을 비롯하여 아래에서 사용되는 발췌문 중 상당수는 잘 알려져 있었고, 도덕적 문제에 관해 다른 작가들도 흔히 사용했던 것이다. 유사한 증거는 11.6, 11.22~39에서 발견된다.

75 안티스테네스, 「단편」 86b. 안티스테네스는 소크라테스의 제자였으며, 기원전 5세기 중반에서 4세기 중반까지 아테나이에서 살았다. 그는 행복은 덕만으로 충분하다고 주장했다. 시노페의 디오게네스를 가르쳤으며, 후대의 견유학파 철학자들에 의해 그들 학파의 창시자로 여겨졌다. 소크라테스의 같은 제자였던 플라톤에게 비판을 받은 후(*DL* 제6권 6 참조) 이런 우스꽝스러운 말을 꺼냈다고 한다. 이 말은 다른 곳에서 알렉산드로스 대왕이 한 것으로 돌려지고 있다(플루타르코스, 『대비 열전』 알렉산드로스편 41). 에픽테토스도 『강의』 4.6.20에서 이 말을 보존하고 있는데, 거기에서는 안티스테네스가 페르시아의 왕 퀴로스를 향해 한 말로 인용되고 있다(*DL* 제6권 2,3 참조). 아마도 마르쿠스는 에픽테토스에게서 이 말을 얻었을 것이다.

끄러운 일이다.[76]

38 "일에 대해 화를 내는 것은 소용없는 일이다. 일들은 아무 일에도 신경 쓰지 않으니까."[77]

39 "불사의 신들과 우리에게 기쁜 일을 주기를!"[78]

40 "인생은 익은 이삭처럼 추수돼야 한다. 한 사람은 살고, 다른 사람은 죽어야 한다."[79]

41 "설령 나와 나의 두 아들이 신들로부터 버림을 받는다고 하더라

---

76 관상학과 윤리학 간의 유비에 대해서는 7.24 참조.

77 에우리피데스, 『벨레로폰테스』「단편」287.1~2(Nauck). 11.6에도 인용됨. 단편만 남아 있는 에우리피데스의 『벨레로폰테스』에서 가져온 것이다. 아이스퀼로스, 소포클레스와 함께 에우리피데스는 기원전 5세기 아테나이의 위대한 비극 작가 중 한 명이다.

78 출처를 알 수 없음. 헬라스어는 호메로스의 서사시와 같은 운율인 완벽한 육각운(헥사메타)이므로 잃어버린 서사시에서 온 것일 수 있다.

79 「단편」757(Nauck)에서 발췌한 이 인용문은 지금은 상실된 에우리피데스의 『휘프시퓔레』(Hupsipulē)에서 나왔다(휘프시퓔레는 렘노스의 여왕으로 타오스 왕의 딸이었다. 디오뉘소스와 아리아드네의 손녀). 마르쿠스는 11.6에서 다시 인용한다. 그것과 7.41의 인용문은 자신의 운명을 받아들일 것을 조언하고 있다. 인간의 덧없음을 노래하는 이 구절을 스토아 철학자 크뤼십포스가 찬양한 것도 잘 알려져 있다. "… 죽음은 모두에게 정해진 것이니, 인간은 이에 염려하지만 그것은 다 부질없는 일. 흙은 흙으로 돌아가야 하고, 그때 모두에게 생명은 곡식처럼 거두어져야 하나니, 이는 필연이 명하는 바"(키케로, 『투스쿨룸 대화』3.59, 김남우 옮김). "허나 결코 수확되지 않음은 이삭에게는 저주가 될 것이네. 사람에게도 마찬가지로 죽지 않음은 저주임을 알아야만 하네. 그것은 여물지 않는 것과 수확되지 못하는 것과 같은 것이니 말이네"(에픽테토스, 『강의』2.6.13).

도, 이 또한 그 이유가 있는 것이다."⁸⁰

42 "선과 정의는 나와 함께 있으니까."⁸¹

43 "함께 모여 큰 소리로 비통해하지 말 것, 군중과 어울려 동요하지 말 것."⁸²

44 [플라톤에서] "나는 이 사람에게 다음과 같은 올바른 대답을 해 줄 수 있을 겁니다. '이보게, 너는 틀린 말을 하고 있네. 조금이라 도 가치 있는 인간이 생사의 위험을 고려해야 한다고 네가 생각한 다면 말이네. 이것보다는 오히려 네가 무언가를 행할 때는 그것이 올바른 행위인지 올바르지 않은 행위인지, 좋은 인간이 하는 행위 인지 나쁜 인간이 하는 행위인지, 이것만을 검토해야 한다고 생각 하지 않는가.'"⁸³

45 "아테나이인 여러분, 사정은 바로 이러합니다. 내 생각에는, 누군 가가 최선이라고 생각해서 어떤 자리에 자기 자신을 배치했거나 혹은 지휘관이 그것에 배치해 주었다면, 그게 어디든 그 자리에

---

80 11.6 참조. 에우리피데스, 『안티오페』에서 발췌한 것으로, 꽤 많은 단편이 남아 있다. 이 것은 「단편」 208.1~2(Nauck)의 일부이다. 마르쿠스는 모든 사건이 부정적이더라도 신의 계 획의 일부라고 믿기 때문에, '이성'을 취한다.

81 에우리피데스의 알려지지 않은 드라마에서, 이것은 「단편」 918.3(Nauck)의 일부이다.

82 출처를 알 수 없다.

83 플라톤, 『변명』 28b.

남아서 온갖 위험을 무릅써야 하며, 죽음이든 다른 어떤 것이든 수치스러운 것보다 먼저 고려해서는 안 됩니다."[84]

46 "그러나 그대여, 고귀함과 좋음이 구원하거나 구원받는 것과 서로 다른 것인지 아닌지를 생각해 보게. 적어도 진정한 인간으로서, 얼마나 오래 사느냐에 마음을 두어서는 안 되고 목숨에 애착을 가져서는 안 되기 때문이네. 그런 일들은 신에게 맡기고, '아무래도 자신의 운명을 피할 수 없다'라는 여자들의 말을 믿으면서, 그다음의 것을 살펴봐야 하네. 즉 앞으로 살아가는 동안 어떻게 하여야 되도록 최선으로 살 수 있는지 하는 것 말이네."[85]

47 별과 함께 돌고 있는 자로서 별들의 운행을 지켜보라.[86] 또한 원소가 서로 변화하는 것을 끊임없이 상기하라. 그것들에 대한 상념(想念)은 우리의 지상 생활의 더러움을 씻어 준다.

48 플라톤의 말은 아름답다. 게다가 인간에 대해 논하는 자는 높은 곳에서 바라보는 것처럼[87] 지상의 것들을 바라봐야 한다. 즉 사람

---

84 플라톤, 『변명』 28d(강철웅 번역을 조금 수정) 참조. 인용된 세 가지 플라톤 항목의 주제는 올바른 행동이 단순한 생존보다 더 중요하다는 것이다.

85 플라톤, 『고르기아스』 512d~e(김인곤 번역을 조금 수정). 여기서 스토아 철학자들이 소크라테스를 존경하는 이유를 알 수 있다.

86 우리의 삶은 항성처럼 규칙적이고, 질서정연해야 한다는 생각일 것이다(11.27 참조).

87 높은 곳에서 본 견해는 객관성을 나타내는 것이지만 이것은 마르쿠스가 『테아이테토스』(173e~174b)에서 플라톤이 철학하는 정신과 자세를 이야기하는 과정에서 사용한 첫 번째 사례("하늘 위의 천체를 관측")를 염두에 두고 있는 듯하다. 천체를 관측하며 위를 바라보

의 무리, 군대, 농사, 결혼, 이혼, 탄생, 죽음, 법정의 소란, 황무지,
다양한 이민족의 종족, 축제, 애도, 시장, 이 모든 것의 혼합 또는
반대되는 것들로 이루어진 질서정연한 결합.[88]

49 과거와 지금까지 일어나고 있던 많은 변화를[89] 주의 깊게 바라보
면 너는 미래의 일도 예견할 수 있을 것이다. 왜냐하면 미래는 모
든 측면에서 비슷할 것이고, 현재 일어나고 있는 일들의 리듬에
서 벗어날 수 없기 때문이다. 따라서 인간의 삶을 40년 동안 관찰
하든 1만 년 동안 관찰하든 똑같은 것이다.[90] 더 이상 볼 것이 뭐가
있겠는가?[91]

50 "흙에서 태어난 것은 흙으로 돌아간다.
하지만 에테르(하늘)에서
싹터 나온 것은
하늘의 궁륭(穹窿)으로 돌아간다."[92]

다가 우물에 빠진 탈레스가 나오는 대목이다.

88 9.30, 12.24 참조.

89 '왕조의 그렇게 많은 변천'(A. S. L Farquharson 번역). 그러나 tas tosautas tōn hēgemoniōn
은 이 자리에 어울리지 않는 것처럼 보이기도 한다.

90 2.14 참조.

91 11.1("조금이라도 지각 능력을 가지고 있는 사람이라면 어떤 의미에서 40세가 되면 과거에
존재했던 것 및 미래에 존재할 것을 모조리 보았던 셈이다."). 마르쿠스가 말하는 상투적 주제
다.

92 에우리피데스의 상실된 『크뤼시포스』(*Chrusippos*)에서 나온 「단편」 839.9~11(Nauck)의
일부. 이 행에서 언급된 내용에 대해서는 4.4 참조.

아니면, 서로 뒤엉킨 원자간 조합의 해체 또는 무감각한 원소의 분산이며, 전자와 비슷한 것이다.

51　(1) 또

"음식과 음료와 마술의 힘을 빌려

흐름을 벗어나 죽음을 모면하려 한다."

(2) "신으로부터 불어오는 폭풍은

애써 참고 견디며 불평하지 말아야 한다."[93]

52　그가 "더 훌륭한 레슬링 선수"[94]일 수는 있지만 공공성에 이바지하는 정신이나 조심성에 있어서는 그렇지 않고, 또 무슨 일이 생겼을 때 당황하지 않고 대처할 수 있는 것이나 이웃의 잘못에 대해 관대한 것 등에서는 남보다 못하다.

53　신들과 인간이 공통된 이성에 따라 어떤 일을 완수해 낼 수 있다

---

[93] 첫 번째 인용문은 에우리피데스, 『구원을 청하는 여인들』 1110~1111행이고, 두 번째 인용문은 알려지지 않은 시인의 것이다(단편 303, Nauck). 이것들은 별도의 항목으로 작성했을 수 있다.

[94] 한 번은 스파르타 사람(라콘)이 올림픽의 레슬링 경기에서 패배했을 때, 누군가 그에게 말했다. '당신의 상대는 자신이 더 나은 사람임을 증명했습니다.' 스파르타인은 '아니오, 더 나은 레슬링 선수'라고 말했다(플루타르코스, 『스파르타의 경구』(*Apophthegmata Laconica*) 72,236e). 마르쿠스는 이것을 도덕적 가치 맥락에서 재해석하고 있다. 관용의 의무와 덕에 대해서는 5,33 참조.

면 거기에 아무런 두려움이 없다. 올바른 길을 따라 나아가고[95] 자신의 구성 소질에 따른 활동으로부터 이익을 얻을 수 있는 곳에서는 아무런 손해도 염려할 필요가 없는 것이다.

54 어디서나 또 언제든 네가 할 수 있는 일은 현재 네가 겪고 있는 일들에 경건하게[96] 만족감을 느끼고, 현재 주위에 있는 사람들에게 정의로운 행동을 하고, 현재 네가 가지고 있는 내적 인상에 모든 주의를 기울여 충분히 파악되지 않은 것이 절대로 거기에 숨어들지 않도록 하는 것이다.

55 (1) 남의 지도적 이성을 쳐다보지 마라.[97] 똑바로 다음 일을 바라보라. 즉 전체의 자연은 너에게 일어나는 일을 통해, 또 너의 자연(본성)은 네가 해야 할 행동을 통해 각각 너를 이끄는데, 자연이 너를 어디로 이끌어 가려는지를 보라. 우리 각자는 그 구성 소질에서 따라 나온 것을 행해야만 한다. 그러나 다른 동물들은 모두 이성적 동물을 위해 만들어졌고, 그 외의 경우에도 항상 낮은 것은 더 높은 것을 위해 만들어졌지만, 이성적 동물은 서로를 위해서 만들어진 것이다.[98]

(2) 따라서 인간의 구성 소질 중 선도하는 첫 번째 특징은 공동선

---

95 5.3, 7.55 참조.

96 '경건하게'라는 것은 신들이 너에게 현재 상황을 정해 줬기 때문에.

97 5.3 참조.

98 이 주장은 5.16부터 여러 번 반복되고 있다(scala naturae). 5.30, 11.18.1 참조.

(사회성)이다. 둘째는 육체적 끌림(욕정)에 대한 저항이다. 이성적 움직임과 지성적인 움직임에는 독특한 능력이 있는데, 주변 사람들로부터 자신을 고립시키고,[99] 감각적 움직임과 충동적 움직임에 결코 패배하지 않는다. 이 둘 다 동물적 본성에 속하기 때문이다. 그러나 지성적 움직임은 우월함을 원하며, 그것들에 의해 제압당하기를 원치 않는다. 이는 당연한 일이다. 왜냐하면 지성적 움직임은 본성상 모두 다른 것을 이용하도록 되어 있기 때문이다. 셋째, 이성적 동물의 구성 소질에는 성급한 판단을 피하고, 쉽게 기만당하지 않는 것[100]의 특징이 있다. 그러므로 너의 지도적 이성이 이러한 특징을 고수하게 하며, 곧장 앞으로 나아가게 하라. 그래야 너의 이성이 자신의 본분을 다하는 것이다.[101]

56 마치 네가 사실상 죽은 것처럼 현재의 순간이 네 생애의 끝인 것처럼 자연에 맞게 여생을 보내야 한다.

57 자신에게 일어나는 일만을, 운명의 실이 자신에게 만들어 준 것만을 사랑하라. 그것보다 너에게 어울리는 일이 있을 수 있을까?

58 각각의 일이 생길 때마다, 같은 일이 벌어졌을 때 결국 슬퍼하거

99 4.3('자신의 내면으로 물러남')과 비교.

100 영혼은 인상(감각적 인상 또는 생각)을 받고, 그것에 대해 '동의'(승인)하게 되면 그것을 이러저러한 것으로 식별하는 것이다('이것은 좋다', '저것은 나쁘다'). 지나친 성급한 동의는 인상의 본질이나 혹은 그 가치에 대해 기만을 당하게 되어 잘못된 판단을 내릴 수 있다.

101 육체에 대한 이성의 우월성에 대해서는 6.32, 7.66 참조.

나 놀라거나 비난한 사람들을 눈앞에 떠올려 보는 것이 좋다. 그들은 지금 어디에 있는가? 어디에도 없다. 그럼 어떤가? 너도 그들과 똑같이 되기를 바라는 것인가? 저러한 남이 범하는 태도는 그 태도를 하는 사람과 그것을 하게 시키는 사람에게 맡겨두면 어떤가? 그리고 너 자신은 어떻게 이 일을 활용하는가 하는 문제에 전념하면 되지 않을까? 그러면 너는 그것들을 훌륭하게 활용할 것이고, 또 그것들은 너 자신을 위한 재료가 될 것이기 때문이다.[102] 네가 하는 모든 행동에서 오로지 너 자신에게 훌륭하게 되는 것만이 너의 유일한 관심사이자 바람이어야 한다. 그리고 다음두 가지 점을 기억하라. […] 너의 행동이 중요하다는 점과 그 행동의 목표는 차이를 낳는 소중한 것이라는 점이다.[103]

59 내면을 보라. 안에 좋음(善)의 샘이 있으니, 네가 늘 이 샘을 파낸다면 늘 샘솟을 것이다.[104]

60 신체 또한 단단해야 하며, 동작이나 정지 자세에 있어서 일그러져서는 안 된다.[105] 왜냐하면 마음이 지적으로 품위 있게 유지됨으로

---

102 마르쿠스가 7.68에서 그것을 표현한 "이성적이고 공공적인(시민적인) 덕을 [행사를 위한] 재료." 다소 역설적이지만 스토아 철학자들은 덕이 그 자체로 충분하지만 우리가 매 순간 만나는 '아무런 관계가 없는 것'인 원-재료가 필요하다고 주장했다.

103 원문에 '다음 두 가지 점' 뒤에 불확실한 길이의 간격이 있어서, 파손된 마지막 문장은 추정 정도로 이해할 수밖에 없다.

104 샘물은 지속적인 관심이 필요하거나, 아니면 막히게 된다. 샘물의 이미지에 대해서는 8.51 참조.

105 좋은 몸은 좋은 성격을 나타낸다. 7.24 및 11.15.

써 얼굴에 어떤 영향을 미칠 수 있는 것과[106] 같은 어떤 것을 신체 전체에 대해서도 요구해야 하기 때문이다. 다만 이 모든 것은 꾸밈없이 이루어져 한다.

6 1 삶의 기술은 무용보다 레슬링과 비슷하다. 어떠한 공격에도, 그것도 전혀 예기치 못한 공격에 맞서 꿈쩍도 하지 않고 꿋꿋이 서 있어야 한다는 점에서.[107]

62 네가 자신에 대해 증언을 세워 주길 바라는 사람들은 누구인지, 또 그들은 어떤 지도적 이성을 가지고 있는지 끊임없이 생각하라.[108] 그들의 믿음과 충동의 원천이 어디인지를 들여다보면, 너는 그 의지에 반하여 넘어지는 사람들[109]을 비난하지도 않을 것이고,[110] 그 증언도 필요하지 않게 될 것이다.[111]

63 "모든 영혼은 그 의지에 반해 진리를 빼앗기고 있다"라고 그는 말

---

106 7.37 참조.

107 3.4.3(레슬링), 12.9(판크라티온) 참조. 스토아학파는 삶의 기술(철학)을 행위의 대상을 자기 안에 갖는 무용이나 연기에 비유했다. 키케로 『최고선악론』 3.24 참조. 레슬링에 대해서는 12.9 참조.

108 6.59, 7.34 참조.

109 즉 무례를 범한 사람들.

110 이것은 '그들이 실수를 할 때, 모든 실수는 비자발적이다'라는 것을 의미한다.

111 7.55에서 마르쿠스는 다른 사람에 대해 생각하지 말라고 스스로에게 상기시켰지만, 여기서는 계속 확인해야 한다고 말하고 있다.

한다.[112] 그런데 정의, 절제, 선의(善意), 기타 모든 비슷한 덕에 대해서도 마찬가지다. 이 점을 항상 염두에 두어야 한다. (그로 인해) 너는 모든 사람에게 더 온화해질 수 있을 테니까.[113]

64 고통스러울 때마다 다음과 같은 생각을 떠올려라.[114] 즉, 고통은 부끄러운 일이 아니다. 또한 그것은 너의 키를 잡는 정신[115]을 해치지도 않는다는 것을. 생각이 이성적이고 공동체적인 한,[116] 고통은 생각을 훼손하지 못한다. 그러나 고통을 겪는 대부분의 경우, 에피쿠로스의 말이 너를 도울 것이다. 즉 "고통은 견딜 수 없는 것도 아니고 영원한 것도 아니다."[117] 단, 고통의 한계를 염두에 두고, 여기에 자신의 판단을 보태지 않는다는 것[118]을 전제로 한다. 또 다음 일도 기억하라. 여러 가지 참을 수 없는 불쾌감은 얼핏 보

---

112 '그가 말한다'에서 '그'는 플라톤이지만, 그의 저서 어디에도 그런 말은 나오지 않는다. 마르쿠스는 에픽테토스의 『강의』 1.28.4, 2.22.36에서 이 말을 인용하고 있다. 11.18에서도 반복된다. 플라톤, 『소피스테스』 228c~e. 그 밖에도, 『프로타고라스』 345e, 352c, 358c~d, 『고르기아스』 468e, 509e, 『티마이오스』 86d~87b, 『소피스테스』 228c~e, 『법률』 731c 참조. 그 밖에도 8.14, 10.30 참조

113 마르쿠스는 사람들이 타락하고 어리석다는 것을 볼 때, 종종 냉소적 기조를 띤다. 다른 곳과 마찬가지로 여기서도 그는 그들이 타락하고 어리석게 될 의도가 없음을 인식함으로써 더 관용적이 되라고 조언하고 있다.

114 procheiron은 문자적으로 '손안에 가까이 두라'라는 의미다. 마르쿠스의 고통에 관하여 7.33 참조.

115 원어로는 tēn dianoian tēn kubernōsan이다. 즉 주도적인 이성(헤게모니콘)을 말한다.

116 즉 공동선에 관심을 갖는 한.

117 인용문은 에피쿠로스의 「단편」 447(우제너)이다. 또한 7.33에서 달리 표현되고 있다.

118 특히, 고통이 나쁘다는 '판단'을 더하는 것을 말한다.

기에는 그렇게 보이지 않지만 실제로는 고통과 다름없다는 것이다. 예를 들어 졸음, 더위로 지침, 식욕부진. 이것 중 어느 하나 때문에 기분이 언짢아졌을 경우에는 자신에게 이렇게 말하게 하는 것이 좋다. '나는 고통에 항복하고 있다'라고.[119]

65 인간 혐오자들이 인간에 대해 품는 그러한 감정을 그 사람들에게 절대 품지 않도록 주의하라.[120]

66 텔라우게스[121]가 소크라테스보다 성격이 더 낮지 않았다는 것을 어떻게 알 수 있을까?[122] 소크라테스가 더 명예롭게 죽임을 당했다는 것, 소피스트들과 더 능숙하게 논의한 것, 서리가 내린 한데에서도 더 참을성 있게 밤을 보냈다는 것,[123] 살라미스 사람을 포

---

119 고통이나 쾌락에 굴복하는 것은 '의지가 약함'의 정의이다. 스토아에서 고통은 '아무런 관계가 없는 것들'이기에, 따라서 초연해져야 한다. 6.29 참조.

120 사람들이 일반적으로 서로에게 나쁘게 행동한다고 가정하고, 반사회적인 사람들에게도 그렇게 나쁘게 행동하지 말라고 스스로 촉구하고 있으므로 냉소적이다.

121 누구인지는 명확하지 않지만 퓌타고라스학파에 관련된 신화적 인물로 퓌타고라스의 아들이자 후계자로 알려져 있다. 엠페도클레스의 스승이었다고도 한다(DL 8.43 참조).

122 마르쿠스는 소크라테스의 추종자인 아테나이의 한 구역(dēmos)인 스페테오스 출신의 아이스키네스가 쓴 대화편(Socraticus) 중 하나를 언급한다. 그는 소크라테스의 재판과 죽음을 지켜본 것으로 알려져 있다. 그 작품은 대화에서 소크라테스의 주요 대담자인 '어떤' 텔레우게스(퓌타고라스의 아들?)의 이름을 따서 명명되었지만, 우리는 그 작품의 내용에 대해 아무것도 모른다. 소크라테스의 제자 아이스키네스가 쓴 대화편에는 퀴니코스 일파의 '거지 철학자'(견유학파의 철학자)로 등장한다. 전해지는 보고에 따르면 그의 대화편은 소크라테스를 사실적으로 다루며, 크세노폰보다는 플라톤의 대화편에 가까운 것이었다고 한다.

123 『향연』 220a~d에서 플라톤이 말한 소크라테스의 삶에서 유명한 에피소드다. 헬라스 북부에서 아테나이 군에 복무하는 동안 그는 혹한에도 하루 온종일 대부분 얇은 옷만 입고,

박해 오라는 명령을 받았음에도 이에 불복하는 것이 명예롭다고 생각한 것,[124] 또 만일 그것이 사실이라면 크게 주목할 만하지만 '고개를 꼿꼿이 들고 거리를 활보하곤 했다'는 것.[125] 하지만 이와 같은 것들만으로는 충분한 것이 못 된다. 오히려 우리가 고려해야 할 점은 소크라테스가 어떤 영혼을 가지고 있었는가, 인간과의 관계에서 정의롭고, 신들과의 관계에서 경건함으로 만족할 수 있었는가, 남의 악에 대해서 화내지 않고, 남의 무지에 종살이하지 않으며, '전체'로부터 자신에게 할당된 것을 뭔가 자신과 이질적인 것으로 받아들이거나 견디기 어려운 것으로 짊어지는 태도를 취하지 않았는가, 또 자신의 지성이 육신의 감정에 공감하는 것을

사색에 빠져 한자리에서 밤새 움직이지 않고, 또 맨발로 걸어 다니며 보냈다고 한다. 그렇게 한 이유는 불분명하다.

124 살라미스(아테나이 앞에 있는 가까운 섬)의 레온은 기원전 5세기 말경 아테나이의 유명한 민주주의자였다. 펠로폰네소스 전쟁(기원전 431~404년)이 아테나이의 패전으로 끝난 뒤 스파르타는 30인 독재정권을 세웠다. 레온이 참주들의 정권을 반대했기 때문에 소크라테스를 포함한 다섯 사람이 레온을 연행해 오라는 명령을 받았으나 위법이라는 이유로 소크라테스만은 거부했다. 레온은 살해되었다. 소크라테스는 오직 '부정한 것과 불경건한 것 어떤 일도 저지르지 않는 것'이 그의 관심이었다. 소크라테스는 이 일로 그 정권이 빨리(8개월) 무너지지 않았더라면 자신이 죽었을 것이라고 말하고 있다(플라톤, 『변명』 32C~D). 이후 이 이야기는 후기 작가들에 의해 거듭 언급되고 있다.

125 아리스토파네스, 『구름』 362행("고개를 꼿꼿이 들고 이리저리 곁눈질하면서"). 아리스토파네스는 기원전 5세기 말 아테나이에서 풍자극이나 익살스러운 코미디를 전문으로 하는 극작가였다. 따라서 이 이야기를 의심하는 마르쿠스의 근거가 된다. 유명한 아테나이 인들이 자주 그의 표적이 되었고, 기원전 423년에 제작된 『구름』에서는 소크라테스가 그 차례였다. 이 행은 『향연』 221b에서도 플라톤에 의해 언급된다. 거리에서 허세를 부리는 것은 앞의 두 가지 예와 거의 다르지 않지만 마르쿠스가 말하고자 하는 요지는 텔라우게스에 대한 소크라테스의 우월성은 그의 외적 관행이 아니라 그의 내적 도덕성에 있다는 것이다. 스토아 철학자들에게는 걸음걸이조차 그 사람의 성격을 나타내는 것이었으며, 소크라테스의 허세가 나타내는 특성이 무엇인지는 분명하지 않다. 아마도 자기 확신으로 말할 수 있다.

허락하지 않았는가와 같은 사항들이다.

67 인간이 자신을 주위로부터 고립시켜 자신의 것을 자신의 힘 범위 안에 두는 것[126]이 허용되지 않을 정도로 자연은 너를 전체 혼합 물 속에 완전히 섞지는 않는다. 사실 신적인 인간이면서도 아무도 그것을 눈치채지 못하는 것은 충분히 있을 수 있는 일이다.[127] 이 일을 항상 기억하라. 삶의 행복은 매우 적은 것에 달려 있다는 것을.[128] 변증론자나 자연학자[129]가 될 희망을 잃었다고 해서, 그 때 문에 자유로운 겸손한 인간, 공동선을 위하고, 신을 따르는 인간 이 되는 것을 포기해서는 안 된다는 것을.

68 모든 사람이 너에게 맞서서 제멋대로 소리를 지르더라도, 야수들 이 네 주위에 두껍게 응고된 쌓인 진흙 반죽(즉 육체)의 사지를 갈 기갈기 찢어 놓더라도 아무런 강요를 받지 말고 기쁨에 찬 마음으

---

126 우리 인간에게 고유한 것은 이성과 덕 있는 행위다. 스토아 철학에서는 이것을 흔히 '우 리에게 달려 있는 것'으로 표현한다.

127 이른바 '신과 같은 인간'으로 불리는 자들이 그들의 카리스마와 마법의 힘을 과시한다 는 사실에 대한 신랄한 비판으로 읽는 것이 올바른 이해일 성싶다. 마르쿠스가 항시 이성적 으로 행동하는 사람이 되기를 열망하는 한, 그는 '신과 같은 사람'이 되고 싶지 않았을 것이 다. 이와 달리, 위대한 인간은 뒤늦게 제대로 평가받는다는 점과 관련해서, 세네카는 이런 사 람으로 데모크리토스, 소크라테스, 카토를 들고 있다(세네카, 『도덕서한』 79 참조).

128 에픽테토스와 마르쿠스 양자는 공통적으로 (1) 정신의 지도하는 부분은 자신의 힘이 미치는 범위 안에 있다와 (2) 다른 어떤 것도 좋은 삶을 위해 요구되지 않는다를 주장한다.

129 철학의 세 가지 분야(논리학, 윤리학, 자연학) 중에서 마르쿠스는 '윤리학' 분야에서만 관심을 표명하고 있다. 이 점에서 키오스의 아리스톤의 입장을 따르는 것인가?(DL 제7권 160 참조) 이에 대해서는 1.17(끝부분), 5.5, 8.1 참조.

로 생애를 보내라.[130] 모든 곤경에서 자신의 마음을 평온하게 유지하고, 주위의 사물에 관해 올바른 판단을 갖고, 마주치는 것들을 잘 이용할 만큼 준비를 해 두는 데 무슨 지장이 있겠는가. 이렇게 해 두면 자신이 마주치는 일에 대해 판단력은 다음과 같이 말할 수 있을 것이다. '비록 의견에서는 다른 것처럼 보이지만 본질에서는 이것이다'[131]라고. 또한 사물을 이용하는 능력은 자신에게 일어난 일을 향해 다음과 같이 말할 수 있을 것이다. '나는 너를 찾고 있었다.' 왜냐하면 나에게 현재 주어지는 것은 언제나 이성적, 시민적 덕을 발휘하기 위한 재료고, 일반적으로 인간 또는 신의 기술에 적용하기 위한 재료기 때문이다. 참으로 모든 생겨나는 일은 신 또는 인간과 관계가 깊은 것으로 새로울 것도 없고, 다루기 어렵지 않고, 친숙하게 처리하기 쉬운 것이다.[132]

69 완전한 성품의 특징은 모든 날을 마치 자신의 마지막 날인 것처럼 보내며,[133] 동요도, 냉담함도, 위선도 없다는 데 있다.

70 불사하는 신들은 이렇게 오랫동안 이런 인간들을, 그것도 이렇게 많은 비열한 인간들을 끊임없이 참아야 하는 것을 불쾌하게 생각

---

130 8.51 참조.

131 3.11 참조.

132 마르쿠스는 사물의 끝없는 동일성을 향해서 보다 긍정적인 태도를 함축한다. 그는 친숙함을 지루함을 유발하는 것이 아니라 자신의 상황을 능숙하게 사용하기 쉽게 만드는 것으로 생각하도록 격려하고 있다.

133 9.11 참조.

하지 않는다. 그것뿐만 아니라 여러 가지 방법으로 인간들을 돌봐 주신다.[134] 그런데도 너는 당장 죽어야 할 몸이면서도 하고자 하는 노력을 포기하고 말겠다는 것인가.[135] 너 자신도 그 비열한 사람들 가운데 한 명이면서도?

71 인간이 자신이 피할 수 있는 자신의 악을 회피하려고 하지 않고, 할 수도 없는 다른 사람의 악을 회피하려는 것은 웃음거리에 지나지 않는다.[136]

72 우리의 이성적 능력과 공동체적 능력이 지성적이거나 공동체적이라고 생각하지 않는 것을 자신보다 열등하다고 판단하는 것은 충분히 근거가 있는 일이다.[137]

73 네가 좋은 일을 하고 네 덕분에 다른 사람들이 그것을 받았을 때, 왜 너는 바보들처럼 그것 외에 제3의 것을 요구하고, 좋은 일을 했다는 평판이나 보답을 받고 싶다는 생각을 하느냐?[138]

---

134 인간에 대한 신의 돌봄 6.44. 신의 섭리와 신의 자애로움, 질서 있는 우주의 모습, 신이 인간에게 베푼 여러 예들에 대해서는 4.3, 크세노폰,『회상』(Memorabilia) 1.4.5~18, 에픽테토스,『강의』1.16 및 여러 곳 참조.

135 즉 풀이 죽은 상태로 지내고 있다.

136 5.17, 9.42 참조. 덕 있는 행동은 전적으로 자기 자신에게 달려 있지만, 남의 행동은 그렇지 않다.

137 이것은 이 질문에 대한 답으로 보인다. 즉 "그러나 어떤 것을 열등하게 만들고, 따라서 (5.16 및 5.30 참조) 상위의 것을 섬길 의무가 있는 것은 무엇인가?"

138 5.7, 9.42 끝부분 참조. '덕은 그 자체로 보상이다.' 여기서 마르쿠스는 또한 가능한 보상

74 유익을 받는 데 지치는 사람은 없다. 자연에 따른 행위야말로 유익한 것이다. 그러므로 남을 유익하게 함으로써 자신의 몸도 유익하게 되는 데에 지치지 마라.[139]

75 전체의 자연은 자기 충동에 의해 우주의 창조로 향했다. 그런데 현재 모든 사건은 그것의 자연적 결과에 따라[140] 생겨난 것이다.[141] 그렇지 않다면 모두가 다 이성적이지 않으며, 우주의 지도적 이성이 자기 고유의 충동을 향하는 가장 중요한 일조차도 이성적이지 않은 것이다.[142] 많은 경우에 이 일을 상기하면 너도 더욱 평온해질 것이다.

을 고려하지 않기를 원한다(5.6 참조).

139 '자연에 따라 행동하는 것'이 유익하다는 전제가 빠져 있다. 따라서 어떤 의미에서 '세 번째 이득'이 있다. 이전 항목에서 부정했지만, 다른 사람에게 이익이 되는 것처럼 자신에게도 이익이 되는 이득(11.4)이다. 이에 관련된 원칙은 전체에 좋은 것은 부분에도 좋다는 것이다(10.6). 이것은 마르쿠스가 '자신'에 대한 일반적인 스토아적 관점(자기 보존에 대한 기본 본능에서 시작하여 완전한 자립의 목표로 끝남)과 황제로서 '다른 사람의 이익'에 대한 관심과의 조화를 이루는 방법이다. 이 둘은 동일한 것이다.

140 즉 필연적 연쇄. 즉 자연적인 인과율(epakolouthēsis). 4.45, 9.28 참조.

141 4.45, 9.28 참조.

142 이 선언 명제에서 후건 부분, 즉 '그렇지 않으면' 아래는 에피쿠로스의 '대안'이다. 물론 마르쿠스는 전자인 스토아의 입장을 선호한다.

제8권

I 다음 일 또한 헛된 허영심(자부심)을 향한 경향을 억제하는 데 도
움이 된다. 너의 생애 전체, 혹은 적어도 너의 젊은 시절 이후의 생
애를 철학자로서 살았다고 할 수 없다는 사실이다.[1] 많은 다른 사
람들과 너 자신에게도 분명하지만 너는 철학에서 멀리 떨어져 있
다. 그래서 너는 이것도 저것도 아니다.[2] 결과적으로 너는 철학자
로서의 명성을 떨치기가 더 이상 쉽지 않을 뿐만 아니라 근본적
인 조건으로 볼 때 이에 반하는 것이다.[3] 그러므로 네가 문제 상황

---

1 이 항목의 개인적인 어조는 제8권, 제9권에서 반복되는 줄거리이다. 제8권에는 다른 어떤
권보다 마르쿠스의 황제로서의 삶에 대한 암묵적인 언급이 더 많이 들어 있다.

2 즉 너는 체면을 잃었다. 즉 통속적 표현으로 말하면 '너는 죽도 밥도 아니다'.

3 6.11 참조. 로마 상류층은 실제로 철학에 대해 거리를 두고 있었다. 당시 로마인들 사이에
퍼진 철학에 대한 대중적 느낌에는 '지나치게 철학에 탐닉하지 말라'는 엔니우스(Ennius) 충
고가 잘 반영되어 있었을 것이다. 또 플라우투스(Plautus)의 조언으로 알려진, 철학을 무모한
로맨스에 비하여 '철학자는 지금 단순히 거짓말하고 있는 것이 아니라 '철학'을 하고 있을 뿐
이네'라는 정도의 일반적 느낌을 로마인들은 가지고 있었다. 여기서 말하는 바는, 철학자의
영광을 얻을 수 있었던 그런 시간이 흘러갔을 뿐만 아니라, 지금 자신의 역할도 그런 일이 일
어날 수 있는 여건을 주지 못하고, 성공한 철학자이자 성공적인 세상 사람이 되는 것이 어렵
다는 것을 인정하고 있는 것이다. 실제로 우리는 "신과 재물을 겸하여 섬길 수 없다." 어떤 종
류의 영적 수양이든 온전한 일이어야 하고 '한마음'을 가져야 한다. 에픽테토스는 이렇게 이
야기한다. "그렇지만 네가 그 모든 것들[스토아적 유익함]과 더불어 관직에 오르거나 부유하
기를 원한다면 앞엣것을 구하기 때문에 나중의 것들조차도 얻을 수 없을 것이고, 그것만으
로 자유와 행복을 가져오는 앞엣것도 전혀 얻지 못하게 될 것이다"(에픽테토스, 『엥케이리디
온』 1.4). 그러나 마르쿠스는 자신이 항상 물러나고 또 자신을 새롭게 할 수 있다는 것을 잊고
있는 것 같고(4.3, 6.12), 황제권과 철학의 양립 불가능성에 대한 그의 발언은 8.9('궁정에서

이 어디에 놓여 있는지를 진정으로 이해했다면, 사람들이 너를 어떻게 생각하는지에 대한 걱정을 멀리하고, 너의 여생이 길든 짧든 자연이 원하는 대로 살 수 있다면, 그것으로 만족하라. 따라서 자연이 무엇을 원하는지 잘 생각하고, 다른 것에 주의를 돌려서는 안 된다. 너도 경험하고 알다시피 지금까지 네가 얼마나 길을 잃고 방황했는지 모른다. 그리고 결국 어디에서도 좋은 삶은 발견되지 않았다. 그것은 추론에도 없고,[4] 부에도, 명성에도, 향락에도 없고, 어디에도 없는 것이다. 그럼 좋은 삶(행복)은 어디에 있는가? 인간 내면의 자연이 추구하는 바를 행하는 데 있다. 그럼 어떻게 이것을 이룰까? 자신의 충동이나 행동의 원천으로서 몇 가지 원리들을 가짐으로써. 어떤 원리들인가? 좋음과 나쁨에 관한 것들로서[5] 예를 들어 인간을 정의롭고, 절제하며, 용감하고, 자유롭게 하지 않는 것은 어떤 것이라도 인간에게 좋은 것이 아니며 앞에서 말한 것들과 반대로 하지 않는 것은 어떤 것이라도 인간에게 나쁜 것이 아니라는 것이다.[6]

의 삶의 거부')와 11.7("네가 현재 사는 그대로의 삶만큼 철학하기에 적합한 어떤 다른 삶도 있지 않다는 것은 얼마나 분명하게 납득되는 일인가!")에서 모순된다. 그는 이 점에 관해 이렇게 말한 바 있다. "내가 수사학이나 시학이나 다른 학문에서 크게 발전하지 못한 것(1.17.4)", 그리고 "내가 철학을 좋아하게 되었을 때, 소피스트의 손에 빠지지도 않았고, 논고를 쓰기 위해 앉거나 추론을 분석하거나 천체 현상에 대해 몰입하지 않은 것"(1.17.8)에 대해 신에게 감사한다고.

4 1.17, 7.67 참조.

5 인간의 적합한 본질과 구성에 대해서는 5.1 참조.

6 이것은 기이하고 다소 모순적인 항목이다. 한편으로 마르쿠스는 자신이 철학자가 아니며 앞으로도 철학자가 될 수 없을 것이라 말한다. 그는 2.17에 설명된 대로 철학자가 되기 위한 엄격한 기준을 충족할 수 없다. 아마도 그가 철학의 분야인 자연학 및 논리학에서 강하지 않

2 하나하나의 행위에서 스스로 물어보라.[7] "이것은 나와 어떤 관계가 있는가? 내가 그것을 후회하게 되지 않을까?" 오래지 않아 나는 죽고, 그동안의 일도 모두 지나가고 만다. 현재 내가 하는 일이 지성을 가진, 공동체적인, 신과 동일한 법 아래에 있는 인간의 일이라면[8] 그 이상 무엇을 원하겠는가.

3 알렉산드로스, 가이우스, 폼페이우스 등은 디오게네스, 헤라클레이토스, 소크라테스에 비하면 무엇일까?[9] 후자의 사람들은 사물이나 그 원인이나 그 질료인을 알고 있었고,[10] 그 지도적 이성은

기 때문일 수도 있다(7.67). 그럼에도 그는 남은 인생을 자연에 순응하며 덕에 따라 살 수 있다고 생각하지만 그것은 그가 이해한 철학적 삶은 아니다. 이것은 '철학적 원리'에 토대를 두고 있으니까. 여기서 그는 어떤 의미에서의 자책을 하고 있는데, 그의 자책은 그가 어떤 종류의 철학자가 아니라는 것이 아니라 결코 '만능 철학자'가 되지 못할 것이라는 후회로 읽어야 한다. 그럼에는 그는 우리를 이끌어 줄 유일한 것은 '철학'이라고 인정하고(2.17), 철학은 영혼의 치료(3.13, 5.9)를 해 주고, 위안을 가져오며(6.12), 자신의 내면으로 물러감(4.3.1)을 허락할 수 있다고 철학의 기능과 역할을 규정한다.

7   5.11, 10.37 참조.

8   인간과 신의 관계에 대해서는 6.44 참조.

9   철학자에 비해 장군의 상대적인 가치는 일반적인 논쟁 주제였다. 예를 들어 플루타르코스는 '군사적 또는 지적 공적이 아테나이에 더 많은 명성을 가져다주었는가'라는 제목의 논고를 썼다. 마르쿠스는 8.1에서와 같이 '세상과 철학에의 참여'의 양립 불가능성에 대해 반성하고 있다. 8.8도 여기의 주제와도 관련이 있다.

10   왕들과 정복자들에 대한 혐오에 대해서는 3.3, 9.29 참조. 우주의 모든 것은 물질적이며, 모든 것은 어떤 원인의 결과로 발생하고, 살아 있는 모든 것은 그 안에 내재된 고유한 원인과 원리를 가지고 있으므로 사물을 원인과 물질로 분석하는 것은 사물에 대한 중요한 부분을 이해하는 단순한 방법이다. 그러나 인과적 구성 요소와 물질적(질료적) 구성 요소 사이의 구분은 스토아적이며, 마르쿠스가 여기 열거한 철학자 중 어느 누구도 스토아 철학자가 아니다. 아마도 그는 스토아 자연학의 측면보다는 사물을 보는 상식적인 방식으로의 구분을 말하고 있는 것같다. 그 구분에 대해서는 5.13, 7.29, 8.3, 8.11, 9.25, 9.37, 12.10, 12.18, 12.29 참조.

그들 자신의 것[11]이었다. 이에 반하여 전자들은 얼마나 많은 것을 염려하고, 얼마나 많은 것에 대한 예속이 있었는가?[12]

4 네가 화가 나서 폭발했을 때, 그들[13]은 조금도 주저하지 않고 같은 일을 계속할 것이다.

5 무엇보다 우선 짜증을 내지 마라. 모든 것은 전체 자연을 따르고 있기 때문이다. 그리고 곧 너는 아무것도 아니게 되고, 어디에서도 없어진다. 마치 하드리아누스나 아우구스투스가 없어져 버린 것처럼. 다음으로 자신의 임무를 열심히 응시하고, 유심히 살펴보는 것이 좋다. 그리고 너는 좋은 사람이어야 한다는 것을 상기하고,[14] 인간의 자연 본성이 요구하는 바[15]를 한눈팔지 말고 행해라. 또한 너에게 가장 정의롭게 생각되는 것을 말하라. 다만 호의로,

---

11 autōn auta로 읽었다. auta(그들의 것), tauta(동일한 것, T사본)이나 autarkē(자기 충족적이다, 셴클), autonoma(자율적 혹은 독립적이다, Tannoy와 달펜)로 읽기도 한다. auta로 읽으면 "그들의 지도적 이성(정신)은 바로 그들의 것이었다"(즉 더 이상의 다른 어떤 것이 아니다)가 되고, autarkē로 읽으면 "그들의 지도적 이성은 자족적인 것이었다", 또 tauta로 읽으면 "그들의 지도적 이성은 동일한 것이다"로, 즉 원인 더하기 질료를 말하게 되는데, 원인은 정신과 질료는 신체와 연관되기 때문에 좀 곤란한 해석이 된다. auta는 의미상으로는 autarkē, autonoma와 그리 멀리 있지 않다.

12 얼마나 작은 자유를 가졌는가? 원인적 분석은 정신을 노예보다는 자기 충족적으로 만든다는 것이다. 그런데 사물을 원인과 물질로 적절히 분석했기 때문에, 어떻게 우리가 자기 충족적(또는 자율적으로) 될 수 있을 것인가? 이것은 명확하지 않은 것 같다.

13 '그들(사람들)'의 경멸적 사용은 앞에서 자주 나왔다(3.4, 4.6 참조).

14 '좋은 사람이 되라'라는 격려는 자주 나온다(4.17 참조). 의무 개념에 관해서는 6.2 참조.

15 5.1 참조.

조심스럽게, 숨김 없이.

6   전체의 자연은 그 임무로서 이 상태를 저 상태로 바꾸고 그것들을 변화시키며, 또 그것들이 있는 곳으로부터 그것들을 집어 올려 다른 곳으로 가져간다.[16] 만물은 변화하고 있다. 그러나 새로운 어떤 것이 출현할 것을 우려할 필요는 없다. 모든 것은 친숙한 것이며, 사물들에 할당된 운명 또한 동등한 것이다.[17]

7   모든 자연은 자기의 길을 바르게 걷는 것으로 만족한다. 이성적인 자연이 그 길을 올바르게 걷는 것은 다음과 같은 경우다. 즉 그 인상(표상)에서 거짓과 분명하지 않은 것에 승인하지 않고, 충동을 오직 공동체적인 유익한 일에만 향하게 하고, 그 욕구와 회피를 우리에게 달려 있는 것에만 한정하여[18] 보편적 자연에 의해 할당되는 것은 무엇이든 환영하는 경우다. 왜냐하면 마치 잎의 자연이 그 식물 전체 자연의 일부인 것처럼, 이성적인 자연 또한 보편적

---

16 7.23 참조. 이것은 세 가지 종류의 변화를 엄격하게 분류하려는 시도가 아니라 변화에 대한 강조적 설명인 것으로 보인다.

17 '친숙하다'는 것은 동일한 사물의 영원회귀를 말한다. 이 마지막 구절은 이해하기 어렵고 일부 편집자는 생략하기도 한다. 여기에서 '운명'이 다섯 가지 필수 속성(시간, 물질, 원인, 활동 및 경험)으로 설명되고 있다. 마르쿠스가 무언가를 작성하다가 다른 생각이 나서 다른 곳으로 옮겨 가는 바람에 급하게 생략한 채로 그대로 남겨 둔 것으로 보인다.

18 이 세 가지 마음의 작용에 대해서는 8.28 참조. 세네카는 철학 영역을 세 가지(가치, 충동, 행동)로 구별했고(『도덕서한』 89.14), 이를 이어받아 에픽테토스는 철학의 영역을 동의, 욕구, 충동으로 구별했으며, 마르쿠스도 에픽테토스를 좇아 철학의 세 영역의 구분을 받아들이고 있다. 이에 대해서는 김재홍, 「에픽테토스의 철학의 영역(topos)의 구별과 논리학 훈련의 중요성」, 2022 하반기 한국서양고전철학회 발표문(2022. 12.3) 참조.

자연의 일부이기 때문이다. 다만 전자에 있어서 잎의 자연은 감각이 없고 이성 없는 자연, 방해받을 수 있는 자연의 일부인 데 반해, 인간의 자연은 방해받을 수 없는 지성적이고 정의로운 자연의 일부다. 이 자연은 각자 모든 것에게 동등하고, 각각의 가치에 따라 응당한 시간, 실체, 원인, 활동, 사건(경험) 등의 몫[19]을 준다. 다만 이때 고려해야 할 것은 하나하나가 모든 것에서 동등한 것인지가 아니라 어떤 것에게 주어진 것이 전체적으로 다른 것에게 주어진 것의 총합과 동일한지의 여부다.

8 '책 읽기가 너에게 허용되지 않는다.'[20] 그러나 너는 오만한 행동을 억제할 수 있다. 쾌락이나 고통을 극복할 수 있다. 명예욕을 넘어설 수 있다.[21] 그러나 너는 무감각한 사람[22]들과 배은망덕한 사람들에게 화를 내지 않고, 게다가 그들을 돌봐줄 수 있다.

9 네가 궁정 생활에 대해 불평하는 것을 더 이상 아무도 듣지 않도

---

19 scala naturae를 사용하고 있다. 마르쿠스는 보편적 자연의 정의를 설명하고 있다. 정의에 대한 일반적인 정의(定義)는 '모든 사람과 모든 것에 합당한 각자의 몫을 주는 것'(cuiqui suum, 아리스토텔레스와 토마스 아퀴나스)이었다. 그래서 마르쿠스가 염두에 두고 있는 '동등성'의 유형은 고대인들이 '기하학적' 또는 '비례적 평등'이라고 불렀던 것이다. '산술적 평등'은 모든 것이 정확히 동일한 것을 얻는다는 점에서 민주적이다. '기하학적 평등'은 모든 것이 받을 만한 자격이 있거나 필요하다고 인식되는 것을 얻는다는 점에서 '능력주의'적이다.

20 2.3 참조. 지적 탐구와 덕의 실천적 삶을 대조한다. 8.1 참조.

21 덕은 무엇을 하든지 간에 수반되기 때문에 시간이 걸리지 않는다.

22 즉 어리석은 사람.

록, 너 자신도 네가 홀리는 말을 듣지 않도록 해라.[23]

10 후회는 뭔가 유익한 것을 놓친 것에 대한 일종의 자책이다. 마땅
히 좋은 것은 필연적으로 유익한 것이며, 아름답고 좋은 사람에
의해 추구되어야 한다. 그런데 아름답고 좋은 사람은 어떤 쾌락을
놓쳤다고 해서 결코 후회하지 않을 것이다. 따라서 쾌락은 유익하
지도 않고 좋지도 않은 것이다.[24]

11 이것은 그 자체로 고유한 구성에 있어 무엇인가? 그 실체적인 것
과 질료인은? 그 원인(형상인)은 무엇인가? 그것은 우주에서 무
엇을 행하는가?[25] 그것은 얼마 동안 존속할 것인가?[26]

12 잠자리에서 일어나기 힘들 때는 다음을 생각하라.[27] 공동체에 도
움이 되는 행위를 하는 것은 너의 구성 소질에 부합하는 것이며,
인간 내면의 자연 본성에 부합하는 것이지만 수면은 이성이 없는

---

23 좋은 삶이 궁정에서도 가능하다(5.16). 앞 장의 생각이 계속되고 있다. 외부 환경이 자신
의 삶을 더 낫게 혹은 더 나쁘게 만들도록 허용해서는 안 된다. 그것은 전적으로 너에게 달려
있다. 그러나 원정 중에도, 마르쿠스는 단순히 집의 안락함을 그리워할 수는 있을 것이다.

24 쾌락은 좋음이 아님을 추론하는 것에 대해서는 8.39 참조. 쾌락과 고통, 둘 다는 스토아
철학에서는 '아무런 관계가 없는 것들'에 속한다. 이것에 대해서는 *LS* 65 참조.

25 그 기능적인 면을 말한다.

26 마르쿠스는 여기서 질료와 원인에 의한 분석(4.21)을 조사를 통한 분석(3.11과 10.9)에
종속시킨다. 이 질문들은 8.7의 다섯 가지 속성을 연상시킨다. 올바른 판단은 올바른 도덕적
삶의 토대이기에 어떤 일에 너무 성급하게 동의하지 않도록 하는 것이 훈련의 요점이다.

27 5.1 참조.

동물에게도 공통된 것이다. 특히 각 개인의 자연에 의해 이루어진 것은 그 사람에게 더 고유한 것이고, 자연적으로 더 적합한 것이며, 따라서 무엇보다도 더 쾌적한 것이다.

13 지속적으로, 또 할 수 있는 모든 경우에 자신의 표상(인상)에 자연학, 윤리학, 변증술의 원리를 적용해 보라.[28]

14 네가 누구를 만나든 당장 자신에게 물어보라. '이 인간은 좋음과 나쁨에 관해 어떤 믿음을 갖고 있는가?'[29] 만일 그 사람이 쾌락과 고통, 그리고 그 양쪽을 만들어 내는 것, 즉 명예와 불명예, 죽음과 삶에 대해 어떤 믿음을 갖고 있다면, 그가 이러저러한 행동을 하는 것에 대해 나는 놀라지도 이상하게 생각하지도 않을 것이다.[30] 그리고 나는 그가 어쩔 수 없이 그렇게 행동할 수밖에 없다는 것을 기억할 것이다.[31]

---

28 즉 자연학자, 윤리학자, 논리학자가 되어 보라. 스토아학파는 철학을 자연학(phusio-logein)과 윤리학(여기서는 심리학으로 '정념에 대한 전문 지식'[pathologein]), 논리학(여기서는 '변증술'[dialektikeuesthai])으로 나누었다.

29 사람을 평가하는 마르쿠스의 일반적 방식이다. 7.26 참조. 좋음과 나쁨에 대한 올바른 지식은 좋은 사람의 삶의 버팀목이다.

30 5.17 참조.

31 이것은 소크라테스와 스토아의 주지주의다. 자신의 행동은 자신의 의견에 달려 있다는 것이다. 따라서 올바른 행동은 올바른 의견에 달려 있으며, 덕과 덕 있는 행동을 낳는 치료법은 의견을 바로잡는 것이다. 그래서 마르쿠스는——아마도 에픽테토스에게서 배운 것으로 생각되는——올바른 생각들을 기록하고, 또 그렇게 행하고 그것들을 반복함으로써 이를 의식에 고정시키는 것이 중요했다.

15 다음 일을 기억하라. 무화과나무가 무화과 열매를 맺는 것을 보고 놀라는 것이 부끄러운 일이듯[32] 우주가 본래 만들어 내야 할 이 특정한 것을 만들어 내는 것을 보고 놀라는 것은 부끄러운 일이다. 마찬가지로 의사나 키잡이가 환자에게 열이 나거나 역풍이 분다고 놀란다면 부끄러운 일이다.[33]

16 다음 일을 기억하라. 자신의 의견을 바꾸고 자신의 잘못을 교정해 주는 사람을 따르는 것[34] 또한 너의 자유를 손상하지 않는다. 왜냐하면 너의 충동과 판단, 그리고 물론 너의 지성에 따라 수행되는 행동도 너 자신의 것이기 때문이다.

17 만일 이 일이 네게 달려 있다면 왜 그걸 하느냐? 다른 사람에게 달려 있는 일이라면 누구를 탓할 것인가? 원자인가, 아니면 신들인가?[35] 어쨌든 미친 짓이야, 아무도 탓해서는 안 돼.[36] 네가 할 수 있다면 실수한 자를 바로잡아라.[37] 그것을 할 수 없다면 그 일 자체를 바로잡아라. 이것도 할 수 없다면 비난한다고 해서 네게 더 이상 무슨 이익이 있겠는가. 아무 일도 목적 없이 행해서는 안 되기

---

32 11.33 참조.

33 의사와 키잡이는 6.55에서도 반복된다. 마르쿠스가 이 마지막 두 가지 예를 추가한 것은 무화과나무의 비유가 어째서 그가 '부끄러움'에 대해 말했는지 설명하지 못하기 때문이라고 생각된다. 그가 '이 특정한 것'이라고 언급한 것이 무엇인지 아는 것이 도움이 될 것이다.

34 6.30, 7.5, 7.7 참조.

35 즉 에피쿠로스인가 스토아인가? 마르쿠스가 자주 반복 사용하는 선언적 문장 방식이다.

36 12.12("자연에 따라 일어나는 일에 대해서는 신들을 탓해서는 안 된다").

37 2.1, 2.13 참조.

때문이다.[38]

18 죽는 것은 우주 밖으로 떨어지지 않는다.[39] 그것이 이곳에 머문다면 여기서 다시 변화하고 해체되어 그 고유의 원소로 돌아간다. 그것은 우주의 원소이며 또한 너의 원소이기도 하다. 더욱이 이 원소들 역시 변화하며 중얼거리지 않는다.[40]

19 만물은 각각 어떤 목적을 위해 생겨났다.[41] 말도 포도나무도. 너는 왜 놀라는가? 태양(신)까지 말할 것이다. '나는 어떤 일을 완수하기 위해 태어났다'[42]라고. 그 밖의 신들[43]도 마찬가지다. 그럼 너는 무엇을 위해? 쾌락을 위해? 이 생각이 허용될 수 있는지 보라.[44]

20 자연은 개개의 것들의 시작과 과정뿐 아니라 그 종말도 자신의 목표 속에 넣었다. 예를 들어 공 던지기 놀이를 하는 사람의 경우처럼. 그런데 공이 위로 던져질 때 무슨 좋은 일이 있고, 낙하할 때

---

38 이 주장은 이 책 전체에서 지속적으로 얘기되는 주제다.

39 스토아적 입장에 따르면 우주는 무한한 허공으로 둘러싸여 있다. 허공은 물질의 부재이며, 정의상 거기에는 아무것도 있을 수 없다.

40 우주의 원소들의 변화와 순환. 2.3, 2.17, 3.3, 8.50 참조.

41 이 믿음의 문제에 대해서는 5.6 참조. 스토아 철학자들은 우주의 이성과 전반적인 신적인 계획을 지적함으로써 그것을 정당화했다.

42 6.43 참조.

43 별을 가리킨다.

44 에피쿠로스의 궁극적 좋음으로서의 쾌락의 입장을 거부하고 있다.

혹은 땅에 떨어졌을 때 무슨 나쁜 일이 있겠는가?[45] 물에 거품이 생길 때는 무슨 좋은 일이 있고, 꺼질 때는 무슨 나쁜 일이 있겠는가? 등잔의 불꽃에 대해서도 마찬가지다.[46]

21 (1) 그 몸을 뒤엎어 보고 어떤 것인지 알아봐라. 나이가 들면 어떤 것이 되는지. 병들었을 때는, 숨을 거둘 때는 어떤가.

(2) 인생은 짧다. 칭찬받는 자와 칭찬받는 자 모두에게. 기억하는 자와 기억되는 자 모두에게. 더구나 다 이 지역의 이 작은 한구석에서의 일.[47] 게다가 모두가 서로 의견이 일치하는 것도 아니고, 개인조차 한 사람으로서 자기와 의견이 일치하는 사람은 없다.[48] 또 지구 전체는 한 점에 불과하다.

22 (1) 눈앞의 일, 행동, 믿음 또는 의미 있는 것에 주의를 기울이라.

(2) 네가 그런 일을 당하는 건 당연하다. 너는 오늘 좋은 사람이 되기보다는 내일 되자는 거니까.[49]

23 나는 무슨 일을 행하고 있는가? 나는 이것을 인류의 좋음과 관련

45 9.17 참조.
46 7.23, 9.17 참조.
47 3.10, 4.3 참조.
48 그러니 칭찬이 결코 만장일치나 마음을 다해 이루어질 수 없는 노릇이다.
49 3.4.3('도덕적 진보'), 4.17('좋은 자가 돼라') 참조.

시켜서 이룰 것이다. 무슨 일이 나에게 생기느냐? 나는 이것을 신들과 관련시키고, 일어나는 모든 것이 거기서 서로 엮이게 되는 만물의 원천과 관련시켜서 받아들인다.[50]

24   목욕에 대해 네가 떠올릴 수 있는 것──올리브기름, 땀, 때, 걸쭉한 물. 이와 같은 온갖 역겨운 것들. 이와 같은 것이 인생의 모든 부분이며, 모두 눈앞에 와닿는 것이다.[51]

25   루킬라[52]는 베루스를 매장하였다. 다음은 루킬라 차례였다.[53] 세쿤다[54]는 막시무스를 매장하였다. 다음은 세쿤다 차례였다. 에피튕카노스는 디오티모스[55]를, 다음은 에피튕카노스 차례였다. 안토니누스는 파우스티나[56]를, 다음은 안토니누스 차례였다. 언제

---

50   마르쿠스는 9.31, 10.11, 12.32에서 능동적일 때와 수동적일 때 어떤 태도가 올바른지 고려하고 있다. 자신의 운명을 기꺼이 받아들이는 의무.

51   5.10.2 참조. 세네카, 『도덕서한』 107.2 참조. 세상적인 것에 대한 경멸은 되풀이되는 주제지만 이것은 가장 구상적인 생생한 표현 중 하나다. 로마인들은 정기적으로 목욕을 즐겼지만 우리는 마르쿠스가 전쟁 와중에 이 글을 썼다는 것을 기억해야 한다. 철학적 관점에서 그는 신이 부여한 모든 것을 환영하라고 촉구하면서도 사람과 사물에 대한 그의 혐오 사이에 반복되는 긴장이 있다. 이것도 인간의 넘어설 수 없는 한계 아닌가?

52   마르쿠스의 어머니. 마르쿠스의 어머니 도미티아 루킬라와 아버지 안니우스 베루스에 대해서는 1.2, 1.3 참조.

53   장례를 치르는 것이 아마도 그들 각자가 서로에게 한 일일 것이다(4.48, 4.50 참조). 마르쿠스의 속기(速記)인 텍스트의 헬라스어에는 동사가 없다.

54   세쿤다는 아마 막시무스의 아내일 것이다. 막시무스에 대해서는 1.15 참조.

55   이 두 사람에 대해서는 알 수 없다. 후자는 8.37의 맥락에서 보면 하드리아누스 황제의 해방 노예일지도 모른다.

56   암모니아 갈레리아 파우스티나(140년경 죽음). 마르쿠스를 입양한 안토니누스 피우스

든 이와 똑같다. 켈레르는 하드리아누스[57]를 매장하였고, 그다음은 켈레르[58] 자신이었다. 또 저 명민한 사람들, 선견지명이 있던 사람들이나 오만한 사람들은 어디에 있는가? 예를 들어 카락스[59]나 [플라톤학파의 사람] 데메트리오스와 에우다이몬과 같은 그러한 명민한 자들.[60] 모두가 하루살이이며 이미 오래전에 가 버렸다. 어떤 사람은 잠시도 기억에 남지 않고, 어떤 사람들은 옛이야기가 되었고, 어떤 사람들은 옛이야기 속에서도 이미 사라져 버렸다.[61] 그러니 기억하라. 너라는 복합물은 어쩔 수 없이 산산이 흩어져 버리거나 숨이 꺼져 버리거나 아니면 장소를 바꾸어 다른 곳에 옮겨 가거나[62] 한다. 이 중 하나가 그대의 운명이다.

26 인간의 기쁨은 인간 고유의 일[63]을 이루는 데 있다. 인간 고유의 일이란 동족에 대한 호의, 감각적 움직임에 대한 경멸, 믿을 만한

황제의 아내.

57 황제로 생각되지만 같은 이름의 연설가일지도 모른다.

58 카니우스 케렐르는 마르쿠스와 루키우스 베루스의 헬라스어, 수사학 교사일 수 있다.

59 아마 페르가몬 출신의 스토아 철학자. 네로와 그 후계의 황제에 대한 역사서를 저술한 것으로 알려져 있다.

60 이들에 대해서는 정확히 알려진 바가 없다. 이러한 맥락에서 저명인사라고 하면 칼리굴라와 베스파시아누스 황제 시대에 활약한 견유학파 철학자이므로 '플라톤학파의 사람'은 잘못 끼어든 것으로 보인다.

61 4,32 참조.

62 마르쿠스는 여기서도 자신에게 모든 범위의 사후 가능성을 주고 있다. 분산('산산이 흩어짐')은 에피쿠로스학파의 선택지이고, 다른 두 개는 스토아학파와 호환될 수 있다.

63 5,1, 6,2 참조.

인상의 참 거짓 식별,[64] 전체의 자연 및 이에 따라 생성되는 일들의 관조다.

27 세 가지 관계. 첫째, 자신을 담고 있는 그릇과의 관계.[65] 둘째, 모든 사람에게 만물의 원천이 되는 신적 원인과의 관계. 셋째, 함께 살아 나가는 사람들과의 관계.[66]

28 고통은 육체에 나쁜 것이거나—그렇다면 육체가 그렇다고 말하도록 하는 게 좋다[67]—그렇지 않다면 영혼에게 나쁜 것이다. 그러나 영혼은 자기 자신의 맑고 깨끗함과 고요함을 보존하고 고통을 나쁜 것으로 생각하지 않을 수 있다. 왜냐하면 모든 판단과 충동, 욕구와 회피(혐오)는 우리의 내면의 일이지 [나쁜] 그 어떤 것도 그곳으로 올라갈 수 없기 때문이다.[68]

---

64 옳은 행동을 위해 인상(phantasia)을 식별하는 것은 매우 중요하다(5.20 참조).

65 육신에 대하여 10.38 참조. 스토아 철학자는 이 지구에 살아야 했으므로 자신의 몸과 관계를 맺어야 했다. 그러나 그들은 몸의 기능과 필요를 중요하게 여기거나 '부드럽거나 강렬한 움직임'(5.26)으로 마음을 산만하게 할 필요는 없었다.

66 마르쿠스는 사람의 삶에 영향을 미치는 모든 중요한 관계를 다 드러내기 위해 이 세 가지 관계로 나누었을 것이다. 인간은 정념과 육체적 감각이 아닌 오직 이성에 의존해야 할 의무가 있다. 우리는 신들에 대한 의무가 있으며 그들의 일을 영속시킬 의무가 있다. 우리는 다른 사람들에게 호의로 대할 의무가 있다. 그는 세 가지 관계를 얼마나 성공적으로 처리하고 있는지를 묻고 있다. 1.12 참조. '의무'는 일반적으로 사회적 관계에 의해 측정된다. "그는 아버지다. 그를 돌보고, 모든 일에서 그에게 내맡기고, 꾸짖고 때릴 때에도 참아 내는 것이 너에게 의무로 지워진다"(에픽테토스, 『엥케이리디온』 제30장).

67 7.33 참조.

68 내면으로 돌아서는 연습을 하는 경우에 대해서는 7.28, 7.33 참조. 이어지는 다음 항목은 이것의 연속이다.

29 너의 인상(표상)을 없애 버려라.[69] 그때 끊임없이 너 자신에게 다음과 같이 말하게 하라. '지금 이 영혼 속에 어떤 악의도, 어떤 욕망도, 마음을 어지럽히는 어떤 것도 전혀 존재하지 않게 할 수 있는 것은 나의 생각에 달렸다. 오히려 모든 것을 있는 그대로 보고, 각각의 것을 그 가치에 따라 사용할 수 있는 것이다.'[70] 자연이 너에게 부여한 이 능력을 기억하라.

30 원로원에서 말하거나 또 어떤 사람들에게 말할 때 정연하게, 명료하게 이야기할 것. 건전한 말씨를 사용하는 것.

31 아우구스투스의 궁정 사람들——그 아내,[71] 딸,[72] 자손,[73] 조상,[74] 자매,[75] 아그립파,[76] 친척, 가솔들, 친구, 아레이오스,[77] 마이케나스,[78]

69 7.17, 7.29, 9.7 참조.

70 3.11 참조.

71 그의 세 번째 아내 리위아 드루실라(기원후 58~29년).

72 둘째 아내 스크리보니아와의 사이에서 태어난 그의 외동딸 율리아(기원전 39년~기원후 14년).

73 옥타위아의 아들 마르쿠스 클라우디우스 마르켈루스(기원전 42~23년), 율리아와 아그립파의 아들 가이우스 카이사르(기원전 20년~기원후 4년)와 루키우스 카이사르(기원전 17년~기원후 2년). 이들의 요절이 아우구스투스 체제 계승에 심각한 그림자를 드리웠다.

74 원어의 또 다른 뜻인 의붓아들로 이해한다면 리위아의 전남편 소생의 티베리우스 클라우디우스 네로(제2대 로마 황제 재위 후 14~37년)와 그 동생인 네로 클라우디우스 드루수스(기원전 38~39년).

75 옥타위아(기원전 66~11년). 두 번째 결혼에서 마르쿠스 안토니우스에게 시집갔다. 기원전 23년 아들 마르켈루스의 갑작스러운 죽음으로 집에서 쓰러졌다.

76 마르쿠스 위프사니우스 아그립파(기원전 12년 죽음). 뛰어난 무장으로 옥타비아누스를 충실히 섬겼고, 그의 딸 율리아와 결혼했다.

의사들, 사제들. 이 사람들은 한 사람도 남지 않고 죽었다. 다음으로 다른 예로 눈을 돌려 보라. 그것도 한 인간의 죽음이 아니라, 예를 들어 폼페이우스[79] 일족 전체의 죽음이다. 또 묘비에 기록된 그 말 '그 가문의 마지막 사람'을 떠올리면 좋다. 그 인간 조상들이 누군가 상속인을 남기려고 얼마나 노심초사했을까. 그러나 결국에는 어떻게든 누군가가 마지막 사람이 되어야 했다. 그렇다면 한 가문 전체의 죽음이 재현된 것이다.

32 네 인생을 구축하려면 하나하나의 행동부터 해야 한다. 그리고 그 하나하나의 행동이 가능한 한 그 목적을 달성한다면 그것으로 만족해야 한다. 하나하나의 행동이 그 목적을 달성하는 것을 방해할 자는 아무도 없을 것이다. '그런데 바깥쪽에서 어떤 장애가 생길 것이다.' 하지만 네가 정의롭고, 절제하며, 올바른 판단을 갖고 행동하는 것을 방해하는 것은 아무것도 없다.[80] '그렇지만 무언가 다른 형태의 행동이 방해가 된다면 어떻게 할 것인가.' 그 경우에는 그 장애를 기꺼이 받아들이고, 분별 있게 허용되는 것으로 전환함

---

77 아레이오스 뒤티모스(기원전 1세기 말). 알렉산드리아 출신 스토아 철학자로 아우구스투스 가문을 섬기며 리위아에게 드루수스의 죽음을 위로하는 글을 썼다. 그가 저술한 스토아학파와 페리파토스학파 윤리학 개설서가 기원후 5세기 편집자 스토바이오스의 『발췌집』에 보존되어 전해지고 있다.

78 가이우스 키르니우스 마이케나스(기원전 8년 죽음). 아그립파와 나란히 옥타비아누스의 맹우(盟友)로서 외교나 내정 면에서 보좌를 담당했다. 호라티우스, 베르길리우스 등의 문인들을 보호한 것으로 유명하다.

79 폼페이우스 자신과 그의 직계 가족 모두는 기원전 1세기 아우구스투스의 단독 통치로 이어진 로마 내전 중에 사망했다.

80 5.34 참조.

으로써 즉시 다른 행동, 즉 앞에서 내가 말하던 인생 구축에 부합하는 행동으로 이를 대신할 수 있을 것이다.[81]

33 오만하지 않게 받고, 흔쾌히 내어 주라.

34 어쩌면 너는 본 적 있을 것이다. 손 또는 다리가 잘린 것을, 또는 목이 잘려 나머지 신체와 약간 떨어진 곳에 누워 있는 것을. 일어날 일을 원하지 않거나[82] 자신을 다른 사람들로부터 분리시키거나 반공동체적인 어떤 행동을 취하는 사람들은 자신을 그와 같은 사람으로 만드는 것이다. 어떤 점에서 너는 자연에 따른 하나로 모아진 통일성 밖으로 너 자신을 내던져 버린 것이다. 너는 태어날 때부터 자연의 일부분이었다. 그런데 현재는 자신을 떼어 내버린 것이다. 단, 여기서 멋진 것은, 네가 다시 자신을 전체의 통일성으로 되돌리는 것이 허용된다는 것이다.[83] 애초에 일단 뿔뿔이 흩어졌던 것이 다시 원래대로 모인다는 것. 신은 다른 어떤 부분에도 이것을 결코 허용하지 않았다. 그러나 보라, 영광스럽게도 신이 인간에게 쏟아 주신 자애를. 신은 인간에게 전체에서 결코 떨어지지 않게 하는 힘을 주고, 또 설령 떠나더라도 다시 제자

---

81 4.1. 6.50. 8.35 참조. 따라서 스토아주의자들은 장애물이 발생할 수 있음을 받아들이고 '유보적으로'(meth' hpexaireseōs) 행동하기 때문에 동요하지 않고 침착하게 방향을 바꾸고 가능한 일을 수행하게 된다.

82 즉 자신의 운명을 받아들이는 것을 거부하는 것.

83 11.8 참조. "자연에서 벗어나면 욕망하고, 두려워하며, 운의 노예가 될 수밖에 없다. 우리는 정상 궤도로 돌아갈 수 있고, 건전한 상태를 회복할 수 있다"(Licet reverti in viam, licet in integrum restitui)(세네카, 『도덕서한』 98.14).

리로 돌아와 함께 자라며 전체 속의 한 부분으로서의 위치를 다시 차지할 수 있게 해 주신 것이다.

35 이성적 동물의 자연이 각각의 이성적 동물에게 거의 모든 다른 능력을 주었듯, 우리는 다음과 같은 능력을 이 자연으로부터 부여받았다. 즉, 마치 이 자연이 자기에게 간섭하는 것이나 반대하는 것을 모조리 자기의 목적에 맞게 형성하고, 운명이 정한 질서 속에 자리를 정하여 자기의 일부로 만들어 버리듯, 이성적 동물도 모든 장애물을 자신을 위한 재료로 만들어 자신이 추구하던 목적을 위해 그것을 사용해야 한다는 것이다.[84]

36 너의 전 생애를 마음속에 떠올리며 마음을 어지럽히지 마라. 어떤 고생을 겪었고, 얼마나 많은 고생이 기다리고 있을지 마음속으로 한꺼번에 추측하지 마라.[85] 오히려 하나하나 현재 일어나는 일들에 관련해서 자신에게 물어보라. [눈앞에 벌어진] 이번 일에서 견디기 어렵고 또 감당할 수 없는 것이 무엇인가? 정말 그렇다고 인정하는 것을 너는 부끄러워할 테니까. 다음을 스스로 상기하는 것이 좋다. 너에게 짐이 되는 것은 미래도 아니고, 과거도 아니고, 항

---

84 4.1, 5.20, 6.50, 7.58 참조. 우리는 8.32에서처럼 장애물을 처리하고 이를 자신의 이익으로 바꾸는 방법에 대한 반복되는 주제를 다시 만나고 있다. 마르쿠스는 전쟁 중이었고, 다른 사람들과 끊임없이 협상해야 했기 때문에 의심할 여지없이 매일같이 많은 장애물을 만났을 것이 틀림없다.

85 7.8 참조.

상 현재[86]라는 것을. 하지만 현재도 그것만을 떼어 놓고 생각해 보면 작은 일이 되고 만다. 또 그런 가벼운 것에도 맞서지 못할 경우에는 자신의 마음을 탓하고 나면, 결국 그것은 아무것도 아닌 일이 되고 만다.[87]

37   판테이아[88] 또는 페르가모스[89]는 그들 주인의 뼈항아리 옆에 오늘날에도 여전히 앉아 있을까. 카브리아스나 디오티모스[90]도 하드리아누스의 항아리 옆에 앉아 있을까. 가소로운 이야기다. 그러면 무엇인가? 만일 그들이 계속 앉아 있었다면 주인들은 눈치챘을까. 만일 깨달았다면 기뻐했을까. 만일 기뻐했다면, 그래서 이 하인들은 불사신이 될까. 그들 또한 노파나 노인이 되도록 처음부터 운명지어지고, 그다음에 죽도록 정해져 있지 않았던가? 이 사람들이 죽어 버리면, 그 후 그 주인들은 도대체 어떻게 해야 할까.[91]

---

86   마르쿠스는 시간에 관한 철학적 이론에 관심이 없다. 그는 (1) 과거를 기억하거나 미래를 내다보는 데 따르는 부정적인 감정을 피하기 위해서, 또 (2) 현재만이 우리가 행동할 수 있는 유일한 시간이기 때문에 현재 순간을 강조한다. 과거도 미래도 아닌 현재만이 우리가 통제할 수 있는 유일한 시간이다. 현재는 우리가 가진 전부며(2.14, 3.10, 12.26[끝부분]), 과거의 기억과 미래에 대한 기대로 우리 스스로 짐을 짊어짐으로써 현재 상황을 악화시키는 경향이 있다(R. Waterfield).

87   여기서 마르쿠스는 현재와 과거 또는 미래 사이의 모든 관계를 '벗겨 냄'으로써 마음의 불안으로부터 벗어나고자 한다.

88   스뮈르나 출신으로 공동 황제였던 루키우스 베루스의 정부.

89   아마도 루키우스 베루스를 섬긴 해방 노예.

90   아마도 하드리아누스 황제의 해방 노예. 후자에 대해서는 8.25 참조.

91   반복적인 이야기이지만 죽은 사람이 생존을 위해 산 사람의 기억에 의존하나 기억을 간직한 사람마저도 곧 죽는다는 사실. 그러나 마르쿠스는 죽은 사람이 쾌락을 느끼는 것에 대한 반사실적 이야기를 통해 이야기를 이상하게 이끌어 가고 있다. "사실 우리는 모든 것 중에

38 이 모든 것이 악취요, 가죽 자루에 가득 찬 썩은 피와 같다. 너에게 날카로운 눈이 있다면, 속담에 있듯이 '가장 [현명하게 판단하면 서]' 보라.[92]

39 이성적 동물의 구성 소질에서 정의와 양립할 수 없는 덕은 찾아볼 수 없다. 그러나 쾌락과 어울리지 않는 것으로는 절제가 보인다.[93]

40 자신을 괴롭힌다고 생각하는 것에 대한 너의 의견을 없애 버리면 너 자신은 가장 안전한 곳에 있게 된다.[94] '자신이란 무엇인가?' 이성을 말한다. '하지만 나는 이성이 아니다.' 그러면 됐다. 하지만 적어도 이성이 스스로를 괴롭히지 않도록 하라. 그러나 너의 다른 부분이 고통을 당할 경우에는 그 부분 자체가 너 자신에 대한 의견을 가지면 된다.

41 감각의 방해는 동물적 자연에 나쁜 것이다. 마찬가지로 충동의 방해는 동물적 자연에 나쁜 것이다. 마찬가지로 다른 어떤 것이 식

서 가장 불쾌하고 부정한 육체를 사랑하고 보살핀다. 닷새라도 이웃의 육체를 돌보아야 한다면 참을 수 없을 것이다. 이른 아침에 일어나 남의 이를 닦아 주거나 뭔가 부득이한 사정으로 그 사람의 국부(局部)를 씻는 일이 어떤 것인지 생각해 보는 것이 좋다. 매일 이렇게 돌보는 것을 좋아하는 것은 정말 놀라운 일이다. 이 포대를 채우고, 다시 비운다. 이토록 성가신 일이 있을까? 나는 신을 섬기지 않으면 견딜 수 없다"(에픽테토스, 「단편」, 23[셴클]).

92 C.R. Heines에 따른다.

93 8.10 참조. 정의를 목표로 삼으면 모든 덕이 목표를 뒷받침한다. 쾌락을 목표로 삼는다면 그렇게 되지 않을 것이다.

94 8.47, 8.48 참조.

물의 구성 소질에 방해가 되고 나쁠 수 있다. 마찬가지로 지성의 방해는 지성적 자연에 나쁜 것이다.[95] 이상의 것을 모두 너 자신에게 적용해 보라. 고통이나 쾌락이 너에게 영향을 미친단 말이냐? 그것은 감각이 살필 일이다. 어떤 충동을 느껴 행동하려다 장애를 만났단 말인가? 네가 유보 조건 없이(anupexairetōs) 충동을 따른다면[96] 그것은 이성적 동물로서 너에게 이미 해가 되는 것이다. 그러나 네가 그 방해를 보편적인 제한으로 받아들인다면[97] 너에게 아직 아무런 손해도 없고 또 너는 방해도 받지 않는다.[98] 애초에 지성의 고유한 활동은 (너 자신을 제외하고는) 다른 외적인 사람에 의해 방해를 받지 않는다. 불도, 쇠도, 폭군도, 비방도, 그와 같은 그 어떤 것[99]도 이것을 건드리지 못하기 때문이다. 일단 공 모양[100]이 되면 어디까지나 둥근 모양으로 남아 있다.

---

95 식물에서 동물, 인간에 이르기까지 scala naturae(자연의 위계).

96 6.50 참조.

97 '유보 조건'을 걸어서, 즉 장애물이 있을 것이라고 예상했다면.

98 스토아학파의 '유보 조건'에 대해서는 4.1 해당 각주 참조. 즉 너는 방향을 바꾸기 때문에 방해를 받지 않는다.

99 4.39와 8.51에서 같은 점에 대한 비슷한 강렬한 표현을 참조. 따라서 '팔다리를 잡아 늘이는 고문용 수레바퀴 위에서도 만족할 수 있다'는 유명한 스토아학파의 역설을 상기하라! '처음 죽음에 직면하는 것이 다시 죽음에 직면하는 것만큼 더 큰 용기가 요구되는 것이 아니다'(세네카, 『섭리에 대하여』 2.12). "네로가 목을 베라고 명령했을 때, 라테라노스가 로마에서 했던 것처럼 너의 목을 기꺼이 내밀지 않겠는가? 그는 자신의 목을 내밀고 내려침을 받고, 그것이 너무 약한 것으로 드러나자 잠시 움츠렸다가 다시 자신의 목을 내밀었던 것이다"(에픽테토스, 『강의』 1.1.19).

100 엠페도클레스의 「단편」 27 또는 「단편」 28(DK)의 일부("둥근 스파이로스[공, sphairos]는 주변을 감싸는 고독(moniē)을 즐기고"[심플리키오스, 스토바이오스]), 11.12("영혼의 공 모양…"), 12.3에서 다시 인용됨. 마르쿠스는 완벽한 자급자족과 난공불락의 이미지로 문맥에

42 나는 나 자신을 괴롭힐 자격을 가지고 있지 않다. 아직까지 나는 다른 사람을 의식적으로 괴롭힌 적이 없으니까.

43 어떤 것은 어떤 사람을 기쁘게 하고, 또 다른 것은 다른 사람을 기쁘게 한다. 나의 지도적 이성을 건전하게 유지하고, 이것이 어떤 인간에 대해서도, 또 인간에게 일어나는 어떤 일에도 거부감을 표하지 않고, 오히려 모든 것을 호의의 눈으로 바라보고, 모든 것을 받아들이고, 모든 것을 각각의 가치에 따라 이용하는 것이라면 그것이 나의 기쁨이다.

44 현재의 이 시간을 자신에게 주는 선물로 주도록 하는 것이 좋다. 그보다는 사후의 명성을 추구하는 쪽을 택하는 사람은 다음의 사실을 깨닫지 못한다. 즉 후세 사람들도 현재 무거운 짐을 지고 있는 사람들과 똑같은 인간이며, 역시 죽어야 할 인간이라는 것이다. 어쨌든 그 사람들이 너에 대해 이러한 반향을 나타내거나 너에 대해 이런저런 의견을 가진다고 해도 그것이 도대체 너에게 무엇인가.[101]

서 벗어난 단편을 인용하고 있지만 정확하게 인용하고 있는 셈이다. 그것은 '단순성'에 대한 자신의 간헐적인 요구에 부응하며, 우주가 그 자체로 외부에 아무것도 없는 완전한 것으로서 존재한다는 스토아적 개념과 일치하고 있고, 사실상 마르쿠스가 다른 곳에서 '내부 성채'(아크로폴리스, 4.3, 8.48)라고 부르는 것에 대한 또 다른 은유다.

101 4.19 참조. 사후 명성을 추구하는 '사람들' 중에 마르쿠스 자신도 포함되고 있을까? 그는 '현재'를 자신에게 할당된 시간의 선물로 만듦으로써, 그러한 문제로 인한 걱정에서 벗어나 자신의 삶을 안정적으로 누리라고 스스로에게 충고하고 있다.

45   (1) 나를 집어 들어 네가 원하는 곳으로 어디든 던져라. 나는 거기서도 내 다이몬을 평정하게 유지할 것이다.[102] 평정이란 곧 자신이 자신의 구성 소질에 합당한 태도와 행동을 취한다면 그것으로 만족한다는 뜻이다.

(2) 이 일[103] 때문에 나의 영혼이 고통받고, 진정한 자기보다 더 나빠지고, 못나게 되고, 게걸스럽게 먹고, 빠져 허우적대고, 두려움에 질리게 될 정도로 이 일이 가치 있는 일인가. 도대체 이럴 만한 가치를 가진 것을 네가 발견할 수 있을까?

46   인간에게는 인간적이지 않은 일이 일어날 수 없다. 또 황소에게는 황소에게 적합하지 않은 일이 일어날 수 없다. 포도나무에는 포도나무에 적합하지 않은 일이 일어날 수 없다. 또 돌에도 돌에 고유하지 않은 일이 일어날 수 없다. 각각의 것에 통상적이고 자연스러운 일만 일어난다면[104] 왜 너는 불만을 품는가? 보편적 자연은 네가 견딜 수 없는 어떠한 것도 가져다주지 않았잖는가.[105]

47   네가 어떤 외적인 것으로 괴로워한다면 너를 괴롭히는 것은 그 자

---

102   2.13 참조.

103   즉 (1)에서 일어난 일.

104   10.20 참조.

105   마르쿠스는 여기서도 scala naturae에 따라 인간, 동물, 식물, 무생물과 같은 단계에서의 실재물을 열거하고 있다. 이성적인 동물에게 유일하게 견딜 수 없는 것은 비이성적인 것이다. 이치에 맞는 것은 견딜 수 있다(에픽테토스, 『강의』 1, 2, 1)

체가 아니라 그것에 관한 너의 판단이다. 그런데 그 판단을 금세 없애 버리는 것은 너에게 달려 있다.[106] 또 너를 괴롭히는 것이 너 자신의 성격에 있는 그 무엇이라면 너의 믿음을 바로잡는 것을 누가 방해하겠는가? 마찬가지로 너에게 건전하다고 생각되는 특정한 행동을 하지 않았기에 고통받고 있다면 그렇게 고통받는 대신에 왜 그 행동을 하지 않는 것이냐? '하지만 제가 이겨 내기 어려운 장애물이 가로막고 있어요.' 그렇게 괴로워하지 마라. 그 행동을 하지 못하는 탓이 너에게 있는 것이 아니니까. '하지만 그 일을 하지 않고서는 인생을 살 만한 보람이 없어요.' 그렇다면 인생을 떠나라. 하고 싶은 일을 해내고 죽는 자처럼, 호의의 마음을 갖고, 동시에 장애물에 대해서도 온화한 마음을 갖고 떠나라.[107]

---

106 8.29 참조.

107 자살에 대해서는 3.1, 5.29 참조. 에픽테토스의 자살에 대한 입장에 관련해서는 1.2.1~11, 1.24.20("그러나 중요한 것은 이런 것이네. 문이 열려 있다는 것을 기억하라. 아이들보다 더 겁먹지 말고, 아이들이 놀이가 더 이상 즐겁지 않을 때 '나는 더 이상 놀이를 하지 않을래'라고 말하는 것처럼 너는 그들과 마찬가지로 상황이 너에게 그렇게 보일 때 '나는 더 이상 놀이를 하지 않을래'라고 말해야만 하고, 또 떠나가야만 하네. 허나, 네가 머문다면 신음을 멈춰라"), 1.25.18, 2.1.19, 2.15.4~12, 3.6("신은 너를 위해 문을 열어 놓았다"), 3.13.14 등 여러 대목 참조. 에픽테토스는 세네카와 달리 자살을 '스토아적 자유의 최고의 검토', '자유를 위한 궁극적 정당화', '유일한 참된 자유 행위'로 간주하지 않는다. 에픽테토스가 '합당한 이유 없이 굶어 죽기로 결심한 어떤 친구'를 말리는 성공적인 노력을 이야기하는 2.15.4~12 참조. "'죽음을 위한 연습': 이것을 말하는 사람은 우리에게 우리의 자유를 연습하라고 말하고 있네. 죽음을 배운 사람은 노예 본성을 배우지 않았던 사람이네. 죽음은 모든 권력 위에 있으며 확실히 모든 것 너머에 있기 때문이네. … 그 문은 언제나 자유이네"(세네카, 『도덕서한』 26.10). "네가 둘러보는 곳마다 네 고통의 끝이 있네. 저 절벽이 보이는가. 내려가는 길은 자유로의 길이네. 저 바다, 저 강, 저 우물이 보이는가. 자유는 그 깊숙한 곳, 거기에 있네. 뭉툭하고, 오그라들고, 메마른 저 나무가 보이는가. 자유가 거기에 매달려 있네. 너 자신의 목, 목구멍, 심장이 보이는가? 그것들은 노예로부터의 탈출구네. 네가 보여 주는 출구가 너무 힘든 것인가? 그것들이 너무 많은 정신의 힘을 요구하는가? 너는 자유에 이르는 길이 무엇인지 묻고 있느냐?

48 기억해 두라. 우리의 지도적 이성이 정복될 수 없는 것이 되는 것은 어떤 때인가 하면, 그것이 자신 속으로 집중되고,[108] 비록 그 반대가 이성적이지 않은 때[109]에도 그렇지만, 자기가 원하지 않는 일을 하지 않고, 만족하는 경우다. 하물며 어떤 것에 관하여 이성적으로 잘 살펴본 후에 판단하는 경우에는 어떠하겠는가? 이 때문에 격정으로부터 해방된[110] 정신(dianoia)은 하나의 성채(城砦, 아

네 몸의 모든 혈관"(세네카, 『분노에 대하여』 3.15.4). 스토아 철학자들의 '자살' 논의를 종합적으로 정리하고 있는 J. M. Rist, *Stoic Philosophy*, Cambridge, 1969, pp. 233~255('suicide'); M. T. Griffin, Philosophy, Cato, and Roman Suicide I & II, *Greece and Rome* 33, 1986, pp. 64~77, pp. 192~202; 칸트는 어떤 사람에게 동일한 상황에서 행하는 것이 옳지 않다면 그것은 옳은 일일 수 없다고 주장한다. 칸트의 주장은 대단히 스토아적이다. 그러나 스토아 철학에서의 '개인'에 대한 이해는 칸트의 주장과 다르다. 스토아의 자살에 대한 칸트의 비판에 관해서는 김재홍의 '생명: 메멘토 모리, 죽음의 미학'(『아주 오래된 질문들—고전철학의 새로운 발견』, 한국철학사상연구회, 정암학당, 동녘, 2017) 참조.

108 혹은 물러나.

109 지도적 이성이 '비이성적이라 함'은 통제하는 '사령부'가 없다는 신호가 아니라 오작동한다는 신호다. 10.13 참조. 마르쿠스가 기독교도들의 '단순한 반항'을 염두에 두고 있었을까?(11.3 참조) 군사적 용어가 나오는 것은 마르쿠스가 늘 전장에 매여 있기 때문이리라. 에픽테토스는 기독교인(갈릴리인)을 황제 숭배를 거부하는 비뚤어지고 반항적인 성격으로 널리 알려진 것으로 언급하고 있다. "그렇다면 사람이 광기에 의해서 앞서 말한 것들에 대해 그러한 마음 상태가 되고, 갈릴리아인들은 자신들의 습관에 의해서 같은 마음의 상태가 될 수 있는데, 이성과 논증에 의해서는 신이 우주 안의 모든 것과 우주 자체는 전체적으로 방해받지 않고 자족적인 일을 하면서, 부분은 전체의 이익을 위해서 이바지하는 것임을 아무도 알 수 없는 것일까?"(에픽테토스, 『강의』 4.7.6). 신앙 때문에 태연히 책형(磔刑)에 처해 죽임을 당했던 당시의 기독교인들은 에픽테토스의 눈에는 광신자로 보였을 것이다. 마르쿠스도 제11권 3에서 같은 견해를 피력한다("[혼이 신체에서 풀려나 소멸되든지 분산되든지 하는] 이러한 준비는 자신의 내적 판단에서 나와야지, 기독교도들처럼 단순한 고집스러운 반대(psilē parataxis)에 따라서는 안 된다"). 혹자는 마르쿠스의 경우에 기독교인에 대한 언급을 후세의 삽입으로 간주하기도 한다.

110 즉 자유로운 정신(hē eleuthera dianoia).

크로폴리스)다.[111] 일단 그곳에 피난하면 이후 난공불락(難攻不落, analōtos)으로 인간에게 그보다 안전하고 견고한 장소는 없는 것이다.[112] 그러므로 이를 깨닫지 못한 자는 무지하고, 이를 깨닫고도 그곳으로 피신하지 않는 자는 불행하다.

49 첫 번째 인상이 보고하는 것 이상의 것을 일체 자신에게 말하지 마라.[113] 이러저러한 사람이 너를 나쁘게 말하더라는 말을 들었다고 해 보자. 이것은 분명히 통보되었다. 하지만 네가 손해를 봤다는 말을 듣지 못했다. 나는 내 아이가 아픈 것을 본다.[114] 그것을 본다. 그러나 그가 위험에 빠져 있다고는 보지 않는다. 이와 같이 항상 첫 번째 인상(지각)에 머무르고, 자신 안에 어떤 것도 덧붙지 않도록 하면, 너에게 아무 일도 일어나지 않는다. 혹은 그보다는 오히려 우주 속에 일어나는 온갖 것을 다 아는 사람으로서 자신의

---

111 아크로폴리스(성채)는 스토아식 용어로 '마음' 또는 '지도적 이성 중심부'(지휘 사령부)를 가리킨다. 이 은유는 플라톤까지 거슬러 올라간다(『국가』 560b, 『티마이오스』 70a). "현자를 지키는 저 성벽은 불꽃으로부터도 침략으로부터도 안전하다. 어떤 진입로도 허용하지 않는다. 높이 솟아 있고, 난공불락이며, 신들과 나란히 선다"(세네카, 『현자의 항상심에 대하여』 6.8). 또한 에픽테토스, 『강의』 4.1.86~90 참조("그렇다면 성채[아크로폴리스]는 어떻게 파괴되는 것인가? 칼도, 불도 아니고, 사람의 판단에 의해 파괴된다. …").
112 현자(혹은 자아[自我])의 모습을 엠페도클레스의 스파이로스와 비교하는 12.3("둥근 스파이로스, 주변을 에워싸는 고독을 즐기고") 참조.
113 이것은 매우 중요한 스토아적 생각이며, 인상을 받아들이는 스토아의 방식이다. 즉 가치 판단의 형태로 너에게 어떤 반응이 일어나기 전에 사물을 있는 그대로 보는 것을 말한다. 지각에 직접 주어진 것에 대해서 음미하지 않은 채로 가치 판단을 덧붙이지 말라는 것이다.
114 마르쿠스는 많은 아이를 잃었다.

생각을 덧붙이는 것이 낫다.[115]

50   '이 오이는 써요.' 던져 버려라. '길에 가시나무가 있어요.' 그것을 피하라. 그것으로 충분하다. '왜 이런 것이 세상에 있을까요?'[116]라고 덧붙이지 마라. 그런 말을 하면 너는 자연을 탐구하는 인간에게 웃음거리가 될 것이다. 마치 네가 목수나 제화공의 작업장에서 그들을 향해 그들이 만들고 있는 것에서 나온 대팻밥이나 가죽 조각이 보인다고 비난한다면 그 사람들에게서 비웃음을 받는 것처럼. 그렇지만 이 사람들은 적어도 그 부스러기들을 버릴 곳을 가지고 있지만 전체의 자연은 자신 외에는 아무것도 가지고 있지 않다. 그러나 여기에 그 기술의 놀라운 점이 있는데, 전체의 자연은 자기 자신으로 한계 지어져 있으면서도 그 안에서 부패하거나 노후화되거나 쓸모없게 된 것처럼 보이는 모든 것을 자신으로 변화시키고, 그러한 것들 자체로부터 다른 새로운 것들을 다시 만들어 낸다는 것이다.[117] 그러므로 전체 자연은 자신 이외의 어떤 실체도

---

115 7.1 참조. 스토아적 냉담함인가? 아이를 잃은 사람이 너만 있는 것은 아니다. 이 점에서 스토아주의의 명백한 냉담함을 보인 것일 수 있다. 이는 아마도 고대에는 영유아 사망률이 극도로 높았다는 점에서 이해되어야 할 것이다.

116 다른 여러 곳(3.2, 6.36)에서는 마르쿠스는 이 질문에 답한다. 스토아는 좋은 것이 나쁜 것 없이는 존재할 수 없다거나 우리가 사물을 더 잘 본다면 나쁘다고 생각하는 것이 실제로 좋은 것임을 이해할 수 있다는 것과 같은, 세상에 왜 나쁜 것과 쓸모없는 것이 있는가 하는 질문에 여러 이유를 내놓는다. 예를 들면 우리에게는 종교적일 수 있는 질문, 즉 '신은 도대체 왜 모기를 만들었는가?'는 마르쿠스에게는 과학자나 철학자의 문제라는 점에 주목하자. 이 문제에 대해서는 *LS* 54 Q~U 참조. 에픽테토스는 이것을 이런 식으로 표현한다. "하지만 콧물이 흐르고 있어요"(『강의』 1.6.30).

117 8.18 참조.

필요하지 않고, 노폐물을 버릴 장소도 필요 없다. 그것은 자신의 장소, 자신의 재료, 자신의 고유한 기술로 충분하다.

51 (1) 행동에서는 굼뜨지 마라. 대화에서는 혼란스럽게 하지 마라. 생각함에서는 모호하게 하지 마라. 영혼에서는 전적으로 자신에게만 집중하지 말고, 그렇다고 밖으로 흩어지는 일도 없게 하라.[118] 인생에서 여유를 잃지 마라.

(2) '그들이 죽여요, 사지(四肢)를 토막 내고, 저주하며 쫓아다녀요!'[119] 그러나 그런 것들이 너의 생각을 깨끗하고, 현명하고, 조심스럽고, 정의롭게 유지하는 것과 무슨 상관이 있겠는가?[120] 그것은 마치 누군가가 맑고 물맛이 좋은 샘물가에 서서 샘물을 저주하는 것과 같은 것이다. 그렇다고 해도 샘은 마실 물을 솟아오르게 하는 일을 멈추지 않는다. 그가 그 안에 진흙을 던지든 똥을 던지든 샘은 금세 그 오물을 흩뜨리고 씻어 내서 티끌 하나 남기지 않을 것이다. 그렇다면 너는 어떻게 하면 그저 그만한 우물이 아니라 늘 흐르는 샘을 가질 수 있겠는가? 그러기 위해서는 언제나 호의와 단순함과 성실함으로 너 자신을 자유의 방향으로 지켜나가야 한다.

---

118 즉 고통이나 즐거움으로.
119 이것은 마르쿠스의 또 다른 자아(自我)라기보다는 인용문처럼 들린다. 그렇다면 그 출처는 알 수 없다. 마르쿠스가 꿈속에서 전투를 벌이는 중 쫓기는 그런 모습이 아닐까?
120 7.68 참조. 샘의 비유에 대해서는 7.59 참조.

52 우주가 무엇인지 모르는 자는 자신이 어디에 있는지도 모른다.[121] 우주가 무엇을 위해 존재하는지 모르는 자는 자신이 무엇인지 모르고, 우주가 무엇인지도 모른다.[122] 이러한 관점 중 하나라도 소홀히 하는 자는 자신이 무엇을 위해서 존재하는지조차 말할 수 없다. 그렇지만 자신들이 어디에 있는지도 누구인지도 모르면서 (무턱대고) 박수갈채를 보내는 무리의 [비난을 회피하거나 찬양을 쫓는] 인간, 이런 인간을 너는 어떻게 생각하는가?[123]

53 한 시간 안에 세 번이나 너 자신을 저주하는 인간에게 너는 칭찬을 받고 싶은가? 자기 자신의 마음에도 들지 않는 인간의 마음에 들고 싶은 것인가? 자기가 한 일의 거의 전부를 후회하는 인간이 자기 자신에게 자기가 마음에 든다고 말할까.

---

121 "우주 속에 있는 사물을 모르는 인간이 우주 속의 이방인"(4.29).

122 "내가 너에게 할 말은 이것 하나뿐이네. 즉 자신이 누구인지, 무엇을 위해 태어났는지, 어떤 종류의 세상에서 자신이 있는지, 어떤 사람들과 자신의 삶을 공유하며, 어떤 것들이 좋은 것들이고 나쁜 것들인지, 고귀한 것과 부끄러운 것이 무엇인지 모르는 자로, … 그런 사람은 자연에 일치해서 욕망도, 혐오도, 충동(동기)도, 계획도, 동의도, [동의에 대한] 거부와 보류도 행사하지 못하지만, 허나 전적으로 귀머거리와 눈먼 사람이 된 채로, 실제로는 전혀 아무런 이도 못 되는데도 그 자신이 누구라도 된 듯이 생각하면서 세상을 돌아다닐 것이네"(에픽테토스, 『강의』2.24.19).

123 마르쿠스는 성급하게 다른 사람을 칭찬하는 대부분의 사람들이 무가치하다는 사실을 스스로에게 상기시켜야 할 필요성을 자주 느끼고 있다. 칭찬에 대한 그의 다른 반복되는 통찰력은 칭찬과 칭찬하는 사람 모두가 수명이 짧다는 것이다. 그가 칭찬에 대해 지나치게 관심을 기울이는 것이 이상하게 보일 수도 있다. 이 점과 관련해 다음 두 가지 사실을 염두에 두어야 한다. 첫째, 그의 황제 직무가 행하는 모든 일은 민중의 정사(精査)를 받을 수밖에 없다는 점. 둘째, 개인적인 영광과 이를 통해 자기 가문의 미래 세대를 고양시킬 수 있는 능력은 상류층 로마인들에게 우리가 상상할 수 없을 정도로 매우 중요했다는 점이다.

54 더 이상 단지 너를 둘러싼 대기와 함께 숨쉬는 것에 그치지 말고, 이제는 만물을 둘러싸고 있는 지성과 생각을 함께하라.[124] 호흡 능력을 가진 자에 대한 공기의 경우처럼, 지성의 힘도 못지않게 도처에 쏟아져 이것을 받아들일 수 있는 자 주위에 널려 퍼져 있는 것이다.[125]

55 일반적으로 악덕은 우주에 전혀 해를 끼치지 못하고, 개별적인 악덕은 남들에게 전혀 해를 끼치지 않는다. 악을 행한 그 개인에게만 해를 입히지만,[126] 언제든 그렇게 하고 싶을 때 즉시 그가 그것에서 벗어날 수 있는 가능성을 부여받고 있다.

56 그의 숨과 살이 나에게 무관한 것과 같이 나의 의지(prohairesis)[127]와 이웃의 의지는 무관한 일이다. 비록 우리가 무엇보다 특히 서로를 위해서 태어났다고 해도[128] 우리의 지도적 이성은 각자 자기

---

124 4.4 참조.

125 지성은 모든 것을 지탱하는 생명력인 프네우마의 형태로 우주의 모든 것에 퍼져 있다.

126 2.1, 26 참조.

127 프로하이레시스(의지)는 '지도적 이성'(헤게모니콘)과 거의 같은 말이다. 에픽테토스의 프로하이레시스 개념에 대해서는 김재홍의 에픽테토스『강의 1·2』(그린비, 2023) 해제 참조. "[손안에 늘 가지고 있어야만 하는] 이 원칙은 그 누구도 다른 사람의 의지를 지배할 수 없다는 것, 또 우리의 좋음과 나쁨은 오로지 의지 안에만 있다는 것이다. 그러므로 어떤 것도 나에게 좋음을 이루게 할 수도 나쁨으로 끌어들일 수도 없으며, 이것들에 대해서는 오로지 나 자신만이 자신을 지배할 수 있는 힘을 가지고 있다. 그렇다면 이상의 것들이 나에게 보장되어 있다면, 내가 외적인 것들에 마음을 흐트러뜨릴 필요가 왜 있을 것인가?"(에픽테토스,『강의』4.12.7~9).

128 7.13 참조.

의 고유한 주권(kuria)을 가지고 있다. 그렇지 않으면 이웃의 악덕은 나에게 나쁨이 되고 말 것이다. 그러나 신은 이를 좋게 여기지 않으셨고, 내가 불행하게 되는 것이 다른 사람에게 달려 있지 않게 해 주셨다.[129]

57 태양은[그 빛은] 쏟아지는 것처럼 보인다. 실제로 사방으로 쏟아지고 있다. 하지만 결코 쏟아져 없어지지 않는데, 이 외견상의 쏟아짐이 하나의 확장이기 때문이다. 어쨌든 햇빛은 그 확장되어 가는 현상 때문에 '확장선'(aktines, 광선)이라고 불리는데, 이는 '확장한다'(ekteinesthai)라는 말에서 나왔다.[130] 광선이 무엇인가 하는 것은 햇빛이 틈새 같은 것을 통해 어두운 방 안으로 들어오는 것을 바라보면 알 수 있을 것이다. 빛은 곧게 뻗어나가는 끝에 만나는 무언가 단단한 물체에 부딪히고, 그 고체가 그 너머의 공기를 차단하면, 말하자면 빛은 그 위로 밀려오는 것이다.[131] 그러나 거기서 가만히 정지하는 것이지, 미끄러지거나 아래로 떨어지는 것이 아니다. 생각의 쏟아짐(확장)과 발산(퍼져 나감)도 바로 이런 식이어야 한다. 즉 자신은 결코 쏟아부어 없어지지 않고, 확장하는 것이어야 하며, 움직이는 도중에 부딪히는 어떤 장애물에 대한 영향은 결코 폭력적이지도 강력해서도 안 되며, 또한 그것은 결코 떨어져서는 안 되며, 자신을 받아들이는 것 위에 굳건히 서

---

129 2.11 참조.

130 잘못된 어원에 의한 설명. 스토아학파는 어원에 의한 해석을 즐겨 사용했다.

131 여기서 공기는 햇빛의 운반 장치로 간주된다. 단단한 물체는 공기를 차단하므로 빛이 그것을 넘어 확장할 수 없다.

서 이를 조명해야 한다. 진정으로 이 빛을 받아들이지 않는 것은 스스로 이 빛을 빼앗아 버리는 것이다.

58   죽음을 두려워하는 자는 무감각을 두려워하거나 다른 종류의 감각을 두려워하는 것이다. 그러나 (사후에) 더 이상 감각이 없다면, 너는 아무런 나쁜 것도 느끼지 못할 것이다.[132] 또 다른 종류의 감각을 얻는다면 너는 다른 존재가 되고 사는 것을 멈추지 않을 것이다.[133]

59   인류는 서로를 위해 태어난 것이다.[134] 그러므로 그들을 가르치거나 아니면 그들을 견뎌라.[135]

60   화살과 지성의 움직임은 각각 다르다. 그럼에도 지성이 주의력을 집중해서 자신을 돌아보고 있거나 어떤 고찰에 전념하고 있을 때에는 화살의 경우와 못지않게 똑바로 날아 그 목적을 향하여 나아간다.

---

132   이 주장은 에피쿠로스학파에서도 죽음에 대한 두려움을 없애기 위해 사용하던 논증이다. 좋음과 나쁨은 모두 감각에 달려 있다. 죽음은 감각의 상실이다. 따라서 '죽음은 우리에게 아무것도 아니다'(ho thanatos mēthen einai pros hēmas).

133   3.3 참조. 그러므로 네가 아직 살아 있다면 죽음을 두려워할 이유가 없다. 이미 여러 번 죽음 이후의 생존에 대한 아이디어로 이끌림에 대해 접한 적이 있다. 스토아학파의 관점에서 볼 때, 영혼이 몸보다 긴장도가 더 높은 프네우마이기 때문에 몸보다 떨어져 나가는 데 더 오래 걸린다는 주장으로 정당화될 수 있을 것이다. 하지만 여기서 그는 의식과 인격의 생존에 대해서 이야기하고 있는 듯 보인다.

134   7.13('인간은 서로를 위해서 태어났다').

135   6.27 참조.

6 1   각각의 사람의 지도적 이성 속으로 들어가라.[136] 또 모든 사람이
          너의 지도적 이성 속으로 들어오는 것을 허용하라.[137]

---

136   4.38, 6.53, 7.62, 9.18, 9.22 참조. 한편으로 마르쿠스는 다른 사람의 '지휘 사령부'(헤게
모니콘)에서 일어나는 일로 인해 자신의 일에 집중하지 않거나(5.3, 7.55), 다른 사람의 지휘
사령부에 전염되지 않도록 자신에게 충고한다(8.56).

137   이것의 실질적인 결과 중 하나는 7.5에 요약되어 있다. 다른 사람들이 너의 '지휘 사령
부'에서 생성된 아이디어를 끌어내고, 네가 그것을 수행하는 데 도움을 줄 수 있다. "상대방
의 판단(생각)을 배우고, 이번에는 자신의 판단을 보여 주는 사람이야말로 인간을 인간으로
만나고 있는 것이다. 내 판단을 아는 법을 배우고, 나에게 당신 자신의 판단을 보여 주시오.
그렇게 하고 나서 당신은 나를 만났다고 하시오."(에픽테토스, 『강의』 3.9.12~13).

제9권

I (1) 부정의한 행위는 경건하지 못한 행위이다. 왜냐하면 전체 자연은 이성적 동물들을 서로를 위해 만들어 그들이 각각의 가치에 따라 서로 이익을 얻도록 한 것이지 결코 서로를 해치는 일이 없도록 한 것인데,[1] 따라서 그런 자연의 뜻을 어기는 자는 분명히 신들 중에서 가장 존귀한 자들에게 경건하지 못한 잘못을 범하는 것이기 때문이다.[2]

(2) 거짓말하는 자 또한 동일한 신에 대해 경건하지 못한 잘못을 범하는 것이다. 왜냐하면 전체 자연은 존재하는 것들의 자연이며, 존재하는 것들은 지금까지 존재했던 모든 것과 밀접한 관계를 맺고 있기 때문이다. 게다가 이 전체 자연은 진리라고도 불리며, 모든 참된 것들의 첫 번째 원인이다.[3] 따라서 스스로 거짓말을 하는

---

1 7.13 참조. 이 책에서 반복되는 주장이다.

2 "아니네, 오히려 너희는 어떤 일이 일어날지도 모른다는 생각에 떨면서, 또 일어나고 있는 다른 일들에 대해 통곡하며 슬퍼하고, 신음하면서 거기에 그냥 앉아 있네. 그러고는 신들에게 비난을 퍼붓는다네! 사실상 정신의 비열함에서 따라 나올 수 있는 경건하지 않음 말고는 달리 무엇이란 말인가?"(에픽테토스, 『강의』 2.6.38~39).

3 마르쿠스의 여러 대목에서 알 수 있듯이, 그는 '정직'과 '진실'을 사랑하는 사람이었다. '진실'(진리)과 '정의'는 그의 두 가지 슬로건이었다. "나는 진리를 찾는 것이며, 진리에 의해 해를 입은 사람이 아직껏 없었기 때문에"(6.21). "이 세상에서 큰 가치가 있는 것은 단 하나, 거짓말쟁이나 부정한 사람들에게는 호의를 가지면서 진실과 정의 속에서 일생을 보내는 것이다"(6.47). "온 마음을 다해서 정의로운 일을 하고, 진리를 말하는 데 있다"(12.29). 결

자는 남을 속임으로써 부정한 짓을 저지르는 한 경건하지 못한 것이다. 그러나 비자발적으로 거짓말을 하는 사람도 전체 자연과 조화를 이루지 못하는 한, 또 우주의 자연을 배반함으로써[4] 무질서를 초래하는 한, 역시 경건하지 않은 것이다. 왜냐하면 설령 자신의 의지에 반하는 것일지라도 참된 것에 반하는 것들에 가담하는 것은 자연에 배반하는 것이기 때문이다. 그는 처음에는 참으로부터 거짓을 분별하는 능력을 자연으로부터 얻었지만[5] 이것을 소홀히 했기 때문에 현재는 그것을 할 수 없게 되어 버린 것이다.[6]

(3) 이 밖에도 쾌락을 좋은 것으로 추구하고, 고통을 나쁜 것으로 피하는 사람[7]도 경건하지 못하다. 왜냐하면 이러한 인간은 필연적

국 이렇게 요약된다. "적절하지 않은 일이라면 하지 말고 두어라. 진리가 아니라면 말하지 마라"(12.17). 황제가 되기 전 그의 이름은 마르쿠스 안니우스 베루스(Marcus Annius Verus)였다. Verus는 '진실'을 의미하며, 하드리아누스 황제는 그의 청년 시절의 정직성에 깊은 감명을 받아 그를 Verissimus('가장 진실된 자')라고 불렀다. "아들이 없는 안토니누스에게 하드리아누스는 루키우스 코모두스의 아들 코모두스[황제가 되자 루키우스 베루스로 개명]와 세 번의 콘술과 장관을 지낸 안니우스 베루스의 손자 마르쿠스 안니우스 베루스를 양자로 삼게 했다. 안토니누스에게 둘 다를 입양하라고 명령하면서도 하드리아누스는 친족 관계와 나이 때문에 베루스를 선호했으며, 그 성격의 군건함 때문에 하드리아누스는 마르쿠스를 Verissimus('가장 진실한')라고 부르곤 했다"(Cassius Dio, 『로마의 역사』 69.21.1~2).

4 원어인 분사(分詞) machomenos(machetai)는 '맞서 싸우다'라는 의미가 일차적이지만, '하늘의 뜻에 맞서다'라는 의미로도 새길 수 있다.

5 7.2 참조.

6 법률에서는 자발적 및 비자발적 범죄는 다르게 취급되지만 여기서 마르쿠스는 비자발적 잘못을 과실로 설명하고 있다. 스토아에서 모든 행동은 선택된 행동이므로 비자발적 잘못과 같은 것은 실제로 없다.

7 쾌락주의를 말함. 가장 유명한 철학적 쾌락주의자로 에피쿠로스학파를 떠올리겠지만 여기서 마르쿠스는 '일상적 의미에서' 쾌락주의자라고 부를 수 있는 사람들을 포함하고 있다.

으로 공통의 자연에 대해 종종 다음과 같은 비난을 퍼부을 것이기 때문이다. 즉 공통의 자연은 나쁜 사람과 훌륭한 사람들에게 가치에 맞지 않게 몫을 나눠 준다고. 다시 말해 종종 나쁜 사람은 쾌락 속에 살고 쾌락이 가져다주는 것들을 다 갖고 있으나 훌륭한 사람은 고통 속에 살고 고통을 초래하는 것들을 마주하지 않는가 하고.[8] 더 나아가 고통을 두려워하는 사람은 언젠가 세상에 일어나게 될 일을 두려워하게 될 것인데, 이것은 이미 불경죄를 범한 것이다. 쾌락을 추구하는 자는 부정의한 짓에서 벗어나지 못할 것인데, 이것은 명백히 경건하지 못한 것이다.[9]

(4) 어쨌든, 공통의 자연이 무관심한 태도를 취하는 것에 대해서는——공통의 자연이 양자에 대해[10] 무관심하지 않았다면 그들 양자를 만들지 않았을 테니까[11]——자연과 같은 생각을 가지고 이를 따르고 싶어 하는 사람 또한 무관심한 태도를 취해야 한다. 고통과 쾌락, 죽음과 삶, 명예와 불명예 등 전체의 자연이 무관심한 태도로 대하는 것에 대해 무관심한 태도를 취하지 않는 자는 분명 경건하지 못한 짓을 한 것이다. 공통의 자연이 이러한 무관심한 태도를 갖고 대한다는 것의 의미는, 모든 것이 원인과 결과의 어

---

8 6.16 끝부분, 6.41 참조.

9 쾌락과 고통에 대해서는 각각 8.10, 7.33 참조.

10 도덕적 좋고 나쁨이 아니라 일상적으로 좋거나 나쁘다고 하는 것들(뒤에서 열거되는 쾌락과 고통, 삶과 죽음, 명예와 불명예 등).

11 쾌락주의자는 공통의 자연이 우리가 지향해야 할 목표로 반대되는 것들 중 하나를 만들고, 회피해야 할 것으로 다른 하나를 만들었다고 대답할 수 있다.

떤 연쇄(시퀀스)를 따라서 현재 태어나는 세대나 나중에 태어나는 세대에 무차별적으로 일어난다는 것을 말한다. 그것은 섭리의 어떤 근원적 충동에 의해 일어나는 것이며[12] 그 충동에 따라 섭리는 어떤 출발점에서 현재의 이 우주[질서 있는 사물의 질서]를 만들어 낸 것이다. 이 의도에 따라 공통의 자연은 다가올 것에 관한 모든 것을 지배하는 어떤 종의 원리(logos)[13]를 마음에 품고서 이러한 현존하는 실체적 존재(물질)들과 [그것들의] 변화와 [그것들을 이어가는 동일한 종의] 지속을 만들어 내는 힘을 각각의 것에 할당한 것이다.

2 거짓의 맛도 온갖 위선과 사치나 오만의 맛도 모른 채 인간 속을 떠나는 것[14]은 분명 인간으로서 아주 품격 있는 모습을 갖는 것이다. 그러나 이런 것들에 실컷 만족하고 질린 채로 숨을 거두는 것 또한 '차선의 길'[15]이다.[16] 아니면, 너는 자신을 악에 맡기는 것을 선택할 것인가? 이 역병에서 도망치라고 경험이 자네에게 설득하

---

12 7.75 참조

13 '씨앗(생성하는) 이성'을 가리킨다. 생성의 원리를 말한다. 4.14, 4.21("우주의 씨앗 이성"), 4.36 참조.

14 자살을 함축한다. 3.1 참조.

15 문자적으로는 '제2의 항해'로 돛이 아닌 노로 항해하는 것을 말한다. 플라톤, 『파이돈』 99C~D 참조.

16 향연으로서의 인생의 이미지. "모든 축복들이 마치 잔뜩 구멍 난 그릇에라도 모여 담긴 듯 흘러 나가 즐기기도 전에 사라져 버린 게 아니라면 어리석은 이여, 왜 그대는 잔치 손님처럼 삶으로 충만한 채 물러나서 평온한 마음으로 걱정 없는 안식을 취하지 않는가?"(루크레티우스, 『사물의 본성에 관하여』[강대진 옮김] 제3권 937~939행). 호라티우스, 『풍자시』 1.1.119 참조.

지 않는가? 생각의 파멸은 우리를 둘러싼 공기의 어떤 오염이나 변이보다도 훨씬 더 심각한 역병이다.[17] 왜냐하면 후자는 동물의 역병으로 동물의 본성에 영향을 미치고, 전자는 인간의 역병으로 인간성에 영향을 미치기 때문이다.[18]

3 (1) 죽음을 경멸하지 마라.[19] 이것은 또한 자연이 원하는 것 중 하나이므로 환영하라.[20] 예를 들어 젊은 것, 늙고 성장하고 성숙하고, 치아나 수염이 자라고 흰머리가 나고, 씨 뿌리고, 임신하고 출산하는 모든 것들이 네 삶의 다양한 계절이 가져오는 자연적 작용인 것처럼 분해 또한 마찬가지 현상인 것이다. 따라서 이 문제

---

17 역병은 더러운 공기에 의해 전염되는 것으로 생각되었다. 166~167년 원정지 메소포타미아에서 귀환한 병사들에 의해 초래된 역병의 대유행은 마르쿠스의 치세와 로마 제국에 심각한 영향을 미쳤다. 『로마 황제의 역사』(*Historia Augusta*) '마르쿠스 안토니누스' 17.2, 28.4, '베루스' 8.2 참조. 코로나19를 겪은 우리의 고통을 생각하라. 모르는 질병에 당하는 고통이 알고 당하는 질병보다 더 고통스럽다. 옆에 살던 지인이 어느날 사라져 간 현실을 직시하라! 그 경우에 몰려오는 두려움과 공포가 어떠했을지를! 그 사이 세상의 변화는 여러 면에서 그만큼 일어났다.

18 마르쿠스가 여기서 언급한 전염병은 160년대 후반 근동 쪽 원정에서 돌아온 로마 군대가 끔찍한 전염병('Antonine Plague')을 가져왔다는 사실과 연관이 있을 듯하다. Antonine Plague(혹은 '갈레노스의 전염병', 165~180년)는 천연두(smallpox)로 알려져 있다. 마르쿠스의 나머지 통치 기간 동안에도 로마와 국외로 파견된 로마 군대는 지속적으로 전염병에 노출되어 엄청난 피해를 입었다. 180년에 임종할 때에도 그는 "왜 나를 위해 우는가? 전염병과 죽음이 우리 모두의 운명이라는 사실을 생각하라"(*Historia Augusta*, '마르쿠스 안토니누스' 28.4)고 말했다고 한다.

19 4.50, 12.34에서도 '죽음에 대한 경멸'에 대한 비판이 나온다. 마르쿠스는 여기서 어떤 철학적 입장에 대해 자신을 포함한 일반인을 위한 경계를 보여 주고자 한다.

20 죽음은 자연의 기능 중의 하나다(9.3, 6.2, 9.21['삶의 자연적 이행'] 참조). 죽음은 삶으로부터의 해방이다(9.3.2).

를 잘 생각해 본 인간에게 어울리는 태도는 죽음에 대해 무관심한 것도, 열렬한 마음을 갖는 것도, 오만한 것도 아닌 자연 작용의 하나로서 이를 기다리는 것이다. 그리고 지금 네가 아내의 자궁에서 아이가 태어날 때를 기다리고 있듯이, 네 영혼을 감싸고 있는 이 껍데기에서 벗어날 그때를 기다리는 것이 좋다.²¹

(2) 그러나 마음이 끌리는 비철학적인 지침을 원한다면, 무엇보다도 죽음에 임해서 너를 아무렇지도 않게 해 주는 것은, 네가 지금 떠나는 주위의 것들을 바라보고, 또 네 영혼이 더 이상 관련되지 않게 되는 사람들의 성격을 바라보는 것일 것이다. 물론 그들에게 조금도 화를 내면 안 된다. 오히려 그들과 사이좋게 지내며 다정하게 대해야 한다.²² 하지만 기억해야 할 것은 너와 신념을 같이하지 않는 사람들로부터 곧 해방된다는 것이다. 왜냐하면 우리를 삶에 붙들고 우리를 거기에 묶어 둘 수 있는 것이 있다면, 그 단 하나의 것은 우리가 우리 자신과 같은 신념을 가진 사람들과 함께 사는 것이 허락된, 그런 경우일 수 있기 때문이다. 하지만 너도 알고 있다시피, [너와 신념을 같이하지 않는] 사람들과 함께 사는 것의 부조화가 어떤 피로를 가져오는지? 그 끝에 너는 다음과 같이

---

21 마르쿠스의 아내 파우스티나는 13명의 아이를 낳았다(1.17 참조). 그중 상당수가 일찍 죽었다. 그녀는 다시 임신했겠지만(170년경?, A. R. Birley, p. 248) 불행히도 이것은 이 '철학적 일기'의 연대를 측정하는 데 도움이 되지 않는다. 마지막으로 살아남은 아이가 170년경에 태어났지만 생존하지 못한 아이가 나중에 태어났을 수 있다. 그녀는 175년에 죽었다. 죽음을 거듭되는 탄생으로, 멋진 수사를 사용해 비유하는 세네카의 『도덕서한』 102.23~27 참조.

22 동료 시민에 대한 돌봄, 관용, 친절은 마르쿠스에게 쉬운 일이 아니었으나, 그는 이것을 의무로 간주했다(5.33, 9.11).

말하기에 이른다. '오, 죽음이여! 서둘러 오라. 나조차도 내 본분을 잊어버리는 일이 없도록!'[23]

4   잘못을 범하는 자는 자기 자신에게 잘못을 범하는 것이다. 부정한 자는 자신을 나쁜 자로 만들기 때문에 자신에게 부정을 저지르는 것이다.[24]

5   어떤 일을 했기 때문에 부정한 경우뿐 아니라, 어떤 일을 하지 않음으로써 부정한 경우도 적지 않다.

6   현재의 의견이 파악되고, 현재의 행위가 공동체에 도움이 되는 것이며, 현재 마음의 태도가 외적인 원인에서 생기는 모든 일에 만족한다면 그것으로 충분하다.[25]

23   이 항목에서 마르쿠스는 죽음에 대한 두 가지 위안을 결부시킨다. 즉, 죽음은 자연스러운 과정이며(2.12 참조), 세상 사람들의 어리석음과 자신이 진정 누구인지 잊을 위험으로부터 안도감을 가져다줄 것이라는 점이다. 신적인 이성의 조각인 인간에게는 좋음을 행할 의무가 있다.

24   플라톤의 『고르기아스』 참조. 플라톤의 소크라테스에서 온 이 생각은 스토아학파에 의해 완전히 수용되었다.

25   스토아주의자들(특히 에픽테토스)는 모든 것을 두 가지 범주로 나누었다. 어떤 것들은 '우리에게 달려 있는 것', '우리 자신이 선택한 것', '우리의 힘이 미치는 범위 안에 있는 것'들로 이러한 경우에 우리는 최선을 다해야 한다. 이와 달리 이와 같은 것들이 아닌 '우리에게 달려 있지 않은 것'은 우리 자신의 외부의 어떤 것에 의해 일어나는 것으로 우리는 원망하지 않고 받아들여야 한다.

7   인상(표상)을 없애 버려라.[26] [행동을 향한] 충동을 억제하라. 욕구를 꺼라. 지도적 이성을 자기 통제하에 두어라.[27]

8   이성이 없는 동물들 사이에는 하나의 생명(프시케)이 분배되고 있다. 이성적 동물들 사이에는 하나의 지성을 가진 영혼이 정해져 있다. 그것은 마치 흙에서 오는 모든 것들에게 하나의 땅이 있고, 우리로 하여금 사물을 보게 해 주는 빛이 하나며, 시각과 생명을 가진 우리 모두가 숨 쉬는 공기가 하나인 것과 같다.[28]

9   (1) [다른 것과] 무언가 공통적인 성질을 공유하고 있는 것은 모두 자신의 부류(部類)와 비슷한 것을 찾는다. 흙의 성질을 갖는 것은 모두 땅으로 기울고, 액체는 모두 함께 흐르며,[29] 기체도 마찬가지다. 그러므로 이런 것들을 떼어 놓으려면 사이를 차단하는 강제적인 힘을 사용해야 한다. 불은 원소적인 불[30] 때문에 위로 올라가는데, 그것은 지상의 모든 불과 함께 타오르기 쉽고, 모든 물질

---

26 7.29, 8.29, 8.49, 12.25 참조.

27 2.2, 9.26 참조. 앞의 세 가지(인상, 충동, 욕구)가 제대로 수행하면 '지휘 사령부'(헤게모니콘)가 자체적으로 지배권을 유지할 것이다(5.21). 인상, 충동, 욕구는 에픽테토스의 세 가지 토포스(철학의 영역)들이다. 이것들은 각각 논리학, 윤리학, 자연학에 대응한다. "지속적으로, 또 할 수 있는 한 모든 경우에 자신의 인상에 자연학, 윤리학, 변증술(논리학)의 원리를 적용해 보라"(8.13 참조).

28 12.30 참조.

29 이 점은 분명히 기름과 물에 대해서 적용되지 않지만, 말하는 요지는 파악할 수 있다.

30 스토아 우주론에서 불은 가장 가벼운 원소로 하늘의 윗부분을 차지한다. 같은 것은 서로 좋아하는 경향이 있기 때문에 지상의 불은 위로 향하는 것이다.

은 조금이라도 평상시보다 건조하면 쉽게 타 버린다. 그것은 연소를 방해하는 요소가 평소보다 조금밖에 섞여 있지 않기 때문이다. 이런 까닭에 공통적인 지성적 자연을 공유하는 것 또한 마찬가지로 모두 같은 부류의 것을 추구한다.[31] 아니 오히려, 그렇게 하려는 더 강한 경향성을 갖는다. 왜냐하면 그것은 다른 것들보다 우월할수록 그만큼 더 [자신과] 친화적인 것과 섞이면서 쉽게 녹아들기 때문이다.

(2) 어쨌든 우선 이성이 없는 동물의 경우부터 말하자면, 그들 사이에는 꿀벌 떼, 가축 무리, 새들의 새끼에게 먹이를 주는 것에서도 사랑의 결합과 같은 것을 발견한다. 즉 거기에도 이미 영혼이 있으며, 이들 더 고등한 동물에서의 공동체적 본능은 식물이나 돌, 재목에서는 찾아볼 수 없을 정도로 강력한 것이다. 그러나 이성적 동물에게는 정치 공동체, 교우 관계, 가정, 집회, 전쟁에서의 조약이나 휴전이 있다.[32] 더 고등한 것에게서는, 예를 들어 별들의 경우에서 그렇듯이, 서로 떨어져 있는 것 사이에도 어떤 방식의 통일이 존재한다.[33] 이런 식으로 더 높은 단계로 올라가려는 노력은 서로 떨어져 있는 것들 사이에도 공감적인 연결을 가져올 수 있다.

---

31 12.30("정신은 그 고유한 특성으로 해서 같은 종류의 것을 향해 나아가 결합하는 것이다"). 정신의 공기와 햇빛과 같은 관통의 능력에 대해서는 8.54, 8.57, 9.8 참조.

32 이러한 존재의 계층 사다리에 대해서는 6.14 참조.

33 6.38 참조.

(3) 그런데 지금 어떤 일이 벌어지고 있는지 보라. 현재는 오직 지성이 있는 동물만이 서로 간의 친근성과 끌어당김을 잊고, 유독 여기서만 비슷한 것끼리 합류하는 현상이 보이지 않는다. 하지만 그들이 아무리 도망치더라도 다시 함께 잡히고 만다. 자연은 이러한 힘을 가지고 있기 때문이다.[34] 잘 관찰하다 보면 너는 내가 말한 것이 맞다는 것을 발견하게 될 것이다. 어쨌든 인간으로부터 완전히 고립된 인간이란 없다. 흙으로 된 것이면서도 전혀 다른 흙과 접촉하지 않은 것을 찾는 것이 더 쉬울 것이다.

10 인간도 신도 우주도 모두 결실을 맺는다. 저마다 고유한 계절에 열매를 맺는다.[35] 관용적으로 그 말의 엄밀한 사용을 포도나무나 기타 비슷한 것에만 적용하지만 그것은 아무래도 좋다. 이성도 공통적으로 또 사적으로 열매를 갖는다.[36] 그리고 이성으로부터 생기는 것은 이성 자신과 성질을 같이 하는 다른 것이다.

11 네가 할 수 있다면, 나쁜 짓을 한 사람을 개심시켜라. 만일 네가 할 수 없다면, 그러한 경우를 위해서 관대함이 너에게 주어졌다는 것

---

34 자연을 거스르는 것은 어려울 뿐 아니라 불가능하다. 세네카는 기원전 3세기 클레안테스(기원전 331~232년)의 『제우스의 찬가』를 인용하고 있는데, 이 시행에는 스토아의 '자연'에 대한 생각을 완벽하게 표현되고 있다. 즉 클레안테스의 시행에 뒤이어 세네카는 'Ducunt volentem fata, nolentem trahunt(운명은 순순히 따르는 자를 이끌고, 순순히 따르지 않는 자를 끌고 간다)'라고 옮기고 있다(『도덕서한』 107.10~11). 에픽테토스는 여러 곳에서 '오 제우스신이여, 운명의 신이시여, 당신이 나를 이끄소서'라는 시 구절을 옮기고 있다(2.23.42, 3.22.95).

35 12.35 참조.

36 11.1 참조.

을 상기하라. 신들 또한 이런 사람들에게 관대함을 느끼며, 그뿐 아니라 몇 가지 목적을 성취하도록 그들에게 협조조차 아끼지 않는다. 예를 들어 건강, 부, 명성 등의 경우에서 그렇다.[37] 신들은 그만큼 자애롭다. 너도 그렇게 할 수 있다. 그렇게 할 수 없다면 누가 그것을 방해하는지 말해라.[38]

12 일하라. 비참한 자로서나 남에게 연민을 느끼거나 찬양받고 싶은 자로서는 일하지 마라. 오직 한 가지만을 원하라. 공동체적(시민적) 이성이 요구하는 대로 행동하거나 혹은 행동하지 말 것을.[39]

13 오늘 나는 나에게 걱정을 안겨 주는 온갖 상황에서 벗어났다. 실은 그렇다기보다는 오히려 온갖 걱정을 안겨 주는 상황을 밖으로 내팽개친 것이다. 그것은 외부에는 없고, 내부에, 내 믿음 안에 있었기 때문이다.[40]

---

37 3.11, 5.36 및 6.45에서와 같이 마르쿠스는 황제로서, 엄격한 스토아 용어로 '아무런 관련이 없는 것들'(아디아포라)을 중요한 것으로 취급하는 세상에서 자신의 방식으로 협상해야 한다는 것을 깨닫는다. 그는 이런 관점에서 신들의 '자애심'을 끌어들임으로써 이 점을 정당화하고, 9.27("신들도 ⋯ 여러 가지 방식으로 그들의 마음에 두고 있는 것들을 얻을 수 있도록 도와주는 것이다")에서 다시 그렇게 말하고 있다. 신들의 자애심에 대해서는 1.17, 2.3, 6.44, 7.70 참조.

38 2.9 참조.

39 너의 행동의 유무는 공동선을 향상시킬 수 있는지, 그렇지 못한지에 달려 있다.

40 5.2, 8.40, 12.22 참조.

14 이 모든 것들은 경험상으로는 친숙한 것들이며,[41] 시간상으로는 일시적이며, 질료상으로는 비천하다. 현재 있는 모든 것은 모조리 우리가 무덤에 묻었던 사람들의 시대에 있던 것과 조금도 다르지 않다.

15 이 세상 사물들은 (우리 영혼의) 문밖에 서 있고, 자기 자신 안에 틀어박혀 있고, 그들 자신에 대해서는 아무것도 모르고, 아무것도 우리에게 말하지 않는다. 그러면 그들에 관해 말하는 것은 무엇인 가? 지도적 이성이다.[42]

16 이성적, 시민적 동물의 나쁨과 좋음은 수동적 상태에 존재하는 것이 아니라, 행동 속에 존재한다. 그것은 마치 그의 덕과 악덕이 수동적 상태로 존재하는 것이 아니라 행동 속에 있는 것과 같다.[43]

17 공중에 던져진 돌에게는 떨어지는 것이 나쁜 것이 아니고 떠오르는 것이 좋은 것도 아니다.[44]

---

41 혹은 습관적인 것들. 4.44 참조.

42 "황금이 아름답다고 우리에게 말해 주는 다른 것은 무엇인가? 황금 자체는 말해 주지 않으니까. 그렇다면 황금이 아름답다는 것은 인상을 사용하는 능력이네"(에픽테토스, 『강의』 1.1.5). 결국 우리의 경험을 식별하고 그것에 대해 무엇을 할 것인지 결정하는 것은 '인상을 사용하는 능력'인 우리에게 달려 있다.

43 따라서 특정 행동과 전반적인 행동의 측면에서, 이성적 동물은 좋음을 행하면 성취되고, 나쁨을 행하면 손상을 받는다.

44 이것은 인간의 조건에 대한 은유다(이와 비슷한 8.20 참조). 사물은 변하고, 모든 변화는 죽음이지만 좋은 것도 나쁜 것도 아니다(9.19, 9.21). 변화를 두려워하지 않거나, 변화를 좋거나 나쁘다고 말하지 않는 이유에 대해서는 2.17(끝), 7.18, 8.6 참조.

18 그들의 지도적 이성 안으로 들어가라. 그러면 네가 두려워하는 재판관은 어떤 사람들인지 또 그들이 자신에 대해 어떤 재판관인지 네가 알게 될 것이다.[45]

19 만물은 변화하고 있다. 그대 자신도 끊임없는 변화 속에 있으며, 어떤 의미에서는 소멸하고 있다. 그리고 우주 전체도 그렇다.

20 타인의 잘못은 그 자리에 내버려 두는 것이 좋다.[46]

21 활동의 정지, 충동이나 믿음의 멈춤, 일종의 죽음이라고도 할 수 있는 것은 나쁜 것이 아니다. 이제 인생의 각 단계로 눈을 돌려 보라. 예를 들어 소년기, 청소년기, 장년기, 노년기 등 이 시기들에서의 변화는 모두 하나의 죽음이다.[47] 여기에 무슨 무서운 게 있을까? 이번에는 네가 할아버지 밑에서 보낸 생활로 눈을 돌려 보라. 다음에는 어머니 밑에서, 다음에는 양아버지 밑에서[48] 보낸 생활로 눈을 돌려 보라. 거기에 많은 다른 파괴나 변화, 그리고 정지를 발견하고 너 자신에게 물어보라. '여기에 무슨 무서운 게 있을까?' 아니, 마찬가지로 인생 전체의 끝과 멈춤과 변화 속에도 전혀 두

---

45 이 생각은 나중에 9.22, 9.27과 9.34에서 반복되고 있다. 4.38, 6.53 및 7.62 참조.

46 7.29, 9.38 참조. 그것은 너의 문제가 아니라 그의 문제이다. 너에게 영향을 미치지 않도록 하라.

47 어린 시절의 죽음은 곧 사춘기의 탄생이다. 이런 식으로 죽음이 일어난다.

48 어렸을 때 친부를 일찍 여읜 마르쿠스는 주로 할아버지 안니우스 베루스(M. Annius Verus) 밑에서 자랐다. 그의 어머니는 그가 어렸을 때 그와 함께 살았다(1.17). 그런 다음 그는 양아버지인 안토니누스 피우스 황제의 집에 들어갔다.

려운 것이 없는 것이다.[49]

22   너 자신의 지도적 이성과 전체의 지도적 이성, 여기 이 사람의 지
도적 이성으로 달려가라. 너 자신의 지도적 이성에게 달려가는 것
은 네가 그것을 정의롭게 만들기 위해서. 전체의 지도적 이성에게
는 네가 어떤 것의 부분인지를 떠올리기 위해서. 이 인간의 지도
적 이성에게는 그것이 무지한지 분별이 있는지 알기 위해서. 또
동시에 그의 지도적 이성과 너 자신의 것이 동족인지를 살펴보기
위해서.

23   너 자신이 시민적 조직을 보완하고 이를 온전하게 만드는 부분 중
의 하나이듯이, 마찬가지로 너의 모든 행위도 공동체적 삶을 보완
하고 이를 온전하게 만드는 부분이어야 한다. 그래서 너의 행위가
시민적 목적에 가깝든 또는 멀든[50] 아무런 관계가 없는 것은 시민
적 삶을 흩뜨려 버리고, 그 통일을 파괴하며, 분열을 일으킨다. 그
것은 마치 인민의 구성원에서 어떤 한 인간이 제멋대로 행동하며
이러한 화합으로부터 분리되는 경우와 비슷한 것이다.

24   아이들의 말싸움과 놀이,[51] 또 '시체를 짊어진 작은 영혼들'[52]——이

---

49 변화는 정상이니 죽음이라 부르는 변화도 정상이다. 그러니 짜증 낼 일이 전혀 없다.
2.17(끝부분) 참조. 변화가 가져오는 긍정적인 면과 부분들의 변화가 전체에 유익하다는 점
에 대해서는 12.23 참조.

50 즉 '많든 적든'.

51 5.33 참조.

로써 '네퀴이아'도 더욱 분명하게 실감 날 것이다.[53]

25   원인(형상인)[54]으로 거슬러 올라가, 이것을 그 질료로부터 분리하여 바라보라. 그런 다음 그것이 본성적으로 주어진 그 고유한 성질[55]을 띠고 어느 정도 기간 동안 존속할 수 있는지 결정하라.[56]

26   너의 지도적 이성이 마땅히 해야만 할 일을 완수하는 것에 만족하지 않기 때문에, 너는 헤아릴 수 없는 고통을 견뎌 왔다. 하지만 이젠 충분하다!

27   다른 사람들이 너를 비난하거나 미워하거나 이와 유사한 감정을 표출할 때, 그들의 영혼을 향해 들어가서 그들이 어떤 사람인지

---

52   에픽테토스의 말을 조금 바꾼 것. 4.41, 10.33 참조.

53   '하데스의 광경'(Nekuia)은 오뒷세우스가 하데스로부터 '죽은 자의 유령'을 소환하는 호메로스의 『오뒷세이아』의 한 부분(제11권 219행 아래)을 통칭하는 제목이다. 견유학파의 철학자 메니포스의 13권의 저작 목록에 『네퀴이아』 작품이 있었다고 하나 전해지지 않는다 (*DL* 제6권 101). 아마도 마르쿠스는 그것을 기발한 이야기로 받아들이고 있는 듯하다. 이 세상의 삶을 죽은 자의 영혼의 허무한 모습으로 비유하고 있을 것으로 보이지만 우리의 덧없는 삶보다는 좀 더 심각한 것으로 받아들여야 할 것이다.

54   즉 어떤 대상의 원인.

55   개체로서의 성질을 갖는 것, 즉 idiōs poion은 스토아 형이상학에서의 전문용어다.

56   삶의 자연적 기간. 여기서 마르쿠스의 조언은 일반적이다. 의심할 여지 없이 도덕적 진보를 위해서는 무엇보다도 인과적 본질적 분석이 올바르게 이루어져야 한다는 것이다. 질료보다는 원인에 집중하게 되면 그것이 무엇이었든지 간에 그 대상을 식별하고 분리해 낼 수 있다. 마르쿠스는 분명히 모든 것이 일시적이라는 결론을 내리려고 하지만, 그가 제안하는 훈련이 어떻게 작동하거나 목표를 이루는 데 어떤 도움이 되는지를 보기는 어렵다. 3.11, 10.9, 12.18에서, 그는 사물의 '본질'을 알면 그 삶의 기간을 결정할 수 있다고 다시 제안한다.

보라. 그러면 너는 그들이 너에 대해 뭐라고 생각하든 신경 쓸 필요가 없다는 것을 알게 될 것이다. 하지만 너는 그들에 대해 선의를 느껴야 한다. 왜냐하면 자연은 그들을 너의 친구로 만들었기 때문에, 신들도 꿈이나 신탁을 통해 여러 가지 방식으로 그들의 마음에 두고 있는 것들을 얻을 수 있도록 도와주는 것이다.[57]

28 (1) 우주의 주기적 운동은 언제나 같다. 위로, 아래로, 영원에서 영원으로 이어진다.[58] 전체의 정신이 개별적 경우의 행동에 대한 충동을 느낄 수 있다면,[59] 그 충동의 결과를 받아들이거나 아니면 한 번만 그 충동을 느끼고, 나머지는 모두 인과율(시퀀스)에 따라 일어난다.[60] [그러나 이 중 어느 쪽이든 상관없지 않은가?] 왜냐하면 우주(모든 것)는 말하자면 원자로 이루어져 있거나, [또는 불가분의 것(운명)이기 때문이다.][61] 결국 전체에 대해서, 신이 존재한

---

57 꿈을 통한 점술은 주로 치료 목적으로 사용되었으므로, 건강은 일반 사람들이 신의 도움을 받아 얻을 수 있는 무관심한 것들 중 하나였다(1.17.9 참조). 9.11은 부와 명예를 추가한다. 스토아는 그 연결을 식별하기 어렵지만 모든 것이 연결되어 있다고 믿었고, 섭리와 신적 이성에 의한 세계 통치를 믿었기 때문에, 그들은 점을 미신이 아닌 과학으로 간주하여 받아들였다. 이것은 로마 세계에서 영향을 미치고 있었던 점성술의 영향을 결과이기도 하다.

58 영원회귀에 대해서는 2.14 참조. 4.50, 9.35 참조.

59 4.40 참조. 즉 일어나는 모든 개별적인 것은 전체 지성에 의한 개별적인 충동의 결과다.

60 6.36에서의 동일한 배타적 대안. 7.75, 9.1(끝부분) 참조. 둘 다가 스토아주의와 양립할 수 있다.

61 원문이 파손되어 있다. 헤인즈(C. R. Heines)의 제안에 따라서 읽었다. 행간의 주석으로 보이는 '불가분의 것'(amerē)으로는 알기 어렵기 때문에(혹은 homoiomerē[동질적 부분]로 읽기도 한다), 이것을 '운명'으로 바꾸어 읽기도 한다(R. Waterfield 번역 참조). 6.10, 9.39 참조.

다면 모든 것이 좋을 것이고, 모든 것이 단지 우연에 불과하다면[62] [그 경우에] 너마저 닥치는 대로 살지 마라.

(2) 곧 흙이 우리 모두를 덮어 버릴 것이다. 다음으로 흙 자신도 변화하고, 그 변화한 것도 무한히 변화해 갈 것이고, 다시 그것에서 무한히 변화가 계속될 것이다. 이러한 변화와 변형하는 물결의 움직임과 그 속도를 생각해 보는 사람은 사멸할 모든 것을 경멸하기에 이를 것이다.[63]

29   전체의 원인은 하나의 격류다. 그것은 모든 것을 휩쓸어 간다. [정치꾼이면서도 스스로는 철학자와 같이 행위하고 있다고 생각하는 이 소인배[64]들은 얼마나 보잘것없는 자들인가? 다들 코흘리개에 불과한 자들이다.[65]][66] 인간아, 웬일이냐? 자연이 지금 요구하는 것을 해라. 할 수 있으면 분발해라. 그리고 네가 무엇을 하는지 남에게 알려질지 어떨지 두리번거리지 마라. 플라톤의 '이상 국가'를 바

---

62   스토아적 세계관과 에피쿠로스 세계관 사이의 일반적인 선택을 말한다. 여기서 마르쿠스는 에피쿠로스와 스토아 세계관과 대조하는 것을 넘어, '목적 없음' 선택에 대해서는 언급조차 하지 않는다.

63   9.19, 12.21 참조.

64   원어로는 '작은 사람(난쟁이)'(anthrōpia).

65   이 사람들이 만들어 내는 모든 것은 폐기물이다. 철학에 대한 마르쿠스의 헌신을 알고, 주변 사람들은 승진을 바라며 그의 관심을 공유하는 척했다고 한다. 카시우스 디오, 『로마의 역사』 71.35.2 참조. "실은 코를 흘리고 계신 선생을 보모가 무심히 볼 뿐 급한 사람의 코를 닦아 주지 않기 때문입니다"(플라톤, 『국가』 343a[박종현 옮김]).

66   이 부분을 아래의 [[…]]로 옮겨 놓고 읽기도 한다.

라지 마라.[67] 아무리 작은 일이라도 진척이 있으면 그걸로 만족하고, 그 결과는 대수롭지 않게 생각하라. [[…]] 누가 다른 사람들의 신념을 바꿀 수 있겠는가? 신념을 바꾸지 않고는, [그들의 상황에] 신음하면서 [그들이 시킨 바에] 복종하는 시늉을 하는 노예들과 무슨 다를 바가 있겠는가. '자,[68] 알렉산드로스나 필립포스[69]나 팔레론의 데미트리오스[70]에 대해 나에게 이야기해 주게.[71] 만일 이 사람들이 공통의 자연이 원하는 바를 알고 자신도 그쪽으로 훈련을 했다면 나도 그들을 본받을 것이다. 하지만 비극 배우를 연기한 것에 불과하다면,[72] 아무도 내가 그들을 흉내 내도록 선고하지는 못한다. 철학의 일은 단순하고 겸손한 것이다.[73] 나를 오만한

---

67 플라톤이 『국가』에서 표방한 이상적인 정치체제를 말한다. '철학자가 통치를 하거나, 통치자가 철학을 한다면 국가는 번창할 것이라는 플라톤의 말을 마르쿠스는 항상 했다'고 한다 (「마르쿠스 안토니누스」, 「로마의 역사」 27, 7). 플라톤 자신은 그것이 현실적으로 가능한 폴리스에 대한 청사진이 되도록 의도하지 않았다. 그래서 그것은 도달할 수 없는 이상, 즉 스토아주의의 창시자 제논이 구상한 종류의 '국가'에 대한 슬로건이 되었다. 그곳은 모든 사람이 계몽된 현자(sophos)로 구성되었다. 키케로는 이상주의자 카토(小 Cato, 1.14 참조)를 "로물루스의 찌꺼기가 아니라 플라톤의 『국가』에 있는 것처럼 말하고 투표하는 것"(『아티쿠스에게 보내는 편지』 2.1.8)으로 묘사하고 있다.

68 마르쿠스는 자신이 말해 온 '소인배'(난쟁이)들 중 한 명에게 연설하고 있다.

69 필립포스 2세(기원전 382~336년). 마케도니아 왕으로 알렉산드로스 대왕의 아버지.

70 팔레론의 데메트리오스(기원전 350년경~280년경 사망[이집트 사망]), 아테나이의 연설가이자 정치가, 철학자. 마케도니아 장군 카산드로스(기원전 317년)에 의해 아테나이 총독으로 임명되었다.

71 데메트리오스는 자신이 철학자로 활동하고 있다고 생각하는, 마르쿠스가 들고 있는 정치가의 한 예다. 필립포스와 알렉산드로스는 이른바 '위대한 통치자'의 예로 언급된다. 그들의 '위대함'은 마르쿠스의 엄격하고, 스토아적인 생각에 들어맞지 않는다.

72 3.7, 5.28 참조.

73 7.31 참조.

허영심으로 유혹하지 마라.'

30   높은 곳에서 바라보라.[74] 무수한 군중들,[75] 무수한 의식들, 폭풍과
고요한 바다에서 이루어진 온갖 항해, '태어나 함께 살다 사라지
는' 자들의 천차만별(千差萬別)을.[76] 또 옛날에 다른 사람들이 살
았던 삶, 너 다음에 살게 될 삶, 또 현재 이민족 사람들이 살고 있
는 삶을 생각하라. 얼마나 많은 사람들이 네 이름을 알지 못하는
가. 얼마나 많은 인간이 네 이름을 까맣게 잊어버릴 것인가. 얼마
나 많은 인간이 아마 지금은 너를 찬양하지만, 곧 너를 나쁘게 말
하게 될 것인가. 기억도, 명성도, 그 밖의 다른 모든 것도 언급할
가치조차 없는 것이 될 것인가.[77]

31   외적 원인에 의해서 생기는 일들에 대해서는 동요하지 않는 것.
네 안의 원인에서 비롯한 행동에 대한 올바름. 즉 이것은 공동선
을 위한 목적으로 향하고자 하는 충동과 행동이다. 이것이 너의
자연 본성에 일치하는 것이기 때문이다.[78]

32   너는 쓸데없는 많은 골칫거리를 없앨 수 있다. 그것은 전적으로

74 7.48, 12.24 참조. 즉 '우주의 자연적 체계의 관점에서'(자연학)를 말한다.

75 7.3, 7.48 참조.

76 마르쿠스는 마지막 세 개의 동사(ginomenon, sugginomenon, apoginomenōn)로 말장난
(word play)을 하고 있다.

77 마르쿠스는 여기서 덕이 있는 사람의 속성이 아닌, 자신이 가질 수 있는 '허영심'에 대한
경향성에 맞서고 있다.

78 5.1, 6.7 참조.

너의 믿음에만 존재하는 것이니까. 전체 우주를 너의 정신으로 포용하고,[79] 영원한 시간을 정관(靜觀)하며, 모든 개별 사물의 생생한 변화를 고려하고, 탄생에서부터 분해에 이르기까지의 시간이 얼마나 짧은가를 생각하며, 탄생 이전 시간의 [크게 벌어진] 광대함[80]과 분해 이후 시간의 무한을 생각하는 것이 좋다.[81]

33 그대가 보고 있는 것은 모두 곧 소멸하고, 그 소멸되는 것을 보고 있는 인간 자신도 곧 소멸하고 만다. 극히 고령에 이르러 죽는 자도 결국 요절한 자와 마찬가지가 되고 말 것이다.[82]

34 이 사람들의 지도적 이성은 어떤 것인가.[83] 그들은 어떤 목적에 대해 열심이었는가? 어떤 동기에서 사랑하고 존중하는가. 그들의 영혼을 벌거벗은 모습으로 바라보는 습관을 가져라.[84] 그들이 너

---

79 11.1 참조. "전체로서의 시간과 실체에 대한 상념을 떠올려라"(10.17). "모든 시간과 일체의 존재에 대한 관상을 갖는 그런 마음을 지닌 사람에게"(플라톤, 『국가』 486a[박종현 옮김]). "측정할 수 없는 우주를 이성과 의지로써 두루 편력하였다"(루크레티우스, 제1권 73~74행).

80 원어인 achanes는 입과 틈 등이 '크게 벌어져 있는 모습'을 의미한다.

81 4.50, 5.23, 12.7, 12.32 참조.

82 2.14, 4.50 참조.

83 7.34, 7.62, 9.18, 9.27 참조.

84 이것은 신적인 관점이다. 5.27, 11.13, 12.2("신은 모든 인간의 지도적 이성을 물질적 용기나 겉가죽, 오물을 제거한 적나라한 모습으로 바라본다.") 참조. 플라톤의 『고르기아스』(523c~d)에서 죽은 자들은 그들의 영혼이 벌거벗은 채로, 살아 있을 때 저지른 그들의 잘못으로 인한 모든 상처를 드러내고 지하세계 재판관들에게 제시된다. 그러나 사람과 그들의 동기를 이해하기 위해서는 그들의 '지휘 사령부'(지도적 이성)를 정사(精査)해야 한다는 일반적인 제안은 4.38과 9.18에서 친숙하다.

를 비난하면 너에게 피해를 주고, 너를 칭찬하면 너를 이롭게 할 것이라고 생각한다면, 이것은 얼마나 주제넘은 생각인가!

35 상실은 변화 외에 다른 것이 아니다. 전체 자연이 이를 기뻐한다.[85] 그 자연에 따라 만물은 [솜씨가 좋은 식으로][86] 생기며, 영원한 옛 날부터 같은 형태로 생겼으며, 영원에 이르기까지 다른 비슷한 형 태로 생길 것이다. 그런데 너는 왜 일어난 모든 것이 나빴고, 앞으로도 항시 나쁠 것이며, 신들이 아무리 많이 존재하더라도 이 상황을 바로잡을 힘을 그들에게서 끝내 발견할 수 없으며, 세상이 끊임없는 악에 시달리도록 정죄받았다고 말하는 것인가?[87]

36 모든 것의 근저에 놓여 있는 질료의 부패——물, 티끌, 뼈, 악취! 대리석은 땅의 석회화고, 금, 은은 땅의 찌꺼기며, 의류는 동물의 털일 뿐이다. 자줏빛 염료는 자조개의 피고, 그 외에 다른 모든 것도 마찬가지다.[88] 우리를 살게 하는 숨도 그와 같은 것으로 이것에서 저것으로 변해 간다.[89]

37 (1) 이제 그만이다. 이 비참한 삶, 이 투덜거리는 일, 이 원숭이 흉

---

85 2.3, 7.18 참조.

86 흔히 kalōs(PA), kathōs(센클)를 삭제하고 읽는다.

87 10.7 참조. 세상이 나쁘다면 신들이 그것을 바로잡았을 것이기 때문에 세상이 좋을 것이라는 위로의 생각은 2.11과 12.5에도 함축되어 있다. 이것은 마르쿠스의 습관적 비관주의의 배경에서 깔려 있는 색다른 광선의 밝기로 특이한 점이다.

88 이와 비슷한 훈련들이 6.13에도 나온다.

89 2.2, 5.33 참조.

내 내는 짓[90]은! 왜 불안해하는가? 이것들에 무슨 새로운 일이라도 있나? 무엇이 너를 놀라게 하는가? 원인인가? 그것이 무엇인지 보는 것이 좋다. 질료적인 것? 그것이 무엇인지 보는 것이 좋다.[91] 이것들 말고는 아무것도 없다.[92] 그러나 신들에 대해서는 지금부터라도 더 단순해지고,[93] 더 가치 있는 사람이 되라.[94]

(2) 이것들은 백 년을 관찰하든 삼 년을 관찰하든 똑같다.

38　만일 그가 잘못을 저질렀다면, 악은 그에게 있다. 하지만 아마 그는 잘못을 저지르지 않았을지도 모른다.[95]

39　둘 중 어느 하나다. 즉, 모든 것들은 지성이 있는 한 샘(원천)의 결과로[96] 하나의 몸[97] 안에서처럼 생겨나거나──이 경우 전체

90　'원숭이 짓거리'가 무엇을 의미하는지는 명확하지 않다. 다른 사람의 좋은 의견을 구애하는 것을 의미할 수도 있지만('아첨'은 5.5에서 '투덜거림'과 결합된다) 모방의 의미에서 '원숭이 짓'일 수도 있다. 인간이 아닌 동물의 방식으로 행위하는 것을 의미하는 것일 수도 있다.

91　마르쿠스는 잠시 숨을 고르며, 진정시키는 방법으로 사물을 있는 그대로 볼 시간을 가지라고 촉구하고 있다.

92　4.21 참조.

93　4.26 참조.

94　여기서도 세계, 각각의 사물과 상황에 대한 인과적 질료적 분석이 실재적인 도덕적 진보를 가져오기에 충분하다고 주장하고 있다.

95　행동에는 결과가 있으므로, 지금은 잘못된 것처럼 보이는 것이 나중에 올바른 것으로 판명될 수 있다. 7.29, 11.18.5 참조.

96　이 생각은 두 가지로 이해될 수 있다. "전체의 정신이 개별적 경우에, 행동에 대한 충동을 느낄 수 있다면, 그 충동의 결과를 받아들이거나 아니면 한 번만 그 충동을 느끼고, 그 나

를 위해 일어나는 일에 부분이 불평하여서는 안 된다[98]──아니면 원자들만 있을 뿐, 현재의 [뒤죽박죽으로 뒤섞인] '혼합된 음료'(kukeōn)[99]와 미래의 흩어짐 외엔 아무것도 없는가.[100] [그중 하나다.] 그렇다면 왜 걱정하는 것이냐. 자신의 지도적 이성에게 말하라. '넌 죽고 말았다. 소멸해 버렸다. 야수가 되어 버렸다. 너는 위선자다. 가축과 떼 지어 다니면서 풀을 뜯고 있구나'라고.

40 신들은 아무것도 할 수 없거나 무언가를 할 수 있거나 둘 중 하나다. 아무것도 할 수 없다면, 왜 너는 기도하는가?[101] 만일 무언가를 할 수 있다면, 이것이 일어날 수 있게 해달라거나 일어나지 않게 해달라고 기도하기보다는, 이것들 중 어떤 것도 두려워하지 말고, 아무것도 원하지 않으며, 어느 것 때문에 슬퍼하지 않게 해 달라고 왜 기도하지 않는가? 왜냐하면 그들이 분명하게 인간을 도울 수 있다면 이 일에 대해서도 도울 수 있을 것이기 때문이다. 그러나 어쩌면 너는 이렇게 말할지도 모른다. '신들은 이런 일은 나 자

머지는 모두 인과율(시퀀스)에 따라 일어난다"(9.28).

97 몸이 하는 모든 일은 '지배하는 영혼'의 충동에 따른다.

98 전체의 건강을 유지하기 위해 사지 절단이 필요한 경우 사지가 불평해서는 안 된다.

99 4.27(해당 각주 포함), 6.10, 7.32, 12.14 참조.

100 4.27, 6.10, 7.32, 12.14 참조. 즉 '원자들의 우연적인 뒤섞임과 (나중에) 그것들의 분산됨'(에피쿠로스의 입장)을 말한다. 어떤 경우든 걱정할 필요가 없다는 결론과 함께 스토아와 에피쿠로스 세계관 사이의 일반적인 선택을 말한다. 따라서 죽음을 걱정하기보다 마르쿠스는 자신의 '지휘 사령부'(지도적 이성)의 상태에 관심을 가져야 한다고 결론을 내리고 있다.

101 기도와 신들에 대해서는 5.7, 6.23, 6.44, 12.14 참조. 마르쿠스의 입장은 정통 스토아주의와 상반된다. 그는 엄격하게 '우리에게 달려 있는' 것에 대해서 도움을 위해 기도하는 것이 가치 있다고 생각하기 때문이다.

신의 힘으로 할 수 있도록 만들었다.'[102] 그렇다면 너에게 달려 있는 것들을 자유로운 인간답게 이용하는 것이, 노예처럼 또 비천한 자처럼 너에게 달려 있지 않은 것들을 바라는 것보다 낫지 않겠는가? 게다가 우리에게 달려 있는 것들에서도 신들이 우리를 도와주지 않는다고 누가 너에게 말했는가?[103] 아무튼 이러한 것들을 위해 기도를 시작하라. 그러면 너는 알게 될 것이다. 어떤 사람은 이렇게 기도한다. '저 여자와 함께 잘 수 있기를.' 그러면 너는 이렇게 기도하라. '저 여자와 함께 자고 싶은 욕망을 갖지 않을 수 있기를'이라고. 다른 사람들은 기도한다. '저 사람에게서 벗어나기를.' 그러면 너는 '저 사람에게서 벗어나기를 원하지 않게 되기를'이라고 기도하라. 또 다른 인간은 기도한다. '제발 내 아이를 잃는 일이 없기를'이라고. 그러면 너는 '잃는 것을 두려워하지 않게 되기를'이라고 기도하라.[104] 요컨대 너의 기도를 이런 방향으로 바꾸고, 어떤 일이 일어날지를 보는 것이 좋다.

41   에피쿠로스는 말한다.[105] "내가 아팠을 때, 내 이야기는 육체의 고

---

102 2.11 참조.

103 신들과의 협력에 대하여 1.17, 9.11, 9.27 참조.

104 마르쿠스는 결혼과 자녀에 대해 직접적으로 언급한 적이 없으므로, 그의 입장을 평가하기는 어렵지만 아마도 다른 로마의 스토아주의자들의 입장과 비슷할 것으로 보인다. 그들은 이것을 '선호되는 아무런 관련이 없는 것'들로 간주한다. 즉 우리의 삶에 도움을 줄 수 있으나 덕 있는 삶에 필연적인 것은 아니다. 결혼을 관계의 적절한 형식으로 보았기 때문에, 마르쿠스와 다른 로마의 스토아 철학자들은 간음과 동성애를 인정하지 않았다. 에픽테토스는 아이의 생산을 인정하지만, 쾌락을 위한 성에 대해서는 반대했다. 이런 선상에서 혼외 관계를 인정하지 않았다.

105 에피쿠로스, 「단편」 191(우제너). 다른 곳에는 보존되지 않은 이 단편은 사모스섬에서

통에 대해서는 건드리지 않았고, 문병 온 사람들과도 결코 그런 것들에 관해서는 이야기를 한 적이 없었다. 대신에 나는 자연에 관한 주도적 학문 원리들을 계속 탐구하고, 특히 다음 문제에 중점을 두었다. 즉, 어떻게 정신은 이러한 육체 속의 움직임에 참여하면서도 평정을 잃지 않고 자기 자신의 좋은 것을 유지해 나갈 것인가 하는 것이었다." 그리고 그가 말하길 "나는 의사들에게 그들이 무슨 대단한 일이라도 하는 것처럼 우쭐댈 틈을 주지 않았다. 나는 평소와 같이 잘 그리고 아름답게 지냈다". 그렇다면 네가 병에 걸렸을 때, 또 다른 어떤 곤경에 처했을 경우에도 이 사람[에피쿠로스]과 같은 일을 하라. 왜냐하면 어떤 어려움을 당하더라도 철학을 포기하지 않고, 철학과 자연에 대한 학문을 모르는 자와 수다를 떨지 않는 것은 모든 학파에게 공통된 일이기 때문이다. … 단지, 현재 네가 하고 있는 일에만 몸을 담그고 또 그것을 수행하는 도구에만 집중하라.

42　(1) 남의 염치없음에 화가 날 때, 즉시 너 자신에게 물어보라. '세상에 염치없는 인간이 존재하지 않는다는 것이 있을 수 있겠느냐?' 그것은 가능하지 않다. 그렇다면 불가능한 것을 요구하지 말

태어나 아테나이에서 죽은 에피쿠로스(기원전 341~270년)가 임종 직전에 이도메네우스에게 보낸 편지와 어조가 비슷하다("복된 말이자 삶의 마지막 날을 보내며 나는 그대에게 이 글을 쓴다. …"; *DL* 제10권 22). 아마 에피쿠로스가 제자들에게 보낸 편지 중 하나에서 추출된 것으로 보인다. 스토아와 대립각에 섰던 에피쿠로스에 동의하는 마르쿠스의 다른 예는 7.64 참조. 그는 종종 죽음을 두려워하지 않는다는 주제에 대해 두 학파가 양립할 수 있음을 발견한다. 그 밖에도 에피쿠로스의 철학의 언급에 관해서는 5.12, 6.32, 7.28, 4.26, 9.29, 9.42 참조.

라.[106] 그 인간도 세상에 필연적으로 존재할 수밖에 없는 염치없는 사람들 중 하나이기 때문이다. 악한이나 신뢰할 수 없는 사람이나 그 밖의 모든 잘못을 저지르는 사람들에 대해서도 비슷한 생각을 쉽게 떠올려라. 그런 종류의 사람들이 존재하지 않는다는 것이 불가능하다는 사실을 상기하자마자 너는 그러한 사람들 한 명 한 명에 대해 더 관대한 마음을 갖게 될 것이다. 그 즉시 다음을 생각해보는 것도 도움이 될 것이다. '이 잘못에 대해 자연은 어떤 덕을 인간에게 주었는가?' 왜냐하면 자연은 무례한 자에 대한 일종의 해독제로서 온화함(상냥함)을 주었으며,[107] 다른 자에게는 또 다른 어떤 힘을 주었기 때문이다.

(2) 일반적으로 말해서, 방황하는 자를 가르치고 잘못을 바로잡아 고칠 힘이 너에게 주어져 있다. 잘못을 저지르는 모든 사람은 자신의 과제로 삼고 있는 과녁(목표)을 벗어나 방황한 사람이기 때문이다.[108] 그런데 너는 어떤 해를 입었는가? 네가 분개하는 사람들 중 누구도 네 정신을 나빠지게 하는 짓을 하지 않았다는 것

---

106 5.17 참조. 악의 존재는 우주가 좋은 신에 의해 이끌린다고 믿었던 스토아주의자들에게 문제를 제기하고 있다. 마르쿠스는 모든 것이 마음에 있고, 마음을 바꿀 수 있다고 주장하거나 큰 그림에서 본다면 나쁘게 보이는 것도 실제로는 좋은 것이라고 주장함으로써, 악의 존재를 부인하는 데 관심을 가지고 있다. 여기서 그는 나쁜 사람들이 없다는 것은 (논리적으로?) 불가능하다는 점을 덧붙이고 있다.

107 아리스토텔레스가 '분노'의 반대라고 부르는 '온화함'(praotēs)에 대해서는(『수사학』 제2권 제3장 참조).

108 6.27 참조. 소크라테스와 스토아의 원칙에 따르면, 모든 잘못은 '과녁을 빗나가는 것'(aphamartanein)이다. 즉, 옳은 일이 아닐 때 옳은 일이라고 생각하는 것이다.

을 너는 발견할 것이다. 너에게 나쁜 것, 해가 되는 것은 거기[너의 정신]에 그 모든 것을 갖고 있는 것이다.[109]

(3) 교양 없는 사람이 교양 없는 사람이 하는 짓을 했다고 해서, 그게 무슨 나쁜 일이며 놀랄 일이겠는가. 그 사람이 그런 잘못을 저지를 수 있다는 것을 예상치 못한 너야말로 더 많은 책임을 져야 하지 않을까 생각해 보는 것이 좋다. 그 남자가 그런 잘못을 저지를 것이라고 생각하는 만큼의 조치를 너의 이성이 너에게 주었을 것인데, 너는 그것을 잊고 그가 그런 잘못을 저질렀다고 이제 와서 놀라고 있으니까 말이다.

(4) 남의 불충(不忠)과 배은망덕을 탓할 때,[110] 무엇보다 먼저 자신을 돌아보도록 하라. 왜냐하면 네가 그러한 성향을 가진 사람을 믿고, 그가 너에게 충성을 지킬 것이라고 생각했더라도, 또 은혜를 베풀 때 그것을 알게 하지 않거나 네 행위 그 자체로부터 즉시 모든 성과를 거두게 되지는 않았더라도, 이 모든 경우에 그 잘못이 너에게 있음이 명백하기 때문이다.

(5) 남에게 친절을 베풀고 그 이상의 무엇을 원하는가? 네가 네 자연에 따라 어떤 일을 한 것으로 충분하지 않고, 그 보수를 요구하는가? 마치 그것은 눈이 사물을 본다고 해서 보답을 요구하거

---

109 4.39 참조.
110 이 대목은 자신의 '군사들'이나 '원로원 의원들'을 염두에 둔 말로 보인다.

나 발이 걷는다고 해서 이를 요구하는 것과 조금도 다르지 않다. 왜냐하면 이러한 것들[111]이 각각 그 어떤 일을 위해 만들어졌고, 그 일을 그 고유한 소질에 맞게 완수한다면 그로 인해 자기 본분을 다하듯이, 그와 같은 인간도 다른 사람에게 친절을 다하기 위해 생겨났기 때문에 다른 사람에게 뭔가 친절한 일을 했을 때나 그 밖에 공공의 이익을 위해 사람과 협력한 경우에는 그가 창조한 목적을 달성한 것이며, 자기 본분을 다했기 때문이다.[112]

---

111 즉 눈과 발.

112 여기서는 다른 사람의 잘못에 대한 자신의 반응을 알리고, 완화하기 위한 일련의 원칙 또는 성찰을 보여 주고 있다. 11.18은 분노에 대한 구체적인 언급이 있는 유사한 연습이다. 잘못을 저지르는 필연성에 대해서는 4.6, 5.17 참조. 비자발적이며 무지의 결과로서의 잘못에 대해서는 2.1 참조. 그 자체로 목적으로서의 친절에 대해서는 5.6 참조. 인간의 고유한 본성인 '선행(친절)을 베풀도록 만들어졌다'는 것에 대해서는 5.1 참조. 그 밖에도 7.73(선행), 8.14, 10.30, 11.1.4(공동체의 이익) 참조.

제10권

I (1) 오! 내 영혼이여, 과연 너는 어느 날 선량하고, 단순하며, 그리고 하나가 되고, 벌거벗어,[1] 너를 감싸는 육신보다 더 선명해질 것인가?[2] 과연 어느 날 애정 가득하고 사랑 넘치는 마음가짐을 즐기려 하는가? 과연 어느 날엔가 흡족해서 아무것도 필요 없이, 아무것도 동경하지 않고, 즐거움을 향유하기 위해 생명이 있는 것이든 생명이 없는 것이든 아무것도 욕구하지 않는 그런 것이 될 것인가? 또한 더 오래 향유하는 시간도 원하지 않고, 어떤 장소나 어떤 땅, 쾌적한 기후나 기분 좋은 사람들을 원하지 않게 되는 것일까? 오히려 너는 현재 상태에 만족하고, 현재 있는 모든 것에 기쁨을 느끼고, 이렇게 자신에게 타이르겠는가.[3] '현재 너에게 주어진 모든 것은 신들로부터 오는 것이며, 신들의 좋음이라고 생각하는 것이야말로 현재나 미래에서나 너에게 좋은 것임을 스스로 납득하게 되는가? 또 하나의 완전하고, 좋으며, 정의롭고, 아름다운 존재자, 즉 만물을 낳고, 유지하고, 포용하고, 모두 분해되는 것들을 모

---

1 이 네 가지 형용사("선량하고, 단순하며, 그리고 하나가 되고, 벌거벗어")는 모두 같은 의미다. 영혼은 외부의 필요에 의해 방해받지 않고, 다른 사람에게 좋음을 행하고 신적인 계획을 영속화하는 데 전적으로 집중해야 한다.

2 11.27 참조.

3 3.11 참조.

으고, 거기서 다른 비슷한 것을 만들어 내는 존재자[4]를 보존하기 위해 신들이 우리에게 주려고 하는 모든 것들 역시 너에게 좋은 것이며 앞으로도 좋을 것임을 납득하게 되는가?' 과연 언젠가 너는 신들과 사람들과 함께 같은 공동체에 살기 걸맞은 동료 시민이 되고, 그들을 책망하지도, 그들에게서 책망받지도 않는 존재가 될 수 있는 것일까?

2 오직 자연의 지배를 받는 자로서 너의 (내부의) 자연이 무엇을 요구하는지 관찰하라.[5] 그런 다음 이것을 행하라. 동물로서의 자연이 그것 때문에 훼손될 우려가 없는 한 기꺼이 행하라. 그다음 관찰해야 할 것은 동물로서 너의 자연이 무엇을 요구하느냐 하는 것이며, 그것 때문에 이성적 동물로서의 너의 자연이 손상될 우려가 없는 한[6] 이 모든 것을 받아들여야 한다.[7] 그러나 이성적 존재란 우선 시민적 존재라는 것이다. 이상의 원칙을 적용하여 쓸데없는 일에 신경 쓰지 마라.

---

4 7.23 참조. 즉, '완전한 존재'는 우주(자연, 제우스, 첫 번째 원인)이다. 마찬가지로 경건하고 종교적인 어조에 대해서는 5.8 참조.

5 즉, 성장만 가능하다고 여겨졌던 식물과 같다. 다른 곳에서도 그렇듯이 마르쿠스는 여기서 식물에서 동물로, 이성적 존재로 진행하는 과정을 거치고 있다.

6 사람의 동물성이 어떻게 사람의 이성적 본성을 손상시킬 수 있는지(이를테면 '술 취함')를 볼 수 있지만, 동물성을 손상시킬 수 있는 식물의 본성이 무엇인지 보는 것은 쉽지 않다. 깊이 뿌리박혀 있어서 완고하게 반응이 없는 것인가?

7 자연의 계층, 식물, 동물, 이성적 동물이라는 '자연의 사다리'에 대해서는 6.14, 6.16, 8.41 참조.

3 일어난 모든 일은 네가 태어날 때부터 이것을 견딜 수 있도록 일어나거나 견딜 수 없게 일어나거나 그 둘 중 하나다.[8] 그러므로 만일 네가 자연적으로 견딜 수 있는 방식으로 일어난다면 투덜대지 마라.[9] 네가 태어난 대로 이것을 견뎌라. 하지만 네가 태어날 때부터 견딜 수 없는 방식으로 일어난다면, 그 역시 투덜대지 마라. 그 일은 너를 다 소모한 뒤에 그것도 소멸할 것이기 때문이다.[10] 그러나 그렇게 하는 것이 너 자신에게 유익하다거나 네 의무라든가 하는 그런 생각에 따라, 즉 그것을 견딜 수 있고, 참을 수 있게 하는 것이 너의 믿음(판단)에 달려 있는 한, 자연이 이런 모든 것들을 견딜 수 있도록 너를 만들었다는 것을 잊어서는 안 된다.

4 누군가가 실수를 저지르면, 친절하게 가르쳐 주고, 잘못된 점을 보여 줘라. 그렇게 하는 것이 가능하지 않다면, 자신을 책망하라. 혹은 자신조차 책망하지 마라.[11]

5 너에게 무슨 일이 일어나든 그것은 영원한 옛날부터 너에게 준비

---

8 7.33과 7.64 참조. "본성적으로 견딜 수 없는 일은 아무에게도 일어나지 않는다"(5.18). "보편적 자연은 네가 견딜 수 없는 어떤 것도 가져다주지 않았잖은가"(8.46). 마르쿠스는 무엇보다 고통을 생각하고 있음을 보여 준다.

9 8.5 참조.

10 7.33 참조.

11 2.13, 7.27, 8.17, 9.24 참조. 에픽테토스, 『엥케이리디온』 제5장 5b 참조("자신의 일이 잘못됐다고 다른 사람을 비난하는 것은 교육받지 못한 사람의 일이다. 자신을 비난하는 것은 교육을 막 시작한 사람의 일이다. 다른 사람도, 자기 자신도 비난하지 않는 것은 교육받은 사람의 일이다").

되어 있던 것이다. 그리고 여러 원인의 얽힘은 영원한 옛날부터 너의 존재와 이 특정한 사건을 연결해서 짜 놓고 있었던 것이다.[12]

6   (1) 원자들이든 자연이든, 우선 전제해야 할 것은 내가 자연에 의해 지배받고 있는 전체의 일부분이라는 것이다. 다음으로 나는 나와 같은 동족의 부분들과 밀접한 관계에 있다는 것이다. 이상의 것들을 기억하고 있다면, 내가 한 부분인 한 전체로부터 내게 할당되는 어떤 것에 대해서 전혀 불만을 드러내지 않을 것이다. 전체에 도움이 되는 것이 부분에 해가 되는 것은 하나도 없다.[13] 사실상 전체 중에는 전체 자신에게 도움이 되지 않는 것이 하나도 없기 때문이다. 이 점은 모든 자연에 공통적이지만 우주의 자연은 어떠한 외적인 원인에 의해서도 자신에게 해가 되는 것을 낳도록 강요받지 않는다는 부가적 특징을 갖고 있다.[14]

---

12   4.26 참조. 결정론적 체계를 말한다. 짜인 얽힘으로서의 운명의 이미지는 3.4, 3.11, 3.16, 4.26, 4.34, 5.8, 7.9, 7.57에서 공통적이다. 헬라스 신화의 세 운명의 신 중 하나가 직공인 클로토라는 점을 감안할 때 자연스러운 일이다. 5.8은 여기와 같이 얽힘(망)의 이미지와 개인적 '예정'의 개념을 결합한다.

13   마르쿠스는 5.22와 10.33에서 정치적 사용에 대한 아이디어를 내놓는다. 6.54, 참조. 하지만 사지 절단은 수술로 전체 몸이 보존되더라도 확실히 사지에 해롭다는 것이 상식이다. 더욱이 그는 다음 문장에서 이것이 '전체는 그 자신의 좋음에 기여하지 않는 것은 아무것도 포함하지 않는다'라는 사실에서 추론한 것이라고 말한다. 그러나 전체로부터 따라 나오는 부분의 좋음에 관한 것은 전혀 없다. 논리적으로 보면 전체의 좋음이 부분의 좋음을 보장하지도 않고, 부분들의 좋음으로부터 전체의 좋음이 따라 나오지도 않는다.

14   스토아 자연학에서 우주에는 경계가 있지만 우주 밖은 아무것도 없는 '공허'다. 우주는 '그 자신의 좋음에 기여하지 않는 어떤 것도 포함하지 않는 것이기에' 우주에 해를 끼칠 수 있는 무언가가 있다면 외부에 있어야 하겠지만 이것은 불가능하다.

(2) 따라서 내가 그러한 전체의 일부분임을 기억하는 한, 나는 나에게 일어나는 모든 일에 대해 만족할 것이다.[15] 또한 나와 같은 동족의 부분들과 밀접한 관계에 있는 한, 나는 아무런 반공동체적 행위를 하지 않을 것이고, 오히려 나의 노력은 나와 같은 동족의 부분들로 향할 것이며, 나의 모든 충동은 공동의 이익으로 돌려지게 되고, 이에 반하는 것으로부터 멀어지게 될 것이다. 이런 일들을 이같이 성취할 수 있다면, 인생은 필연적으로 순조롭게 흘러갈 것이다.[16] 마치 한 시민이 그의 동료 시민들에게 유익한 활동을 하면서 평생을 보내고, 공동체로부터 배정받는 것은 무엇이든 기꺼이 받아들이면 그 사람의 삶은 순조롭게 흘러갈 것이라고 네가 관찰할 수 있는 것처럼.

7   (1) 전체의 각 부분, 즉 본성적으로 우주에 포괄되어 있는 모든 부분은 필연적으로 소멸할 것이다. 여기서 '소멸한다'는 것은 '변이 (變異)한다'는 의미로 보아야 한다. 그런데 만일 이 일이 각 부분들에게 본성상 나쁜 것이며 불가피한 현상이라고 한다면, 각 부분들이 끊임없이 변화를 향해 나아가 여러 가지 방법으로 소멸하도록 구성되어 있는 이상, 전체는 제대로 운행할 수 없을 것이다. 과연 자연 자체가 일부러 자신의 각 부분에 해를 끼치고, 악에 빠지기 쉽게 하고, 필연적으로 악에 빠뜨리는 일을 꾸몄을까. 아니면 이런 일이 일어나고 있음을 자연 스스로 깨닫지 못하고 있는 것일

---

15   우리가 전제를 받아들이면 그 논증은 일어나는 모든 일이 좋다는 것을 증명한다.
16   '인생이 순조롭게 흘러감'(ton bion euroin)은 스토아 철학에서 '행복한 삶'을 의미한다.

까? 요컨대 양쪽 어느 쪽도 믿을 수 없는 일이다.[17]

(2) 그러나 어떤 사람이 '자연'을 제쳐두고 사물이 [기계적] 본성에 의해 그런 식으로 이루어진 것이라고 설명한다고 하더라도, 여전히 전체의 각 부분은 자연적으로 변화하도록 되어 있다고 주장하는 동시에 다른 한편으로 그것이 자연에 반하여 일어나는 것들인 것처럼 놀라거나 화를 내는 것 역시 얼마나 우스운 노릇인가. 하물며 사물들은 분해되면 그 각각 구성되어 있던 요소들로 되돌아가기 때문에 더욱 그렇다.[18] 즉 구성 요소들의 흩어짐이거나, 혹은 그 고체의 구성 성분은 흙인 것으로의 환원, 그 숨적인 것(즉 기체)은 공기인 것으로의 환원이거나, 그 둘 중 하나이다. 후자의 경우에는 그 결과로서, 이것들도 전체의 이성 속으로 도로 빨려 들어간다.[19] 이때 전체의 이성은 주기적으로 불에 타거나[20] 무한한 변화에 의해 새롭게 되는 것이다.[21]

17 이와 관련 있는 항목은 4.42, 8.20, 9.17(변화가 나쁘지 않음); 5.29, 9.21(그래서 죽음은 나쁘지 않다); 6.1(우주는 부분에 해를 끼치지 않는다) 등 참조.

18 죽음은 사물이 구성 요소로 분해되는 것이기 때문에, 그것은 요소로 구성된 것으로서 그 자연에서의 죽음이다. 이어지는 문장에서 마르쿠스는 사물의 구성 요소가 무엇이고, 죽음이 그것들에 무슨 일을 일어나게 하는지에 대한 에피쿠로스 학설이나 스토아학파의 가르침을 믿는 경우를 제시하고 있다. '원자의 분산'은 에피쿠로스학파의 선택이다. 죽음에 대한 어떤 설명도 마르쿠스를 만족시키지 못할 것이다.

19 그리고 우주의 씨앗 원리는 다음 세대의 실재물을 위해 그것들을 재사용한다. 일반적으로 한 세대의 사물의 속성이 다음 세대의 사물로 전달되도록 보장하는 것은 우주의 씨앗 때문이다.

20 우주의 연소(5.13, 2.14)와 영겁회귀에 대해서는 3.3 참조.

21 스토아의 입장과 에피쿠로스의 입장의 대조. 스토아는 끊임없는 연속에서 각 우주의 주

(3) 그리고 고체 성분이나 숨적인 것은 첫 탄생 때부터 존재한다고 상상해서는 안 된다. 이것은 모두 어제 또는 엊그제 섭취한 음식이나 마신 공기에서 유입된 것이기 때문이다. 그러므로 변화하는 것은 섭취한 것이지 어머니가 낳은 것이 아니다. 설사 네가 너의 개별성에 의해 그런 것들(섭취된 것)과 단단하게 연결되어 있다고 가정하더라도 그것은 지금 말하고 있는 논의와는 아무런 관련이 없는 일이라고 나는 생각한다.[22]

8 (1) 좋은 사람, 신중한 사람, 진실한 사람, 사려 깊은 사람, 공감하는 사람, 마음이 큰 사람[23] 등의 명칭을 다른 사람으로부터 받으면 다른 이름을 받지 않도록 주의하라.[24] 만약 이들 명칭을 잃는 일이 생기면 서둘러 그것들로 돌아가는 것이 좋다. 그리고 '사려 깊다'

기적인 화재 파괴를 믿었다. 각 우주는 끊임없는 변화(6.15)에 의해 다시 새롭게 되지만, 엄밀히 말하면 이러한 변화는 각 화재와 함께 끝나기 때문에 '끝이 없는' 것이 아니다. 그러나 에피쿠로스주의자들은 우주가 영원하지만 항상 다른 원자 조합으로 구성되어 있다고 생각한다. 죽음에 대한 에피쿠로스주의자들의 견해는 *LS* 24 참조.

22 아마도 마르쿠스는 사람은 자신이 겪는 모든 변화를 통해 자신의 특정한 정체성을 유지할 수 있다고 대답할 것이다. "이 사람이 같은 사람이라고 불리긴 하나, 그가 어느 때고 자신 속에 같은 것들을 가진 적은 없고 오히려 늘 새로운 사람으로 생겨나고 … 늙어 가고 떠나가는 것이 그것 자체의 원래의 모습과 닮은 또 다른 새로운 것을 남겨 놓음으로써 보존된다"(플라톤, 『향연』 207d~208b 참조).

23 약간의 말장난에 빠져 있다. 마지막 세 형용사는 emphrōn, sumphrōn, huperphrōn이다.

24 에픽테토스, 『강의』 2.10 참조("어떻게 여러 가지 이름에서 적합한 행동(의무)를 발견할 수 있는가?"). '그 사람에게 적용된 이름'이란 '그 사람의 정체성'(identification)을 말한다. 에픽테토스는 우리의 윤리적 삶을, 이성적이고 잠재적으로 고결한 행위자로서의 인간의 역할과 우리의 특정한 사회적 또는 가족적 역할을 결합하는 것으로 생각해야 한다는 점을 논의하고 있다.

라는 것은 네가 각 개별적인 일에 판단을 내리는 세심한 집중과 경솔한 사고에 빠지지 않는 것을 의미한다는 것을 기억하라. 또 '공감한다'는 것은 공통의 자연으로부터 할당되는 것은 무엇이든 지 자진해서 받아들이는 일이라는 것을. '마음이 크다'는 것은 우리가 사고하는 부분이 육체의 유연성 혹은 경직된 움직임,[25] 공허한 명예나 죽음 같은 것을 넘어서서 고양하는 일이라는 것을. 네가 그 이름들을 스스로 유지하고 굳이 다른 사람들로부터 그 이름을 얻으려고 열망하지 않는다면, 너는 새로운 사람이 되고 새로운 삶에 들어갈 것이다.[26] 사실 아직도 네가 지금까지 살아온 그대로 있으며, 이런 삶 속에서 살이 찢기고 더럽혀진다는 것은 너무나 우둔하게 인생에 집착하는 인간이 보이는 태도다. 그런 사람은 반쯤 물어뜯긴 야수 격투사와 같은 인간으로, 상처와 피고름으로 범벅이 되었음에도 다음 날까지 감옥에서 보호해 달라고 간청하는 자와 같다. 그래서 그는 그런 상태에서 다시 갈고리발톱이나 송곳니 밑으로 내던져지려고 하는 것이다.[27]

---

25 4.3 참조.

26 7.2.2("새로운 삶을 시작하는 것은…")

27 마르쿠스 시대에는 공공 오락의 한 형태로 경기장에서 동물(보통은 '큰 고양이')과 싸우게 하여 일부 범죄자를 사형에 처하는 것이 오랫동안 이어진 관례였다. 기원전 1세기 후반부터 많은 범죄자들은 기독교인이었으며, 그들 중 다수는 무기 없이 투기장으로 보내졌거나 그렇게 하기로 선택되었다. 마르쿠스의 예가 삶에 집착하는 경우라면, 투사들은 시합이 끝날 때까지 살아 있지만 하루만 더 계속하기를 간청한다면 아마도 범죄자로 처형되었을 것이다 (4.47 참조). 6.46에서 마르쿠스는 그러한 모든 게임이 역겨운 것은 아니지만 지루하다고 주장한다. 세네카, 『도덕서한』 7.4, 70.20 참조.

(2) 그러니 이 몇 가지 명칭의 배에 올라타라. 그리고 그 안에 머물 수 있다면, 마치 어디 '지복자의 섬'[28]에라도 옮겨 산 자처럼, 머물러라. 하지만 표류하고 있다고 느껴져서 제어할 수 없게 된다면, 용기를 내어 어딘가 우세를 되찾을 수 있는 한구석으로[29] 물러가거나 깨끗하게 삶을 떠나는 것이 좋다.[30] 그때 분노하지 말고 단순히 자유롭고 겸손하게 떠나는 것이다. 적어도 이렇게 세상을 떠

---

28 '지복자의 섬'은 순수한 영혼과 전설의 영웅들을 위해 예약된 신화 속의 낙원이었다. 영웅 종족인 세 번째 종족 중 살아남은 자들(테바이와 트로이아 전쟁에서의 '행복한' 영웅들)을 위해 제우스가 살게 해 준 곳이다. "멀리 떨어진 곳에다 생명과 거처를 주시며 대지의 끝에 살게 하셨소. 그래서 … '축복받은 자들의 섬'(makaron nesoi)에서 마음에 아무런 근심도 없이 사는 것이네"(헤시오도스, 『일과 나날』 169~172행). 호메로스에서는 같은 의미를 지니는 '엘뤼시온 들판'이 나온다(『오뒷세이아』 4. 563행)

29 이러한 '구석'은 4.3.1에서 충분하게 기술되어 있다.

30 세네카, 에픽테토스와 마르쿠스의 스토아적 자살에 대한 생각에 대해서는 8.47 주석 참조. 에픽테토스의 자살에 대한 입장에 대해서는 1.2.1~11, 1.24.20, 1.25.18, 2.1.19, 2.15.4~12, 3.6("신은 너를 위해 문을 열어 놓았다"), 3.13,14 등 여러 대목 참조. 에픽테토스는 세네카와 달리 자살을 '스토아적 자유의 최고의 검토', '자유를 위한 궁극적 정당화', '유일한 참된 자유 행위'로 간주하지 않는다. 에픽테토스가 '합당한 이유 없이 굶어 죽기로 결심한 어떤 친구'를 말리는 성공적인 노력을 이야기하는 2.15.4~12 참조. "'죽음을 위한 연습': 이것을 말하는 사람은 우리에게 우리의 자유를 연습하라고 말하고 있네. 죽음을 배운 사람은 노예 본성을 배우지 않았던 사람이네. 죽음은 모든 권력 위에 있으며, 확실히 모든 것 너머에 있기 때문이네. … 그 문은 언제나 자유이네"(세네카, 『도덕서한』 26.10). 스토아 철학자들의 '자살' 논의를 종합적으로 정리하고 있는 J. M. Rist, *Stoic Philosophy*, Cambridge, 1969, pp. 233~255('자살'); M. T. Griffin, Philosophy, Cato, and Roman Suicide I & II, *Greece and Rome* 33, 1986, pp. 64~77, 192~202; F. H., Sanbach, *The Stoics*, 1994, Hackett, pp. 51~52 참조. 칸트는 어떤 사람에게 동일한 상황에서 행하는 것이 옳지 않다면, 그것은 옳은 일일 수 없다고 주장한다. 칸트의 주장은 대단히 스토아적이다. 그러나 스토아 철학에서의 '개인'에 대한 이해는 칸트의 주장과 다르다. 스토아의 자살의 입장에 대한 칸트의 비판에 관해서는 김재홍의 '생명: 메멘토 모리, 죽음의 미학'(『아주 오래된 질문들—고전철학의 새로운 발견』, 한국철학사상연구회, 정암학당, 동녘, 2017) 참조.

났다는 그 한 가지만은 너의 일생을 통해 성취해 낸 것이다. 하지만 그런 이름을 기억하기 위해서는 신들을 염두에 두면 큰 도움이 될 것이다. 신들이 바라는 것은 아부가 아니라, 모든 이성적 동물이 자신들을 닮아 가는 것이다.[31] 또한 무화과가 무화과의 몫을 하고, 개가 개의 몫을 하고, 꿀벌이 꿀벌의 몫을 하고, 인간이 인간의 몫을[32] 다하기를 바라는 것이다.

9 (1) 인생의 익살극, 전쟁,[33] 공포(동요), 마비 상태, 매일의 노예 상태![34] 자연의 탐구 없이[35]는 네가 생각하고 그런 다음 버리는 너의 모든 신성한 원칙들은 하루가 다르게 사라져 버릴 것이다. 이제부터는 모든 것을 보고 행하여, 눈앞에 주어진 임무를 완수하면서 동시에 네 행동의 이론적 토대가 항상 발휘되도록 해야 한다. 또 각각의 것들에 대한 지식에서 획득되고, 각각의 특정한 경우에 적용되는 자신감을 자신 안에 잠재되어 있지만 일부러 숨기지는 않게 계속 유지되도록 해야 한다.[36]

31 삶의 목적을 신과 '동화하는 것'으로 묘사한 것은 예를 들어 플라톤, 『테아이테토스』 176b 참조("신과 동화됨이란 슬기를 갖추고 정의롭고 경건하게 되는 것이다").

32 5.1, 8.26 참조.

33 2.17('삶은 전쟁') 참조.

34 이성에 따르지 않는 인간 조건의 불행에 대한 집중적이고 잔인한 묘사다. 이 대목에서 끊어 있기를 달리해서 Theiler의 텍스트 구분에 대한 제안을 받아들인 아도(P. Hadot)와 같이 읽었다. 달펜의 mimos(익살극)는 받아들인다.

35 phusiologētos(C. R. Heines) 대신에 aphusiologētos('자연에 대한 적절한 탐구 없이', J. Dalfen)로 읽는다.

36 요컨대, 우리는 삶의 기술과 근본적인 원리에 일치해서 행동해야 할 뿐만 아니라, 그것들을 정당화하는 이론적 토대를 우리 의식에 제시해야 한다는 것이다. 이것이 마르쿠스가

(2) 도대체 언제 너는 단순함을[37] 즐기게 될까? 그리고 언제 품위를 갖는 것을? 또 개개의 사물에 관한 앎, 예를 들어 본질에서 그것이 무엇인지, 우주 속에서 어떤 위치를 차지하는지, 얼마 동안 본성적으로 존속하도록 만들어졌는지, 그것을 구성하는 것은 무엇인지, 누구에게 속할 수 있는 것인지, 그것을 주거나 빼앗을 수 있는 사람들은 누구인지 등의 앎을 즐기게 되는 것은 언제일까.[38]

10   거미는 파리를 잡으면 큰 성취로 생각한다. 어떤 사람은 작은 토끼를, 어떤 사람은 그물로 정어리를, 어떤 사람은 멧돼지를, 어떤 사람은 곰을, 어떤 사람은 사르마테스 사람들을 잡으면 큰 성취로 생각한다.[39] 그런데 이들의 행동의 원칙을 검토해 보면, 모두 날강도가 아닌가?[40]

'자연의 지식'으로 의미하는 것이다. 왜냐하면 최종 분석에서 삶의 모든 원리들은 '자연의 지식'으로 통합되기 때문이다. 이것이 없으면 원리들의 정식화(즉 '명제 형식으로 제시함')는 아무리 자주 반복되더라도 아무런 의미가 없게 될 것이다(P. Hadot [1998], p. 42 참조).

37   11.15('단순한[소박한] 삶') 참조.

38   그것에 대해 많은 질문을 던짐으로써 무언가에 침투하고 분석하는 방식의 연습에 대해서는 3.6.2, 3.11, 4.21.2 및 8.11 참조("이것은 그 자체로 그 고유한 구성에 있어 무엇인가? 그 실체적인 것과 그 질료인은? 그 형상인은 무엇인가? 그것은 우주에서 무엇을 행하는가? 그것은 얼마 동안 존속할 것인가?")

39   이것이 단순히 일반화된 진술이 아니라면, 이 책에서 당대의 사건, 여기서는 마르코만니 전쟁(bellum Germanicum et Sarmaticum)에 대한 유일한 명시적 언급일 수 있다. 마르쿠스의 사르마티아인들(Sarmatai, Sarmatae; 다뉴브강 유역에 살던 게르만 종족)과의 전쟁은 175년에 일어났고, 그들의 격퇴로 끝났고 그의 승리를 기념하기 위해 마르쿠스는 그의 이름에 '사르마티쿠스'('사르마테스인들의 정복자', 175년)를 추가했다. 여기서 마르쿠스는 일반적으로 자신의 승리를 사소한 것으로 비웃고 있다.

40   알렉산드로스 대왕에 관한 이야기 중에, 알렉산드로스가 자신이 붙잡은 해적과 대면하

11 만물은 어떻게 서로 변화하는가? 이를 고찰하는 방법을 자신의 것으로 하고 끊임없는 주의를 가지고 이 분야에서 연습을 쌓아 가는 것이 좋다. 이만큼 정신을 위대하게 만드는 것은 없다. 그렇게 훈련받은 사람[41]은 육체를 벗어던지고 만다.[42] 얼마 지나지 않아 모든 것을 떠나 인간 사이에서 떠나야 한다는 것을 생각하기 때문에, 자신의 행동에 대해 정의에 전적으로 몸을 맡기고, 그 밖에 자신에게 일어나는 일에 대해서는 전체 자연에 몸을 맡긴다. 다른 사람이 자신에 대해 무엇을 말하고, 어떻게 생각하는지, 또 자신에 대해 무엇을 행할 것인지 등은 마음에 떠오르지도 않는다. 그는 다음 두 가지 일로 만족한다. 즉 현재의 행동을 올바르게 수행하는 것과 현재 자신에게 정해진 몫을 사랑하는 것이다.[43] 그는 모든 마음고생과 야망을 저버리고, 법에 따라 곧은 길을 걷고,[44] 곧은 길을 따라 신을 따르는 것 외에는 아무것도 바라지 않는다.[45]

12 (1) 무엇을 해야 하는지를 보는 눈이 너에게 있는데, 무엇을 추측

여 그의 해적 행위를 꾸짖는 이야기가 있다. 이때 해적은 사람들이 자신을 '강도'라고 부르지만, 강도질을 대규모로 한 알렉산드로스는 '황제'라고 부른다고 대답했다는 것이다.

41 즉 세계의 변화를 객관적으로 살피는 것.

42 이것은 매우 플라톤적이다. 플라톤에게 세계에 대한 '객관성'은 형상 자체를 봄으로써 얻어지는 것으로, 『파이돈』에 표현한 것처럼 이것은 형상의 비물질적인 영역에서 몸과 독립적으로 작동하는 영혼 또는 마음이기 때문에 일종의 죽음을 위한 훈련이었다.

43 5.8.1("아스클레피오스가 처방한 것을 받아들이는 것처럼, 우리에게 일어난 일을 받아들이도록 하자. 실제로 처방들 중에는 쓰디쓴 것도 많지만, 건강해지려는 희망으로 우리는 그것들을 환영하자").

44 5.3, 7.55 참조.

45 이 항목의 마지막 부분이 삼인칭으로 서술하고 있다. 이와 관련해서 3.16 참조.

할 필요가 있겠는가? 네가 네 길을 볼 수 있다면, 옆길로 비켜 가지 않고 호의를 가진 채로 그 길을 향해 나아가라. 또 자신의 길이 보이지 않는다면, 걸음을 멈추고 가장 뛰어난 조언자의 충언을 따르면 된다.[46] 또, 다른 어떤 장애가 생긴다면 심사숙고하면서 정의롭다고 생각되는 것을 꼭 붙잡고 현재의 수단이 허락하는 대로 나아가라. 정의를 성취하는 것이 가장 나은 것이기 때문이다. 사실상 유일한 실패는 정의의 실패니까.

(2) 모든 일에 이성을 따르는 자는 여유가 있으면서도 동시에 활동적이고, 쾌활하면서도 동시에 침착한 법이다.

13 잠에서 깨자마자 자신에게 물어보라. '정의로운 일, 좋은 일을 한 것이 남에게 비난을 받는다면,[47] 그게 너에게 무슨 문제가 될까?' 아무런 문제가 되지 않는다. 너는 잊었는가? 남을 마구 칭찬하거나 헐뜯는 인간들이[48] 잠자리에서 어떤 행동을 할지, 식탁에서 어떤 식으로, 또 무엇을 할지, 무엇을 피하고, 무엇을 추구하고,[49] 무엇을 훔치고, 무엇을 강탈하는지를. 그것도 손이나 발을 가지고서가 아니라, 그들 중의 가장 고귀한 부분, 즉 사람의 의지에 따라서

---

46 조언과 도움을 필요로 하는 것에 대한 마르쿠스의 인정과 정당성에 대해서는 4.12, 7.5, 7.7, 8.16 참조.

47 genētai(C. R. Heines)를 'psegētai'(Lofft)로 읽었다.

48 3.4, 6.57, 7.62, 8.52, 8.53, 9.34, 10.19 참조.

49 이것은 마르쿠스가 성격을 평가하는 가장 일반적인 방법 중의 하나이다. 4.38, 7.34, 7.62, 9.34 참조.

는 신뢰, 절제, 진실, 법, 좋은 다이몬[50] 등을 생기게 하는 부분으로 그렇게 한다는 것을?

14 모든 것을 주고 빼앗는 자연을 향해 교양 있고 절제된 인간은 다음과 같이 말한다. '당신이 원하는 것을 주고, 당신이 원하는 것을 빼앗아 주십시오'라고. 다만 그는 그것을 반항하듯이 말하는 것이 아니라, 다만 자연에 대한 순종과 선의에서 말하는 것이다.[51]

15 너에게 남겨진 시간은 짧다. 산속에 있는 것처럼 살아라.[52] 어느 곳에서나 우주 도시의 시민처럼 산다면 여기에 있든 저기에 있든 아무 차이가 없다.[53] 진정으로 자연에 따라 살고 있는 인간이라는 것을 사람들에게 보여 주고 관찰하게 하라.[54] 그들이 그것을 참지 못한다면 그들로 하여금 너를 죽이게 하는 것이 좋다. 그들처럼 사는 것보다는 그게 나으니까.

---

50 7.17 참조.

51 4.23, 10.21 참조.

52 10.23 참조. 마르쿠스의 삶의 방식과 정반대인 고산지대 목자의 단순한 삶. 이것은 무슨 의미일까? 10.23에서는 여기와 대조적으로 모든 사정이 '산꼭대기나 바닷가'나 그 밖의 네가 원하는 곳 어디서나 다 같다고 말한다. 세상의 하찮은 것 위에, 더 순수한 분위기 속에서 신과 사람의 눈 아래 열려 있는 대낮에서 살라는 얘기인가? 자기 자신에게로 '물러남'에 대해서는 4.3.1 참조.

53 그의 모든 동료 인간은 이성적인 동물로서 친절하고 공정하게 대우받을 자격이 있다.

54 다른 모든 곳에서(바로 다음 항목에서도) 마르쿠스는 자신이 '자연과 일치하는 삶'에 성공하지 못했다고 느끼기 때문에, 여기에서 그가 자신을 언급하는 것이 아니라고 생각한다. '만일 그들이 정직한 인간을 발견했고 그것을 참을 수 없다면, 그들은 그를 언제나 죽일 수 있다.' 이것은 조건적 발언이다.

16 좋은 인간은 어떠해야 하는지에 대해 논하는 것[55]은 이제 그만하고, 좋은 인간이 되는 것이 어떻겠는가![56]

17 전체로서의 시간과 실체(존재)에 대한 인상을 떠올려라.[57] 또한 모든 것은 실체적 측면에서 단지 무화과의 씨앗에 불과하며, 시간의 측면에서는 송곳의 한 번 돌림에 불과하다.

18 존재하는 것들 하나하나를 유심히 바라보면서, 그것이 이미 분해되고 변화하고 있으며, 이른바 부패와 흩어짐의 상태에 있고, 또 모든 것은 말하자면 본성상 죽기 위해 태어났음을 생각하라.[58]

19 먹고, 자고, 성교하고, 배설하고, 그 밖에 다른 일을 할 때 그들이 어떤 자인지를 명심하라. 그다음 군림하며 으스대고 있을 때, 화를 낼 때, 또는 높이 앉아서 다른 사람을 몰아세울 때 그들은 어떤 자들인가. 얼마 전까지 얼마나 많은 인간에게 어떤 이유로 인해 노예처럼 봉사했던 자들 아닌가! 오래지 않아 그들은 다시 그러한 사람의 처지로 빠지고 말 것이다.[59]

---

55 '추상적 논의'를 말한다.

56 카시우스 디오는 마르쿠스를 두고 "진실로 좋은 인간이었다"라고 말하고 있다(71.34.5)

57 7.17 참조. 무한 속에서 유한을 견주는 것에 대해서는 9.32, 11.1.2 참조.

58 죽음과 삶은 '하나'라는 말인가? 헤라클레이토스는 "죽음은 우리가 깨어난 뒤에 보는 것들이고, 자고 있을 때 보는 것들은 잠"이라고 말한다(B21).

59 마르쿠스는 전쟁 중에 있는 그의 장교들 중 일부에 대해 이야기하고 있을 수 있다. 그들은 곧 로마로 돌아가 그곳에 있는 권력에 다시 환심을 사야 할 필요를 느낄 것이다. 10.13, 11.18.2 참조.

20 전체의 자연이 각각의 것에 가져다주는 것은 각각의 것에 유익한 것이다. 게다가 그것이 이것에 가져오는 그때에 유익한 것이다.[60]

21 '땅은 비를 좋아하고, 장엄한 대기(하늘) 또한 [비를 내리기를] 좋아한다.'[61] 그리고 우주 또한 일어날 일을 이루기를 좋아한다. 그렇기 때문에 나는 우주에 대해 '당신이 좋아하는 것을 저도 좋아한다'라고 말한다. 이와 비슷한 식으로 우리도 말하지 않는가? '이 일은 일어나기를 좋아한다'(philei touto gignesthai)고.[62]

22 여기서 산다면 이미 잘 적응하고 있거나, 다른 곳에 간다면 그건 네가 원하는 바였거나, 그게 아니라 죽는다면 너의 복무를 끝낸 셈이다.[63] 이것들 외에는 아무것도 없다. 그러니 용기를 내라.

23 항상 너에게 분명히 해야 할 것은, 이곳 시골도 별반 다르지 않다는 것이다. 여기에 있는 모든 것들이 산꼭대기나 해안, 또 네가 원하는 어느 곳에 있는[64] 것들과 얼마나 비슷한가? 어쩌면 너는 다

---

60 4.23 참조.

61 이 두 구절은 에우리피데스의 희곡(크뤼시포스, 「단편」 898, Nauck)에 나온 것을 바꾸어 쓴 것이다. 아리스토텔레스는 "에우리피데스는 메마른 땅이 비를 열망하며, 비를 머금은 장엄한 하늘은 땅으로 떨어지기를 갈망한다고 한다"(『니코마코스 윤리학』 1155b2~4)라고 말한다.

62 말장난(word play)을 사용하고 있으며, 자연은 '질서 정연한 우주'를 만들기를 좋아한다는 친숙한 표현이다.

63 5.3.1 참조("너의 복무는 완결되었다"). 군사적 용어를 사용하고 있다(3.5, 7.7 참조).

64 4.31 참조. 자신의 위치의 변화가 정신 습관까지 바꾸는 것은 아닐 것이다. 어디에 있든

음과 같은 플라톤의 말이 정곡을 찌른다는 것을 발견할 것이다.[65]

'산골 깊은 우리에 갇혀 양 떼의 젖을 빨고 있다.'[66]

24 나의 지도적 이성은 나에게 무엇인가. 지금 이 순간 나는 그것을 무엇으로 만들고 있는가? 지금 무슨 목적으로 그것을 사용하고 있는가?[67] 예지가 부족한가? 그것이 공동체에서 멀리 떨어져 있지는 않은가? 그것이 살덩어리에 달라붙어 뒤섞여 함께 움직이고 있지는 않은가?

우리는 동일한 삶의 무게를 짊어지고 있을 수밖에 없다. 유일하게 안전한 위치는 자신 내부의 '성채'(아크로폴리스)일 뿐이다.

65 플라톤의 말이라고 나오는 문장은 매우 느슨하게 인용되고 있어서, '발견할 수 있다'(미래형)라는 말을 사용한 것으로 보인다. 그렇다면 플라톤의 책을 참조하면—아마 마르쿠스 자신이 당장 그 책을 갖고 있지 않아서—찾을 수 있다는 것으로 이해된다. 하지만 그가 언급한 플라톤의 구절은 이 항목의 주제인 '사물의 동일성'과는 아무 관련이 없다.

66 마르쿠스는 플라톤의 『테아이테토스』(174d~e)에 대한 기억에서 몇 단어를 뽑아내고 있지만 이 항목과의 관련성은 의심스럽다. 궁정에 사는 왕이 산속 우리에 사는 목자보다 더 나은 게 아니라는 것을 말하고 있는 듯하다. 플라톤은 철학자와 세상의 다양한 사람들 사이의 긴 대조 과정에서 이렇게 말한다. "그(철학자)는 참주나 왕이 칭송을 받는 경우도 어떤 목자가, 이를테면 돼지치기나 양치기 또는 소를 모는 자가 젖을 많이 짜냈으니 행복한 자라는 소리를 들은 것쯤으로 여깁니다. … 참주나 왕은 돼지, 양, 소를 기르는 사람과 같지만, 그들이 풀과 젖을 먹여 키우는 족속이 목자들이 키우는 동물들보다 더 다루기 어렵고 믿을 수 없는 족속이라 생각하고, 또 목자들이 산속 울타리에 둘러싸여 있듯 참주나 왕과 같은 자는 성벽에 둘러싸인 채 여유가 없는 탓에 목자들만큼이나 촌스럽고 교양이 없는 자가 될 게 필연적이라고 생각합니다." 아마도 마르쿠스는 자신을 발견하는 곳과 사물의 동일성이 무엇이든 간에 통치자가 되는 것과 철학자가 되고자 하는 것 사이에서 동일한 긴장에 직면할 것이라는 점을 말하고 있는 것으로 보인다.

67 5.11, 12.33 참조.

25 주인에게서 도망치는 자는 도망 노예다.[68] 그런데 법[69]은 우리의 주인이고, 법을 어기는 자는 도망 노예다. 또한 만물의 지배자가 정한 바에 따라 어떤 일이 일어났거나 일어나고 있는 일, 또는 앞으로 일어날 일을 기꺼이 원하지 않고 슬퍼하거나 화[70]를 내거나 두려워하는 사람도 마찬가지다. 그 만물의 지배자에게 법은 각 사람에게 정해진 몫을 할당해 주는 것이다. 따라서 겁을 먹거나 슬퍼하거나 화를 내는 자는 도망 노예[71]다.

26 남자는 여자의 자궁에 씨를 뿌리고 그 자리를 떠난다. 그러면 다른 원인이 그 일을 맡아서 태아를 완성한다. 어떤 시작에서 어떤 결과가 생기는 것일까. 게다가 아이는 목구멍을 통해 음식을 삼킨다. 그러면 다른 원인이 일을 맡아서 감각이나 충동, 한마디로 생명과 힘과 그 밖에 얼마나 많은 것을, 또 얼마나 많은 또 다른 신묘한 것들을 만들어 내는가. 이제 너는 은밀하게 행해지는 이러한 과정들을 지켜보며, 그렇게 하는 그 힘을 알아내야 한다. 그것은 마치 물체를 떨어뜨리거나 솟아오르게 하는 힘을 우리의 눈으로는 볼 수 없지만, 그에 못지않게 그 힘을 명확히 보는 것과 같은 것이다.[72]

68 황제로서 마르쿠스는 도망친 노예에 대해 더 엄격한 법을 시행했다고 한다.

69 보편적 우주의 질서를 지배하는 원리가 '법', '전체', '신', '자연' 등으로 번갈아서 사용되고 있다.

70 '화'에 대해서는 7.33, 11.18 참조.

71 11.9 참조.

72 상향 및 하향 운동에 대해서는 9.9.1 참조. 우리는 힘 자체를 볼 수 없고, 그 결과만 볼 수 있다.

27   현존하는 모든 것이 이전에도 존재했다는 것을 끊임없이 명심하라.[73] 또한 이러한 것들은 미래에도 마찬가지로 존재할 것임을 명심하라.[74] 더욱이 네가 자신의 경험을 통해 알게 된 것이나 더 오래된 역사에서 알게 된 많은 연극 전체와 비슷한 장면들을 눈앞에 떠올려라.[75] 예를 들어 하드리아누스의 전체 궁정, 안토니누스의 전체 궁정, 또 필립포스, 알렉산드로스, 크로이소스[76]의 전체 궁정을. 이 장면들 모두는 현재의 것과 같고, 오직 배우만이 다를 뿐이니까.[77]

28   어떤 사건에 대해서도 슬퍼하거나 불만스러워하는 인간은 모두 희생 제물로 바쳐질 때 작은 돼지가 발을 버둥거리며 비명을 지르

---

73   8.25 참조.

74   끊임없는 주제로 사물들의 영원한 동일성에 대해서는 2.14.2 참조.

75   연극으로서의 삶(배우에 의해 연기됨)과 드라마로서의 역사(관객에 의해 보여짐)의 이미지는 마르쿠스가 자주 사용하는 것이다. 좋은 사람의 연극은 그가 무대를 떠나는 어떤 시점에서 항상 완결된다(3.8, 11.1, 12.36 참조). 그 밖에도 다른 드라마적 비유에 대해서는 6.42, 7.3, 9.29, 11.6 참조.

76   기원전 6세기의 뤼디아 왕 크로이소스는 치세 중에는 많은 부로 영화(榮華)를 자랑했으나 마지막에는 퀴로스가 이끄는 페르시아군에 멸망당했다(헤로도토스, 『역사』 제1권 71 아래 참조). 그는 쾌락적인 삶을 인생의 행복으로 생각했던 전형적 인물로 고대 문학에서 자주 묘사된다. 9.29에서는 비슷한 집단의 사람들이 무대 위의 배우로, 다른 집단은 5.32에 기술되고 있다. 연극으로서의 삶('온 세상이 무대')에 대해서는 3.8, 11.1, 특히 12.36 참조. 인생을 연극에 비유하는 것에 대해서 세네카는 이렇게 말한다. "인생은 연극과 같네. 중요한 것은 그 연극이 얼마나 오래 지속되느냐가 아니라, 얼마나 잘 연기했는가네. 네가 어디에서 멈추든 아무런 차이가 없는 것이네. 네가 원하는 곳에서 멈춰라. 다만 그 마무리를 훌륭하게 짓도록 하게"(『도덕서한』 77.20). 에픽테토스, 『엥케이리디온』 제17장 및 「단편」 11 참조.

77   4.32, 8.31 참조. 이것은 우주의 단일 주기 내에서 '같은 장면, 다른 배우'라는 점에 유의하라. 그것은 전체로서 우주의 각 반복의 절대적인 동일성을 부정하지 않는다(2.14 참조).

는 것과 비슷하다고 생각하면 된다. 또 침상에 홀로 누워 입을 다물고 우리의 굴레를 한탄하는 인간도 이와 비슷하다.[78] 더 생각해야 할 것은, 오직 이성적 동물에게만 일어난 일들에 자발적으로 따르는 것이 허용되지만, 다른 모든 것들에게는 단순한 복종만이 강요되고 있다는 것이다.[79]

29   모든 개별적 행동을 할 때마다 멈추고 스스로 물어보라. '죽으면 이것을 할 수 없게 되기 때문에 죽음이 두려운 것일까?'[80]

30   누군가의 잘못이 마음에 거슬릴 때는, 즉시 자신에게 돌아서서 자신도 같은 실수를 저지르지 않았는지 생각해 보는 것이 좋다.[81] 예를 들어 돈을 좋은 것으로 생각하거나 쾌락, 쓸데없는 명예, 그 밖

---

78 신음하는 남자는 아마도 침대에서 아팠을 것이다. 신음은 인생에서 자신의 운명을 받아들이기를 거부하는 사람의 표시이다.

79 모두에게 강요되는 복종과 운명의 힘의 강함에 대해서는 9.9.3 참조. 인간은 개별적 운명이 자연의 섭리에 의해 계획된 보편적 좋음의 일부이자 기여임을 인식하고 이성적으로, 또 자발적으로 복종하기를 선택할 수 있다. 이에 관해서는 세네카가 인용한 클레안테스의 『제우스의 찬가』의 기도의 마지막 부분을 상기할 필요가 있다. 즉 클레안테스 시행에 뒤이어 세네카는 "Ducunt volentem fata, nolentem trahunt"(운명은 순순히 따르는 자를 이끌고, 순순히 따르지 않는 자를 끌고 간다)라고 읊고 있다(『도덕 서한』 107.10~11). 에픽테토스는 여러 곳에서 '오 제우스신이여, 운명의 신이시여. 당신이 나를 이끄소서'라는 시 구절을 말하고 있다 (2.23.42, 3.22.95). 어쨌든 모든 사람은 자신의 운명에 굴복해야 하므로 기꺼이 그렇게 하는 것이 좋다.

80 12.31 참조. 우리가 더 하기를 원하는 것이 보잘것없는 것이라면, "이성과 신에게 복종하는 것을 너의 목적으로 삼는 것이 좋다".

81 7.26, 11.18 참조.

의 유사한 것들[82]을 좋은 것으로 생각하는 경우이다. 이 일에 주의를 기울이고 다음과 같은 일을 생각하게 되면, 너는 분노를 잊게 될 것이다. 그것은 '그는 강요당하고 있다.[83] 어쩔 수 없지 않느냐?'는 생각이다. 혹은 네가 할 수 있는 일이라면, 그 인간을 강요하는 것을 제거해 주는 것이 좋다.[84]

31 (1) 사튀론[85]을 보면 소크라티코스나 에우튀케스나 휘멘을 떠올려라. 또 에우프라테스를 보면 에우튀키온이나 실바누스[86]를 떠올려라. 알키프론을 보면 트로파이오포로스를, 세베루스를 보면 크리톤이나 크세노폰을 떠올려라. 또 너 자신을 보면 카이사르(황제)들 중 한 명을 떠올리고, 모든 경우에 이것을 따라 하는 것이 좋다. 그러면 너에게 다음 같은 생각이 들 것이다. '그들은 지금 어디에 있지? 아무 곳에도 없거나 어디 있다고 말할 수도 없다.'[87] 이렇게 생각하면 인간에 관한 것은 모두 연기이며 무(無)라고 항상 간주하게 될 것이다. 특히 일단 한 번 변화된 것은 더 이상 다시는 영

---

82 이것들 모두는 스토아학파에게는 좋지도 나쁘지도 않은 '아무런 관련이 없는 것들'(adiaphora)에 속한다.

83 즉 무지 때문에.

84 6.27, 8.14 참조. 실수와 잘못된 행위는 자신이 하고 있는 일이 자신에게 옳고 자신에게 유익할 것이라는 잘못된 믿음의 결과이다. 그렇다면 이론상으로는 그에게 자신의 생각의 오류를 보여줌으로써 교정될 수 있을 것이다. 12.16과 비교하라.

85 아래의 12명의 인물에 대해서는 몇 명을 제외하고는 알려진 바가 없다. 아마도 당대의 아카데미아학원의 구성원들로 생각된다(사튀론, 에우튀케스, 휘멘).

86 이들은 당대의 스토아 철학자로 생각된다.

87 그들의 영혼은 사후에 어떤 형태로든 살아남겠지만 '어디 있다고 말할 수 없다'.

원토록 존재하지 못할 것임을 동시에 상기하면 더욱 그러할 것이다. 그렇다면 왜 안달이 나느냐? 너의 짧은 삶을 질서 있게 사는 것으로 만족하지 못하는가?

(2) 무슨 질료를, 어떤 기회를 너는 놓치고 있는 것이냐! 인생의 여러 가지 일을 정확하게 또 자연학을 탐구하는 태도로 살펴보는 이성에게는 이런 모든 것들이 훈련의 대상이 아니고 무엇이란 말인가?[88] 그러니 그것들[89]을 철저히 흡수할 때까지 네가 있는 곳에 계속 머물러라. 마치 튼튼한 위가 모든 것을 흡수하듯이, 또 붉게 타오르는 불길이 네가 그 안으로 무엇을 던지든 그것을 불꽃과 불빛을 만들어 내기 위해 사용되듯이.

32 너에 관해 단순하지 못하다거나[90] 좋은 사람이 아니라고 하는 말이 진실이라고 말할 수 있는 권리를 누구에게도 주어서는 안 된다.[91] 너에 대해 그런 생각을 가진 자는 누구나 거짓말쟁이로 만들어 주는 것이 좋다. 이 모든 것은 너에게 달려 있다. 사실 네가 좋고 단순해지는 것을 누가 방해하는가?[92] 그런 사람이 되지 않을 바에야 더 이상 살지 않겠다고 네가 결심만 하면 된다.[93] 왜냐하면

---

88 제시된 '질료'를 잘 활용하는 정신의 능력에 대한 주제는 다음 항목에서 계속된다.

89 즉 인생이 너에게 주어진 것들.

90 즉 정직하지 못하다거나 혹은 일구이언(一口二言)하는 자라거나.

91 마르쿠스의 진리와 진실에 대해서는 9.1.2 참조.

92 8.32 참조.

93 자살에 대한 언급 3.1, 5.29, 10.8 참조.

네가 그런 사람이 되지 않는다면, 이성 또한 너에게 살라고 요구하지 않기 때문이다.[94]

33 (1) 너에게 주어진 이 재료에 대해 가장 건전하게 행할 수 있는 것 혹은 말할 수 있는 것은 무엇인가? 그것이 무엇이든 간에 너는 그것을 행할 수 있거나 말할 수 있다는 것이다. 그렇게 하는 것을 방해하는 것이 있는 것처럼 핑계를 댈 필요는 없다.

(2) 네게 주어진 질료나 직면하게 되는 질료를 이용하여 인간의 구성 소질에 적합한 행동을 하는 것이, 말하자면 관능적인 인간이 향락에 빠져 있는 것처럼 즐거운 일이라는 것을 깨닫기 전까지 너의 탄식은 그치지 않을 것이다.[95] 왜냐하면 너는 자신의 본성에 맞게 행할 수 있는 모든 것을 '기쁨의 누림'(apolausis)으로 여겨야 하며, 이러한 행위는 어디서나 할 수 있는 일이기 때문이다.[96]

---

94 6.42에서 마르쿠스는 보다 관대한 분위기에서 모든 사람이 신적 계획에 따라 어느 정도 역할을 하도록 허용하고 있다. 자살에 대한 충분한 이유로서의 합리성의 상실에 대해서는 견유학파의 창시자인 시노페의 디오게네스의 다음 압축적인 말을 참조. "삶을 영위하기 위해서는 이성을 갖고 있든가, 아니면 끈을 준비해 두지 않으면 안 된다"(DL 제6권 24).

95 장애물에 대해서는 5.20 참조. 따라서 이성적인 인간은 방해물을 피해 가는 길을 찾아서 자신에게 유리하게 만드는 것이 아니라, 신의 계획의 일부로서 그것들을 받아들인다. 그는 자신의 마음 밖에 있는 어떤 것도 자신에게 해를 끼칠 수 없다는 것을 알고 있기 때문이다. 이것은 결정론에 대한 마르쿠스의 입장을 이해하는 데 도움이 된다. 즉 우리에게 주어진 상황처럼 장애물은 앞서 결정되어 있지만, 그렇다고 그것이 그것들을 최선으로 만들고자 하는 우리의 이성과 의지를 발휘하지 못한다는 것을 의미하지는 않는다. 이것은 완전한 '의지의 자유'는 아니지만 스토아의 결정론과 일치한다.

96 본성에 맞는 삶도 쾌락한 삶이지만, 육체에 의해 조장된 쾌락과는 다르다.

(3) 원통에는 자기의 고유한 운동에 의해 도처로 이동할 힘이 주어지지 않았다. 물이나 불, 그 밖에 모든 자연이나 이성 없는 영혼에 지배되고 있는 것도 마찬가지며, 그 길을 차단하고 방해하는 것은 많이 있기 때문이다. 그런데 지성과 이성에게는 온갖 장애물을 통과해서 그 본성과 의지대로 나아갈 수 있는 능력이 있다. 마치 불이 위로, 돌이 아래로, 원통이 언덕 아래로 굴러 내려가는 것처럼,[97] 이성이 쉽게 모든 것을 통과해 움직이는[98] 모습을 눈앞에 떠올리며 더 이상의 것을 찾지 마라. 왜냐하면 그 밖의 다른 장애물들은 이 시체나 다름없는 육체[99]에 대한 장애물일 뿐이거나, 우리의 생각이 그것을 믿지 않고 이성 자체가 굴복한 경우를 제외하고는 우리를 분쇄하지도 못하고, 어떤 해를 끼칠 수도 없기 때문이다.[100] 그렇지 않았다면 방해를 받는 인간은 금방 나빠지고 말 것이다.

(4) 어쨌든 인간과 구성을 달리하는 다른 모든 동물들은 그것들 중 하나에 나쁜 일이 생겨 그 때문에 피해를 당하면 이전보다 더 나빠진다. 그런데 우리의 경우에는, 이런 말을 해도 된다면, 인간은 그의 상황을 올바르게 사용함으로써 한층 뛰어난 자가 되고,

---

97 아울루스 겔리우스, 6.42(크뤼시포스) 참조. 원통이 굴러가는 이미지에 대해서는 *LS*, 62 C~D 참조. 크뤼시포스가 자유의지를 설명하는 데 원통을 이용한 것은 잘 알려져 있다. 원통을 밀어낸 자는 운동의 계기를 주기는 했지만 회전할 능력은 주지 않았다는 것이다. 키케로, 『운명에 대하여』 43 참조.

98 이것은 아마도 6.17의 '신묘한 움직임'일 것이다.

99 4.41, 9.24 참조.

100 4.7 참조.

한층 칭찬받을 만한 가치가 있게 되는 것이다. 요컨대 다음 일을 기억하는 것이 좋다. 즉 도시를 해치지 않는 어떤 것도 본성적으로 시민으로 태어난 자를 해치지 않으며,[101] 또한 법을 해치지 않는 어떤 것도 도시를 해치지 않는다는 것을. 그런데 이른바 불행 중 하나로 법을 훼손하는 것은 없다. 따라서 법을 해치지 않는 것은 도시도 시민도 해치지 않는 것이다.

34 진정한 원리에 물린 사람들에게는[102] 아주 짧고 진부한 말들[103]조차도 슬픔과 공포로부터 벗어나야 한다는 것을 상기시키기에 충분하다. 예를 들면,

'휘몰아치는 바람 사이에 땅 위에 흩뿌리는 나뭇잎과도 비슷한 것은 인간들의 종족이오.'[104]

---

101 10.6 참조. 다소 모호한 이 명제는 5.22에서도 말해지고 있다.

102 이 은유는 플라톤의 『향연』 217e~218a에서 유래했다. "내 심장 혹은 영혼은, 아니 그걸 뭐라 부르는 게 마땅하든 그것은 지혜 사랑에 속하는 이야기들에 두들겨 맞고 물렸거든." 마르쿠스는 이 부분을 기억했다가 사용한 것으로 보인다. 소크라테스의 철학적 말에 홀린 것을 살무사에게 물린 상태에 준하는 것으로 묘사하고 있다.

103 마르쿠스는 4.3에서도 이러한 간결함을 권장한다. 그가 자신의 기억이나 지침서에 저장한 계율이나 공리는 효과를 발휘하기 위해 간결하고 단순하게 정식화해야 했다.

104 이 항목의 인용문은 모두 호메로스의 『일리아스』 제6권 147~149행에서 가져온 것이지만 순서대로 인용되고 있지는 않다. 인용문이 정확한 것으로 보면, 마르쿠스가 『일리아스』 사본을 가지고 있었거나 그 구절을 온전히 암기하고 있었던 것으로 보인다. "인간들의 종족은 나뭇잎의 그것과도 같은 것이다. 잎들도 어떤 것은 바람에 날려 땅 위에 흩날리니 봄이 다시 돌아와서 숲속에 새싹이 돋아나면 또 다른 잎들이 자라나듯 인간들의 종족도 그와 같아서 어떤 세대는 자라나고 다른 세대는 시드는 것이다."

네 아이들도 작은 나뭇잎.[105] 충성스러운 모습으로 너에게 갈채를 보내고 환호하는 사람들, 또 그 반대로 저주하거나 남몰래 책망하거나 비웃는 사람들도 모조리 나뭇잎. 또한 우리의 사후 명성을 이어가는 사람들도 마찬가지로 나뭇잎. 왜냐하면 이것은 모두

'봄철에 되돌아오니까.'[106]

그런 다음 바람은 이것을 불어서 떨어뜨린다. 마침내 숲은 그 대신에 다른 것들을 돋아나게 한다. 덧없음은 모든 것들에 공통적 운명이다.[107] 그런데도 너는 이런 모든 것들이 모두 영구히 존속하는 것인 것처럼 이를 피하거나 추구하는 것이다. 잠시 뒤면 너는 눈을 감을 것이다. 그리고 너를 무덤으로 운반한 자들을 위해, 곧 다른 자들이 만가(挽歌)를 부를 것이다.

35 (1) 건강한 눈은 무엇이든 보이는 것을 봐야지, '나는 녹색을 보고 싶다'[108]라는 식으로 말해서는 안 된다. 이것은 눈병을 앓는 자의 징후다. 마찬가지로 건강한 청각과 후각은 들을 수 있고 냄새 맡아야 할 모든 것에 준비되어 있어야 한다. 또한 건강한 위는 모든 먹을 것에 대해, 마치 맷돌이 갈게 되어 있는 모든 곡물에 대하

---

105 아이와 관련해서는 11.34 참조.

106 호메로스, 『일리아스』 제6권 148행.

107 3.10, 4.48.2, 5.10.1 참조. 장례와 만가(挽歌)의 피할 수 없는 연결에 대해서는 4.48, 8.25, 8.37 참조.

108 "피곤한 눈에는 녹색이 좋다"(세네카, 『분노에 대하여』 3.9.1).

여 준비가 되어 있는 것과 같아야 한다. 나아가 건강한 정신도 모든 사건에 대해 준비가 되어 있어야 한다. 그런데 '내 아이들이 안전하길!'[109]이라든가, '내가 무엇을 하든 여러분에게 칭찬받게 되길!'[110]이라고 말하는 정신은 녹색의 것을 요구하는 눈이고, 부드러운 것을 요구하는 이[齒牙]다.

36 임종 때 자신을 둘러싼 자들 중에 자신에게 닥친 그 불행을 환영하는 자가 한두 명도 없는 운 좋은 사람은 없다. 그 사람이 '훌륭하고 지혜로운 사람'이었다고 하자. 분명 마지막 순간에 이렇게 말하는 자가 있을 것이다. '이 까칠한 선생님께서 떠나가셔서 우리도 드디어 겨우 숨통이 트이는구나. 그가 특별히 우리 중 누구에게 까다롭게 대했다는 것은 아니지만, 다만 그가 은근히 우리를 깔보고 있다고 나는 느끼고 있었으니까.'[111] 이것은 훌륭한 인간에 대해 말하는 경우인데, 우리의 경우는 어떤가? 하물며 얼마나 많은 사람들이 우리에게서 벗어나기를 원하는 또 다른 많은 이유들을 가지고 있겠는가? 죽기 직전에 너는 이 일을 생각할 것이다. 그리고 다음과 같이 생각하면 한결 수월하게 떠날 수 있을 것이다.

---

109 1.8, 7.41, 8.49, 9.40과 11.34 참조. 마르쿠스는 많은 아이를 잃었지만, 그들을 사랑하고 배려했다는 것은 확실하다. 갈레노스는 그가 자신의 아들 콤모두스(마르쿠스가 죽은 후 황제 자리를 이어받음)를 걱정했다고 말하고 있다(xiv. 3 Kühn).

110 마르쿠스가 자신의 세평에 매우 신경을 썼음은 이 책 곳곳에서 분명하게 나타나고 있다(「마르쿠스 안토니누스」, 『황제의 역사』 7 참조).

111 '훌륭하고 지혜로운 사람'은 스토아학파의 '현자'(sophos, sapiens)이므로, 마르쿠스는 아이로니컬한 어조로 완전히 깨달은 사람이라도 죽으면 안도하는 사람들이 있을 것이라고 말하고 있다.

'나는 이 삶을 떠난다. 그 인생에서 내 동료들도 그렇고, 내가 그토록 애쓰며 기도하고 신경 쓰던 그 동료들조차도 혹시 나의 죽음으로 그들의 삶이 보다 더 편안해지지 않을까 하는 기대 때문에 내가 없어지기를 바란다.' 이럴 바에야 누가 더 이상 여기 머무는 것에 매달리겠는가?

(2) 그렇다고 해서 세상을 떠나면서 그들에 대한 선의가 희석되어서는 안 된다. 자신의 평소 성격을 그대로 유지하고 우호적으로, 호의를 갖고, 자비로움을 보여라. 그리고 다시 강제적으로 떨어지는 것처럼 그들로부터 떠나가는 식이 아니라, 편안하고 고요한 죽음을 맞이하는 인간에게서 영혼이 육체에서 쉽사리 빠져나가는 것처럼 그들로부터 물러나야 하는 것이다. 너를 그들과 묶어주고 결부시킨 것은 자연이다. 그 유대를 지금 자연이 푸는 것이다. 나는 가까운 친족들로부터 떨어져 나가듯, 저항하지 않고 아무런 강요도 받지 않고 뿔뿔이 흩어지는 것이다. 죽음은 또한 자연에 따르는 것들 중의 하나다.[112]

37   남이 하는 모든 행위에서 스스로 다음과 같이 물어보는 습관을 가져라. '이 사람은 무엇을 이 행위의 의도로 삼고 있는가?'라고. 다

---

112   태어난 모든 것은 죽는다는 자연의 섭리이기 때문에 죽음은 자연스러운 과정이며, 죽음은 살아 있는 동안 그 사람을 구성했던 요소들의 분리에 지나지 않는다. 자연스러운 과정으로 '나쁜' 것으로 죽음을 설명해서는 안 된다. 왜냐하면 전체가 그 요소들을 재활용하는 것이 좋고, 전체에 좋은 것이 부분에 나쁠 수는 없기 때문이다(6.54, 10.7, 12.23, 12.36). 따라서 세네카 역시 때때로 죽는 것을 '의무'라고 불렀다(『도덕서한』 77.19).

만, 우선 너 자신부터 시작하고, 너 자신을 첫 번째로 음미하는 것이 좋다.[113]

38 너의 줄을 조종하는 꼭두각시 조종자는 네 안에 숨어 있는 힘[114]이라는 것을 기억하라. 그것은 말이요, 생명이요, 그것은 이렇게 말해도 된다면, 인간 그 자체인 것이다. 그러나 그것을 머릿속에 떠올릴 때, 그것을 포함하는 그릇이나 주위에 붙어 있는 기관[115] 등을 함께 생각해서는 안 된다. 왜냐하면 그것들은 나무를 깎아 다듬는 연장인 자귀와 같은 것이며, 다만 다른 점이 있다면 그것들이 자연적으로 부착되어 있다는 점뿐이다. 이것들을 움직이거나 정지시키는 원인에서 벗어나서는 이 신체 부분들은 아무런 소용이 없다. 그것은 마치 베 짜는 여자의 북이나 글 쓰는 사람의 펜이나 마부의 채찍의 경우와 조금도 다르지 않은 것이다.

---

113 엄밀한 스토아적 관점에서 볼 때, 외적 세계에서의 행동은 항상 무관심의 대상이었기 때문에 스토아주의자들은 사람들을 그들의 행동보다 그들의 '의도'로 판단했다.

114 지휘 사령부, 수호령(다이몬). 일반적으로 마르쿠스는 이 책에서 꼭두각시 은유를 사용할 경우, 부정적인 모습으로 설명하고 있다. 우리의 '의지'에 충동을 복종시키기보다는, 우리가 충동에 의해 끌려다닌다는 것이다.

115 육체를 비교하는 것에 대해서는 3.3("배"), 9.3.1("껍데기"), 11.20.1("구성물"), 12.2("겉 가죽") 참조.

제11권

1[1]   (1) 이성적인 영혼의 고유 속성. 그것은 자신을 바라보고, 자신을
분석하고, 자신이 원하는 대로 자신을 형성하고,[2] 자신이 맺는 열
매를 스스로 수확하며,[3]──이에 반해 식물의 열매나 동물에 있어
서 열매에 상당하는 것은 타인의 손으로 수확된다──삶의 종지부
가 어디에 찍히더라도 자신의 고유한 목적을 달성하는 것이다. 이
와 달리 무용이나 연극이나 이와 비슷한 것들에서는, 뭔가 방해가
있으면 그 행위 전체가 불완전한 것이 되어 버린다. 그런데 이성
적 영혼은 인생의 모든 장면에서 어떤 일이 일어나도, 또 어느 시

---

1 이 권은 두 부분으로 나뉜다. 11.21까지의 첫 번째 부분은 짧은 격언과 성찰이 산재된 짤
막한 에세이 형식의 일반적인 혼합이다. 두 번째 부분은 마르쿠스가 읽은 책에서 발췌한 내
용으로 구성된다.

2 6.8, 8.35 참조. "이성은 다른 모든 것을 분석하고 해명하는 것이지만, 이성 자체가 분석되
지 않은 채로 남아 있으면 안 되므로, 어떤 수단으로 그것은 분석될 수 있겠는가?"(에픽테토
스,『강의』1.17.1). 이에 대한 에픽테토스의 논증은 이렇다. (1) 우리의 이성인 '이성'(A)을 분
석하기 위해 다른 이성(B)을 요구한다면, 그 다른 이성(B)을 분석하기 위해 또 다른 이성(C)
을 요구할 수밖에 없을 것이다. (2) 이런 식으로라면 또 다른 이성으로 무한히 소급될 수밖에
없다. 우리의 이성이 분석될 수 있다면, (3) 그것은 그 자체로 분석되어야 한다. 즉, '이성은 그
자체로 분석되거나(p), 다른 어떤 것에 의해 분석되어야 한다(q)'. 'q일 수 없다.' '그러므로 p
이다.' 이것을 형식화하면 이렇게 된다. [(pvq)·-q]⊃p 스토아 철학에 따르면, '어떤 것도 이
성보다 우월한 것은 없다'(키케로,『신의 본성에 관하여』1.37; 2.16, 133 참조).

3 9.10 참조. "오히려 모든 동물에는 자기 자신을 위해서 모든 것을 행하는 그러한 본성이
있기 때문이다"(에픽테토스,『강의』1.19.11).

점에서 죽음이 닥치더라도[4] 눈앞에 놓인 임무를 완전하고 아무런 부족함 없이 완결하고, 따라서 '나는 내 몫(역할)을 완전히 이루었다'[5]라고 말할 수 있다.

(2) 게다가 이성적인 영혼은 전체 우주와 그 주위에 있는 허공을 두루 돌아보며, 그 형태를 연구하고,[6] 시간의 무한 속으로 뻗어나가며, 전체(우주)의 주기적 재생[7]을 포함하고 파악하며, 우리 뒤에 오는 자손이라고 해도 무엇 하나 새로운 것을 보지 못할 것이며, 우리 앞에 있던 조상들도 무엇 하나 우리보다 더 많은 것을 본 것이 아님을 깨닫는 것이다. 이렇듯 만물은 종에서 동형적이기 때문에,[8] 조금이라도 지각 능력을 가지고 있는 사람이라면 어떤 의미에서 40세가 되면 과거에 존재했던 것 및 미래에 존재할 것을 모조리 보았던 셈이다.[9] 더욱이 이성적 영혼의 고유 속성에는 이웃

---

4 인생이라는 연극 무대에 극작가(신)의 뜻이라면 3막이 아니라, 2막으로도 끝날 수 있다. 12.36 참조.

5 메가라 철학자 스틸폰은 약탈로 모든 것을 잃었을 때 그렇게 말했다. 세네카 『현자의 항상심에 대하여』 5, 6, 『도덕서한』 9.19 참조. 불완전한 무대 연출에 대한 동일한 은유가 3.8과 12.36에도 나타나고 있다. 이성적인 영혼은 언제나 덕을 가지고 행동하므로 어느 순간에나 그 완전성이 완결된다. 깨달음은 영원하다. 열망이 강한 자가 그 이성을 완성했다면 더 오래 산다고 해서 더 완벽해지는 것이 아니다.

6 스토아학파에 따르면, 우주는 '공허'에 둘러싸여 있으며 불, 공기, 물, 흙의 동심원 층으로 구성된 정지된 구체로 그려진다. 전체 우주를 포함하는 영혼의 능력에 대해서는 9.32 참조.

7 5.13, 5.32 참조. 불에 의한 우주의 주기적인 재생에 대해서는 10.7.2 참조.

8 결국 영혼이 거듭해서 똑같은 예전의 것들만을 볼 수 있을 뿐이라는 생각을 갖는 영혼의 능력에 대한 장려한 설명을 마르쿠스가 따르는 것은 그의 전형적인 염세주의적 경향이다. "네가 하루만 살았다고 해도, 너는 모든 것을 보았을 것이다"(몽테뉴, i. 19; 「시편」 139.16).

9 6.37, 7.49 참조.

을 사랑하는 것, 진실, 조심성(겸손), 자신보다 더 존중하는 것은 없다는 것 등이 있다.[10] 이는 또한 법률의 고유 속성이기도 하다. 따라서 올곧은 이성과 정의에서 구현된 이성 사이에는 아무런 차이가 없는 것이다.

2 만일 네가 아름다운 목소리의 선율을 각 음표로 분해해 놓고, 그 하나하나에 대해 '이런 것들에 너는 마음을 빼앗기고 있느냐'[11]라고 자신에게 물어본다면, 매혹적인 노래, 무용, 레슬링[12]을 대수롭지 않게 생각할 것이다. 그렇다고 인정하는 것은 기가 막힐 일일 테니까. 무용에 대해서도 하나하나의 동작 또는 자세에 대해서도 그와 비슷한 일을 행하고, 또 레슬링에 대해서도 그렇게 해 본다면 그와 동일한 점을 말할 수 있다. 요컨대 덕과 덕을 지닌 행위가 가져다주는 것을 제외하고는, 사물을 그 구성 부분들로 곧장 다가가[13] 분해함으로써 그것들을 경시하기에 이르렀음을 잊어서는 안

---

10 마르쿠스는 기독교의 신앙에 대해 알고 있었을까?

11 좀 빈약한 논리적 주장이다. 분명히 노래는 개별 음표의 합 이상일 것이며, 마르쿠스는 3.2와 12.30에서 전체가 부분보다 크다는 것을 인정하고 있다. 그는 이전 항목에서 '덕'(아레테)만이 인생의 각 순간에서 그 자체로 완전하고 완벽하다고 제안한 바 있다. 아마도 여기서 다소 어리석은 분석 방법은 '덕' 이외의 것의 불완전성과 불완전성을 보여 주기 위해 고안되었을 것으로 보인다.

12 판크라티온(pangkration)은 복싱과 레슬링의 혼합적 형태로, 오늘날 이종격투기와 가장 비슷하다.

13 덕은 참으로 좋은 유일한 것이고, 다른 모든 좋은 것들은 '관련이 없는 것들'(아디아포라)이기 때문에, 덕을 경멸하기 위해 덕을 분석하려고 하는 것은 의미가 없다.

된다.[14] 그와 동일한 방법을 인생 전체에 적용하라.[15]

3 설령 지금 당장이라도 영혼이 육체에서 풀려나 소멸하거나 흩어지거나 그대로 존속하는, 이 셋 중 어느 하나의 상태로 옮겨 가게 된다고 하더라도[16] 훌륭하게 준비되어 있는 영혼이란 어떤 영혼일까. 다만 이런 준비가 되어 있다는 것은 자기 내면의 고유한 판단에서[17] 나와야 하는 것이지 [기독교인처럼][18] 단순한 완고한 반대(반항, parataxis)에 따르는 것이어서는 안 된다.[19] 이러한 준비(각오)는 심사숙고와 품위를 갖춰야 하며, 다른 사람도 납득시키

---

14 3.11, 6.13 참조.

15 9.21 참조.

16 post mortem 가능성에 대해서는 3.3 참조.

17 그러한 결정에 영향을 미칠 수 있는 전형적인 요인은 3.1에 명확하게 설명되어 있다.

18 여백의 주석이 딸려 들어간 것으로 보인다. 에픽테토스의 『강의』 4.7.6에도 같은 맥락에서 죽음에 대한 공포에 동요하지 않은 기독교인들의 태도가 언급되어 있다. 마르쿠스와 기독교 박해(비엔나와 뤼옹)에 대해서는 A. R. Birley(1987), pp. 202~202와 부록 참조. R. B. Ruherford(1989), pp. 256~263 참조.

19 이 대목은 기독교인들의 내세에 대한 믿음을 설명하고, 신앙을 철회하면 살 수 있음에도 불구하고 순교자로서 기꺼이 죽으려는 기독교인들의 결과적 의지를 설명하려는 유혹이 들 수 있는 대목이다. 학자들 사이에는 기독교인에 대한 언급이 마르쿠스에게서 유래한 것인지 또는 후기 주석가에게서 유래한 것인지에 대해 의견이 분분하다. R. 워터필드는 마르쿠스가 쓴 문장이 문법적으로 맞지 않기 때문에 그에게서 유래하지 않은 것으로 본다(p. 193, n10). 하인즈는 "문법에 맞지 않은 여백의 주석이 분명"한 것으로 해석한다(C. R. Heines, p. 294, 본문 주석 참조). 그렇다면 텍스트에 슬며시 들어간 여백의 주석으로 읽는 것이 옳아 보인다. 기독교인에 대한 황제로서의 마르쿠스의 정책을 포함한 여러 물음에 대해서는 P. Brunt, Marcus Aurelius and the Christians, in *Studies in Stoicism*, ed. by Miriam Griffin and Alison Samuels, with the assistance of Michael Crawford, Oxford University Press, 2013, pp. 407~441 참조.

려 한다면 연극과 같은 거창한 태도를 취하지 않아야 한다.[20]

4 무언가 공동체에 유익한 일(공동선)을 너는 행한 적이 있는가? 그
렇다면 자신이 이익을 본 것이다.[21] 이 진리를 항상 가까운 곳에
두고, 어떤 상황에서도 결코 좋음을 향한 노력을 멈추지 마라.

5 네 일(기술)[22]은 무엇인가? '좋은 인간이 되는 것.' 이에 성공하려
면 일반 원리[23]에서 출발하는 것 외에 다른 길이 있을까? 그 원리
는 한쪽에서는 전체의 자연에 관한 것이고, 다른 쪽에서는 인간
고유의 구성 소질에 관한 것이다.

6 (1) 애초에 비극이란 사람들에게 인생에서 일어나는 일(사건)들
을 상기시키기 위해 만들어진 것이다. 그러한 사건들은 자연적으

---

20 마르쿠스는 죽음에 임하는 태도가 순교자처럼 극적인 제스처를 취하려는 욕구와 단순
한 열정에 사로잡혀서는 안 되며, 좀 더 강하고 신중한 것에 근거해야만 한다는 것이다. 즉
"그 안에 머물 수 있다면, 마치 어디 '지복자의 섬'에라도 옮겨 산 자처럼 머물러라. 하지만 표
류하고 있다고 느껴져서 제어할 수 없게 된다면, 용기를 내어 어딘가 우세를 되찾을 수 있는
한 구석으로 물러가거나 깨끗하게 삶을 떠나는 것이 좋다. 그때 분노하지 말고 단순히 자유
롭고 겸손하게 떠나는 것이다. 적어도 이렇게 세상을 떠났다는 그 한 가지만은 너의 일생을
통해 성취해 낸 것이다"(10.8.3).

21 7.13, 7.73, 7.74 참조. 이 명제를 뒷받침하는 몇 가지 주장에 대해서는 5.16 참조. 앞서 이
야기한 영혼이 스스로 열매를 맺는다는 생각의 의미이기도 하다(11.1). "인자한 자는 자기의
영혼을 이롭게 하고(tē psuchē autou agathon poiei anēr aleēmōn), 잔인한 자는 자기의 몸을 해
롭게 한다"(「잠언」, 11.17).

22 원어로는 hē technē이다. 즉 '삶의 기술'로서, '철학'을 말한다. 마르쿠스에게 철학의 목적
은 '좋은 사람이 되는 것'이다.

23 원어인 theōrēma는 dogmata를 가리킨다. 보편적 철학적 원리를 말한다.

로 이런 식으로 일어나는 것임을 보여 주며, 또 무대 위에서 벌어지는 일들이 너희들을 매료시키는 한,[24] 이와 동일한 일들이 인생의 더 큰 무대 위에서 일어난다고 하더라도 너희가 괴로운 일이라고 생각해서는 안 된다는 것을 깨닫게 하기 위해서였다.[25] 왜냐하면 무대에서 보는 바처럼, 그런 일들이 도리 없이 이러저러한 식으로 결말을 지어야만 하는 것이고, '아, 키타이론이여!'[26]라고 외치는 자들이라 할지라도 역시 그런 일들을 견뎌 내야 하는 것임[27]을 [관중들은] 목격하기 때문이다. 비극작가는 또 상당히 유익한 말을 하고 있다. 예를 들어 특히 다음의 말이 그렇다.[28]

'설령 나와 나의 두 아이가 신들로부터 버림을 받았다고 해도,
이 또한 이유가 있는 것이다.'[29]

게다가,

---

24 인생과 연극의 비교에 대해서는 10.27, 11.1, 12.36 참조.

25 플라톤적인 '시'(예술)에 대한 교육적 효과를 말하고 있다(스토아적 입장).

26 이것은 오이디푸스가 키타이론산에 버려질 수밖에 없었던 운명을 알아냈을 때의 그의 비극적인 외침이다(에픽테토스, 『강의』 1.24.16 참조).

27 소포클레스, 『오이디푸스 왕』 1391행 참조. 테바이 근처의 키타이론(Kithairōn)산은, 오이디푸스가 태어나자마자 자신의 아버지(라이오스)를 죽이고 어머니와 결혼할 것이라는 신탁 때문에 부모로부터 버려져 죽을 위기에 처했던 산이다. 따라서 그는 아버지를 살해하고 어머니와 결혼하여 테베에 신성한 형벌을 내린 자가 자신이 틀림없다는 것을 깨달았다. 그래서 비극은 또한 우리의 불행에 대해 불평하지 말라고 가르친다는 것이다.

28 이어지는 세 인용문은 7.38~41에도 나온다.

29 에우리피데스, 『안티오페』 단편 207행(Nauck).

'일어나는 일들에 대해 화를 내지 말라.'[30]

또,

'인생은 익은 이삭처럼 추수되어야 한다.'[31]

그 밖에 이와 비슷한 것들이 많이 있을지 모른다.

(2) 비극 다음에는 고(古)희극이 펼쳐졌다.[32] 그 연극은 교육적 효과를 지닌 언론의 자유(parrēsia)를 가지고 있었고, 그것의 거침없는 말씨를 통해 자만심에 물들지 않도록 훈계하는 효과적인 것을 포함하고 있었다. 대체로 그와 같은 의미에서 디오게네스도 희극의 이 특징(역할)[33]을 받아들였다.[34] 그 후 중기희극이,[35] 다음에 신

---

30 에우리피테스, 『벨레로폰테스』 단편 289행(Nauck).

31 에우리피테스, 『휩시퓔레』 단편 757행(Nauck).

32 오늘날 우리는 여전히 '고희극', '중기희극', '신희극'이라는 용어를 사용하고 있다. 고희극은 기원전 400년경에 이르기까지 아테나이 희극사의 첫 번째 단계였으며, 아테나이의 아리스토파네스(기원전 344~292년)의 펜에서 나온 완전한 희곡(11개가 전해 온다)과 그의 동시대 작가들로부터 크고 작은 일련의 단편이 많이 남아 있다. 고희극의 가장 놀라운 점은 '자유로움'이었다. 극작가들은 보통 친숙한 신화와 전설에 기반을 둔 비극 작가와 달리, 그들 자신의 플롯을 구성하고, 그것을 현대나 환상의 땅에 설정했다. 그들은 또한 표현에 있어서 상당한 '언론의 자유'(parrēsia)를 누렸다. 그들은 동시대 사람들을 비방하고 속어, 천박한 말, 외설적이고 변덕스러운 농담을 자유롭게 사용했다. 고희극이 교육적이라는 마르쿠스의 설명은 일반적으로 공통적인 견해일 뿐만 아니라 극작가 자신들의 견해이기도 했다.

33 즉 솔직한 말투.

34 견유학파의 창시자인 시노페의 디오게네스의 말과 행동은 모두 별난 것으로 유명하다. 그에 관한 많은 일화는 *DL* 제6권 참조. 마르쿠스도 종종 견유학파의 '솔직함'을 사용하는 것

희극[36]이 무슨 목적으로 도입되었는지 생각해 보라. 그 신희극도 점차로 인생에 대한 교묘한 흉내로 전락하고 말았다.[37] 그러나 이 후기의 작가들 또한 약간의 유익한 말을 남기고 있는 것으로 알려져 있다.[38] 이것은 일반적으로 승인된 바이다. 그러나 이러한 시나 극작가의 기도는 전체적으로 무엇을 목표로 하고 있었던 것일까?

7 네가 현재 사는 그대로의 삶만큼[39] 철학하기에 적합한 어떤 다른 삶도 있지 않다는 것은 얼마나 분명하게 납득되는 일인가![40]

8 옆 가지에서 잘린 가지는 나무 전체에서도 잘려나가지 않을 수 없다. 그와 마찬가지로 한 인간에게서 떨어져 나간 인간은 공동체

을 좋아한다. 4.48, 5.12, 5.28, 6.13, 8.24, 8.37, 9.29, 9.36, 10.19 참조.

35 이 주제는 극작가들이 전달하고자 하는 도덕적 교훈 때문에 그가 관심을 두었을 것이다.

36 중기희극은 고희극의 다소 길들여진 형태였다. 신희극은 여전히 길들여졌으며 주로 드라마 형식의 가벼운 코미디로 구성되었다. 주인공은 눈에 두드러진 유형(영리한 노예, 심술궂은 노인)으로 뛰어난 기교로 묘사되었다.

37 신희극의 대표격인 아테나이의 메난드로스의 작품은 너무나 사실적이어서 한 비평가인 비잔티움의 알렉산드로스(서기 3세기)는 다음과 같이 외쳤다. "오, 메난드로스! 오, 인생이여! 당신들 중 누가 다른 것을 모방했습니까?"

38 신희극 작가들은 그들의 코메디아의 맥락에서 대중적인 잠언의 한 형태로 반복될 수 있는 간결하고 격언적 말을 많이 만들어 냈다. 가령, 메난드로스는 '신들이 사랑하는 자는 젊어서 죽는다', '우리는 원하는 대로 사는 것이 아니라, 할 수 있는 대로 산다'와 같은 한 줄로 된 간결한 표현들.

39 5.16 참조.

40 여기서는 평소 마르쿠스의 말과 달리 자신의 작업에 대해 긍정적인 태도를 보여 주고 있다(8.9). 그러나 8.1에서 언급한 '너의 근본적인 조건을 볼 때, 너는 철학자가 되는 것을 방해한다'라는 입장과 모순되는 것으로 보인다.

전체에서 떨어져 나간 것이다. 그런데 나뭇가지는 다른 사람이 잘라 내지만, 인간은 이웃을 미워하고 싫어함으로써 스스로 자신을 그 이웃으로부터 분리하는 것이다. 게다가 그는 자신을 베어냄과 동시에 공동사회 전체에서도 자신을 베어냈다는 것을 깨닫지 못하는 것이다.[41] 다만 여기서 주의해야 할 것은, 이 인간 공동체의 창설자인 제우스 신이 선물로 준 것, 그 덕분에 우리는 다시 이웃 가지와 접붙어 전체적으로 다시 온전하게 회복하는 것이 허용되고 있다는 것이다.[42] 그러나 그러한 분리가 자주 거듭되면 갈라진 부분이 다시 결합해 원래대로 되기는 어려워진다. 일반적으로 말하면, 애초부터 나무와 함께 자라 나무와 함께 호흡하던[43] 가지는 정원사가 무슨 말을 하든 한 번 잘렸다가 나중에 다시 접목된 가지와는 같지 않은 것이다.[44] 그러므로 같은 줄기에서 자라라. 다만 의견은 같지 않아도 된다.

9 그대가 올곧은 이성에 따라 나아가는 것을 방해하려는 사람들이 너를 건전한 행위에서 이탈시킬 수 없듯, 마찬가지로 그들에 대한

---

41 9.23 참조.

42 이 놀라운 신의 선물에 대한 마르쿠스의 경외심에 대해서는 8.34 참조. 그가 더 비관적이거나 현실적이며 마지막에 한 번 헤어지면 다시는 완전히 재결합할 수 없다고 주장하는 것에 대해서는 3.6 참조.

43 적어도 기원전 5세기 중반 클라조메네의 아낙사고라스 시대부터 식물이 숨을 쉬는 것으로 믿었다. 특별한 종류의 호흡은 '증산'(蒸散)이라고 불렀다(6.16.1 참조).

44 이것은 사실이 아니다. 접붙여진 나무는 접붙여진 지 몇 년이 지나면 접붙여지지 않은 나무와 다를 바 없이 건강하게 자란다. 정원사가 옳다.

네 호의로부터도 너를 축출하지 못하도록 하라.[45] 그리고 다음 두 가지 점에 똑같이 주의하여 너 자신을 유지하는 것이 좋다. 즉 단지 판단과 행위를 견고하게 유지할 뿐 아니라, 너를 방해하려고 시도하는 사람들, 또는 무언가 다른 방법으로 너를 괴롭히려는 사람들에 대해 온유할 수 있도록 노력해야 한다. 왜냐하면 그들에게 화를 내는 것은 행동을 포기하고, 겁에 질려 항복하는 것 못지않은 허약하다는 하나의 표시다. 떨어 대는 겁쟁이, 태어나면서 동족이자 친구인 자로부터 떨어져 나간 자, 이 양쪽 모두 자신의 자리에서 탈영한 자임에는 변함이 없다.[46]

10 '어떤 자연도 기술보다 못한 것은 없다.'[47] 왜냐하면 모든 기술은 다양한 자연의 것들을 모방하기 때문이다. 그렇다고 한다면, 모든 자연 중에서 가장 완전하고 가장 포용적인 자연이 [인간의] 교묘한 기술에 뒤질 리가 없다. 또 모든 기술은 더 높은 것을 위해 더 낮은 것을 만들어 낸다.[48] 따라서 공통의 자연도 마찬가지다. 거기에 정의의 기원(起源)이 있으며,[49] 모든 다른 덕은 정의에 그 기원

---

45 10.36 참조.

46 10.25 참조.

47 출처는 알 수 없으나, 어느 시인의 시에서 나온 것으로 보인다.

48 구두 수선공은 인간(높은 것)을 위해 신발(낮은 것)을 만든다.

49 이 제안은 '정의'가 자연을 모방하여 낮은 것을 높은 것에, 열등한 것을 우월한 것에 종속시키는 것으로 보인다. 마르쿠스는 플라톤의 『국가』에서 표현된 것처럼, '정의로운 영혼'은 우월한 부분인 이성적 이성으로, 열등한 두 부분인 정동적(기계적), 욕망적 영혼의 주인이라는 플라톤의 생각을 염두에 두었을 것이다. 여기서 그는 '정의'가 사물의 자연스러운 위계를 보존한다고 말하는 것일 수도 있다. 이것은 아마도 인간 사회에도 적용될 것이므로, 그의 정

을 두는 것이다.[50] 왜냐하면 우리가 아무런 관계가 없는 것들에 무게를 두거나 쉽게 속고, 경솔하거나 쉬이 마음이 변했다면, 정의는 유지되지 못할 것이기 때문이다.[51]

11 그러므로 그것을 추구하고 또 회피하는 결과로 너의 마음을 어지럽게 하기에 이르는 외적 사물들이 너에게 오는 것이 아니라, 어떤 식으로든 너 자신이 그것들에게로 향하는 것이다. 적어도 그것들에 대한 너의 판단을 멈추는(유보하는) 것이 좋다. 그러면 그것들도 가만히 있을 것이다.[52] 그러면 그것을 추구하거나 회피하는 너의 모습도 남이 볼 수 없게 될 것이다.

12 영혼이 밖으로 뻗어 나가지도 않고, 자신의 안으로 움츠러들지 않

의 개념은 민주적이지 않다.

50 스토아는 덕의 통합 또는 상호 수반을 믿었지만, 학파의 설립자 제논은 정의가 아닌 '지혜'를 기본적인 덕으로 삼았다. 그것들 간에 상호 관련이 있다면 어떤 덕으로 시작하는지는 실제로 중요하지 않을 수 있다. 마르쿠스는 5.34, 9.1 및 12.24에서 '정의'에 대한 존중을 표한다. 정의에 대한 그의 강조는 로마 공동체 전체의 좋음을 행하는 것에 대한 그의 강조와 동등하며 그에 기인한다. 전형적인 스토아의 방식에는 자기 존중적 측면도 있다. 다른 사람에게 좋음을 행하면 자신에게 유익이 되고(7.74), 자신의 인간 본성을 충족하는 데서 오는 평안함을 얻기도 한다(7.28, 8.26).

51 이것은 정의가 지혜, 겸손(신중함), 용기와 같은 다른 기본 덕목과 어떻게 관련되는지에 대한 마르쿠스의 개략적 보고다(5.12 참조, 3.6에서는 지혜를 '정직'으로 대체함). 아무런 관련이 없는 것을 중요한 것으로 여기는 것은 지혜의 부족함을, 쉽게 길을 잃는다는 것은 겸손의 부족함을 보여 준다. 겸손한 사람은 자신의 위치와 마음을 알아야 하기 때문이다. 마음이 변한다는 것은 용기의 부족함을 보여 준다.

52 사물에 대한 판단을 '유보하면' 마음의 평안을 방해할 수 없다. 그러한 혼란은 모두 자신의 의견이나 사물 자체에서 비롯되기 때문이다. 사물의 '비활성'에 대해서는 4.3(끝) 참조.

고, 확장되지도 않으면 수축하지도 않고, 빛에 비추어 빛나고, 그 빛에 의해 모든 것의 진리와 자기의 내적 진리를 볼 때, 그 영혼의 모습은 항상 변함없는 구체인 것이다.[53]

13 어떤 사람이 나를 경멸하게 된다면? 그것은 그 인간이 알아야 할 일이다. 내가 알아서 하는 것은, 사람들이 경멸할 만한 일을 하거나 말하는 것을 발견하지 못하도록 하는 것이다. 누군가가 나를 미워하게 된다면? 그것은 그가 알아서 할 일이다.[54] 그러나 나로서는 모든 사람에게 친절과 호의를 베풀고, 그 사람 자신에게는 그의 잘못을 보여 줄 준비를 하고 있을 것이다. 다만 그것은 질책하는 태도가 아니며, 나의 인내심을 과시하는 것도 아니며, 솔직하고 친절하게, 저 포키온과 같은──그가 그런 식으로 가장하지 않았다면[55]──태도로 하는 것이다.[56] 참으로 사람의 마음속은 그와 같아야 한다. 그리고 어떤 일에도 화를 내지 말고, 불평을 말하지 않는 마음가짐의 소유자로서 신들의 눈에 비쳐져야 하는 것이

---

53 구체로서의 영혼에 대해서는 8.41, 12.3 참조. 마르쿠스는 여기에서 은유에 많은 비중을 두고 있다. 구(球)는 가장 완벽한 고체로 간주되어 (헬라스 철학에서) 신적 존재에 적합하다.

54 5.25, 10.32 참조.

55 기원전 318년 아테나이 사람들에 의한 재판은 아테나이의 정치가이자 장군인 '좋은 자'로 알려진 포키온(Phōkiōn, 기원전 402/401~318년)에게 독약을 마시는 처형을 선고했다. 이 재판은 소크라테스의 재판에 비유되었고, 그의 유명한 마지막 말 중에는 마르쿠스가 생각하고 있는 말이 있다. 아들에게 전할 메시지가 있느냐는 질문에, '지금 내가 마신 그들의 환대 (philotēsia, 즉 독약)에 대해 아테나이인들에게 원한을 품지 말라고 그에게 전해 주세요'라고 대답했다(플루타르코스, 『대비열전』 포키온 36 참조). 왜 마르쿠스가 그를 성실하지 않다고 생각했는지 그 이유는 불분명하다.

56 11.18 참조.

다.[57] 만일 너 자신이 어떤 수단 방법이라도 좋으니, 부디 공공의 이익에 도움이 되는 것이 생기도록 열심히 바라는 인간으로서 네가 지금 너 내면의 자연에 적합한 것을 이루고, 지금 전체 자연에 시의적절한 것을 받아들인다면, 너에게 무슨 나쁜 일이 일어날 수 있겠는가?

14 그들은 서로를 경멸하면서 서로 아첨하는 태도를 취하고, 서로 우월하기를 바라면서 서로 허리를 굽혀 양보하는 것이다.[58]

15 '나는 너에게 솔직하게 굴기로 했어.' 이러한 말을 하는 자는 얼마나 썩어 빠지고 천한 인간인가. 인간아, 너는 무슨 일을 하고 있느냐? 그런 말을 미리 입 밖으로 낼 필요가 없다. 그 진실은 저절로 나타날 것이다. 그건 네 이마 위에 적혀 있어야 한다. 즉시 그 목소리가 그러한 것의 울림을 전하며, 당장 그 눈 속에 드러나기 시작하는 것이다.[59] 그것은 마치 사랑받는 자가 자신의 사랑하는 자들(연인)[60]의 눈빛 속에서 모든 것을 순식간에 읽어 내는 것과 비슷

---

57 12.2 참조.

58 그가 그려 내는 행동은 시대를 통틀어 궁전에서 발견되기 때문에, 이것은 아마도 마르쿠스의 일부 신하들의 행동거지에 대한 묘사일 것으로 보인다.

59 진실과 성실(단순한)에 대한 마르쿠스의 열정에 대해서는 9.1.2, 11.19 참조. 외형을 통해 드러나는 성격을 다루는 관상학(phusiognomia)의 다른 예에 대해서는 7.24 참조.

60 erastēs(사랑하는 자)와 erōmenos(사랑받는 자)는 모두 남성이므로, 마르쿠스는 동성애를 염두에 두고 있다. 이 용어는 헬라스의 남자 동성애의 전통에서 유래한 것이다. 사랑받는 자는 소년(10대)이고 그의 연인은 20대 이상이다. 이 단계에서 그는 한 명 이상의 잠재적인 애인(마르쿠스는 복수형을 사용하고 있음)을 가지게 되지만, 결국 그는 결국 그들 중 한 명에게만 존경을 표할 것이다. 사랑하는 자와 사랑받는 자의 '에로스'에 대해서는 플라톤의 『향

하다. 요컨대 단순(성실)하고 좋은 사람은 염소 냄새를 풍기는 사람과 같아야 한다. 즉 누구나 그의 곁에 있는 사람은 그에게 다가감과 동시에 원하든 원하지 않든 그것을 알아차리게 되는 것이다. 그러나 계산된 단순함은 [품 안에 숨겨진] 단도와도 같다.[61] 늑대의 우정[62]보다 부끄러운 것은 없다. 무엇보다도 그런 우정을 피하라. 좋은 사람, 단순한(성실한) 사람, 친절한 사람은 그 특징들을 눈에 담고 있으며, 그것은 사람들이 눈치채지 못하게 하는 것이 아니다.

16 더할 나위 없는 아름다운 삶[63]을 사는 데 필요한 힘은 영혼에 놓여 있다. 단 아무런 관련이 없는 것들(ta adiaphora)을 아무런 관련이 없는 것으로 간주한다는 조건에서만. 이것들에 무관심해지려면, 그것과 관련된 사항들 하나하나를 그 구성 요소들로 분석해서 바라보는 동시에 전체적으로 바라보고,[64] 그것들 중 어떤 것도 우리에게 자신에 관한 의견을 만들어 내지도 않고, 또 우리에게 자신을 강요할 수 없다는 것을 기억하면 된다. 이것들은 가만히 있

연』(소크라테스와 알키비아데스의 관계)을 참조.

61 원어인 skalmē를 트라키아인들의 고유한 칼을 지시하는 stiletto로 옮기고, 이를 쿠크리 칼(kukri; 인도의 구르카 종족이 사용하는 날이 넓은 단도)로 설명한다(C. R. Heines, p. 304). 아마도 이 단어를 듣는 사람은 낯설고 위험하게 들릴 것이다.

62 늑대의 위장된 우정. 아이소포스의 한 우화(153)에서 늑대는 양치기가 자신을 믿게 하여 양치기의 양 떼를 자신에게 맡기게 한다.

63 즉 고귀한 삶.

64 3.11, 11.2, 12.18 참조.

는 것이며,[65] 그리고 그것들에 대한 판단을 만들어 내고, 말하자면 우리 자신 안에 그것을 새겨 넣는 것은 우리 자신이다. 그러나 그것을 새기지 않는 것이 우리에게 가능하며, 또 모르는 사이에 그것이 새겨졌을 경우 즉시 그 판단을 지우는 것도 가능한 것이다.[66] 또한 기억해야 할 것은, 그런 것들에 주의를 기울이는 것도 잠시 뿐이고, 결국 인생은 끝이 날 것이라는 점이다. 하물며, 애당초 일이 잘못됐다고 불평할 일이 뭐가 있겠는가? 그것들이 자연에 맞게 이루어진 일이라면, 기꺼이 그것들을 즐겨라.[67] 그것들로 어떤 어려움도 겪지 않을 것이다. 그러나 자연에 어긋난 것이라면, 너의 자연에 맞는 것들을 추구하고, 설령 그것이 평판을 가져다주지 않더라도 이것을 향해 노력하라.[68] 모든 사람이 그 자신의 고유한 좋음을 추구하는 것은 용서되는 일이니까.[69]

17   인생에 만나는 사물이 무엇이든, 그것이 어디서 왔는가를, 어떤 것들로 구성되어 있는가를, 무엇으로 변화하는가를, 변화하면 어

---

65 아무런 관련이 없는 것들에 대한 판단에 의해 움직이지 않는다면, '사물들 그 자체'는 비활성이다(5.19). 사물의 '비활성'에 대해서는 4.3,4, 11.11 참조.

66 8.47 참조.

67 엄밀히 말해서 스토아주의자들은 아무런 관련이 없는 것들을 즐겨서는 안 된다. 그러나 '건강'과 '교육'과 같은 자연과 일치하는 것들은 스토아 철학에서 삶에서 사소한 역할을 하도록 허용되는 '선호되는 아무런 관련이 없는 것들'의 범주에 속한다.

68 5.3, 6.2 참조.

69 스토아 이론에 따르면, 모든 사람이 자신의 이익을 추구하기 때문에 범죄자조차도 자신이 최선을 다하고 있다고 생각한다. 우리는 그들을 용서할 수 있지만 사회는 여전히 그들을 처벌해야 한다고 생각할 것이다. 아마도 마르쿠스는 말년의 플라톤처럼 범죄자들을 처벌하는 것보다 치유하는 것을 선호했을 것이다.

떤 것이 될까를, 그리고 그 변화 때문에 아무런 해를 입지 않는다는 것을 생각하라.

18 (1) 첫째,[70] 사람들과 나 사이의 관계는 어떤 것인가. 우리는 서로를 위해 태어났다.[71] 또 다른 관점에서 말하자면, 나는 양 떼를 이끄는 숫양처럼, 혹은 소 떼의 선두에 서는 황소처럼 그들의 앞에 서기 위해 태어난 것이다.[72] 우선 다음과 같은 원리들로부터 출발하라. 원자들이 아니라면, 전체를 지배하는 것은 자연이다. 그렇다면 열등한 것은 더 나은 것을 위해, 더 나은 것은 서로의 좋음을 위해 존재하는 것이다.[73]

(2) 둘째, 그들이 식탁이나 잠자리나 그 밖의 장소에서 어떤 행동

---

70 이 긴 장에서 마르쿠스는 동료 인간을 대할 때 따라야 할 아홉 가지 원칙을 내놓고 있다. 특히 그가 사람들을 견디기 힘들 때와 그들에 대해 화를 내는 자신의 경향성에 굴복하는 경우 지켜야 원칙을 다루고 있다. 9.42와 중복되는 부분이 많이 있다.

71 8.56, 59 참조.

72 에픽테토스, 『강의』 1.2.30 참조("누군가 물었네. '그러면 우리 각자가 자신이 누구인가에 따르는 것을 어떻게 인식하게 될까요?' 에픽테토스는 대답했다. 사자가 공격할 때, 황소만이 자신의 힘을 인식하고 전체 무리를 대신해서 보루(堡壘)로 앞으로 나서는 것은 어떤가? 혹은 이러한 힘을 소유하고 있다는 것이 동시에 즉각적으로 그 힘의 인식에 의해 동반된다는 것은 분명하지 않은가?").

73 마르쿠스가 늘 주장하는 scala naturae(자연의 위계)는 이성적으로 정돈된 우주로부터의 추론일 것이다. 이것은 마르쿠스의 생각에 따르면 세계의 근본적인 질서 중 하나이다. 그는 낮은 것(열등한 것)이 높은 것(열등한 것)을 섬기는 본성을 갖기 때문에(2.1, 5.16, 5.30, 7.55 참조), 보편적인 자연에 의해 질서가 잡힌 세계에서 이 자연 현상들이 작동할 것이라고 주장한다. 우리는 마르쿠스에게서 '인간의 동등성'에 기초한 민주정에 반대되는 생각을 엿볼 수 있다.

을 하는지, 무엇보다도 먼저 그들이 가진 원칙에 따라 어떤 강요를 받고 있는지,[74] 그리고 자신들이 행하는 일에 대해 얼마나 우쭐대는지 기억하라.

(3) 셋째, 그들이 하는 일이 옳다면 화내지 말아야 한다. 옳지 않다면, 분명히 그들은 의지에 반해서 행하는 것일 테고, 무지에서 행하는 것이다.[75] 왜냐하면 모든 영혼이 의지에 반해 진리를 빼앗기듯[76] 각자 그 가치에 따라 행동하는 능력도 자기 의지에 반해 빼앗기기 때문이다. 어쨌든 사람들은 부정하다든가 버릇이 없다든가 탐욕스럽다든가 한마디로 이웃에 대해 잘못을 저지르는 자로 불리는 것에 화를 낸다.[77]

(4) 넷째, 너 자신 또한 많은 잘못을 저지르고, 그 점은 남들과 다르지 않다는 점을 기억하라. 또 설사 네가 어떤 종류의 실수를 저지르는 것을 삼간다고 하더라도, 그런 일을 하는 성향은 가지고 있다.[78] 네가 겁이 많아서든 평판이 두려워서든 뭔가 어떤 나쁜 생각 때문에 똑같은 실수를 저지르지 않아서든 말이다.

---

74 8.14 참조.

75 4.3, 7.22, 7.63 참조.

76 이 생각은 7.63에서 플라톤에 기인한다.

77 마르쿠스에게 이것은 좋은 사람의 영혼이 되기 위한 영혼의 투쟁에 대한 증거다. 어리석은 사람들도 그 반대의 증거가 무엇이든 정의가 부정의보다 자신들에게 더 낫다는 것을 마음속으로는 여전히 알고 있다. 이것은 플라톤의 『고르기아스』의 주요 주제 중 하나다.

78 1.17, 10.30 참조.

(5) 다섯째, 비록 그들이 잘못을 저지른다고 해도 너는 그것을 확인할 수 없다는 것을 기억하라. 대부분의 일은 의도를 갖고[79] 행해지는 것이기 때문이다.[80] 그리고 일반적으로 먼저 많은 것을 알고 나서야 남의 행위에 대한 의견을 확실하게 단언할 수 있다.[81]

(6) 여섯째, 몹시 화가 나거나 슬플 때 인간의 일생은 쉬 흘러간다는 것, 오래지 않아 우리 모두가 무덤에 눕게 되리라는 것을 생각하는 것이 좋다.

(7) 일곱째, 우리를 괴롭히는 것은 그들의 행동이 아니라—그 행동은 그들의 지도적 이성에 속하는 것이니까—그것에 대한 우리의 의견이라는 것을 기억하라.[82] 어쨌든, 그것을 제거하고, 그들의 행동을 무섭다고 생각한 너의 판단을 버릴 결심을 해라. 그러면 너의 분노는 소멸할 것이다. [꾸지람을 들었을 경우] 어떻게 이 의견이나 판단을 받아들일 것인가? 그것은 그들의 행동이 너에게 부끄러운 것이 아니라고 생각하는 것이다. 왜냐하면 부끄러운 것만이 유일한 나쁨이 아니었다면,[83] 필연적으로 너 자신도 많은 잘못을 저지르고 강도나 어떤 일도 저지를 수 있는 성격을 가진 인

---

79 혹은 '상황에 따라'.
80 따라서 마르쿠스의 관점에서 목적은 수단을 정당화할 수 있다.
81 9.38 참조.
82 7.16, 8.40, 9.13, 11.11, 11.16 참조.
83 나쁜 것은 개인의 불완전함이나 악덕뿐이다. 이것들은 부끄러운 일인데, 불완전하거나 악하게 행동하지 않는 것은 전적으로 우리에게 달려 있기 때문이다.

간이 될 수밖에 없을 것이기 때문이다.[84]

(8) 여덟째, 우리를 화나게 하거나 슬프게 하는 그들의 행동 자체에 비해 이 행위들에 대한 우리의 분노나 슬픔이 얼마나 많은 고통을 초래하는지를 기억하라.

(9) 아홉째, 친절은 그것이 진지하고, 속이거나 가장하는 것이 아닐 때는 무적이다. 왜냐하면 지극히 불손한 사람이라 할지라도, 네가 그에게 시종일관 친절하고, 기회 있을 때마다 상냥하게 충고하고, 또 그가 너에게 나쁜 짓을 하려고 할 그 순간에 온화하게 타이르고, 그의 잘못된 생각을 조용히 고쳐 준다면 너에게 무엇을 할 수 있겠느냐? '아니, 내 아이여,[85] 우리는 다른 것을 위해 태어난 것이다. 나는 조금도 해를 입지는 않겠지만, 내 아이여, 너는 스스로 너에게 해를 끼치고 있는 것이다.'[86] 그리고 부드럽게, 일반적인 관점에서 이것은 그렇고, 꿀벌이나 그 밖에 군집 생활을 영위하도록 태어난 동물들 어느 것도 그렇게 행동하지 않는다는 것을 지적해 주는 것이 좋다. 그러나 빈정거림이나[87] 질책의 어조가 아니라 애정을 품고서 마음속 깊은 곳에서 원한을 품지 않도록 해

---

84 10.10 참조.
85 분노로 반응하기보다는 어느 정도 거리를 두고 어른스러운 냉담한 태도를 취해야 한다는 것으로 보인다. 헬라스어에서는 나이 많은 사람이 훨씬 더 어린 사람을 부를 수 있는 일반적 어투이다.
86 9.4 참조.
87 11.13 참조.

야 한다. 학교 선생님 같은 태도가 아니어야 하고, 거기 있을 수 있는 제3자들에게 존경받기 위해서도 아니며, 설령 주위에 다른 사람들이 있더라도 전적으로 그 혼자에게 이야기하는 것처럼 그에게 말하는 것이 좋다.

(10) 이상의 아홉 개 항목을 무사 여신들[88]에게서 선물로 주어진 것처럼 마음에 새겨 두는 것이 좋다. 그리고 네가 여전히 살아 있는 동안 마침내 인간이 되기를 시작하라. 그러나 남에게 화내는 것을 경계하는 것과 마찬가지로, 남에게 아부하는 것도 경계해야 한다. 이 둘 다가 공공의 이익에 기여하지 못하고, 해를 가져오기 때문이다. 화가 났을 때, 다음과 같은 생각을 가까이 두고 이용할 수 있도록 하라(procheiron). 즉 화내는 것은 남자다운 성격[89]이 아니라, 부드럽고 침착한 태도야말로 한층 인간답고, 마찬가지로 한층 남성다운 것이다. 그러한 성격의 사람은 힘과 근력과 씩씩한 용기를 가지고 있지만 화를 내거나 불만을 품은 사람은 그렇지 않다. 왜냐하면 그러한 인간이 부동심[90]에 가까워질수록, 그는 힘 있는 사람에 더 가까워지기 때문이다.[91] 슬픔이 하나의 나약함인 것

---

88 시가 여신들. 제우스와 므네모쉬네(기억[Mnēmosúnē]의 여신)의 아홉 자매.

89 일반적으로 분노와 분노의 통제라는 주제는 고대에 걸쳐 철학자들에게 큰 관심을 끌었다. 이미 플루타르코스의 논고 『분노의 회피에 관하여』와 세네카의 『분노에 대하여』가 있었다. 아리스토텔레스학파는 분노가 이성적 마음의 작용을 뒷받침할 수 있는 일종의 에너지라고 주장했다. 마르쿠스와 스토아 철학자들은 이에 강력하게 동의하지 않을 것이다.

90 1.9, 6.16 참조. 이성이 정념에서 벗어나 흔들리지 않은 마음의 상태(apatheia). 스토아적 현자의 마음을 말한다.

91 왜? 감정이 흐트러져 약해지지 않기 때문이다. 불필요한 정념을 통제함으로써 얻을 수

처럼[92] 분노 또한 그러한 것이며, 즉 분노하는 사람과 슬픔이 빠진 사람 모두 [그들이 초래했던] 상처를 받고 항복하는 것이다.[93]

(11) 더욱이, 네가 원한다면 열 번째 선물을 무사의 지도자 아폴론[94]으로부터 받는 것이 좋다. 즉 그것은 나쁜 사람이 잘못을 저지르지 않기를 기대하는 것은 미친 짓이라는 것이다. 그것은 불가능을 바라는 것이기 때문이다.[95] 그러나 악인들이 남에게 나쁜 짓을 하는 것을 너그럽게 봐주면서, 너에게 나쁜 짓을 하지 말라고 요구하는 것은 터무니없고[96] 폭군적이다.[97]

19 특히 끊임없이 경계를 게을리해서는 안 되는 지도적 이성의 편향 (偏向, 逸脫)에는 네 가지 방식이 있다. 그것들을 발견하자마자 하나하나의 경우에 대해 자신에게 다음과 같이 말하면서 그것들을 없애야 한다.[98] '이 생각은 필요하지 않다'. '이것은 공동체의 유대

있는 이점 중 하나는 에너지를 낭비하지 않고 더 잘 활용할 수 있다는 것이다.

92 7.33 참조.

93 6.27 참조. 세네카, 『분노에 대하여』 2.31 ("나쁜 사람이 나쁜 짓을 하는 것은 놀랄 일이 아니다.") 참조.

94 무사의 지도자는 문예의 신 아폴론을 말한다. 아폴론이 뤼라를 연주하는 동안 무사들은 춤을 춘다.

95 5.17, 7.71, 9.42 참조.

96 '어리석고'(agnōmos).

97 모호한 말인데, 마르쿠스가 자신을 '나쁜 사람이 잘못을 저지르는' 법 위에 놓을 것이기 때문에 폭군일 것이다.

98 5.2, 11.16 참조.

를 파괴한다.' '네가 말하려는 것은 너 자신에게서 나온 말이 아니다.' 자기 자신에게서 나온 말을 하지 않는 것은 가장 터무니없는 것들 중 하나라고 생각해야 하니까.[99] 네 번째 편향은, 네가 스스로를 책망해야 하는 것으로, 네 안의 더 신성한 부분이 더 수치스럽고 죽어야 할 부분인, 즉 육체의 그 조야한(거친) 쾌락(움직임)[100]에 패배하고 굴복하는 경우이다.

20 (1) 너의 호흡(영혼)과 너의 몸에 섞여 있는 불의 모든 부분은 본성상 상승하려 하지만,[101] 그럼에도 전체의 배치에 따라 여기에, [신체라고 하는] 너의 구성물 속에 붙들려 있다. 또한 네 안에 있는 흙과 같은 것과 물과 같은 것 모두는 하강하는 것이지만, 그럼에도 밀어 올려져 자연적으로 그들 자신의 것이 아닌 위치에 머물러 있다.[102] 따라서 이런 식으로 여러 원소들은 전체에 예속되어 있으며, 어느 장소에 배치되면 그것으로부터 다시 해체 신호가 새

---

99 성실성에 대해서는 1.15, 6.39, 11.18.9 참조.

100 hēdonais(쾌락, P 사본), ideais(조야한 개념, C. R. Heines), tracheiais[pacheiais] hē leiais kinēsesin(거칠고 부드러운 움직임)으로 읽었다(Marcus Aurelius, *M. Antonius Imperator Ad Se Ipsum*, Jan Hendrik Leopold, in aedibus B. G. Teubneri. Leipzig. 1908). 부드러운 몸의 움직임은 쾌락을, 거친 것은 불쾌한 것을 말한다. 정신과 육체의 이원론에 대해서는 6.32, 3.3 참조. 쾌락에 대해서는 8.10 참조.

101 9.9 참조. 프네우마는 가장 정제된 두 가지 요소인 불과 공기의 혼합물이므로, 위쪽으로 이동한다.

102 우리는 직립 보행을 하고, 신체의 혈액 순환은 중력을 무시한다. 대우주 차원에서, 일부 스토아주의자들은 아래로 향하는 두 요소와 위로 향하는 두 요소 사이의 균형 때문에 '세계'가 우주의 중심에서 안정적으로 머문다고 설명했다.

로 주어질 때까지 그곳에 강제로 머물러 있는 것이다.[103]

(2) 그렇다면 네 안의 지성적인 부분만이 반항하고, 그 자신의 장소에 대해 불쾌해 한다는 것은 끔찍하지 않은가? 그렇지만 지성적인 부분에는 아무런 강제도 놓여 있지 않고, 그 자연에 적합한 것만이 주어져 있는 것이다.[104] 그런데도 참으려 하지 않고 반대 방향으로 가 버리는 것이다. 부정의한 행위, 제멋대로 구는 행위, 분노, 슬픔, 공포를 향한 움직임은 자연으로부터 이반한 자의 특징에 지나지 않기 때문이다. 또 너의 지도적 이성이 일어나는 일들에 대해 화를 낼 경우에는[105] 그 순간 그 자신의 자리를 버리는 것이다. 왜냐하면 지도적 이성은 단순히 정의를 위해서만이 아니라 신들에 대한 경건함과 경외를 위해서도[106] 본성적으로 이루어졌기 때문이다.[107] 사실상 신들에 대한 경건함과 경외야말로 진정한 동료 의식(형평성)의 종류(형식)들이고, 따라서 [단수한] 정의의 행동보다 더 존중받아야 할 것이다.[108]

---

103 구성 요소의 해체에 대해서는 10.7.2 참조(*LS* 47 참조).

104 즉 자연에 적합한 것만이 지성적인 부분에 영향을 미칠 수 있다.

105 5.8 참조.

106 12.2 참조.

107 12.1 참조. 그러한 분노의 불경건에 대해서는 5.8 및 9.1 참조. 신들에 대한 경외심은 그들이 너에게 할당한 모든 경험을 받아들이는 것을 수반하며, 그것이 최선인 것으로 아는 것이다.

108 5.33 참조. 형평성은 성문화되지 않은 법, 즉 자연법과 권리의 원칙에 대한 순종이며, 따라서 때때로 성문법보다 우선할 수 있으며, 그에 대한 순종이 정의다(이 딜레마는 소포클레스의 유명한 희곡 『안티고네』의 핵심에 놓여 있다). 여기서 마르쿠스가 암시하듯, 불문법은 일반적으로 기원에서 신적인 것(신들의 의지)으로 생각되고 보편적으로 적용되는 반면, 인간

2 1 '늘 하나의 동일한 삶의 목표를 갖지 못한 자는 일생 동안 한 사람의 동일한 인간일 수 없다.'[109] [그러나] 그가 가지고 있는 목표가 어떤 것인지를 덧붙이지 않으면 지금 말한 것은 충분하지 않다. 그것은 마치 대다수 사람들이 어떤 의미에서 좋다고 생각하는 것에 대한 믿음이 반드시 일치하지 않고, 그 안의 어떤 것, 즉 공통의 좋음에 관한 것에 대해서만 일치하는 것처럼, 우리 또한 공적인 공민(公民)적 좋음을 목표로 설정해야 한다. 자신의 모든 충동을 이 목표로 향하는 자는 온전한 일관성을 가지고 자신의 모든 행동을 할 것이며, 이에 따라 항상 같은 인간으로 존재할 것이다.

22[110] 언덕에 사는 쥐와 집쥐를 생각하라. 후자의 두려움과 전율.[111]

23 소크라테스는 대중의 의견을 '라미아'라고 부르곤 했다. 이것은

이 만든 법은 사회마다 다를 수 있다.

109 인용 출처를 알 수 없다. 마르쿠스 자신의 생각 중 하나를 표현한 것일 수도 있다. 내적 및 외적 일관성(一貫性)은 소크라테스와 스토아학파 모두에게 중요한 것으로 간주되었다.

110 11.22~39에서는 짧은 메모나 인용문의 무작위 모음으로 끝난다. 모두 명확한 요점이나 무엇을 언급하는지가 분명하지 않으며, 마르쿠스가 개인 선집이나 자신이 읽은 책의 구절을 옮겨적은 비망록으로 보관했던 것을 여기서 말한 것으로 보인다. 7.35~52 및 11.6과 유사하다. 3.14 참조.

111 아이소포스의 우화 중 하나(297 Halm; 호라티우스, 『풍자시집』, 2.6, Babrius, 108). 시골 사촌의 고단한 삶에 경악을 금치 못한 거만한 마을 쥐는 좋은 삶을 보여 준다며 그를 마을로 초대한다. 그러나 마을에는 개와 같은 위험이 너무 많아 마을 쥐는 끊임없는 두려움과 전율 속에 산다. 시골 쥐는 산에서 단순한 삶을 사는 것이 더 낫다는 것을 깨닫는다. 이 항목은 '산 위의 삶'(10.15)를 말하는 마르쿠스의 제안에 공명(共鳴)하는 것이다. 이것이 마르쿠스에만 '언덕 쥐'가 나오는 이유일 것이다. 7.3에는 '겁에 질린 쥐의 갈팡질팡하는 도주'가 나온다.

아이들을 놀라게 하기 위한 도깨비다.[112]

24 라케다이몬(스파르타) 사람들은 축제를 구경할 때 외국인들을 위해 그늘에 앉을 자리를 배정하곤 했다. 그러나 그들 자신은 아무데나 앉았다.[113]

25 소크라테스는 [그로부터 초대받았는데도] 페르딕카스에게 가지 않는 것에 대해 다음과 같은 이유를 밝혔다. '제가 최악의 죽임을 당하면 안 되니까요', 즉 은혜를 입고도 이를 갚지 못하는 처지에 빠지지 말라는 뜻이다.[114]

---

112 라미아(Lamia)는 북아프리카에 살았던 전설적인 여왕이었다. 자신의 아이들이 모두 죽은 후, 그녀는 마찬가지로 다른 사람의 아이들도 죽이라고 명령했다. 그래서 그녀는 아이들에게 두려움을 주는 '도깨비'가 되었다. 『크리톤』 46c에서 플라톤은 소크라테스에게 투옥이나 처형과 같은 도깨비(mormolukeia)로 그들을 놀라게 하여 마음을 바꾸게 하려는 아테나이의 다중의 시도에 저항해야 한다고 말한다. 이것이 본문의 이야기에 가까운 것으로 보인다 (플라톤, 『파이돈』 77e 참조). 한편, 에픽테토스는 라미아가 아니라 '도깨비'로 플라톤의 말을 사용하고 있지만, 마르쿠스는 아마도 에픽테토스의 『강의』 2.1.15에서 이를 빌려왔을 것이다 (3.22.106[가면탈] 참조). 마르쿠스는 『크리톤』의 소크라테스처럼 주로 '죽음'에 대한 두려움을 생각하고 있는 것으로 보인다.

113 무슨 의미인가? 마르쿠스의 교훈은 거칠지만, 예의 바르게 될 수 있음을 보여 주는 예시일 것이다.

114 아리스토텔레스(『수사학』 제2권 23장, 1398a)와 세네카(de Ben., 5.6.2)가 전한 이 이야기에 따르면, 이야기 속의 마케도니아의 왕은 기원전 413년부터 기원전 399년 암살될 때까지 통치한 페르딕카스의 아들 아르켈라오스였다. 그는 자신을 예술의 후원자로 여겼고, 저명한 인물들을 초대했다. 시인 에우리피데스와 아가톤, 화가 제욱시스는 그의 궁정에서 시간을 보냈다고 한다. 소크라테스는 이 초대를 거절했다. 그것이 불평등한 거래가 될 것이기 때문이었다. 즉 그는 아르켈라오스의 친절에 결코 충분히 보답할 수 없을 것이라는 말이다. 이 이야기는 아리스토텔레스에게서 처음 등장하지만 빚을 지고 죽는다는 묘사가 '최악의 죽음'으로 묘사되고 있지는 않다.

26　에피쿠로스의 글에는[115] 덕을 지닌 생애를 보낸 옛사람 중 누군가를 끊임없이 기억하라는 충고가 실려 있었다.[116]

27　퓌타고라스[117]학파 사람들은 이른 아침 하늘을 쳐다볼 것을 권하고 있다. 그것은 항상 동일하고 변하지 않는 것을 따라서 같은 방식으로 자신의 일을 완수하고 있는 천체들과 그것들의 질서와 순결성, 벌거벗은 모습을 상기하기 위해서다. 왜냐하면 별을 가리는 것은 전혀 없기 때문이다.[118]

28　[그의 아내] 크산티페가 소크라테스의 겉옷을 들고 밖으로 나가 버렸을 때 양가죽을 걸치고 있던 소크라테스의 모습을 생각하라. 그리고 그런 차림을 하고 있는 그를 보고 친구들이 보고 민망해 하며 물러서려 할 때 소크라테스가 그들을 향해 무슨 말을 했는지를 생각하라.[119]

115　세네카, 『도덕서한』 11.8~9 참조.

116　에피쿠로스, 「단편」 210(우제너); 세네카, 『도덕서한』 11.8~9 및 25.5 참조. 세네카는 이것을 에피쿠로스주의자가 아니라, 구체적으로 에피쿠로스에 귀속시키고 있다. 에피쿠로스주의자들은 끊임없이 자문해야 한다는 것이었다. 즉 "[스승인] 에피쿠로스는 내가 하는 일을 어떻게 생각할까?"라고. 그러나 스토아주의자 역시 자기 스승의 목소리를 내면화했을 것으로 예상된다. 아마도 이 점은 마르쿠스가 이 책의 제1권을 작성하면서 수행한 작업(즉 왜 자신의 스승으로부터 무엇을 배웠는지를 언급하는지?)을 부분적으로 설명할 수 있다.

117　천체 관찰의 이점에 대해서는 7.47 참조.

118　10.1 참조.

119　이와 유사한 일화에 대한 언급은 DL 2.37 참조. 마르쿠스가 이 이야기의 유일한 출처이므로, 소크라테스가 방문객의 관습적인 태도를 경멸했을 가능성이 있지만, 소크라테스가 무엇을 행하고 무엇을 말했는지는 알 방법이 없다. 그의 아내 크산티페와 얽힌 가정 문제를 주

29 쓰기와 읽기는 네가 먼저 배우기 전에는 남에게 가르치지 마라. 하물며 이것은 인생에서 훨씬 더 많이 타당하다.[120]

30 '너는 노예로 태어났다. 너는 로고스[121]를 공유할 수 없다.'[122]

31 '그래서 내 마음은 득의의 웃음을 지었다.'[123]

32 '그들은 가혹한 말로 덕을 욕할 것이다.'[124]

33 겨울에 무화과를 찾는 사람은 미치광이다. 이제 자식이 없는 때

제로 한 소크라테스의 많은 이야기가 전해지는데 모두 출처가 불분명하고 그 사실도 의문시된다.

120 기원전 6세기 초 아테나이의 시인이자 정치가인, 헬라스의 일곱 현인 중 한 명인 솔론은 "다스리기에 앞서 다스림을 당하는 것을 배워라"(*DL* 제1권 60)라고 말했다. 그 말은 속담이 되었다.

121 여기서 logos는 '말'이거나 '이성', 혹은 이 둘을 다 포함한다. 이것은 출처를 알 수 없는 연극의 한 구절로 보인다. 다른 노예 소유 사회와 마찬가지로 고대 헬라스인들과 로마인들은 노예가 인간 이하라는 생각으로 그들의 양심을 억눌렀다. 이것이 드라마 작가들과 철학자들이 도전할 수 있는 일종의 관습적인 생각이었다. 마르쿠스가 여기서 내놓는 교훈은 logos 없이 행동하는 것은 자신의 수호령(다이몬)이 아닌 외부 명령에 순종하는 노예처럼 행동한다는 것이다.

122 출전을 알 수 없는 비극의 단편(304 Nauck).

123 이것은 호메로스, 『오뒷세이아』 제9권 413행(퀴클롭스 폴리페모스를 이긴 오뒷세우스가 그를 비웃는 모습)에서 나온 것이지만, 마르쿠스의 인용한 의도는 알 수 없다.

124 헤시오도스, 『일과 나날들』 186행. 이것은 마르쿠스의 부정확한 기억이거나 의도적 변경으로 보인다. 그는 원래 '부모'(ara tois)가 있던 자리에 '덕'(aretēn)을 대체하고 있다("머지않아 그들은 늙어 가는 부모를 존경하기를 그만두고 심한 말로 비난할 것이다").

에, 아이를 찾는 사람도 마찬가지다.[125]

34 에픽테토스는 말하곤 했다. 너의 아이에게 입을 맞출 때 마음속으로 이렇게 중얼거려야 한다. '어쩌면 내일 너는 죽을지도 모른다.' 그렇게 말하는 건 불길한 일이야! '아니, 조금도 불길하지 않아'라고 그는 말했다. '어떤 자연적인 과정을 의미하는 것일 뿐이다. 그렇지 않으면 보리 이삭을 추수한다는 것도 불길한 일이 되고 말 것 아닌가.'[126]

35 덜 익은 포도, 다 익은 포도, 건포도. 모든 것은 변화다. 그것은 존재하지 않음으로 가는 변화가 아니라 지금 있지 않음으로 가는 변

125 에픽테토스, 『강의』 3.24.86~87("이런 식으로 너도 이런 것을, 즉 네가 사랑하는 사람이 죽어야 한다는 것을, 너 자신의 것을 무엇 하나 사랑하는 것이 아니라고 자신에게 상기시키는 것이네. 지금은 너에게 주어져 있고, 빼앗기지 않는다고 해도, 무화과나 포도처럼 한 해의 정해진 계절에 맞춰져 있을 뿐 일년 내내는 아니네. 그래서 그것들을 겨울에 그리워한다면, 네가 어리석다는 말이 되는 것이네. 이와 마찬가지로, 너에게 그들이 허락되지 않았을 때 너의 아들이나 친구를 그리워한다면, 그것은 겨울에 무화과를 그리워하는 것과 같은 것임을 너는 알아야 하네. 왜냐하면 겨울철과 무화과에 대한 관계는 전체(사물들의 모든 질서)에서 생기는 모든 상황(사태)은 그 상황(사태)에 따라 멸망하는 것들의 관계와 같기 때문이네"). 11.38까지의 항목은 모두 에픽테토스의 말의 패러프레이즈(paraphrase)다. 잃어버린 아이나 아이가 허락되지 않는 결혼을 슬퍼하는 것은 의미가 없다는 것이다.

126 에픽테토스, 『강의』 3.24.88~89("게다가 네가 뭔가를 즐기고 있을 때는, 그와 반대되는 인상을 떠올리도록 하라. 네가 너의 작은 아이에게 입을 맞추는 중에 '너는 내일 죽을지도 모른다'라고 중얼거리는 것이 뭐가 나쁘냐? 친구들도 마찬가지여서, '내일 외국으로 떠나 너와 내가 다시는 서로 만나지 못할 것이네'라고 중얼거리는 것이 뭐가 잘못됐나? '하지만 그건 불길한 징조의 말이에요. 물론, 주문에도 그런 것들이 있으니까. 하지만 도움이 되기 때문에, 그저 그것들이 도움이 된다면, 나는 신경 쓰지 않네. 그런데 너는 뭔가 나쁜 것을 가리키는 것 외에 어떤 것을 불길한 것이라고 부르겠는가?" 우리에게 아무런 느낌을 주지 않을 수 있는 유사한 표현에 대해서는 8.49, 9.40(끝), 10.34 및 10.35 참조. 자연적 과정으로서의 죽음에 대해서는 2.12 참조.

화다.[127]

36 '누구도 너의 의지(prohairesis)를 강탈할 수는 없다.'[128] 이것은 에픽테토스의 말.

37 에픽테토스는 이렇게 말했다. 승인에 관한 기술[129]을 찾아야 한다, 또한 충동의 영역에서도 그 충동이 유보를 가지고 행사되도록,[130] 공동체에 이바지하는 것으로, 가치에 상응하는 것이 되도록[131] 주의해야 한다. 더욱이 욕구는 완전히 삼가야 하며, 우리의 힘이 미치지 않는 것들[132]에 대해서는 결코 회피를 사용해서는 안 된다.[133]

---

127 에픽테토스, 『강의』 3.24.91~92 참조("하지만 너는 자연의 과정을 가리키는 것을 불길하다고 부르겠나? 옥수수의 이삭을 거두는 것도 불길하다고 하는가? 그것은 이삭의 옥수수의 소멸을 가리키는 것이니까. 그러나 그것은 우주의 소멸을 가리키는 것은 아닐 것이네. 나뭇잎이 지는 것도, 무화과가 건무화과가 되는 것도, 포도가 건포도가 되는 것도 불길하다고 말하라. 이 모든 것은 그 이전의 상태에서 다른 것으로의 변화이기 때문이네. 즉 그것은 소멸이 아니라 하나의 정해진 분배이자 지배인 것이네. … **죽음도 그렇고, 지금 있는 것에서 없는 것으로가 아니라, 지금 있지 않은 것으로의 더 큰 변화인 것이네**"). 느슨하게 옮겼다. 이런 생각에 대해서는 4.36, 5.13 및 7.25 참조.

128 에픽테토스, 『강의』 3.22.105("의지[프로하이레시스]에는 도적도 없고, 참주도 없는 것이네"). 이런 생각에 대해서는 예를 들어 8.48 및 12.14 참조.

129 인상에 대해 어떤 '승인'(sugkathesis)을 줄지에 관한 기술.

130 충동의 대상이 실현 불가능한 것이라면 다른 것으로 바꿔도 좋다는 것('유보'에 대해서는, 4.1 해당 각주 및 에픽테토스의 『강의 1·2』 해제 참조).

131 각 사물의 가치에 따라 충동을 느껴야 한다.

132 즉 우리에게 달려 있지 않은 것들.

133 이 항목은 에픽테토스의 「단편」 27(Schenkl)이다. 욕구와 회피(혐오)에 대해서는 8.7 참조. 이성적 본성은 '인간이 도달하거나 회피할 수 있는 것들에 대한 욕구와 혐오를 제한'할 때 도덕적 진보를 가져온다. 우리에게 달려 있지 않은 것들, 즉 우리의 힘이 미치지 않는 것들을

38 그가 말하길, '싸우는 것은 당연한 일이 아니라, 우리가 광기에 빠져 있는지 아닌지의 여부에 있다'.[134]

39 소크라테스가 이런 문답을 하고 있었다. '너희들은 어느 쪽을 바라느냐. 이성적인 삶의 영혼을 갖는 것인가, 아니면 이성적이지 않은 삶의 영혼을 갖는 것인가. 이성적인 영혼을 갖는 것입니다. 어떤 이성적인 삶인가. 건전한 것인가, 아니면 열등한 것인가. 건전한 것입니다. 그럼, 왜 너희는 그것을 요구하지 않는가? 이미 가지고 있으니까요. 그러면 왜 너희들은 싸우고 의견이 다른 것일까?'[135]

갖기 원하거나 거부하는 것은 아무런 의미가 없다(에픽테토스의 철학적 입장). 에픽테토스의 철학 영역(topos)과 마르쿠스의 철학 영역 구별에 관해서는, 7.54, 8.7, 9.6 참조. 김재홍, 「에픽테토스의 철학의 영역(topos)의 구별과 논리학 훈련의 중요성」, 2022 하반기 한국서양고전철학회 발표문(2022. 12.3); 감재홍의 『강의 1·2』 해제 참조.

134 에픽테토스, 「단편」 28(Schenkl). 미친 사람은 자신에게 할당된 삶을 받아들이기를 거부하는 사람이고, 건전한 사람은 모든 경험(일어난 사건)을 수용한다. 하인즈는 에픽테토스의 『강의』 1.22.17~21을 지적하기도 한다.

135 이 항목(에픽테토스, 「단편」 28a, 셴클)을 에픽테토스의 단편으로 추가하고 있지만(Leopold와 Breithaupt 이래로), 이 대목이 특별히 에픽테토스가 사용한 단어로 여겨지지 않으며, 그 관련성은 낮다고 평가되기도 한다. 공격적인 질문은 일반적으로 소크라테스적이지만, 현존하는 소크라테스에 연관된 문학(플라톤과 크세노폰)에는 이와 같은 내용이 없다. 그렇지만 그 대화의 형식은 에픽테토스의 『강의』를 연상시킨다. 이 장은 에픽테토스가 즐겨 사용하는 전형적인 소크라테스적인 엘렝코스(논박) 방식을 간결하게 보여 주고 있다. 이도 역시 에픽테토스의 '내면적 대화 방식'이 되었든 '외적 대화 방식'이 되었든 간에 그것을 모방한 흔적이라 할 수 있다. 마르쿠스는 이 책에서 이성적인 존재는 서로를 위해서 만들어지고, 서로 돕고, 이성적인 존재의 공동체에서 함께 일하게 되어 있다는 말을 자주 언급하고 있다.

제12권

I   (I) 멀리 길을 돌아서 도달하기를 바라는 것을 너 스스로 거부하지 않는다면, 어떤 것이든 지금 당장 얻을 수 있다. 그러려면 과거의 일을 모두 버리고, 미래의 일을 섭리에 맡기고, 오직 현재의 일만을 경건과 정의를 위해 방향을 정해 나아가면 되는 것이다. 경건이란 너에게 주어진 몫¹을 사랑하라는 것이다. 이는 자연이 그것을 너에게, 또 너를 그것에게 가져다주었기 때문이다. 또한 정의란 네가 자유롭게, 에두르지 말고 진리를 말하고, 법에 따라 사물의 가치에 상응하는 행위를 하라는 것이다. 다른 사람의 나쁨이나 자신의 의견이나 남의 말이나, 또 그중에서도 너를 에워싸고

---

1   좋은 사람의 의무와 기쁨은 자신에게 할당된 모든 것을 받아들이는 데 있다. 특히 4.33, 5.8, 6.44, 10.1, 10.6 참조. 그에게 운명을 준 것은 신들이기 때문에(12.11) 종교적 의무의 문제이기도 하다. 긴 '철학적 일기'를 마무리하는 결론 부분에서는 '영적' 어조가 두드러지며, 마르쿠스는 자신의 죽음을 준비하기 위해 이전 노트들의 여러 기본 주제들을 연습하는 것처럼 보인다. 12권으로 이루어진 이 작품 권별로 작품 시기를 정하는 상대적인 연대와 확고한 기준은 없지만(P. A. Brunt, pp. 18~19; R. B. Rutherford, pp. 45~47), 대체로 제12권의 특징과 내용은 제12권이 마르쿠스의 죽음에 가까운 시기에 쓰였음을 보여 주고 있다. 제12권에는 마르쿠스의 기본적인 믿음과 자신의 경험을 통한 결론을 면밀하게 논의하거나 짧은 제목으로 요약한 내용이 많이 나온다. 마치 그는 여기서 자기 내면의 평화를 유지하고, 주변에 덜 짜증을 내며, 주로 죽음과 신에 대해 '명상'을 하는 사람의 모습을 스스로 드러내고 있다. 마지막 장(12.36)은 의식적인 '이제 [평안하게] 놓아주셨다'(nunc dimittis, '스므온의 노래')라는 찬송처럼 읽힌다. "이제야 말씀하신 대로 당신 종을 평화로이 떠나게 해 주셨습니다"(Nunc dimittis servum tuum, Domine, secundum verbum tuum in pace; 『누가복음』 2.29~32). 죽음에 대한 마르쿠스의 생각에 대해서는 2.14, 6.44 참조.

자란 '살'(육체)의 감각도 너를 방해하는 일이 없도록 하라. 감각에 관한 것은, 그 영향을 받은 부분이 지켜볼 것이기 때문에.[2]

(2) 언제든지 네가 떠날 때가 가까워졌다면, 너는 다른 모든 것에 작별을 고하고, 오직 너의 지도적 이성과 내면의 신적인 것만을 존중하며, 네가 언젠가 삶에서 사라지는 것을 별로 무섭다고는 생각하지 않으나 아직 자연을 따르는 삶을 시작하지 않은 것을 두려워한다면, 너는 너를 낳은 우주에 합당한 사람이 되어 너 자신의 조국에서 이방인이 되는 것을 그만둘 것이며, 날마다 일어나는 일들에 대해 이를 예기치 못했던 것처럼[3] 더 이상 놀라지 않을 것이며 이것저것에 더 이상 의존하지 않게 될 것이다.[4]

2　신은 모든 인간의 지도적 이성을 볼 때 물질적 용기나 겉가죽, 오물을[5] 제거한 적나라한 모습으로 바라본다.[6] 왜냐하면 신은 오직

2　8.41 참조.

3　이방인(xenos)의 이미지는 2.17, 4.29, 4.46, 12.13에서 반복된다. 사물의 동일성에 대한 마르쿠스의 빈번한 성찰은 사물들에 놀라는 것을 멈추는 그의 방식이다. 놀라움(taumazōn)은 신이 너에게 할당한 삶에서의 모든 경험을 침착하게 받아들이지 않으며, 사물의 존재 방식에 대한 무지의 표지이다.

4　4.29, 12.13 참조. 이 장은 삶의 '올바른 길'을 안내하고 죽음의 평화로운 완성을 준비하는 도덕적 및 철학적 원칙에 대한 제12권의 요약 중 하나다. 12.3, 12.24, 12.26에서도 유사한 요약이 나타난다. 이러한 요약은 다른 곳보다 이 12번째 노트에서 훨씬 더 두드러지며, 이것이 그가 마지막으로 쓴 노트며 그가 자신의 죽음이 임박했음을 알았다는 것을 암시하는 것으로 이해하는 것이 그럴듯하다. 마찬가지로 현재 이 순간의 삶에 대한 강조가 제12권의 주된 특징이다.

5　9.34 참조.

그 자신의 지성적 부분에 의해, 자신의 내부에서 흘러나와 그 인간의 지도적 이성 속으로 흘러든 것들하고만 접촉하기 때문이다.[7] 그렇게 하는 습관을 들인다면, 너는 수많은 걱정거리에서 벗어나게 될 것이다. 도대체 자신을 감싸는 육체 따위는 거들떠보지도 않는 자가 의복이나 주거, 명예, 그런 종류의 몸을 장식하는 부속물이나 무대 장치를[8] 바라보는 일에 시간을 낭비하겠는가?

3   너는 세 가지로 이루어져 있다. 즉 육체, 숨, 지성.[9] 이 중 앞의 두 가지는 네가 그것을 돌봐야 하는 한 너의 것이다. 그러나 주된 의미에서 오직 세 번째 것만이 너의 것이다. 만일 네가 너 자신, 즉 너의 정신이 남들이 행하거나 말하는 모든 일, 너 자신이 행했거나 말했던 일을 모조리 떨쳐 버린다면, 또 장래에 네 마음의 평화를 혼란스럽게 할 모든 일, 너를 감싸는 육체 및 그 안에 결부되어 있는 숨을 위해 네 의지와는 무관하게 너와 얽혀 있는 것이나, 또 너의 밖을 둘러싼 소용돌이[10]에 휩쓸려 가는 모든 것을 떨쳐 버린다면, 그 결과 너의 지성은 운명에 좌우되는 것으로부터 벗어나

---

6   12.8 참조.

7   11.13 참조.

8   이것들은 모조리 '아무런 관련이 없는 것들'(adiaphora)이다. 이에 대해서는 2.11.4, 5.12, 5.20 참조.

9   2.2, 3.16 참조.

10   천체의 빠른 순환 운동('소용돌이')에 의해 지구가 우주의 중심에 고정되어 있다는 엠페도클레스의 이론에 대한 언급. "불화가 소용돌이(dinē)의 가장 낮은 밑바닥에 가 있었고, 사랑이 회전의 한가운데에 있게 될 때"(심플리키오스, 『아리스토텔레스의 「천체에 관하여」주석』 529.1.3~4, 『아리스토텔레스의 「자연학」주석』 32.11.5~7).

순수해지고, 그 무엇에도 얽매이지 않고, 스스로 살아가며, 정의를 행하고, 실제로 일어나는 모든 일을 기꺼이 받아들이고, 진리를 말하게 된다면─내가 이렇게 말하는 것처럼 네가 이 지도적 이성으로부터 육체적 욕정에서 유래한 부착물이나 시간 속의 미래 및 과거에 속하는 것들을 떼어 낸다면, 엠페도클레스의 말

'둥근 스파이로스(구체, Sphairos)[11] 주변을 에워싸는 고독을 즐기고'[12]

처럼 너 자신을 만들고, 네가 지금 살고 있는 삶, 다시 말해 현재[13]만을 살아가는 훈련을 철저히 쌓는다면, 그때야말로 너는 죽을 때까지 남겨진 시간을 심란하지 않게, 애정 넘치게, 또 자신의 다이몬[14]과 온화한 마음으로 지낼 수 있을 것이다.[15]

4 자신을 다른 누구보다 사랑하면서도 사람들이 자신에 관한 자신의 의견을 남들의 의견보다 중요하게 여기지 않는 이유가 무엇 때문일까 하고 나는 종종 의아해 했다. 어쨌든 어떤 신 혹은 현명한

---

11 일상적으로는 '구'(球)라는 뜻인데, 신격화된 표현이다.

12 8.41 참조. 엠페도클레스, 「단편」 27~28. 심플리키오스, 『아리스토텔레스의 「자연학」 주석』 1183.28, 플루타르코스, 『달 표면에 보이는 얼굴에 관하여』 12, 926d 참조.

13 지금 이 '순간'이 우리가 가진 전부이다. 2.14, 4.26 참조. 12.1.1과 12.26 비교.

14 2.13, 3.3 참조. 마르쿠스는 우리의 내적인 다이몬을 '자아', '지도적 이성', '반성적 능력'과 동일시하고 있다.

15 이 장을 통해 마르쿠스의 멋진 수사 구사 능력을 볼 수 있다. 여기서 마르쿠스는 '자신의 돌봄'(epimeleisthai heautou)에 대한 실천 방안(훈련)을 내놓고 있다.

교사가 어떤 사람에게 다가와서, 다른 사람이 듣도록 입 밖으로 소리낼 것이 아니라면 아무것도 마음속에 품거나 생각해서는 안 된다고[16] 명령하면 그는 단 하루도 참지 못할 것이다. 그러므로 우리는 우리에 대한 이웃들의 의견을 우리 자신의 의견보다 더 존중하게 되는 것이다.

5   모든 것을 아름답게 만들고, 또 인간에 대한 애정으로 정돈해 놓으면서도 도대체 신들은 어떻게 다음과 같은 일만을 간과할 수 있었을까? 즉 소수의 인간, 그것도 극히 유능한 사람들, 말하자면 신과 많은 계약을 맺고, 경건한 행실이나 제의를 통해 신들과 특히 친밀한 사이가 된 자들이 한 번 죽으면 다시 태어나지 않고 완전히 소멸되고 만다는 것을?[17] 그러나 사실이 이와 같다면,[18] 너는 안심하고 믿는 것이 좋을 것이며, 만일 다른 것처럼 되었더라면, 신들은 반드시 그렇게 했을 것이다.[19] 왜냐하면 그것이 옳은 일이었

---

16 3.4 참조.

17 에우리피데스는 그의 등장인물 중 한 명에게 바로 이 누락에 대하여 신들에게 책임을 묻고 있다(『헤라클레스』 655~672행).

18 죽은 후의 '혼의 소멸'에 대해서는 2.3, 4.21, 11.3 참조. 마르쿠스의 불확실성은 아마도 스토아 교리의 차이 때문일 것이다. 어떤 이들은 모든 인간(좋은 사람, 나쁜 사람, 그도 저도 아닌 사람)이 죽을 때 정확히 같은 운명을 겪는다고 주장했다. 즉, 네 가지 구성 요소가 그것들의 우주의 자연적 위치로 돌아가는 반면, 다른 이들은 모든 인간의 영혼들, 특히 좋은 사람의 영혼이 더 많거나 적은 기간 동안 죽음에서 살아남는다고 주장했다. 영혼이 어디에서 또는 어떻게 지속되는지를 정확히 명시하지는 않았다. 후자의 견해는 환생에 대한 믿음과 딱 들어맞았을지 모르지만, 어떤 스토아 철학자도 그 길을 택하지 않았다. 그럼에도 불가지론(不可知論)적인 입장을 따르는 듯 하지만, 마르쿠스는 환생이나 어떤 형태의 개인의 생존에 대한 믿음(4.21)에 유혹을 받았던 것 같다. 이에 대해서는 5.29, 8.58 참조.

19 마르쿠스의 주장에 대한 일반적인 형태는 '신들이 좋고 자비롭다면, 사물의 존재 방식

다면 또한 가능한 일이기도 했을 것이고, 그것이 자연에 맞게 이루어진 일이었다면 자연은 그것을 이루어지게 했을 것이다. 따라서 확실히 그렇지 않다면, 그렇지 않다는 사실 자체에 의해서, 이것이 그렇게 되지 말았어야 했다고 확신해야 한다. 보라, 너 자신이 이 문제[약간의 뛰어난 자의 완전한 소멸을 부정하는 것]를 검토함으로써 신에 대해 이의를 제기하고 있지 않은가. 그런데 신들이 더할 나위 없이 좋고 올바르지 않았다면, 우리는 이런 식으로 신들을 상대로 하는 논쟁 따위를 벌일 리가 없었던 것이다. 만일 신들이 더할 나위 없이 좋고 올바르다면, 신들은 우주를 정돈하는 과정 속에서 그 어떤 것도 부정의하게 또 불합리하게 그대로 있는 것을 간과할 수 없었을 것이다.[20]

6   희망이 없다고 여겨지는 것이라도 익숙해지도록 연습하라. 왼손은 연습 부족 때문에 다른 모든 일에 서툴지만, 고삐는 오른쪽 손

은 마땅이 존재해야만 하는 방식'이다. 논리학에서는 이것을 '존재와 당위의 오류'(is-ought fallacy)라고 부른다.

20 신의 섭리가 존재의 사실(Sein)과 그것의 '당위'(Sollen)를 보장한다는 주장에 대해서는 10.7.1 참조. 2.3(신의 일은 섭리로 충만하다), 2.11 참조. 3.3에는 사후의 존재 가능성에 대한 마르쿠스의 생각이 나온다. 사후 생존 가능성에 대한 마르쿠스의 주장: "만일 영혼들이 (사후에도) 존속한다면, 어떻게 공기는 이 영혼들을 영원으로부터 내포하고 있는 것일까? 어떻게 땅은 그런 영원으로부터 묻힌 사람들의 신체를 포함하고 있는 것일까. 지상에서는 이들 신체가 잠시 땅속에 머물다가 변화하고 분해하여, 다른 시체에 자리를 비우는데, 바로 그런 식으로 영혼도 공기 속으로 옮겨진 후 잠시 그대로 있다가 이윽고 우주의 씨앗 이성(생성 원리)으로 도로 받아들여지게 되면서 변화하고, 용해되고, 불태워진다. 이런 방식으로 그것들은 그곳에 거처를 구하러 오는 영혼들에게 자리를 마련하는 것이다. 영혼이 사후에도 존속한다는 가정을 하면, 이것이 그 사람에게 해 줄 수 있는 답이다"(4.21.1).

보다 단단히 잡는다. 왼손이 이 일에 익숙하기 때문이다.[21]

7 죽음이 닥쳐왔을 때,[22] 육체와 영혼이 어떤 상태에 있을지 생각해 보라. 인생의 짧음, 네 앞과 뒤에서 입을 벌리고 있는 시간의 심연,[23] 모든 물질의 연약함.

8 겉껍질이 벗겨진 모습으로 다양한 형상인을 바라보라.[24] 또 여러 가지 행동의 목적을. 고통이란 무엇인가. 쾌락이란. 죽음이란. 명예란. 사람 내면의 불안에 대한 책임은 누구에게 있는가? 아무도 다른 사람에게 방해받지 않는다는 것. 모든 것은 자신의 믿음일 뿐이다.[25]

9 너의 원리들을 실행하는 데 있어서는 검투사가 아니라 레슬링(팡크레티온) 선수와 같이 해야 한다. 왜냐하면 전자는 사용할 수 있는 검을 떨어뜨리면 죽임을 당하고 만다. 그런데 후자에게는 언제든지 자신의 손을 가지고 있어 그것을 움켜쥐기만 하면 되기 때문

---

21 우리의 경우도 그렇지만, 고대 로마에서는 왼손잡이가 드물고 권장되지도 않았다('왼쪽'의 라틴어는 '재수 없음'[sinister]을 의미한다).

22 철학이 '죽음에 대한 준비'라는 생각은 플라톤의 『파이돈』에서의 강력한 주장이었다. 스토아 철학자들(세네카)도 이 입장을 받아들였다.

23 4.50, 5.23, 9.32, 12.32 참조.

24 모든 것은 원인(형상)과 물질로 구성되어 있으므로(7.29), 원인의 겉껍질을 제거하는 것은 물질 없이 원인 자체에 집중하는 것을 말한다.

25 2.15 참조.

이다.[26]

10　사물은 그 자체로 어떤 것인지 그 질료, 원인, 목적(anaphora)[27]으로 분석해 보아야 한다.[28]

11　인간은 신이 찬양하는 것만을 행하고, 신이 [자연에 따라서] 자신에게 할당한 것을 모조리 받아들인다. 얼마나 훌륭한 능력을 가지고 있는가![29]

12　자연에 따라 일어나는 일에 대해 신들을 탓해서는 안 된다. 신들은 자발적으로나 비자발적으로나 잘못을 저지르지 않기 때문이다. 또한 인간도 책망해서는 안 된다. 인간은 비자발적으로가 아니라면 잘못을 저지르지 않기 때문이다.[30] 따라서 아무도 탓해서는 안 된다.[31]

26　7.61 참조. 현자와 검투사의 비교에 대해서는 세네카, 『현자의 항상심에 대하여』 8.3, 16.2 참조.

27　anaphora의 쓰임새는 다음과 같다. 우리가 묻고 있는 각각의 사물이 무엇과 관련되는가? 그것은 무엇을 위한 것인가? 그것은 우리의 사회적 기능과 관련되는가?(9.23) 신들에 관련해서?(8.23) 공통의 좋음을 위해서?(3.4.1) 너나 다른 사람이 말하거나 행하는 것이 어떤 목적(skopos)과 관련되어 있는가?

28　4.21, 8.11, 12.18, 12.29 참조.

29　5.10, 7.54 참조.

30　2.1, 7.22 참조.

31　8.17과 10.4를 비교.

13 인생에서 일어나는 어떤 일에 놀라고 의아해하는 자는 세상에 얼마나 가소롭고 심각한 이방인인가![32]

14 운명적 필연과 움직일 수 없는 질서인가, 자비로운 섭리인가, 아니면 방향 없는 마구잡이식 혼돈인가.[33] 움직일 수 없는 필연이라면 왜 너는 반항하는가? 자비로울 수 있는 섭리라면 자신을 신의 도움을[34] 받을 만한 사람으로 만들어라. 그러나 방향 없는 마구잡이식의 혼돈이라면, 밀려오는 그러한 거센 파도 속에서 너 자신 안에 방향을 제공하는 지도적 이성으로서 지성을 갖고 있음을 기뻐하라. 그리고 거센 파도가 너를 휩쓸어 가야 한다면, 그것이 너의 육신, 숨, 그 밖의 다른 것들을 휩쓸어 가게 내버려 두라. 너의 지성은 결코 휩쓸어 가지 못할 것이기 때문이다.

15 램프의 빛은 그것이 꺼질 때까지는 빛나고 그 밝기를 잃지 않는다. 그런데 하물며 네 안의 진리와 정의와 절제가 그때가 오기도 전에 너보다 먼저 사라지고 말까?[35]

---

32 12.1 참조.

33 4.27 참조. 첫 번째 대안은 스토아의 대안이고, 두 번째는 대중적인 믿음이며, 세 번째는 에피쿠로스의 입장.

34 속죄와 기도에 대해서는 5.7, 6.23, 6.44, 특히 9.40 참조. 스토아주의자로서 마르쿠스는 존재하는 힘에 의한 속죄로 사람의 운명이 바뀔 수 있다고 믿지 않았다. 오히려 그는 자신의 노력을 강화하기 위해 기도를 사용해야 한다고 생각하는 것처럼 보인다. 그것이 스토아주의자가 원할 수 있는 신들로부터의 도움이다.

35 즉, '죽기 전'을 말할 것이다. 마르쿠스는 자신이 죽는 순간까지 계속 가도록 자신을 독려하거나, 3.1에서 인정한 노쇠가 죽기 전에 자신의 힘을 빼앗을 수 있다는 끔찍한 사실을 반성할 수도 있을 것이다. 아마도 앞엣것이 가능성이 더 높아 보인다.

16 (1) 어떤 사람이 잘못했다는 인상을 받을 때, '그것이 잘못인지 아닌지 내가 어떻게 알 수 있는 거지?'[36]라고 자문해 보는 것이 좋다. 만일 그가 정말로 잘못을 저질렀다면, 그것으로 그가 자신에게 심판을 내렸다는 것[37]과 그래서 그의 잘못이 자신의 눈을 찌르는 것과 다름없다는 것을 기억하라.

(2) 악인이 나쁜 짓을 저지르지 않기를 바라는 자는 무화과나무가 그 열매 속에 시큼한 즙을 만들어 내지 않기를 바라거나, 아기가 울어 대지 않기를, 말이 울음이 없기를, 그 밖의 모든 필연적으로 그래야만 하는 것이 그러지 않기를 바라는 자와 비슷하다.[38] 이런 성향을 갖고 있는 이상, 그가 다른 무엇을 할 수 있겠는가? 그러니까 그런 일에 짜증이 난다면, 그 성향을 고쳐라.[39]

17 적합하지 않은 일이라면 하지 말고 두어라. 진리가 아니라면 말하지 마라. 너의 충동은 너에게 달려 있어야 하는 것이니까.

18 너의 인상(표상)을 만들어 내는 그 자체가 무엇인지를 항시 전체로서 살펴보는 것이 좋다. 또 이것을 그 원인, 질료, 목적, 또 그것

---

36 11.18.5(9.38) 참조. 잘못에 대한 자비로운 관점과 다른 곳에서 마르쿠스의 무뚝뚝한 태도에 대하여.

37 9.4, 9.38 참조. 잘못을 저지름으로써, 그는 자신에게 잘못을 저질렀기 때문에 자신이 벌을 받도록 정죄한 셈이다.

38 4.6, 5.17 참조.

39 "그들을 가르치거나, 아니면 그들을 견뎌라"(8.59).

이 존재하기를 그만두게 될 때까지의 수명으로 분석해서 그것이 무엇인지를 밝히는 것이다.[40]

19   이제 네 안에는 정념을 불러일으켜, 너를 꼭두각시처럼 조종하는 것들보다[41] 더 뛰어나고, 더 신적인 것을 가지고 있음을 깨달아야 한다. 내 마음에는 지금 무엇이 있을까? 공포가 아닐까? 의혹? 욕망? 그 밖의 이와 유사한 어떤 것이 아닐까?

20   첫째, 어떤 것도 마구잡이로 목적 없이 해서는 안 된다. 둘째, 공동의 이익 이외의 어떤 것도 행동의 목적이 돼서는 안 된다.[42]

21   머잖아 너는 누구도 아니게 되고, 어디에도 있지 않게 될 것이라는 것을 생각하라. 네가 지금 보고 있는 모든 것과 현재 살아 있는 모든 사람들도 마찬가지다. 모든 것이 변화하고, 변형되며, 소멸하는 것은 자연적인 일이다. 그래야 다음 세대의 것들이 잇달아서 생겨나기 때문이다.[43]

22   '모든 것이 자신의 믿음에 지나지 않는다는 것을 생각하라.'[44] 그

---

40   마르쿠스는 사물을 있는 그대로 봄으로써 이 추가적 통찰력을 어떻게든 얻을 수 있다고 생각한다.

41   2.2, 3.16, 7.3 참조.

42   충동의 훈련. 5.16, 11.21 참조.

43   9.28, 9.32 참조.

44   2.15 참조. 쉬라쿠사이의 모니모스의 유명한 말이다(12.8, 12.26). '모든 것은 네가 생각하는 그대로'라는 것이다. 이에 따라 참과 거짓, 선과 악 등을 구분할 객관적인 방법이 없다는

리고 그것을 그렇게 받아들이는 것은 너에게 달려 있다.⁴⁵ 따라서 네가 원할 때, 의견을 제거할 수 있다. 그러면 마치 곶을 돌아선 선원처럼 너는 고요한 바다, 완전한 정적, 파도가 없는 만(灣)을 발견할 것이다.⁴⁶

23   어떠한 형태의 행위도 적절한 때에 끝을 맺은 경우에는 그 활동을 끝맺었다고 해서 아무런 해를 입지 않는다.⁴⁷ 또한 이 행위의 행위자도 이 활동을 끝맺었다고 해서 아무 해를 입지 않는다. 이와 마찬가지로 우리의 모든 행위의 총합인 이 삶도 그것이 합당한 시기에 끝난다면 끝난 것으로 인해 아무런 해를 입지 않는다. 또한 이 행위의 연쇄를 적절한 시기에 끝낸 자도 해를 입지 않는다.⁴⁸ 이 시기와 [인생에서 컷오프하는] 이 기한은 자연이 정한다. 때로는 노령의 경우에서처럼 인간 자신의 내적 자연이지만, 일반적으로

회의적 견해가 나온다. 그는 '모든 생각은 망상이다'(to gar hupolēphthen tuphon einai pan ephē)(「단편」215, Körte)라는 말도 남겼다.

45 2.15, 11.16 참조.

46 마르쿠스가 이 책에서 말하는 중요한 주제다(7.14 참조). 마르쿠스는 자신이 생각하는 것은 자신에게 달려 있으며, 따라서 부정적인 결과를 초래하는 생각을 받아들이기를 거부함으로써 부정적인 생각을 제거할 수 있다는 생각으로 자신을 위로한다. 12.25에서 이 점을 다시 강조한다. "그러므로 죽음에 대한 두려움을 없애고, 그런 다음 네가 원하는 만큼 천둥과 번개를 일으키면, 너의 지도하는 이성 안에 얼마나 큰 고요함과 좋은 날씨가 깃드는지를 깨닫게 될 것이네"(에픽테토스, 『강의』 2.18.30).

47 9.21 참조.

48 이 논증은 2.17 및 9.21의 논의와 유사하며 '적절한 시점에 끝낸다면'(ean en kairō pausētai)이란 요소가 새로 추가되고 있다. '죽을 적절한 시간'이라는 개념은 자살(극단적인 상황에서)을 허용하는 동시에 신이 적절하다고 생각하는 적절한 시점을 말한다. 자살에 대한 스토아 관점에 대해서는 3.2, 제8권 47 해당 각주, 그 밖의 여러 대목 참조.

는 전체의 자연이며, 그 자연의 각 부분들이 변화함으로써 전체 우주는 항상 젊고 한창때를 유지하게 되는 것이다.[49] 특히 전체에 게 유익한 것은 언제나 아름답고, 또 항상 때에 맞다. 그러므로 인생의 끝냄도 각 개인에게 나쁜 것이 아닐 뿐만 아니라, 그것이 우리의 의지의 범위 밖에 있고, 또 공동의 좋음에 해가 되지 않는 이상, 그 인간에게 부끄러운 것이 아닌 좋은 것이라는 결론이 따라 나온다. 그러므로 그것은 전체적으로 시의적절하고 유익한 것이 며, 전체와 움직임을 함께하는 것이다. 이와 같이 신과 같은 길을 따라 몸을 움직이며, 자기의 판단에 따라 신과 같은 목적을 향해 몸을 움직이는 자는 실로 신에 의해 '움직여진' 자나 다름없는 것이다.[50]

24 다음 세 가지 지침을 언제든지 사용할 수 있도록 가까이에 준비해 둬라(dei procheira echein).[51]

---

49 6.15, 7.25 참조. 앞 문장에서 마르쿠스는 자살을 수용하는 것처럼 보이는데, 이 문장에서 주어지는 유일한 대안은 자연사(노령의 죽음)기 때문에, 그가 언급하는 자살은 보편적인 자연에 의한 죽음으로 간주해야 한다. 즉 더 이상 통제할 수 없는 상황은 내가 '자연과 일치해서 사는 삶'을 불가능하게 만든다. 이러한 상황은 보편적 자연에 의해 나에게 할당되었다. 그러므로 나의 죽음은 보편적 본성이 원했고, 나는 이 문제에서 선택의 여지가 없다.

50 즉 신에 의해 '소유된' 자. 에픽테토스, 『강의』 2.16.42("감히 신을 우러러보고 그에게 이렇게 말하라. '이제부터 당신 뜻대로 나를 사용하십시오. 나는 당신과 한마음입니다. 나는 당신의 것입니다. 나는 당신에게 좋은 것으로 보이는 어떤 것도 거부하지 않겠습니다. 당신이 원하는 곳으로 나를 이끄시고, 당신이 원하는 옷으로 나를 감싸십시오. 내가 공직에 있거나 일반 시민으로 남거나 여기 머물거나 망명을 떠나거나 가난하거나 부자가 되는 것이 당신의 바람입니까? 나는 동료 시민 앞에서 모든 경우에서 당신을 방어할 것입니다").

51 '손 가까이에 놓아둔다'(procheiron)는 것은 '행위의 원칙'을 말로만 읊는 것이 아니라, 실천적으로 사용할 수 있도록 '늘 마음의 준비를 해 두어야 한다'라는 의미다. 마르쿠스는 이 말

첫째, 너의 행위와 관련해서 마구잡이식으로 행하지 말고, 정의 자체가 행했을 것과 다른 방식으로 행동하지 말라. 외부에서 일어나는 사태와 관련해서[52] 그것들이 우연에 의해서나 섭리에 의해 일어난 것임을 생각하고, 우연에 대해 탓하거나 섭리에 대해 비난을 퍼부어서는 안 된다.[53]

둘째, 우리 각각의 존재자는 수태로부터 생명 있는 영혼을 받을 때까지,[54] 또 이를 받고 나서 그 영혼을 반납할 때까지 인간이 어떤 상태에 있으며, 어떤 요소로 구성되어, 어떤 것으로 분해되는지를 생각하라.[55]

셋째, 만일 네가 갑자기 공중에 떠올라 인간에 관한 것과 그 각양각색의 혼란된 형태를 내려다보았다면, 이와 동시에 대기와 에테르층에 거주하는 얼마나 많은 무리가 네 주위에 모여 있는지를 보

을 에픽테토스와 같은 의미로 사용하고 있다(『강의』 3.18.1 참조). procheiros의 예들에 대해서는 3.13, 4.3, 5.1, 6.48, 7.1, 7.64, 9.42, 11.4, 11.18 참조.

52 인생에서 모든 사건은 자신의 행위이거나 외부에서 발생하는 것이다(12.32 참조).

53 첫 번째는 행위들과 충동, 즉 '윤리학'에 대응하는 것이다.

54 영혼은 '공기와 같은 것'으로 여겨졌기 때문에, 아기가 첫 숨을 쉴 때 영혼의 형성이 시작되는 것으로 간주되었다. 따라서 영혼은 이성적 존재자의 정신과 마찬가지로 살아 있는 존재자들에게 생명을 주는 요소다. 스토아주의자들은 자궁에 있는 동안 '씨앗'(태아)은 식물과 같은 존재인 것으로 간주했다. 자궁의 따뜻함을 떠나 세상으로 들어가는 충격은 아기가 첫 숨을 쉬게 하고 흡입한 공기가 몸의 모든 섬유질에 스며들어 그 영혼을 형성하게 만든다. 인간동물에서 이 영혼은 결국 '지도적 부분'(지휘 사령부)의 이성적 영혼이 된다. 오직 인간만이 이성을 가지며, 이성적으로 충동(동기)을 행사한다. 인간은 동물과 기본적인 영혼 활동(5가지 감각, 목소리 및 생식)을 공유한다. '영혼'을 태어날 때 받는 것으로 가정한 스토아의 입장에 대해서는 플루타르코스, *De placitis philosophorum* V. 15, *De Stoicorum Repugnantiis* 38 참조.

55 두 번째는 개인의 참된 본질과 '자연학'에 대응하는 것이다.

게 된다면,[56] 너는 인간사를 경멸하지 않을 수 없을 것이다.[57] 또 몇 번이나 공중에 올려지더라도, 너는 그때마다 같은 것을, 같은 모양을, 덧없는 것들을 보게 될 것이다. 그럼에도 이런 망상적인 것들을 자랑스럽게 여길 건가!

25 너의 의견을 밖으로 내팽개쳐라.[58] 너는 안전하게 유지될 것이다. 도대체 내팽개치는 것을 누가 방해하는가?

26 네가 어떤 일에 불만을 품을 때 네가 잊고 있는 일들이 있다.[59] 즉 (1) 모든 일은 전체의 자연에 따라 일어나는 것이고, (2) 저질러진 잘못은 타인의 일이다. 게다가 (3) 일어나는 모든 일은 언제나 그렇게 일어났고, 미래에도 일어날 것이며, 현재에도 도처에서 일어나고 있는 것이다. 또한 (4) 한 인간을 나머지 인류와 연결시키는 유대가 얼마나 강한 것인가 하는 것이다. 그 유대는 피나 씨의 유

---

56 하늘의 '불과 같은' 가장 높은 영역인 '에테르'는 인간 삶의 '다양성'에 반대되는 것으로서, 우주의 질서를 구현하는 별의 위치로 간주되었다. 마르쿠스가 말하는 대기에 거주하는 존재가 무엇을 의미하는지는 명확하지 않다. 단순히 태양, 달, 행성 등을 의미하지 않는다면, 그는 이곳이 좋은 영과 악한 영이 사는 곳, 혹은 최근에 죽은 사람의 육신 없는 영혼이 사는 곳이라는 대중적인 믿음(일부 스토아주의자가 받아들임)을 수긍하는 것일 수 있다(4.21 참조). 세네카, 『자연 탐구』 7.30.4 참조.

57 세 번째는 인상(판타시아)과 가치 판단(hupolēpseis)의 분석, 따라서 '논리학'에 관련된 것이다.

58 2.15, 4.7, 7.17, 7.29, 8.29, 9.7, 12.22 참조.

59 다음 사항이 이 책, 특히 노트북 2의 많은 주요 요점을 요약하고 있다. 다른 요약에 대해서는 4.3 참조.

대가 아니라 지성을 공유함으로써 비롯되기 때문이다.[60] (5) 각 개인의 지성은 신이며 신에게서 흘러나온 것임을 너는 잊고 있다.[61] 또 (6) 어떤 것이든 인간의 개인적 소유물이 아니라 사람의 자녀, 육체, 그리고 영혼조차도 신에게서 온 것이라는 것임을. (7) '모든 것은 네가 [그것을] 그러한 것으로 받아들이는 것이다.'[62] (8) 각자가 사는 것은 현재이고, 잃는 것도 현재뿐이다.[63] [즉, 위와 같은 여덟 가지를 잊고 있다.]

27   어떤 일에 몹시 화가 난 사람들이나 더없이 큰 명예나 우연적 불행, 적의, 그 밖의 기구한 운명 때문에 남의 주목을 끌었던 사람들을 끊임없이 떠올려라. 그런 다음에 '이런 일들이 모두 지금 어디로 가 버렸나'를 생각해 보라. 연기, 재,[64] 이야깃거리, 혹은 이야깃거리조차 남아 있지 않은 것이다. 또한 다음과 같은 경우를 모두 떠올려 보도록 하라. 예를 들어 시골에서의 파비우스 카툴리누스,[65] 자신의 정원에서의 루시우스 루푸스,[66] 바이오스에서의 스

---

60 2.1 참조.

61 신플라톤주의자들의 일자(一者)인 신으로부터의 '유출이론'이 떠오른다(일자, 누스, 영혼, 질료).

62 모니모스의 유명한 말('모든 것이 자신의 믿음에 지나지 않는다'는 것, 즉 모든 생각은 망상이다)을 다시 언급하고 있다.

63 2.5, 2.14, 12.3 참조.

64 5.33, 10.31 참조.

65 4.50 참조.

66 알 수 없는 인물.

테르티니우스,[67] 카프레아이에서의 티베리우스,[68] 벨리우스 루푸스.[69] 요컨대 자부심과 무엇이든 어떤 일에 열중해야 한다는 강박 관념이 조합된 예다.[70] 그들이 그토록 탐내고 추구했던 대상이 얼마나 하찮은 것이었는가! 그보다 자신에게 주어진 질료의 범위 내에서 정의로운 인간, 절제를 지키는 인간, 신들에게 순종하는 자로 자신을 만드는 것이 철학자로서 얼마나 적합한 모습인가. 정말이지, 자신에게 자만심이 없다고 자부하며 자만하는 사람은 누구보다 가장 참을 수 없는 사람이다.

28 '네가 그렇게 신들을 공경하는 것은 어디선가 그들을 보았기 때문이냐, 아니면 무슨 방법으로 그들의 존재를 확인이라도 했기 때문이냐'라고 묻는 사람들에게 이렇게 대답하라. 첫째, 그들은 우리 눈에도 보인다.[71] 둘째, 나는 내 영혼을 본 적이 없지만, 여전히

---

67 티베리우스 시대의 장군으로 추정됨. 바이오스(현재, 바이아)는 네아폴리스(나폴리) 근교의 유명한 온천 지대로 황제 및 귀족들의 빌라가 많은 휴양지, 환락가였다고 한다.

68 티베리우스 클라우디우스 네로. 제2대 로마 황제(재위 14~37년). 26년 이후 카프레아이(카프리)섬에 은거하였다. 이곳에서의 그의 음탕한 생활에 대해서는 수에토니우스, 『황제 티베리우스』 42~44 참조.

69 마르쿠스의 수사학 교사 프론토의 편지 중 하나가 이 이름의 인물에게 전달되었다.

70 이 사람들의 대부분을 알고 있지만 티베리우스의 경우를 제외하고는 어떤 일에 매달렸는지 하는 세부 사항은 부족하다. 어쨌든 마르쿠스가 염두에 두고 있는 것은 자신이 집착하는 것을 추구하기 위해 공적 생활에서 은퇴한 남성들의 예다. 바이아이(바이오스)는 캄파니아의 해변 휴양 도시였다. 이들은 웅장한 건물 건립을 포함하여 자기 사유지를 재설계하는 데 집착했던 것으로 보인다. 티베리우스 황제가 나폴리 앞바다 카프리(카프레아이)섬에서 거주하면서 그러했던 것처럼. 그들은 은퇴했지만 여전히 사람들의 관심을 끌고 싶어 했다.

71 즉 천체. 11.27 참조. 태양과 달은 '고정된' 별처럼 신으로 간주되었으며 그 모두가 볼 수 있다(8.19, 세네카, de Benef., 4.8 참조). 여기서도 신을 '꿈과 현현(顯現)으로서 볼 수 있음'과

그것을 존중한다. 신들에 대해서도 마찬가지로, 나는 그들의 힘을 사사건건 경험하고, 그것으로부터 그들의 존재를 확신하며,[72] 그들을 경외한다.

29 인생에서 구원이란, 하나하나의 것을 전체를 통해 철저하게 파악하고, 그 자체가 무엇인지, 질료는 무엇인지, 원인이 무엇인지를 검토하는 데 있다. 또한 온 마음을 다해서 정의로운 일을 하고 진리를 말하는 데 있다. 남은 것은 한 가지 선행을 다른 선행에 연이어 이어 가며, 그들 사이에 아주 작은 틈도 남김이 없이 인생을 즐기는 것[73] 외에 달리 무엇이 있겠는가?[74]

'그 효과 면에서 볼 수 있음'을 의미할 수도 있을 듯하다(크세노폰, 『회상』 4.3.11~17 참조).

72 10.26 참조("[어떤 경우에도 그] 힘을 우리의 눈으로는 볼 수 없지만, 그에 못지않게 그 힘을 명확히 보는 것과 같은 것이다.") 마르쿠스는 소크라테스가 개척한 지적 설계론의 주장을 암시하는 듯하다. 즉 우주가 의도적으로 인간을 선호하는 것처럼 보이는 방식으로 만들어졌다는 점에서 지적 설계를 보여 주는 것처럼 보인다. 그러므로 설계자가 있어야 한다.

73 6.7 참조. "그저 다음 같은 한 가지 일에서 즐거움과 안식을 찾아라. 그것은 항상 신을 생각하면서 공익적 행위에서 다른 공익적 행위로 옮겨 가는 것이다"(6.7). 이것은 마르쿠스가 자신에게 허용할 수 있는 종류의 즐거움이다(5.9 참조). 일반적으로 그는 '좋은 삶'이 즐거운 것인지의 여부에 대한 질문(에피쿠로스적인 질문)을 거의 다루지 않는다.

74 마르쿠스에게 원인, 질료, '목적'(때때로)으로 분석하는 기술은 본질적으로 우리의 삶을 안전하고 행복하게 하는 친숙한 철학적 구원을 말한다. 이러한 기술은 '삶의 기술'이고, 실천적 지혜(프로네세스)다. 자연적 세계와 그 안에서의 우리의 위치에 대한 이러한 종류의 분석의 목적은 마르쿠스의 '철학적 일기'에 퍼져서 특징적으로 완곡하게 드러나고 있다. 인생에서의 구원이란 우리의 세계에 대한 분석적 힘들을 안전하고 성공적으로 만들어 내서 사용하는 데 있다. 우리의 행복을 성취하기 위한 '실천적 이성'(지혜)을 사용하는 방식은 플라톤의 『프로타고라스』까지 거슬러 올라간다. 여기서는 기술들이 어떤 의미에서 우리의 삶을 구원하기 위한 목적이라고 말하고 있다. 스토아 철학도 플라톤의 입장을 받아들여 '삶의 기술'이라는 아이디어를 채택했으며, 마르쿠스의 저작에서도 그 점을 보고 있다.

30　햇빛은 하나다. 설령 그것이 벽이나 언덕, 그 밖의 헤아릴 수 없는 다른 것들로 분할되더라도 말이다. [사물을 만들어 내는] 공통된 실체는 하나다. 개별적 속성들을 가진 헤아릴 수 없는 물체들로 나누어져 있어도 말이다. 영혼은 하나다. 헤아릴 수 없는 본성과 고유한 실재물들[75]로 나누어지더라도 말이다. 지성적 영혼은 하나다. 그것이 나뉘어 있는 것처럼 보여도 말이다.[76] 이렇게 말한 것들 중에서 다른 부분들, 예를 들어 숨이나 물질적인 부분은 감각도 없고 서로 간에 유대도 없지만, 그럼에도 여전히 지성 및 같은 중심을 향해 끌어당기는 중력에 의해 결합되어 있다. 그런데 정신은 그 고유한 특성으로 해서 같은 종류의 것을 향해 나아가 결합하는 것이다. 그리고 공동체 연대의 감정은 깨뜨릴 수 없다.[77]

31　네가 원하는 게 무엇인가? 계속 살아가는 일인가?——말하자면 감각하기 위해서? 충동에 이끌리기 위해서? 성장하기 위해서? 그러다가 줄어들기 위해서? 목소리를 사용하기 위해서? 생각하기 위해서? 이것들 중에서 어떤 것이 바람직하다고 생각하는가? 어느 것 하나 보잘것없는 것이라면, 이성과 신을 따르는(복종하는) 것을 너의 목적으로 삼는 것이 좋다.[78] 다만 앞서 언급한 것들을 소

75　즉 '개체성을 특징지어 주는 것'(perigraphē)들.

76　9.8 참조.

77　9.9 참조. 이성적 존재로서 우리는 다른 이성적 존재, 즉 다른 인간과 신과의 친족 관계를 알고 있다. 우리는 모두 공동의 삶을 공유하는 우주의 위대한 도시의 거주자라는 것이다(에픽테토스와 같은 생각을 나누고 있다. 이에 대해서는 에픽테토스, 『강의』 1.3 참조).

78　'신을 따름'(to hepesthai)은 피타고라스로부터 시작된다(Iōannēs Stobaios, *Eclogae* 2.49.16; Iamblichus, *De Vita Pythagorica*, 18.86 참조). 플라톤, 『파이드로스』 248a; 『국가』 613b; 『법률』

중히 여기면서, 이것이 죽음을 통해 그것들을 우리에게서 빼앗는 경우를 슬퍼한다면 그것은 목적과 모순된다.

32 무한한 시간이라는 헤아릴 수 없는 심연(深淵)의 얼마나 작은 부분이 각자에게 할당되어 있는가?[79] 그것은 순식간에 영원 속으로 사라져 버린다. 보편적 실체의 얼마나 작은 부분이![80] 전체 영혼의 얼마나 작은 부분이 할당되어 있는 것인가! 또한 전 대지의 얼마나 작은 흙덩어리 위를 너는 기어다니고 있는가?[81] 이 모든 것을 생각하면서, 너의 내면의 자연이 이끄는 대로 행동하고, 공통의 자연이 가져다주는 것을 고스란히 겪는 것 외에는 어떤 것도 중요한 것으로 생각하지 마라.[82]

33 너의 지도적 이성은 얼마나 자신을 사용하고 있는가? 모든 일이

716a~b 참조. 세네카, 『베풂에 대하여』 제4권 25.1("우리의 목표는 자연에 따라 사는 것이며, 신들의 모범을 따르는 것이다"). "신이 만물의 보편적인 질서와 일치하게 만들었던 삶의 법칙(철학)은 우리에게 신들을 아는 것뿐 아니라 신들을 따르고 일어나는 모든 일을 신들의 명령으로 받아들이도록 가르치는 것이네"(세네카, 『도덕서한』, 90.34). 인간이 손수레에 묶여 따라가는 개처럼 신을 따라가는 것을 '운명', '필연'으로 비유하는 스토아적 생각에 대해서는 *LS* 62 A(*SVF* 2.975) 참조.

79 4.50, 5.23, 9.32 참조.

80 에픽테토스, 『강의』 1.12.26("전체에 비교해서 너의 부분이 얼마나 작은지 알지 못하는가? 너의 신체와 관련해서 그렇다는 말이네. 그러나 적어도 이성과 관련해서는, 너는 신들보다 열등하지도 않고 또한 그들보다 더 작은 것도 아니네. 왜냐하면 이성의 크기는 길이와 높이에 의해서가 아니라, 그 판단의 질에 의해서 측정되는 것이기 때문일세").

81 3.10, 5.24 참조.

82 마르쿠스는 이 책의 마지막 항목에서 그 절정에 달하고 있으면서, 이 항목과 다음 항목에서 죽음을 채비하고 있는 모습을 보여 주고 있다.

이것에 놓여 있다. 그 나머지 것들은 너의 의지(프로하이레시스)의 범위 안에 있든 의지의 범위 바깥에 놓여 있든 단지 송장이고 연기일 뿐이다.[83]

34 죽음을 경멸하는 마음을 불러일으키는 데 가장 효과적인 방식은, 쾌락을 좋음으로 간주하고 고통을 나쁨으로 간주한 사람들도 죽음을 경멸했다는 사실이다.[84]

35 때에 맞춰 오는 것을[85] 좋은 것으로 보고, 자신이 올곧은 이성에 따라 행하는 행위가 많든 적든 같은 것으로 생각하고, 또 세상을 바라보고 있는 시간이 길든 짧든 어느 쪽이든 상관없다고 생각하는 사람, 이런 사람에게는 죽음도 두려워할 일이 아니다.

36 인간아,[86] 너는 이 큰 도시[87]의 한 시민이었다. 그것이 5년이든

---

83 10.31 참조.

84 마르쿠스는 에피쿠로스를 염두에 두고 있지만, 여기서 단순화한 그의 표현은 에피쿠로스의 '쾌락'에 대한 미묘한 가르침을 제대로 반영하지 못하고 있다. 에피쿠로스는 '죽음은 우리에게 아무것도 아니다'라는 명제를 말한 것으로 유명하다. 왜냐하면 감각 경험이 수반되지 않는 한 아무것도 좋고 나쁨으로 부를 수 없으며, 죽음은 감각 경험의 부재기 때문이다(『메노이케우스에게 보내는 편지』 124 참조). 에피쿠로스는 죽을 때의 고통이 아니라, 죽게 된다는 '생각'이 고통스럽게 한다는 스토아주의자들의 주장도 헛소리라고 비난한다.

85 10.20, 12.23 참조.

86 '내 친구여' 정도에 해당되는 의미를 가진다. 이런 호격 표현을 즐겨 쓴 철학자가 에픽테토스이다.

87 즉 우주.

〈100년이든〉[88] 너에게 무슨 차이가 있겠는가? 이 도시의 법[89]은 모든 사람에게 동등하게 적용되기 때문이다. 폭군도, 부정의한 법관도 아닌, 너를 이 안으로 데려온 동일한 자연이 너를 이 도시에서 쫓아냈다고 해서 거기에 무슨 끔찍한 일이 있겠는가. 그것은 마치 코메디아[90] 배우를 고용한 법무관[91]이 그를 무대에서 해고하는 경우와 비슷하다.[92] '저는 5막을 연기하지 않았어요. 단 3막뿐입니다.' 아주 좋네. 하지만 인생에서는 3막이라도 하나의 완전한 연극이 될 수 있는 것이다.[93] 그 끝을 정하는 것은 다름 아닌 과거에는 너의 구성에, 현재는 너의 해체에 책임 있는 자이기 때문이다.[94] 너는 그 어느 쪽에도 책임이 없다. 그러니 침착하게 떠나라. 너를 해고하는 신도 침착할 수 있을 테니까.[95]

88 하인즈의 보충을 받아들인다. 2.14, 9.37 참조.

89 즉, 모든 사람이 조만간 죽는다는 법을 포함한 '자연법'을 말한다.

90 3.8에서는 비극 배우였다. 11.1 참조.

91 마르쿠스 시대에 로마에서 대중에게 연극적 오락(축제)을 제공하는 것은 법무관의 일 중 하나였다.

92 마르쿠스는 '인생은 연극'이라는 생각으로 돌아온다(3.8, 9.29, 10.27, 11.1, 12.2 참조). 수명의 중요하지 않음에 대해서는 2.14 참조.

93 3.8, 11.1 참조.

94 이 대목을 에픽테토스의 다음의 대목과 비교하라. "하지만 축제는 끝났다. 떠나는 것이다. 감사하고 공손한 자로 떠나가는 것이 좋다. 다른 사람에게 자리를 양보하라. 네가 태어났듯이, 다른 사람들도 태어나야 한다. 그리고 일단 태어나면, 그들도 그 장소와 집과 살기 위해 필요한 것들을 가져야 하는 것이다. 먼저 온 자가 떠나지 않으면, 나중에 오는 자에게 무엇이 남겠는가? 너희들은 왜 질릴 줄 모르는가? 왜 만족하지 못하는가? 왜 이 세상을 사람으로 가득 채울까?"(『강의』 4.1.106).

95 침착한 혹은 평온한 죽음에 대해서는 2.3, 2.17, 4.48 참조. 이 장은 바로 앞 항목에서 죽음에 대한 생각으로 시작해서 마무리하는 최종 항목으로 적절한 것으로 보인다. 이 글을 쓰

는 시점에 마르쿠스는 자신이 죽어 가고 있다는 사실을 이미 알고 있었다고 볼 수 있다. 마르쿠스는 판노니아에 있는 시르미움 가까이에 있는 군 병영에서 180년 3월 17일에 병으로 죽었다. 병명은 정확히 알려져 있지 않으나 그때는 59세에서 한 달이 부족한 나이였다. 마지막 장에서 그려진 바처럼 그는 만족하면서 평화롭게 죽음을 맞이했을 것이다.

찾아보기

인명과 신들

참고문헌

* *The Oxford Classical Dictionary*, Oxford University Press, 2012(4rd ed.).
* *The Cambridge Dictionary of Classical Civilization*, Cambridge University Press, 2008(1st ed.)
* *The Oxford Companion to Classsical Civilization*, 2nd, Edited by S. Hornblower & A. Spawforth, Assistant Editor, E. Eidinow, 2014.

안토니누스 피우스(Anroninus Pius, 1.16, 4.33, 6.30, 8.25) 마르쿠스 직전의 황제(138~161년 통치 기간). 그에 대한 마르쿠스의 송덕문은 1.16, 6.30. 138년에 하드리아누스 황제의 양자가 되었고, 하드리아누스의 요청에 따라 마르쿠스와 루키우스 베루스를 양자로 삼았다. 따라서 미래의 공동 황제가 지정되었다.

네로(Nero, 3.16) 네로 클라우디우스 카이사르(Nero Claudius Caesar), 54년부터 68년까지 로마의 황제. 마르쿠스 시대에 좋은 통치자로 초기 기간을 보낸 이후 방종과 잔인함의 대명사가 되었다.

네스토르(Nestor, 4.50) 퓔로스의 네스토르는 호메로스의 『일리아스』에서 트로이아 포위 공격 원정에 헬라스 군대와 동행한 현명하고 유명한 장로였다.

데메트리오스(Demētrios, 8.25) 플라톤주의자. 아마도 2세기에 활동했던 알렉산드리아의 데메트리오스로 추정됨.

데메트리우스(9.29) 팔레론 출신의 데메트리오스. 기원전 317년부터 307년까지 마케도니아의 보호 아래 아테나이를 통치했던 아리스토텔레스 철학자.

데모크리토스(Dēmokritos, 3.3) 기원전 5세기 말/4세기 초, 원래 압데라 출신. 다작의 작가였으며, 특히 과학자(원자 이론)이자 도덕 철학자로 유명하다. 그의 철학 연구에 대한 많은 단편과 증언이 남아 있으며 마르쿠스가 그의 이름을 언급한 것은 한 번이지만 4.24 및 7.31에서도 인용되고 있다.

덴타투스(Manius Curius Dentatus, 4.33)는 기원전 275년에 헬라스 왕 퓌로스를 물리쳐 그가 로마를 약탈하고 이탈리아 남부에 헬라스 왕국을 세우는 것을 막았다.

도미티누스(Domitius, 1.13) 아테노도투스의 스승.

디오게네스(8.3, 11.6) 흑해의 시노페에서 출생. 유명한 금욕주의자이자 냉소주의자로 퀴니코스파의 창시자. 8.3의 그와 알렉산드로스의 대조는 그들이 동시대 사람이었기에 전통적 방법이었고, 알렉산드로스 대왕의 세속적 권력과 디오게네스의 고귀한 모습의 만남에 대한 유명한 일화가 있다(플루타르코스, 「알렉산드로스의 생애」 14).

디오그네토스(Diognētos, 1.6) 마르쿠스의 미술 교사이자 더 일반적으로 그의 멘토였다.

디오티무스(Diotimus, 8.25, 8.37) 알 수 없는 자유민.

디온(Diōn, 1.14) 마르쿠스는 아마 디오뉘소스 2세의 폭정에 대항하여 죽은 쉬라쿠사이의 디온을 염두에 두고 있었을 것이다. 그러나 디온 자신은 참주(폭군)가 되는 것을 목표로 하고 있으므로, 마르쿠스가 들고자 하는 것에 대한 좋은 예가 되지 못한다.

레피두스(Lepidus, 4.50) 알 수 없음.

루스티쿠스(Rusticus, 1.7, 1.17) 스토아의 원칙에 따라 살았던 정치가. 퀸투스 유니우스 루스티쿠스는 마르쿠스가 철학을 진지하게 받아들이도록 격려하는 데 중요한 역할을 했다. 마르쿠스는 162년에 그에게 두 번째 콘솔을 부여했으며, 163년부터 168년 사망할 때까지 총독(행정장관, procurator)을 지냈다.

루시우스 루푸스(Lusius Lupus, 12.27) 누구인지 알 수 없음.

루킬라(Lucilla, 8.25) 마르쿠스의 어머니 도미티아 루킬라(150년대 후반 사망)는 이름 없이 1.3에서 언급되었다. 로마에서 가장 부유한 여성 중 한 명이었고, 그녀의 살롱은 헬라스 문화 감상의 중심지였다.

마이케나스(Maecenas, 8.31) 가이우스 마이케나스는 공직을 맡는 것보다 막대한 부와 황제와의 친밀성으로 권력을 휘두른 아우구스투스 황제의 신임받는 친구였다. 그는 아우구스투스의 시민 활동 부관, 아그립파의 군사 활동 부관이었다.

막시무스(Maximus, 1.15, 1.16, 1.17, 8.25) 클라우디우스 막시무스(Claudius Maximus)는 안토니누스 피우스(Antoninus Pius) 치하에서 활동한 아프리카주의 원로원이자 총독이었다. 마르쿠스는 그를 근본적인 스토아적인 덕의 소유자로 제시한다.

메닙포스(Menippos, 6.47) 기원전 3세기의 견유학파 철학자로 쉬리아의 가다라에서 태어남. 그는 풍자적이고 도덕적인 논문을 저술했다.

모니모스(Monimos, 2.15) 쉬라쿠사이의 모니모스(기원전 4세기), 견유학파 철학자. 2.15에서 했던 주장('인간의 생각은 각자가 그렇다고 받아들이는 것')은 12.8, 12.22 및 12.26에서 반복되고 있다.

무사이(mousai, 11.18) 아홉 명의 므네모쉬네(Mnēmosunē, 기억)의 딸들인 무사이는 일반적으로 예술, 과학 및 문화의 수호 여신이었다. 이로부터 오늘날의 박물관(musium)이라는 말이 나왔다.

박케이오스(Baccheius, 1.6) 또는 바키오스, 파포스 출신의 플라톤주의자.

베네딕타(Benedicta, 1.17) 아마도 마르쿠스의 집안의 노예.

베루스(Verrus) 마르쿠스의 형제(8.37, 1.17 참조) Lucius Aelius Aurelius Commodus는 마르쿠스의 입양 형제로, 161년부터 169년 사망할 때까지 공동 통치자였다. 공동 통치자가 되자 자신의 이름에서 '콤모두스'를 떼고 마르쿠스의 이름 '베루스'를 받아들였다. 자유분방한 사람이라는 평판을 받았지만, 아마도 냉정하고 진지한 마르쿠스와 대조되어 고통을 받았을 것이다.

베루스(마르쿠스의 아버지, 8.25, 1.2 참조) 마르쿠스의 아버지인 Marcus Annius Verus는 마르쿠스가 너무 어릴 때 사망했다(130년). 그의 가족은 황실과의 결혼을 통한 긴밀한 관계로 유명세를 얻었다. 그는 명망 있고 부유한 도미티아 루킬라와 결혼했다.

베루스(마르쿠스의 할아버지, 1.1) Marcus Annius Verus는 여러 황제를 거치면서 명성을 누렸다. 특히 하드리아누스의 총애를 받아 콘술을 세 번 역임했으며 121년부터 137까지 총독을 역임했다. 130년에 마르쿠스의 아버지가 죽자 그는 마르쿠스를 자기 아들로 입양했다.

베리우스 루푸스(Velius Rufus, 12.27) 누구인지 알 수 없지만 프론토와 편지를 주고받은 자(C. R. Haines II. 87).

베스파시아누스(Vespasianus, 4.32) 티투스 플라비우스 베스파시아누스 (Titus Flavius Vespasianus). 69~79년 황제. 플라비우스 왕조의 창시자.

볼레수스(Volesus, 4.33) 정확하게 식별할 수 없지만 문맥으로 볼 때 그는 초기 로마 공화국의 영웅이었을 것이다.

브루투스(Brutus, 1.14) 마르쿠스 유니우스 브루투스는 마르쿠스 포르키우스 카토의 사위였으며, 율리우스 카이사르 암살자 중 한 명이었다. 브루투스는 자신의 군대가 미래의 아우구스투스 황제가 될 옥타비아누스에게 패배한 후 자살했다.

사튀론(Satyron, 10.31) 알려지지 않았지만 마르쿠스의 동시대인이자 플라톤주의자.

세베루스(Severus, 1.14, 10.31) Gnaeus Claudius Severus Arabianus, 마르쿠스의 장녀(이름 미상)의 남편의 아버지. 아리스토텔레스 계열의 페리파토스 철학자이자 정치 철학자. 로마 정치계에서 활동.

세쿤다(Secunda, 8.25) 막시무스의 아내(1.15).

섹스투스(Sextus, 1.9) 카이로네이아의 스토아 철학자. 섹스투스는 유명한 수필가이자 전기 작가인 카이로네이아의 플루타르코스(그 자신은 플라톤주의자였으며 스토아학파에 반대하는 논문을 썼다)의 조카였다. 섹스투스는 로마에서 철학을 가르쳤고, 마르쿠스가 황제였을 때에도 그의 강의에 참석했다(Philostratus, 『소피스트들의 삶』 557).

소크라테스(Sokratēs, 1.16, 3.3, 3.6, 6.47, 7.19, 7.66, 8.3, 11.23, 11.25, 11.28, 11.39) 마르쿠스의 철학적 이상이며 스토아주의자들 모두가 열망했던 현자로 간주되었다. 기원전 399년에 '여러 정치적 이유'로 재판을 받고 처형되었다(플라톤, 『변명』 참조, 강철웅의 번역 및 '작품 안내' 참조). 소크라테스는 기원전 5세기 아테나이의 철학자로 플라톤과 크세노폰의 스승으로 유명하다. 그의 주목할 만한 육체적 인내력과 다른 사람이 따라올 수 없는 술 마시는 능력에 대해서는 플라톤의 『향연』 176c, 220a 참조(강철웅의 번역과 작품 안내 참조). 마르쿠스의 소크라테스는 스토아적으로 해석된 '소크라테스'며, 그의 관심은 덕과 자신을 돌보는 데 제한되어 있다. 스토아 철학에 대한 그의 영향에 대해서는 7.66 참조.

스키피오(Scipio, 4.33) 푸블리우스 코르넬리우스 스키피오 아프리카누스
(기원전 236~183년)는 제2차 포에니 전쟁에서 한니발을 물리쳤고,
따라서 로마의 구원자 중 한 명으로 간주되었다.

스테르티니우스(Stertinius, 12.27) 로마에서 상당히 저명한 가문 출신. 마르
쿠스가 그들 중 누구를 언급하고 있는지는 확실하지 않지만 1세기의
매우 부유한 의사인 퀸투스 스테르티니우스일 것이다.

실바누스(Silvanus, 10.31) 알려지지 않았지만, 분명히 마르쿠스와 동시대인
인 스토아 철학자.

아그립파(Marcus Vipsanius Agrippa, 8.31) 기원전 60년대 후반~기원전 12년.
아우구스투스 황제의 가장 신뢰받는 친구이자 특정 지점에서 사실
상 그의 공동 황제. 그는 황제가 되기 전과 후에 아우구스투스의 많
은 군사적 승리에 중요한 역할을 했다.

아르키메데스(Archimēdēs, 6.47) 수학자이자 발명가인 쉬라쿠사이의 아르
키메데스(기원전 3세기).

아리우스 디뒤모스(Areios Didumos, 8.31) 스토아 철학자. 이집트의 알렉산
드로스 출신. 아우구스투스의 궁정 철학자.

아스클레피오스(Asklēpios, 5.8, 6.43) 치유(의술)의 신.

아우구스투스(Augustus, 4.33, 8.5, 8.31) 기원전 27년에서 기원후 14년까지
통치한 로마의 초대 황제. 아우구스투스(가이우스 옥타비아누스)는
'구세주'라는 뜻이다.

아이솝포스(Aisōpos, 11.22) 기원전 620~564년 우화 작가. 여기에서의 인용
은 호라티우스의 『풍자시집』으로부터 취해진 우화.

아테노도토스(Athēnodotos, 1.13) 스토아 철학자로 에픽테토스의 스승인 무

소니우스 루푸스에게 배웠다. 프론토의 스승.

아폴로니우스(Apollonus, 1.8, 1.17) 칼케돈(비잔티움과 가까운 소아시아) 출신의 스토아 철학자. 안토니누스 피우스는 마르쿠스의 교사 중 한 사람으로 주선하고 그를 로마로 데려왔다. 문학자인 Samosata의 Lucian은 아폴로니우스가 '황금 양털'(*Demonax* 31)을 찾는 이아손처럼 크림을 얻은 고양이처럼 로마로 떠났다고 말한다.

알렉산드로스(3.3, 6.24, 8.3, 9.29, 10.27) 마케도니아의 왕. 대왕으로 알려진 마케도니아의 알렉산드로스 3세(기원전 336~323년 통치 기간)는 334년부터 323년에 사망할 때까지 페르시아 제국을 정복. 그리스, 로마 문화사에서 매우 중요한 인물이다.

알렉산드로스(Alexandros, 1.10) 황제의 언어 교사. 프뤼기아(소아시아) 출신의 호메로스, 헤시오도스의 학자. 그의 제자였던 아이리오스 아리스티데스(Aelius Aristides)는 *Oration* 32, 그의 선생인 알렉산드로스를 기리는 장례식 연설에서 그의 대한 스케치를 제공하고 있다.

알렉산드로스(Alexandros, 1.12) 플라톤주의자. 킬리키아 출신의 철학자이자 수사학자. Marcomannic 전쟁 동안, 판노니아(Pannonia)에 있는 기지에서 마르쿠스의 헬라스어 문선 담당 비서관.

알키프론(Alciphron, 10.31) 알 수 없음. 소피스트이거나 작가로 추정.

에피쿠로스(Epikouros, 7.64, 9.41) 에게해의 사모스섬에서 태어났지만 기원전 4세기 말에 아테나이에서 철학 학교를 시작했다. 이때는 키티온의 제논이 그곳에서 스토아 철학을 태동하기 시작하기 전 불과 몇 년 전이었다. 에피쿠로스주의와 스토아주의는 헬레니즘과 로마 시대에 큰 영향을 미쳤으며 그들 사이에는 큰 경쟁이 있었다.

에픽테토스(Epictētos, 1.7, 4.41, 7.19, 11.34, 11.36) 이것들이 에픽테토스의

직접적인 명시적 언급이지만, 마르쿠스는 종종 그의 이름을 언급하지 않고 그의 작업을 인용한다. 에픽테토스는 기원 1세기 중반경에 노예로 태어나 로마 황실에서 청원 비서관으로 일하던 에파프로디토스의 노예가 되었다. 그가 해방되었을 때 그는 처음에는 로마에서, 그다음에는 로마의 철학자 추방령에 따라 헬라스 서부 해안에 있는 니코폴리스에 자리를 잡고 스토아 철학(그의 스승은 무소니우스 루푸스였다)의 교사로서 학생을 가르쳤다. 135년경에 죽었다. 그 자신은 아무것도 쓰지 않았지만 학생 아리아노스가 그의 강의 노트를 『강의』로 편집해 출간했다. 현재 우리는 4권의 완전한 책과 일부「단편」을 가지고 있다.

복하고 폼페이와의 내전에서 승리한 그의 군사적 공적에 대해 언급한다. 군사적 승리 후 그는 기원전 44년에 브루투스와 다른 사람들에 의해 암살될 때까지 사실상 로마의 유일한 통치자가 되었다.

카이소(Caeso, 4.33) 초기 로마 공화국의 영웅.

카토(Cato, 손자, 1.14) 스토아 철학자인 마르쿠스 포르키우스 카토는 율리우스 카이사르의 통치를 받아들이지 않고 자살했다. 그의 전기는 트라세아가 썼다.

카토(Cato, 할아버지, 4.33) 마르쿠스 포르키우스 카토(기원전 234~149년). 주요 정치가로 활동했다.

카툴루스(Catulus, 1.13) 키나 카룰루스는 스토아 철학자였지만 마르쿠스가 그의 강의에 참석했다는 사실 외에는 알려진 바가 거의 없다.

케크롭스(Kekrops, 4.23) 도시의 창시자로서 테세우스와 경쟁했던 아테나이의 전설적인 초기 왕.

켈레르(Celer, 8.25) 아마도 젊은 마르쿠스의 수사학 교사 중 한 명이자 이전에 하드리아누스 황제의 비서였던 카니니우스 켈레르(Caninius Celer)일 것이다.

크라테스(Kratēs, 6.13) 퀴니코스파의 철학자(기원전 360~280년대), 원래 테바이 출신이지만 아테나이에 거주하였다. 그는 스토아학파의 설립자인 키티온의 제논의 선생이었다.

크로이소스(Kroisos, 10.27) 기원전 6세기 중반 소아시아의 뤼디아 왕. 그의 전설적인 부와 권력에도 불구하고 강력한 페르시아 제국을 건설하는 과정에 있던 퀴로스 대왕에게 패배했다. 이 제국은 200년 후 알렉산드로스 대왕에 의해 전복되었다.

크뤼시포스(Chrusippos, 6.42, 7.19) 키리키아 출신 아테나이에서 활동했다.

기원전 232년에 스토아의 우두머리가 되었으며, 기원전 207년에 사망했다. "크뤼시포스가 없었더라면 스토아도 없었을 것이다"(DL 제7권 183). 그는 스토아주의의 이론적 측면을 발전시키는 데 큰 기여를 했다. 그는 마르쿠스가 언급한 초기 스토아주의자들 중 유일한 사람이다. 키티온의 제논은 학교의 첫 번째 수장이었고, 그다음에는 아소스의 클레안테스였다.

크리톤(Klitōn, 10.31) 소크라테스의 아테나이 친구로 플라톤이 대화편 중 하나를 그의 이름을 따서 명명했다.

크산티페(Xanthippē, 11.28) 소크라테스의 아내.

크세노크라테스(Xenokratēs, 6.13) 칼케돈 출신. 기원전339년에서 314년까지 플라톤 아카데미아의 세 번째 수장을 지냄.

크세노폰(Xenopon, 10.31) 소크라테스가 등장하는 작품을 남겼으며, 아테나이의 역사가이자 박식한 학자로 플라톤과 함께 소크라테스에 대한 중요한 정보를 전해 주고 있다.

클로토(Klōthō, 4.34) 운명의 세 여신 중 하나.

탄다시스(Tandasis, 1.6) 철학 교사. 달리 알려지지 않음.

테오도투스(Theodotus, 1.17) 아마도 마르쿠스 황실의 노예.

테오프라스토스(Theophrastos, 2.10) 레스보스섬의 에레소스에서 기원전 322년에 아리스토텔레스의 뒤를 이어 뤼케이온 수장이 되었고 280년대 초에 사망. 그의 많은 작품 중 남은 것은 거의 없지만 논리학에서 식물학에 이르기까지 모든 영역에서 아리스토텔레스와 더불어 탐구 활동을 이어감.

텔라우게스(Telaugēs, 7.66) 7.66에 언급된 가상의 대화에 나이 든 텔라우게스(기원전 5세기)와 젊은 소크라테스가 등장한다면, 철학자인 신비주의자 퓌타고라스의 외아들인 텔라우게스일 가능성도 있다(DL 8.43).

트라세아(Thrasea, 1.14) 스토아 철학자인 푸블리우스 클로디우스 트라세아 파이투스는 네로 황제에 의해 자살하도록 강요당했다(에픽테토스의 『강의』에서 언급됨).

트라이이아누스(4.32) 마르쿠스 울피우스 트라이아누스(98~117년).

티베리우스(Tiberius, 12.27) 티베리우스 율리우스 카이사르 아우구스투스 는 로마의 두 번째 황제(재위 14~37년)였지만 생애의 마지막 10년을 카프리(카프레아이)섬에서 반쯤 은퇴한 상태로 보냈다. 그의 웅장한 빌라가 있는 섬에는 상당한 유적이 남아 있다.

판테이아(Panthea, 8.37) 소아시아 서부의 스뮈르나 출신. 마르쿠스의 입양 된 형제이자 공동 황제인 베루스(Lucius Verus)의 부인이었다. 그녀 는 사모사타의 루키안의 *Imagines*에서 아첨하는 인물의 주제였다.

팔라리스(Phalaris, 3.16) 기원전 6세기 전반부 시칠리아의 아크라가스(아그 리젠토)의 폭군. 그의 잔인함은 전설적이다.

페르가무스(Pergamus, 8.37) 누구인지 알 수 없는 자유민.

페르디카스(Perdiccas, 11.25) 페르디카스 2세. 마케도니아 왕(기원전 450~413년). 마르쿠스는 소크라테스를 마케도니아 궁정에 거주하 도록 초대한 사람이 이 사람이라고 잘못 생각하고 있다.

포이보스(Phoibos, 6.47) 알려지지 않은 자유인.

포키온(Phokion, 11.13) 기원전 4세기 아테나이의 장군이자 정치가. 마르쿠 스가 언급한 유명한 결말을 제외하고는 그의 삶에 대해 알려진 바가 많지 않지만, 특히 로마 시대에 그의 성실성 또는 적어도 부자의 권 리를 옹호하는 일관성 때문에 '선한 포키온'으로 알려지게 되었다.

폼페이우스(Pompeius, 3.3, 8.3, 8.31) 놀라운 경력을 가진 대(大) 폼페이우스
(기원전 106~48년)는 근동의 많은 지역을 로마에 합병하고 지중해
에서 해적을 소탕했지만, 그의 야망은 그를 율리우스 카이사르와의
내전으로 이끌었다. 그 과정에서 그는 죽고 그의 가족도 제거되었다.

퓌타고라스(Phuthagoras, 6.47, 11.27) 기원전 6세기의 사상가로 사모스섬 출
신. 그의 작품은 산술, 음악이 감정에 미치는 영향, 환생의 교리, 특별
한 식이 규칙에 중점을 둔 것으로 보인다. 그러나 그의 후기 추종자
들의 체계화 노력의 결과로 자연 과학, 순수 및 응용 수학, 그리고 피
타고라스 전통인 신비주의의 복합체 전체를 어느 정도 완성한 것으
로 인정받게 되었다.

플라톤(Platōn, 7.48, 9.29, 10.23) 아테나이 철학자. 기원전 429~347년. 크세
노폰과 함께 플라톤은 자신의 저술을 통해 소크라테스의 작품과 성
격에 대한 우리의 지식에 영향을 미치고 있다.

필리스티온(Philistiōn, 6.47) 누구인지 알 수 없는 자유민.

필립포스(Philippos, 9.29, 10.27) 마케도니아가 초강대국 지위로 부상하는
데 기여했던, 기원전 360~336년의 마케도니아 왕. 그의 아들 알렉산
드로스 대왕은 이 점에서 그의 일을 계속했다.

하드리아누스(Hadrianus, 4.33, 8.5, 8.25, 8.37, 10.27) 푸브리우스 아이리우
스 하드리아누스. 117년부터 138년까지 로마의 황제.

헤라클레이토스(Herakleitos, 3.3, 4.46, 6.42, 6.47, 8.3) 에페소스(소아시아 서
부) 출신의 유명한 철학자. 기원전 500년 활동. 스토아 철학에 지대
한 영향을 끼쳤다.

헬비디우스 프리스쿠스(Helvidius Priscus, 1.14) 트라세아의 사위로 베스파
시아누스 치하에서 처형되었고, 그와 같은 이름의 아들은 도미티아

누스 치하에서 처형당했다.

휘멘(Humen, 10.31) 알려지지 않았지만, 마르쿠스와 동시대인이자 플라톤주의자인 것으로 보인다.

히포크라테스(Hippokratēs, 3.3) 코스섬에서 기원전 5세기에 살았으며, 갈레노스에 이르기까지 고대 세계에서 가장 유명한 의사였다. 그는 의학에 대해 과학적인 연구를 시작한 것으로 생각되었지만(물론 오늘날의 기준으로는 거의 과학적이지 않았지만), 히포크라테스학파에 속하는 대부분의 연구 결과물이 그에게 귀속되어 그의 이름이 붙게 되었다. 그것들 모두가 실제로 그가 쓴 것은 아니다.

힙파르코스(Hipparchos, 6.47) 비튀니아의 니케아 출신이지만 대부분의 삶을 로도스에서 보냈다. 기원전 2세기의 천문학자이자 수학자(기원전 190~120년경). 플라톤의 학생이었다고 한다.

참고 문헌

원전

Dalfen, J., *Marcus Aurelius, Ad se ipsum libri XII*, Leipzig, 1979/1987.

Marcus Aurelius. M. Antonius, Imperator Ad Se Ipsum. Jan Hendrik Leopold. in aedibus B. G. Teubneri. Leipzig, 1908.

Leopold. J. H., *Marcus Antoninus Imperator, Ad se ipsum*, Oxford, 1908.

Schenkl, H., *Marci Antonini Imperatoris In semet ipsum libri XII*, Leipzig, 1913 (Teubner).

Haines, C. R., *The communings with himself of Marcus Aurelius Antoninus*, London, 1916.

_____, *The Correspondence of Marcus Cornelius Fronto*, 2 vols, London, 1920.

Trannoy, A. I., *Marc Aurèle, Pensées*, Paris, 1925.

Mazzantini, C., *Marco Aurelio, Ricordi, testo greco e traduzione italiana con introduzione e note a cura di Carlo Mazzantini*, Torino, 1948.

Theiler, W., *Kaiser Marc Aurel, Wege zu Sich Selbst*, Herausgeben und übertragen von Willy Theiler, Zürich/Munich, 1974.

번역

Casaubon, Meric, *Marci Antonini Imperatoris De Seipso et Ad Seipsum Libri XII*, London: Typis M. Flesher, sumptibus R. Mynne, 1643.

Cassanmagnago, Cesare, *Marco Aurelio, Pensieri*, Milan: Bompiani, 2008.

Cortassa, G., *Scritti di Marco Aurelio, lettere a Frontone, Pensieri, documenti*, Torino, 1984.

Farquharson, A. S. L., *The Meditations of Marcus Aurelius Antoninus*, and A *Selection from the Letters of Marcus and Fronto*, translated by R. B. Rutherford, Oxford University Press, 1989.

_____, *The Meditations of the Emperor Marcus Antoninus*, edited with a translation and commentary, 2 vols, Oxford, 1944.

Hadot, P., *Marc Aurele. Ecrits pour lui-même, Tome I*, avec la collaboration de C. Luna, Paris, Les Belles Lettres, 1998.

Haines, C. R., trans., *The Correspondence of Marcus Cornelius Fronto, Translated with introduction and notes*, 2 vols. Cambridge, MA, 1919.

Hammond, M. and D. Clay, *Marcus Aurelius: Meditations. Translation and notes by M. Hammond with introduction by D. Clay*. London, 2006.

Hard, R. and C. Gill, *Marcus Aurelius: Meditations. Translation by R. Hard, with introduction and notes by C. Gill*. Oxford, 2011.

Nickel, R., *Mark Aurel, Selbstbetrachtungen*, Mannheim: Artemis & Winkler, 2010.

Rutherford, R. B., *The Meditations of Marcus Aurelius: A Study*, Oxford, 1989.

Waterfield, R., *Marcus Aurelius*, New York, Basic Books, 2021.

천병희, 『명상록– 마르쿠스 아우렐리우스』, 숲, 2005.

연구서

Ackeren, M.van, *A companion to Marcus Aurelius*, Cambridge, 2012.

_____, *Die Philosophie Marc Aurels*, Vol. I: *Textform- Stilmerkmale-Selbstdialog*, Berlin. Vol. II: *Themen-Begriffe–Argumente*, Berlin, 2011.

Annas, J. & Barnes, J., *Sextus Empiricus; Outlines of Scepticism*, Cambridge, 2000.

_____, *The Modes of Scepticism*, Cambridge, 1985.

Annas, J., Marcus Aurelius. Ethics and Its Background, *Rhizai* 2, pp. 103~119, 2004.

Arnim, H. von, *Stoicorum Veterum Fragmenta*, 4 vols, Leipzig: Teubner, 1903~1924 (*SVF*).

Asmis, E., Choice in Epictetus' Philosophy, in A. Collins and M. Mitchell (eds), *Antiquity and Humanity: Essays on Ancient Religion and Philosophy*, Tübingen: Mohr Siebeck, pp. 385~412, 2001.

_____, The Stoicism of Marcus Aurelius, in W. Haase and H. Temporini, eds., *Aufstieg und Niedergang der Römischen Welt*, II.26.3. Berlin, 1989.

Barnes, J. & Mansfeld, J. & Schofield, M. (eds.), *The Cambridge History of Hellenistic Philosophy*, Cambridge, 1999.

Berryman, Sylvia, The Puppet and the Sage: Images of the Self in Marcus Aurelius, *Oxford Studies in Ancient Philosophy* 38, 2010.

Birley, A. R., *Marcus Aurelius: A Biography, revised edition*, London, 1987.

Bobzien, S., *Deteriminisin, Freedom, and Moral Responsibility, Essays in Ancient Philosophy*, Oxford,

2021.

Bobzien, S., *Determinism and Freedom in Stoic Philosophy*, Oxford, 1998.

Bowie, E., Marcus Aurelius, Greek Poets, and Greek Sophists: Friends or Foes? in *Intellectual and Empire in Greco-Roman Antiquity*, ed. P. Bosman, Routledge, 2019.

Brennan, T., Reservation in Stoic Ethics, *Archiv für Geschichte der Philosophie* 82.2. pp. 149~177, Walter de Gruyter, 2000.

_____ , Stoic Moral Psychology, in ed. B. Inwood, *The Cambridge Companion to the Stoics*, Cambridge, pp. 257~294, 2003.

_____ , The Old Stoic Theory of the Emotions, in *The Emotions in Hellenistic Philosophy*, J Sihvola & T. Engberg-Pedersen (eds.), Dordrecht, pp. 21~70, 1998.

_____ , *The Stoic Life; Emotions, Duties, and Fate*, Oxford, 2005.

Brunschwig, J. & Nussbaum, M. (eds.), *Passions & Perceptions*, Cambridge, 1993.

Brunschwig, J., *Papers in Hellenistic Philosophy*, tr. by J. Lloyd, Cambridge, 1994.

Brunt, P. A., From Epictetus to Arrian, *Athenaeum*, 55, pp. 19~48, 1977.

_____ , Marcus Aurelius and the Christians, in *Studies in Stoicism*, ed. by Miriam Griffin and Alison Samuels, with the assistance of Michael Crawford, Oxford University Press, 2013.

_____ , Marcus Aurelius in his Meditations, *Journal of Roman Studies* 64, 1974.

_____ , Stoicism and the Principate, in *Papers of the British School at Rome*, 43, pp. 7~35, 1975.

_____ , *Studies in Stoicism*, Oxford University Press, 2013.

Ceporina, M., The *Meditations*, in Marcel van Ackeren, ed., *A Companion to Marcus Aurelius*, Chichester: Wiley-Blackwell, pp. 45~61, 2012.

Chadwick, Henry, *Origen: Contra Celsum*, Cambridge University Press, 1953.

Champlin, E., *Fronto and Antonine Rome*, Harvard University Press, 1980.

_____ , The Chronology of Fronto, *Journal of Roman Studies* 64, pp. 136~159, 1974.

Collier, J., *The Emperor Marcus Antoninus His Conversation with Himself*, The Second Edition Corrected, London: Richard Sare, 1708.

Cooper, J., The Relevance of Moral Theory to Moral Improvement in Epictetus, in eds. T. Scaltsas & A. S. Mason, Oxford, pp. 9~19, 2007.

Cooper, J. M, Socrates and Philosophy as a Way of Life, in D. Scott, pp. 20~43, 2007.

_____ , *Knowledge, Nature, and the Good*, Princeton, NJ: Princeton University Press, 2004.

_____, *Pursuits of Wisdom, Six Ways of Life in Ancient Philosophy from Socrates to Plotinus*, Princeton & Oxford, 2012.

_____, The Emotional Life of the Wise, in *Southern Journal of Philosophy* 43, suppl. pp. 176~218, 2005.

Crossley, H., *The Fourth Book of the Meditations of Marcus Aurelius Antoninus: A Revised Text with Translation and Commentary*, London: Macmillan, 1882.

Daly, Lloyd William, and Suchier, Walther, *Altercatio Hadriani Augusti et Epicteti Philosophi*, Urbana: University of Illinois Press, 1939.

Dennis, M., & Werkhoven, S.(eds.), *Ethics and Self-Cultivation; Historical and Contemporary Perspectives*, Routledge, 2018.

De Lacy, P., *Galen, On the Doctrines of Hippocrates and Plato / Galeni De Placitis Hippocratis et Platonis*, 3 vols, CMG 5.4.1.2, Berlin: Akademie Verlag, 1978~1984.

Diels & Kranz, 『소크라테스 이전 철학자들의 단편 선집』, 김인곤 외 옮김, 아카넷, 2005.

Diogenēs Laertios, 『유명한 철학자들의 생애와 사상』(DL), 이정호, 김인곤, 김주일, 김재홍 옮김, 나남, 2021.

Engberg-Pedersen, T., 'Marcus Aurelius on Emotions', in J. Sihvola and T. Engberg-Pedersen, eds., The Emotions in Hellenistic Philosophy. Dordrecht, pp. 305~337, 1998.

Foucault, M., *The Care of the Self: The History of Sexuality vol.3*, tr. by R. Hurley, London, 1990.

_____ *L'hermeneutique du sujet: Cours au College de France*(1981-1982), Paris, 2001.

_____, *The Hermeneutics of the Subject: Lectures at the Collège de France*, 1981~1982, New York: Picador, 2005.

Frede, M., *A Free Will: Origins of the Notion in Ancient Thought*, University of California Press, 2011.

_____, On the Stoic Conception of the Good, in ed. by K. Ierodiakonou, pp. 71~94, 1999.

Gataker, T., *Marci Antonini Imperatoris de rebus suis, sive de eis qae ad se pertinere censebat, Libri XII*, Cambridge: Thomas Buck, 1652.

Geuss, R., *Public Goods, Private Goods*, Princeton University Press, 2001.

Geytenbeek, A. C.van, *Musonius Rufus and Greek Diatribe*, Assen: Van Gorcum, 1963.

Giavatto, A., A Mind on Solid Ground: Perception and Ethics in the *Meditation*', in Marcel van Ackeren and Jan Opsomer(eds.), *Selbstbetrachtungen und Selbstdarstellungen: Der Philosoph und Kaiser Marc Aurel im interdisziplinären Licht*, Wiesbaden: Reichert Verlag, pp. 133~146, 2012.

Giavatto, A., *Interlocutore di se stesso. La dialettica di Marco Aurelio*. Hildesheim/Zürich/New York, 2008.

_____, *Interlocutore di se stesso: La dialettica di Marco Aurelio*, Hildesheim: Olms, 2008.

_____, Logic and the *Meditation*', in Marcel van Ackeren, ed., *A Companion to Marcus Aurelius*, Chichester: Wiley-Blackwell, pp. 408~419, 2012.

Giavatto, Angelo, The Style of the *Meditation*, in Marcel van Ackeren, ed., *A Companion to Marcus Aurelius*, Chichester: Wiley-Blackwell, pp. 333~345, 2012.

Gill, C., Stoic Writers of the Imperial Era, in C. Rowe and M. Schofield(eds.), *The Cambridge History of Greek and Roman Political Thought*. Cambridge, pp. 597~615, 2000.

_____, 'The School in the Roman Imperial Period', in B. Inwood, ed., *The Cambridge Companion to the Stoics*. Cambridge, pp. 33~58, 2003.

_____, *The Structured Self in Hellenistic and Roman Thought*, Oxford, 2006.

_____, 'Marcus Aurelius', in R. Sorabji and R. W. Sharples, eds., *Greek and Roman Philosophy 100 BC − 200 AD*. 2 vols. London. Vol. 1, pp. 175~187, 2007.

_____, Meditations: How Stoic and How Platonic?, in Bonazzi, M. and Helmig, C.(eds.), *Platonic Stoicism——Stoic Platonism: The Dialogue between Platonism and Stoicism in Antiquity*, Leuven University Press, pp. 189~207, 2007.

_____, Cynicism and Stoicism, in R. Crisp(ed.), *Oxford Handbook of the History of Ethics*, Oxford, 2013.

_____, Marcus and Previous Stoic Literature', in Marcel van Ackeren, ed., *A Companion to Marcus Aurelius*, Chichester: Wiley-Blackwell, pp. 382~395, 2012.

_____, *Naturalistic Psychology in Galen and Stoicism*, Oxford University Press, 2010.

_____, Personhood and Personality: The Four-Personae Theory in Cicero, *De Officiis* 1, *Oxford Studies in Ancient Philosophy* 6, PP. 169~199, 1988.

_____, Stoic Writers of the Imperial Era, in C. J. Rowe and M. Schofield(eds.), *The Cambridge History of Greek and Roman Political Thought*, Cambridge, 2000.

_____, Stoicism and Epicureanism, in P. Goldie(ed.), *Oxford Handbook of Philosophy of Emotion*, Oxford, 2009.

_____, *The Structured Self in Hellenistic and Roman Thought*, Oxford, 2006.

_____, *Marcus Aurelius: Meditations Books 1-6*, OUP Oxford, 2013.

Giovanni, R., *A History of Ancient Philosophy; IV. The Schools of the Imperial Age* (*Storia della filosofia antica*), ed. & tr. from the 5th Italian Edition by J. R. Caton, State University of New York, 1990.

Gould, Josiah B., *The Philosophy of Chrysippus*, Leiden: Brill, 1970.

Gourinat, Jean-Baptiste, Was Marcus Aurelius a Philosopher?, in Marcel van Ackeren and Jan Opsomer(eds.), *Selbstbetrachtungen und Selbstdarstellungen: Der Philosoph und Kaiser Marc Aurel im interdisziplinären Licht.* Wiesbaden: Reichert Verlag, pp. 65~85, 2012.

_____, Ethics, in Marcel van Ackeren(ed.), *A Companion to Marcus Aurelius* Chichester: Wiley-Blackwell, pp. 420~436, 2012.

_____, The Form and Structure of the *Meditation*', in Marcel van Ackeren(ed.), *A Companion to Marcus Aurelius*, Chichester: Wiley-Blackwell, pp. 317~332, 2012.

Graver, M., & Long, A.A., *Seneca: Letters on Ethics to Lucilius*, Chicago: University of Chicago Press, 2015.

Graver, M., Not even Zeus: A discussion of A. A. Long, Epictetus. A Stoic and Socratic Guide to Life, *Oxford Studies in Ancient Philosophy* 25, pp. 345~361, 2003.

Graver, M. R., *Stoicism & Emotion*, The University of Chicago Press, 2007.

Griffin, M. T., *NERO; The End of a Dynasty*, Routledge, 1984(2001).

_____, Philosophy, Cato, and Roman Suicide I & II, *Greece and Rome* 33, pp. 64~77; pp. 192~202, 1986.

_____, *Seneca: A Philosopher in Politics*, Oxford, 1976; repr. 1992.

_____, *Politics and Philosophy at Rome: Collected Papers*, Oxford University Press, 2018.

Grube, G. M. A., *The Meditations of Marcus Aurelius Antoninus*, Indianapolis: Hackett, 1983.

Gueye, Cheikh Mbacke, *Late Stoic Cosmopolitanism: Foundations and Relevance*, Heidelberg: Universitätsverlag Winter, 2006.

_____, Politics in the *Meditations* of Marcus Aurelius, *Horyzonty Polityki* 4/6, pp. 79~93, 2013.

Hadot, Ilsetraut, *Seneca und die griechisch-römische Tradition der Seelenleitung*, Berlin: De Gruyter, 1969.

_____, *Simplicius, Commentaire sur le Manuel d'Épictète*, Leiden: Brill, 1996.

Hadot, P., & Luna, Concetta, *Marc Aurèle: Écrits pour lui-même I: Introduction générale, Livre I*, Paris: Les Belles Lettres, 1998.

_____, *Exercices spirituels et philosophie antique*, Paris: Études Augustiniennes, 1993.

_____, Exercices spirutuels, *Annuaire de la Ve Section de l'École pratique des hautes etudes* 84, pp. 25~70(repr. in Hadot 1993), 1977.

_____, *La Citadelle intérieure: Introduction aux Pensées de Marc Aurèle*, Paris: Fayard, 1992.

_____, La physique comme exercice spirituel ou pessimisme et optimisme chez Marc Aurèle, *Revue de Théologie et de Philosophie*(Troisième série) 22, pp. 225~239(repr. in Hadot 1993), 1972.

_____, Marc Aurèle était-il opiomane?, in E. Lucchesi and H. D. Saffrey, eds, *Antiquité païenne et chrétienne*, Geneva: Cramer, pp. 33~41, 1984.

_____, Philosophie, Discours Philosophique, et Divisions de la Philosophie chez les Stoïciens, *Revue Internationale de Philosophie* 45, pp. 205~219, 1991.

_____, *Philosophy as a Way of Life: Spiritual Exercises from Socrates to Foucault*, tr. by Michael Chase and edited with an introduction by A. I. Davidson, Oxford: Blackwell, 1995; A rearranged and expanded translation of Pierre Hadot's *Exercises spirituels et philosophie antique*, 2nd ed. Paris: *Etudes Augustinennes*, 1987.

_____, *The Inner Citadel: The Meditations of Marcus Aurelius*, trans. Michael Chase, Cambridge, MA: Harvard University Press, 1998.

_____, Une cle des *Pensees* de Marc Aurele: les trois *topoi* philosophiques selon Epictete, *Les etudes philosophiques*, 1: pp. 65~83, 1978.

_____, *What is Ancient Philosophy?*, tr. M. Chase, Cambridge: Harvard University Press, 2002; *Qu'est-ce que la philosophie antique?*, Paris: Gallimard, 1995.

Harris, W. V., *Restraining Rage: The Ideology of Anger Control in Classical Antiquity*, Cambridge, Mass, 2001.

Hout, Michael P. J. van den, *A Commentary on the Letters of M. Cornelius Fronto*, Leiden: Brill, 1999.

_____, *M. Cornelii Frontonis Epistulae*, Leipzig: Teubner, 1988.

Huttunen, N., *Early Christians Adapting to the Roman Empire, Mutual Recognition, Novum Testamentum*, Supplements, V.179, Brill, Leiden, 2020.

_____, Epictetus' Views on Christians: A Closed Case Revisited, *Religio-Philosophical Discourses in the Mediterranean World*, 2017.

Ierodiakonou, K.(ed.), *Topics in Stoic Philosophy*, Oxford, 1999.

Inwood, B. & Freed, D.(eds.), *Language and Learning, Philosophy of Language in the Hellenistic Age*, Cambridge, 2005.

Inwood, B.(ed.), *The Cambridge Companion to the Stoics*, Cambridge, 2003.

Inwood, B., & Gerson, L. P.(Tr.), *Hellenistic Philosophy; Introductory Readings*, 2nd ed., Hackett, 1997.

Inwood, B., *Ethics and Human Action in Early Stoicism*, Oxford, 1985.

_____, How unified is Stoicism anyway?, ed B. Inwood, *Oxford Studies in Ancient Philosophy*, Supplementary Vol., 2012.

_____, What kind of stoic are You? The Case of Marcus Aurelius, in *The Passionate Mind; Essays in Honor of John M. Rist*, ed. B. David, Academia, 2020.

_____, Why Physics?, in Ricardo Salles(ed.), *God and Cosmos in Stoicism*, Oxford University Press, pp. 201~223, 2009.

Jackson, J., *The Meditations of Marcus Aurelius Antoninus*, With an Introduction by Charles Bigg, Oxford: Clarendon Press, 1906.

_____, *The Thoughts of Marcus Aurelius Antoninus*, London: Oxford University Press, 1906.

Jackson-McCabe, M., The Stoic Theory of Implanted Preconceptions, *Phronesis* 49, No. 4, pp. 323~347, 2004.

Jagu, A., *Épictète et Platon, Essai sur les rélations du Stoïcisme et du Platonisme à propos de la Morale des Entretiens*, J. Vrin, Paris, 1946.

Janáček, K., *Studien zu Sextus Empiricus, Diogenes Laertius und zur pyrrhonischen Skepsis*(hrgg., von Jan Janda und Felip Karfík), Walter de Gruyter, 2008.

Liddell, H. G. & Scott, R. & Jones, H. S.(eds.), *A Greek-English lexicon*. 9th revised edition. Oxford: Clarendon, 1996.

Long, A. A. & Sedley, D. N., *The Hellenistic Philosophers*, V. 1, 2, Cambridge, 1987.

_____, *The Hellenistic Philosophers*, 2 vols, Cambridge, 1987(LS로 표기함).

Long, A. A., *Hellenistic Philosophy; Stoics, Epicureans, Sceptics*, Univ. of California Press(2nd ed), 1986.

_____, *Hellenistic Philosophy*, 2nd edition, Berkeley and Los Angeles, 1986.

_____, The Self in the *Meditations*, in Marcel van Ackeren(ed.), *A Companion to Marcus Aurelius*, Chichester: Wiley-Blackwell, pp. 465~480, 2012.

_____, The Stoics on World-Conflagration and Everlasting Recurrence, in *Epicurus to Epictetus: Studies in Hellenistic and Roman Philosophy*, Oxford University Press, 2006.

_____, *Epictetus——A Stoic and Socratic Guide to Life*, Oxford, 2002.

_____, Epictetus as Socratic Mentor, *Proceedings of the Cambridge Philological Society*, 46, pp.

79~98, 2000.

_____, *Problems in Stoicism*, London, 1971 (1996).

_____, *Stoic studies*, California, 1996.

Mclynn, F., *Marcus Aurelius, A Life*, Da Capo Press, 2009.

Morford, M., *The Roman Philosophers; From the time of Cato the Censor to the death of Marcus Aurelius*, Routledge, London & N. Y., 2002.

Navia, L. E., *The Socratic Presence: A Study of the Sources*, New York: Garland Publishing, 1993.

Nightingale, A. & Sedley, D. (eds.), *Ancient Models of Mind: Studies in Divine and Human Rationality*. Cambridge, 2010.

Nussbaum, M. C., *The Therapy of Desire; Theory and Practice in Hellenistic Ethics*, Princeton, 1994.

Renan, E., *Marcus Aurelius*, London: Walter Scott Publishing, 1904.

Richlin, A., The Sanctification of Marcus Aurelius', in Marcel van Ackeren (ed.) *A Companion to Marcus Aurelius*, Chichester: Wiley-Blackwell, pp. 497~514, 2012.

_____, *Marcus Aurelius in Love: Marcus Aurelius & Marcus Cornelius Fronto*, The University of Chicago Press, 2006.

Rigo, G., *Marcus Aurelius Antoninus, Index verborum in opus quod inscribitur Ta eis heauton*, ildesheim: Olms-Weidmann, 2010.

Rist, J. M. (ed.), *The Stoics*, Berkeley, 1978.

_____, *Stoic Philosophy*, Cambridge, 1969.

_____, 'Are You a Stoic? The Case of Marcus Aurelius', in B. F. Meyer and E. P. Sanders, eds., Jewish and Christian Self-Definition. 3 vols. Philadelphia. Vol. 3, pp. 23~45, pp. 190~192, 1982.

Rutherford, R. B., *The Meditations of Marcus Aurelius, a Study*, Oxford, 1989.

Sandbach, F. H., *The Stoics*, second edition, London and Indianapolis, Cambridge, 1989.

Scaltsas, T., and Mason, A. S. (eds.), *The Philosophy of Epictetus*, Oxford, 2007.

Robertson, D., *How to Think Like a Roman Emperor: The Stoic Philosophy of Marcus Aurelius*, New York: St. Martin's Press, 2019.

Roskam, G., Siren's Song or Goose's Cackle? Marcus Aurelius' *Meditations* and Ariston of Chios', in Marcel van Ackeren and Jan Opsomer (eds.), *Selbstbetrachtungen und Selbstdarstellungen: Der Philosoph und Kaiser Marc Aurel im interdisziplinären Licht*, Wiesbaden: Reichert Verlag, pp. 87~109, 2012.

Sally, A., *Marci Antonini Imperatoris & Philosophi, de vita sua Libri XII*, Lyon: Francisci de la Bottiere, 1626.

Schofield, M., *The Stoic Ideas of the City*, Cambridge, 1991.

Scott, D., *Maieusis: Essays in Ancient Philosophy in Honour of Myles Burnyeat*, Oxford University Press, 2007.

Sellars, J., A Disputed Fragment of Epictetus in Marcus Aurelius, *Mnemosyne* 71, pp. 331~335, 2018.

_____, *Ancient Philosophies: Stoicism*, Acumen, 2006 (2010).

_____, *Hellenistic Philosophy*, Oxford University Press, 2018.

_____, Henry More as Reader of Marcus Aurelius, *British Journal for the History of Philosophy* 25, pp. 916~931, 2017.

_____, Marcus Aurelius in Contemporary Philosophy, in Marcel van Ackeren (ed.), *A Companion to Marcus Aurelius*, Chichester: Wiley-Blackwell, pp. 532~544, 2012.

_____, *Marcus Aurelius*, Routledge, New York, 2021.

_____, Roman Stoic Mindfulness: An Ancient Technology of the Self, in Matthew Dennis and Sander Werkhoven (eds.), *Ethics and Self-Cultivation: Historical and Contemporary Perspectives*, Abingdon: Routledge, pp. 15~29, 2018.

_____, Seneca's Philosophical Predecessors and Contemporaries, in Gregor Damschen and Andreas Heil (eds.), *Brill's Companion to Seneca: Philosopher and Dramatist*, Leiden: Brill, pp. 97~112, 2014.

_____, Shaftesbury, Stoicism, and Philosophy as a Way of Life, *Sophia* 55, pp. 395~408, 2016.

_____, Socratic Themes in the *Meditations* of Marcus Aurelius, in C. Moore, ed., *Brill's Companion to the Reception of Socrates*, Leiden: Brill, pp. 293~310, 2019.

_____, Stoic Cosmopolitanism and Zeno's *Republic*, *History of Political Thought* 28, pp. 1~29, 2007.

_____, Stoic Practical Philosophy in the Imperial Period, in R. Sorabji and R.W. Sharples, eds., *Greek and Roman Philosophy 100 BC–200 AD*, 2vols. London. Vol. 1, 2007.

_____, *The Art of Living: The Stoics on the Nature and Function of Philosophy*, Aldershot, 2003 (2009).

_____, The *Meditations* and the Ancient Art of Living', in Marcel van Ackeren (ed.), *A Companion to Marcus Aurelius*, Chichester: Wiley-Blackwell, pp. 453~464, 2012.

_____, *The Routledge Handbook of the Stoic Tradition*, Routledge, 2016.

_____ , Roman Stoic Mindfulness: An Ancient Technology of the Self, in Dennis, M., & Werkhoven, S.(eds.), 2018.

Sharpe, M., Pierre Hadot: Stoicism as a Way of Life, in K. Lampe & J. Sholtz(eds), *French and Italian Stoicisms: From Sartre to Agamben*, Bloomsbury Academic, London, 2020.

Sorabji, R., *Emotion and Peace of Mind, From Stoic Agitation to Christian Temptation*, Oxford, 2000.

_____ , *Self; Ancient and Modern Insights about Individuality, Life, and Death*, University of Chicago Press, 2006.

Stanton, G. R., The Cosmopolitan Ideas of Epictetus and Marcus Aurelius, *Phronesis* 13, 1968.

Stevens, J., Preliminary Impulse in Stoic Moral Psychology, *Ancient Philosophy* 20, 2000.

Striker, G., *Essays on Hellenistic Epistemology and Ethics*, Cambridge, 1996.

_____ , The Role of *oikeiosis* in stoic Ethics, *Oxford Studies in Ancient Philosophy* 1. 1983.

Thorsteinsson, R. M., *Roman Christianity and Roman Stoicism; A comparative Study of Ancient Morality*, Oxford, 2010.

Usener, H., *Epicurea*, Lipsia, 1887.

White, N. P., The Basis of Stoic Ethics, *Harvard Studies in Classical Philology* 83, pp. 143~178, 1979.

Wickham L. J., A Bibliography of the *Thoughts* of Marcus Aurelius Antoninus, *Transactions of the Bibliographical Society* 10, pp. 15~81, 1910.

김재홍, 『왕보다 더 자유로운 삶』, 서광사, 2013.

_____ , 『에픽테토스 강의 1·2』, 그린비, 2023.

_____ , 『에픽테토스 강의 3·4, 엥케이리디온, 단편』, 그린비, 2023.

_____ , 「에픽테토스의 철학의 영역(topos)의 구별과 논리학 훈련의 중요성」, 2022 하반기 한국서양고전철학회 발표문(2022. 12. 3).

· 01 ·

시학 ── 뒤풍록과 랄로가 주해한 현대적 시학

아리스토텔레스 지음, 로즐린 뒤퐁록·장 랄로 서문 및 주해, 김한식 옮김 | 2022년 2월 28일 | 29,800원

"이야기를 만들고 발견하는 사람만이 지혜를 얻을 수 있다"
풍부한 주해로 읽는 아리스토텔레스의 『시학』

· 02 ·

에픽테토스 강의 1·2

에픽테토스 지음, 김재홍 옮김 | 2023년 3월 24일 | 33,000원

인간 고통의 치료제는 '정신적 자유'
노예 출신 철학자 에픽테토스가 전하는 삶의 기술

· 03 ·

에픽테토스 강의 3·4, 엥케이리디온, 단편

에픽테토스 지음, 김재홍 옮김 | 2023년 4월 17일 | 25,000원

'노예로 태어난 신의 친구'
에픽테토스의 모든 가르침이 한자리에

· 04 ·

범주들·명제에 관하여, 입문

아리스토텔레스·포르퓌리오스 지음, 김진성 옮김 | 2023년 6월 20일 | 23,000원

철학적 개념과 판단, 논리학 입문을
이 한 권으로!